说简解繁

——繁简字的对应与转换

SHUOJIAN JIEFAN
FANJIANZI DE DUIYING
YU ZHUANHUAN

主编 谭代龙

四川大学出版社

责任编辑:高庆梅
责任校对:陈月霖
封面设计:墨创文化
责任印制:王 炜

**图书在版编目(CIP)数据**

说简解繁:繁简字的对应与转换 / 谭代龙主编.
—成都:四川大学出版社,2017.5
ISBN 978－7－5690－0624－7

Ⅰ.①说… Ⅱ.①谭… Ⅲ.①汉字－简化字－青少年
读物 Ⅳ.①H12-49

中国版本图书馆 CIP 数据核字(2017)第 108072 号

书名 **说简解繁**
　　　——繁简字的对应与转换

主　　编　谭代龙
出　　版　四川大学出版社
地　　址　成都市一环路南一段 24 号 (610065)
发　　行　四川大学出版社
书　　号　ISBN 978－7－5690－0624－7
印　　刷　郫县犀浦印刷厂
成品尺寸　148 mm×210 mm
印　　张　20.25
字　　数　540 千字
版　　次　2017 年 6 月第 1 版
印　　次　2017 年 6 月第 1 次印刷
定　　价　50.00 元

◆读者邮购本书,请与本社发行科联系。
　电话:(028)85408408/(028)85401670/
　(028)85408023 邮政编码:610065
◆本社图书如有印装质量问题,请
　寄回出版社调换。
◆网址:http://www.scupress.net

# 说简解繁——繁简字的对应与转换

**主　编**　谭代龙

## 编写人员

| 谭代龙 | 王长滕 | 周亚娟 | 毛星懿 |
| 余枣焱 | 于　兰 | 鞠淡宁 | 李翠婷 |
| 周　怡 | 王　蔚 | 李云悦 | 黎　瑶 |
| 孙乐凌 | 谭早宁 | 林　　 | 蒋倩倩 |

# 前　言

笔者在从事中文专业古代汉语课程的教学工作中，深知熟练掌握繁体字的重要性。而历届学生这方面的知识储备少得可怜。当然，经过课程的学习和训练，他们大都较好地掌握了繁体字，为阅读古典文献打下了良好的基础。笔者由此想到，那些没有学习古代汉语课程的人怎么办呢？

事实上我们常常离不开繁体字。深度的中国古典文献阅读，深度的中国传统思想文化的学习、研究、传承，也都需要较好的繁体字基础。

生活中，因为缺乏繁体字的基本知识而乱写繁体字的事例层出不穷。例如"故裏""皇後""武鬆""理發店""中文繫"等等写法，实在让人莫名其妙。

一般知识分子，甚至一些专业工作人员，对一些繁简字的关系也模糊不清。下面试举两例。

"淀"字的现代常用义有两个：1. 浅的湖泊，多用于地名，如"白洋淀"。2. 渣滓，液体里沉下的东西，如"淀粉"。这两个义项关系不大，为何会共存一个字之内呢？原来，简化字"淀"对应的繁体字是"淀"和"澱"，这两个字是不一样的。

《玉篇·水部》："淀，浅水也。"从水，定声，本义为浅水湖泊，如晋左思《魏都赋》："掘鲤之淀，盖节之渊。"常用作地名，如北齐颜之推《颜氏家训·归心》："江陵高伟，随吾入齐，凡数年，向幽州淀中捕鱼。"

《说文解字·水部》："澱，滓滋也。"从水，殿声。本义为渣滓，如《齐民要术·养羊》："煮醋澱，热涂之，以灰厚傅。"引

1

申指淤积、壅塞等义，如宋沈括《梦溪笔谈·杂志二》："汴渠有二十年不浚，岁岁堙澱。"

又如"仆"字的现代常用音义有两个：1. pū。向前跌倒，如"前仆后继"。2. pú。仆人，如"主仆二人"。这两个音义之间差别甚大，为何会共存一个字之内呢？同样，因为"仆"对应的繁体是"仆"（pū）和"僕"（pú）两个不同的字。

《说文解字·人部》："仆，顿也。从人卜声。"本义为以头触地，如汉王充《论衡·儒增》："当门仆头碎首而死。"引申为向前跌倒等义，如《史记·项羽本纪》："樊哙侧其盾以撞，卫士仆地。"

《说文解字·菐部》："僕，给事者。从人从菐（pú），菐亦声。"本义指供役使的奴隶，引申指仆人，如《水浒传》第五三回："次日，两个入城来，戴宗扮做主人，李逵扮做僕者，绕城中寻了一日。"古代常用作自称的谦词，如《史记·滑稽列传》："使张仪、苏秦与僕并生于今之世，曾不能得掌故，安敢望常侍侍郎乎？"

弄清楚以上两组字的关系之后，我们就不会写出"白洋澱""僕倒"这类莫名其妙的繁体字了。从这两个例子我们还可以看出，对于中文专业的学生来说，掌握繁体字对理解多音多义字具有重要的作用。

今天，因为多种因素的影响，国人的语文水平有下降的倾向。这种现象已经引起了多方面的关注。要改变这种状况，要做的事情很多。有学者认为，对汉语书面语的掌握程度，决定了一个人的语文水平高低。笔者十分认可这个意见。

如果我们所说的语文水平不仅仅是考试得高分，而是一个现代知识分子对本民族语文的深度把握，能运用语文工具自由熟练乃至高度精准、形象、生动地思考、表达和阅读，那么，必须高度重视书面语文的训练。今天看来，尤其要重视古代书面语（文言文）的训练。显然，对繁体字的掌握情况，在其中起着重要的作用。

这些情况已经引起了学术界的高度重视。当前，学术界已经编写了一批繁简字工具书，例如《汉字简化字与繁体字对照字典》（苏培成），《简化字繁体字对照字典》（江蓝生、陆尊梧），《简化字繁体字对照字典》（高慎贵）。这些工具书传播很广，影响很大，在沟通繁简字方面作出了重要的贡献。但从社会大众语文水平的现状来看，仅有一些字典是远远不够的。如何在这些工具书的基础之上，编写形式多样的读本，增强阅读的趣味性，扩大信息量，以适应、满足现代读者的阅读需要，是一个需要不断深入思考的问题。

基于以上考虑，我们编写了这本《说简解繁——繁简字的对应与转换》。我们的编写初衷是为沟通简化字和繁体字，帮助读者加深对汉字的理解、认识和掌握，帮助读者提高古文修养，提高文言文阅读能力。编写中，我们特别注意了以下几个方面的情况：

一、完整解说《简化字总表》。二、简明扼要，不作繁琐考证。三、交代简化字与对应繁体字的渊源关系。四、语言力求平易通俗，尽量避免使用专门术语。五、设计"古诗文选读"板块。选文力求经典性、相对完整性，也注意多样性，意在提高本书的可读性，并借此提高读者的古文水平，拓宽古典文献的知识面和阅读面。

本书可以作为中学生语文课的课外读物，老师可以指导同学坚持阅读，一定可以大幅度提高同学的文言文水平。本书也可以作为各级各类学校的选修课教材和普及型的社会读本。我们特别希望该书能成为社会人士的床头读物。

本书所论文字的形音义资料主要取自《汉语大词典》《汉语大字典》《现代汉语词典》《新华字典》《汉字形义分析字典》《通

用规范汉字字典》《简化字繁体字对照字典》（江蓝生、陆尊梧）等工具书，诸家说法不一致之处，择善而从。

本书的编写历时三年。编写过程中，我们深深认识到汉字发展历史的曲折复杂，汉字形音义关系的错综复杂；深深体会到20世纪汉字简化工作的苦心和艰辛，也深深认识到简化工作的成就和不足。

感谢我的团队成员。2016年1月集体在歌乐山工作的时候，适逢重庆20年一遇的大雪降临。瑞雪兆丰年，我期待我的团队成员们从这部书出发，在汉语言文字的教学和研究工作之路上快马加鞭，为提高国人的语文水平作出更好的贡献，为传承中国优秀的传统文化作出更好的贡献。

四川外国语大学唐光兰、李静、杨梅、王渊、周启红等老师看了书稿，研究生蒋林芝、张小斌、谢异飞、陈小花、王静阅读了部分书稿。他们提出了不少修改意见，减少了本书的错误。我们向他们表示深切的谢意！本书得到四川外国语大学教材建设基金的资助。

我们有志于编写一部学术性和普及性合理结合的读本，尽管考虑了很多因素，其中的不足之处仍然不少。这种编写体例也还是一种尝试，是否可行，还有待读者检验。文中行文，虽然力求准确性和可读性，但挂一漏万，甚至本书可能也存在繁简混淆的情况。恳请学界专家和读者朋友提出宝贵意见，以便于我们及时修改，提高质量。

谭代龙

2016年国庆写于重庆歌乐山鹿鸣堂

# 凡　例

一、本书简化字字头均根据《简化字总表》。

二、《简化字总表》分为三个表，本书将三个表合并。各个字头统一按照音序排列。简化部首按原来的顺序排列，仍然放在最后。

三、每个字头下列有以下几个板块：简化字的现代常用音义，简化字对应的繁体字和简化字字形的来源，繁体字字形分析和常见音义，类推简化字（《简化字总表》第一表字头无此版块）、古诗文选读。

四、简化字的现代常用音义中，仅列常见音义，不列生僻音义。

五、繁体字常见音义中，列举了本义和常见引申义，不介绍过于生僻的音义以及通假音义。

六、类推简化字只是根据《简化字总表》列出简化字和对应的繁体字（不列出字书中的其他异体字），不作详细讲解，只是给出读音，并按照音序排列。

七、古诗文选读均采用繁体字。每个字头对应的繁体字字形，会出现在选文中，并用下划线标注。少数选文中包含类推简化字对应的繁体字字形。

八、本书引用古书原文，书名采用简化字，引文采用繁体字。

九、为便于解说，本书采用了少量专门术语。部分术语第一次出现时予以解释。

十、本书是一个普及性的读本，不是艰深的专门研究著作。如有深入了解需求，请查阅《汉语大字典》等大型专门工具书。

# 目　录

# 001. 【爱】 ài

　　"爱"字的现代常用义有：1. 对人或事物有深厚的感情，如"热爱"。2. 喜欢，如"爱不释手"。3. 爱惜，爱护，如"爱面子"。4. 容易，常常，如"铁爱生锈"。

　　"爱"对应的繁体字是"愛"。"爱"是"愛"的俗字①。简化时，用"爱"代替"愛"。"爱"可用作简化偏旁。

## ［愛］

　　《说文解字·夊部》："愛，行皃。从夊（suī），悉（ài）聲。"形声字，本义为行走的样子，借用为"悉（ài）"字。《说文解字·心部》："悉，惠也。从心，先聲。"因此，"悉"为"愛"的本字②，后废用。"愛（悉）"的基本义为待人或物的深厚感情，如《礼记·礼运》："何謂人情？喜、怒、哀、懼、愛、惡、欲。"引申指喜欢、爱好等义，如《论语·颜渊》："愛之欲其生，惡之欲其死。"

## ［类推简化字］

　　碍/礙（ài）　　嗳/噯（ǎi、ài）　　嫒/嬡（ài）　　暧/曖（ài）
瑷/璦（ài）

---

　　① 俗字：区别于正字而言的一种通俗用字。俗字大都为简体字，主要流行于民间。
　　② 本字：指一个字的最初写法，又叫"初文"。

## 【古诗文选读】

四十六年，宣王崩，子幽王宫湦立。幽王二年，西周三川皆震。伯陽甫曰："周將亡矣。夫天地之氣，不失其序；若過其序，民亂之也。陽伏而不能出，陰迫而不能蒸，於是有地震。今三川實震，是陽失其所而填陰也。陽失而在陰，原必塞；原塞，國必亡。夫水土演而民用也。土無所演，民乏財用，不亡何待！昔伊、洛竭而夏亡，河竭而商亡。今周德若二代之季矣，其川原又塞，塞必竭。夫國必依山川，山崩川竭，亡國之徵也。川竭必山崩。若國亡不過十年，數之紀也。天之所棄，不過其紀。"是歲也，三川竭，岐山崩。三年，幽王嬖愛襃姒。襃姒生子伯服，幽王欲廢太子。太子母，申侯女，而爲后。後幽王得襃姒，愛之，欲廢申后，並去太子宜臼，以襃姒爲后，以伯服爲太子。周太史伯陽讀史記曰："周亡矣。"

——《史记·周本纪》

# 002. 【碍】ài

"碍"字的现代常用义为妨碍、阻挡，如"碍手碍脚"。

"碍"对应的字是"礙"和"碍"。"碍"字曾被当作"礙"的异体字。简化时，用"碍"代替"礙"。

## （一）［礙］ài

《说文解字·石部》："礙，止也。从石，疑聲。"形声字，本义为阻止、阻挡，如《列子·力命》："獨往獨來，獨出獨入，孰能礙之。"后引申为妨碍等义，如宋辛弃疾《沁园春·带湖新居将成》："要小舟行釣，應先種柳，疏籬護竹，莫礙觀梅。"

（二）［碍］ài

"碍"字原作"㝵"，是"得"的异体字。东汉以后，"㝵"成为"礙"的异体，后加"石"旁写作"碍"。《正字通·石部》："碍，俗礙字。"义与"礙"同，如唐齐己《船窗》诗："舉頭還有碍，低眼即無妨。"

## 【古诗文选读】

柴紹之弟某，有材力，輕矯迅捷，踴身而上，挺然若飛，十餘步乃止。太宗令取趙公長孫無忌鞍韉，仍先報無忌，令其守備。其夜，見一物如鳥飛入宅內，割雙韃而去，追之不及。又遣取丹陽公主鏤金函枕，飛入房內，以手撫土公主面上，舉頭，即以他枕易之而去。至曉乃覺。嘗著吉莫靴走上磚城，直至女牆，手無攀引。又以足踏佛殿柱，至簷頭，撫椽覆上。越百尺樓閣，了無障礙。太宗奇之，曰："此人不可處京邑。"出爲外官，時人號爲"壁龍"。

——唐张鹭《朝野金载》

# 003. 【肮】āng

"肮"字今常用作"肮脏"，义为不干净，引申指思想、行为等卑鄙、丑恶。

"肮"对应的字是"肮"和"骯"。"肮"和"骯"是不同的两个字。简化时，用"肮"代替"骯"字。

（一）［肮］háng、gāng

1. háng，形声字，从月（肉），亢声。义为大脉，《集韵·唐韵》：“肮，大脈謂之肮。”

2. gāng，同“亢”，指颈项、咽喉，如《史记·张耳陈余列传》：“乃仰絕肮，遂死。”

（二）［骯］āng、kǎng

1. āng，形声字，从骨，亢声，用作“骯髒”（āngzāng），指龌龊、不干净之义。李鉴堂《俗语考原》：“骯髒，俗謂不潔者曰骯髒。”如《儿女英雄传》第三十三回：“看了看，這個兒子還可以造就，便想要指着這個兒子身上出一出自己一肚皮的骯髒氣。”

2. kǎng，用作“骯髒”（kǎngzǎng），指人的性格刚直倔强，如汉赵壹《疾邪诗》之二：“伊優北堂上，骯髒倚門邊。”又指躯体肥胖，如北周庾信《拟连珠》：“籠樊之鶴，寧有六翮之期；骯髒之馬，無復千金之價。”

## 【古诗文选读】

氣質美如蘭，才華阜比仙。天生成孤癖人皆罕。你道是、啖肉食腥膻，視綺羅俗厭。卻不知、太高人愈妒，過潔世同嫌。可歎這、青燈古殿人將老；辜負了，紅粉朱樓春色闌。到頭來，依舊是風塵骯髒違心願。好一似，無瑕白玉遭泥陷；又何須，王孫公子歎無緣！

——清曹雪芹《红楼梦》第五回

# 004.【袄】ǎo

"袄"字的现代常用义为有衬里的上衣，如"棉袄"。

"袄"对应的繁体字是"襖"。"袄"是"襖"的俗字。简化时，用"袄"代替"襖"。

[襖] ǎo

《说文解字·衣部》新附："襖，裘屬。从衣，奥聲。"形声字，本义为皮衣，引申为有衬里的上衣，如《宋书·徐湛之传》："高祖微時，貧陋過甚，嘗自往新洲伐荻，有納布衫襖等衣，皆敬皇后手自作。"

## 【古诗文选读】

次日五更，攝大宗伯執牌奏中嚴外辦，鐵騎前導番袞。自三更時相續而行，象七頭，各以文錦被其身，金蓮花座安其背，金彎籠絡其腦，錦衣人跨其頸，次第高旗大扇，畫戟長矛，五色介冑。跨馬之士，或小帽錦繡抹額者，或黑漆圓頂幞頭者，或以皮如兜鍪者，或漆皮如戽斗而籠巾者，或衣紅黃罨畫錦繡之服者，或衣純青純皂以至鞋褲皆青黑者，或裹交腳幞頭者，或以錦爲繩如蛇而繞繫其身者，或數十人唱引持大旗而過者，或執大斧者，胯劍者，執銳牌者，持鐙棒者，或持竿上懸豹尾者，或持短杵者。其矛戟綿綴五色結帶銅鐸，其旗扇皆畫以龍、或虎、或雲彩、或山河。又有旗高五丈，謂之"次黃龍"。駕詣太廟青城，並先到立齋宮前，又竿舍索旗坐約百餘人；或有交腳幞頭，胯劍足靴，如四直使者，千百數，不可名狀。餘諸司祇應人，皆錦襖。諸班直、親從、親事官，皆帽子結帶紅錦，或紅羅上紫團答戲獅子、短後打甲背子，執御從物。御龍直皆真珠結絡、短頂頭巾，紫上雜色小花繡衫，金束帶，看帶，絲鞋。天武官皆頂朱漆金裝笠子、紅上團花背子。三衙並帶御器械官，皆小帽，背子或紫繡戰袍，跨馬前導。千乘萬騎，出宣德門，由景靈宮太廟。

——宋孟元老《东京梦华录·驾行仪卫》

# 005. 【坝】bà

"坝"字的现代常用义有：1. 截住河流的构筑物，如"拦河坝"。2. 河工险要处巩固堤防的建筑物，如"堤坝"。3. 平地（多用于地名），沙滩，沙洲，如"沙坪坝"。

"坝"对应的字是"壩"和"圵"。二字为同音字，历史上可以通用。简化时，用"圵"代替"壩"。"圵"又从"貝"类推简化作"坝"。

### （一）［壩］bà

《集韵·禡韵》："壩，堰也。"形声字，从土霸声。本义为拦截水流的建筑，如宋单锷《吴中水利书》："而其河自西壩至東壩十六里有餘。"后与"圵"字通用，指坝子、平地等义，如清阮元《西台》诗："登臺萬丈列蒼巖，遠見層坡近平壩。"

### （二）［圵］bà

《玉篇·土部》："圵，蜀人謂平川曰圵。"西南地区称平地或平原为"圵"，常用为地名，如宋黄庭坚《谢杨履道送银茄四首》之三："君家水茄白銀色，殊勝圵裏紫彭亨。"后与"壩"字通用，指水坝，《正字通·土部》："坝，障水堰。"如清王世祯《诰授光禄大夫介岑龚公墓志铭》："凡運米在石壩曰經紀，在土壩曰車戶。"黄侃《蕲春语》："溪上堤亦曰壩，亦並作坝。"

## 【古诗文选读】

初，馬璘忌涇原都知兵馬使李晟功名，遣入宿衛，爲右神策都將。上發禁兵四千人，使晟將之，發邠、隴、范陽兵五千，使金吾大將軍安邑曲環將之，以救蜀。東川出兵，自江油趨白壩，與山南兵合擊吐蕃、南詔，破之。范陽兵追及於七盤，又破之，遂克維、茂二州。李晟追擊於大渡河外，又破之。吐蕃、南詔飢寒隕於崖谷死者八九萬人。吐蕃悔，怒殺誘導使之來者。異牟尋懼，築苴咩城，延袤十五里，徙居之。吐蕃封之爲日東王。

——宋司马光《资治通鉴·唐代宗大历十四年》

# 006.【罢】bà、ba

"罢"字的现代常用义有：1. bà。①停止，如"欲罢不能"；②免去，如"罢免"；③完毕，如"吃罢晚饭"。2. ba。同"吧"，如"你走罢"。

"罢"对应的繁体字是"罷"。"罷"有异体字作"罷"。简化时，去掉"罷"字的左下部分，简作"罢"。"罢"可用作简化偏旁。

［罷］bà、ba

1. bà。《说文解字·网部》："罷，遣有辠也。从网、能。言有賢能而入网，而貫遣之。"会意字。本义指贤能之人犯了罪而被罢免官职，引申指停止，如《论语·子罕》："夫子循循然善诱人，博我以文，约我以礼，欲罢不能。"又引申指完毕等义，如《韩非子·外储说左上》："及反，市罢，遂不得履。"

2. ba。语气词。同"吧"，如元关汉卿《救风尘》第一折："我不坐了，且回家去等信罢。"

[类推简化字]

糣/糫（bà）　　摆/擺、襬（bǎi）　　罴/羆（pí）

【古诗文选读】

简文在殿上行，右军與孫興公在後。右军指簡文語孫曰："此噉名客！"簡文顧曰："天下自有利齒兒。"後王光祿作會稽，謝車騎出曲阿祖之，王孝伯罷秘書丞，在坐，謝言及此事，因視孝伯曰："王丞齒似不鈍。"王曰："不鈍，頗亦驗。"

——南朝宋刘义庆《世说新语·排调》

# 007.【板】bǎn

"板"字的现代常用义有：1. 成片的较硬的物体，如"黑板"。2. 演奏民族音乐或戏曲时打节拍的乐器，如"快板"。3. 不灵活，少变化，如"死板"。4. 露出严肃或不高兴的表情，如"板起面孔"。5. 用作"老板"，过去用作对著名戏曲演员的尊称，今指私营工商业的业主。

"板"对应的字是"板"和"闆"。因为"闆"与"板"同音，近代人们也经常用"老板"来表示"老闆"。简化时，用"板"代替"闆"。

（一）［板］bǎn

《玉篇·木部》："板，片木也。"形声字，从木，反声。本义为木板，如《墨子·备城门》："楼出於堞四尺，广三尺，广四尺，板周三面。"泛指板状的扁平之物，如唐韩愈《月蚀诗效玉川子作》："乌龟怯姦怕寒，缩颈以殼自遮，终令夸蛾抉女出，卜师烧錐灼，满板如星羅。"

（二）［闆］bǎn、pǎn

1. bǎn。用作"老闆"，用来指私营企业的业主，或者用于对著名戏曲演员的尊称。在繁体字文本里，"老闆"也有写作"老板"或"老版"的。

2. pǎn。门中视，《玉篇·门部》："闆，門中視。"

【古诗文选读】

胎教之道，書之玉板，藏之金匱，置之宗廟，以爲後世戒。《青史氏之記》曰：古者胎教，王后腹之七月，而就宴室，太史持銅而御戶左，太宰持斗而御戶右。比及三月者，王后所求聲音非禮樂，則太師縕瑟而稱不習，所求滋味者非正味，則太宰倚斗而言曰："不敢以待王太子。"太子生而泣，太師吹銅曰："聲中某律。"太宰曰："滋味上某。"

——《大戴礼记·保傅》

# 008.【办】bàn

"办"字的现代常用义有：1. 处理，如"办公"。2. 创设，如"办工厂"。3. 置备，如"办年货"。

"办"对应的繁体字是"辦"。简化时，将"辡"用符号①代替，保留中间的"力"，简作"办"。

[辦] bàn

《说文解字·力部》新附："辦，致力也。从力，辡聲。"形声字，本义为治理、办理，如《史记·项羽本纪》："每吳中有大繇役及喪，項梁常爲主辦，陰以兵法部勒賓客及子弟，以是知其能。"引申指置办、筹措等义，如三国魏曹植《箜篌引》："中厨辦豐膳，烹羊宰肥牛。"

## 【古诗文选读】

項籍少時，學書不成，去；學劍，又不成。項梁怒之。籍曰："書足以記名姓而已。劍一人敵，不足學，學萬人敵。"於是項梁乃教籍兵法，籍大喜，略知其意，又不肯竟學。項梁嘗有櫟陽逮，乃請蘄獄掾曹咎書抵櫟陽獄掾司馬欣，以故事得已。項梁殺人，與籍避仇於吳中。吳中賢士大夫皆出項梁下。每吳中有大繇役及喪，項梁常爲主辦，陰以兵法部勒賓客及子弟，以是知其能。秦始皇帝遊會稽，渡浙江，梁與籍俱觀。籍曰："彼可取而代也。"梁掩其口，曰："毋妄言，族矣！"梁以此奇籍。籍長八尺餘，力能扛鼎，才氣過人，雖吳中子弟皆已憚籍矣。

——《史记·项羽本纪》

---

① 符号：又称作记号，指不表音不表义的字或者点画。

# 009. 【帮】bāng

"帮"字的现代常用义有：1. 辅助，如"帮忙"。2. 集团，帮会，如"马帮"。3. 物体的两旁或周围的直立部分，如"船帮"。4. 量词，群，伙，如"大帮人马"。

"帮"对应的繁体字是"幫"。"幫"有异体字作"幇"。简化时，去掉"幫"中间的"白"，写成"帮"字。

［幫］bāng

《广韵·唐韵》："幫，衣治鞋履。"从帛，封声，形声字。本义为鞋帮，如宋蒋捷《柳梢青·游女》："柳雨花風，翠鬆裙褶，紅膩鞋幫。"后引申为帮助等义，如元无名氏《气英布》第一折："你這一去若不得成功，等我來幫你。"

## 【古诗文选读】

學唱新腔。靰韆架上，釵股敲雙。柳雨花風，翠鬆裙褶，紅膩鞋<u>幫</u>。

歸來門掩銀缸。淡月裏、疏鐘漸撞。嬌欲人扶，醉嫌人問，斜倚樓窗。

——宋蒋捷《柳梢青·游女》

# 010. 【宝】bǎo

"宝"字的现代常用义有：1. 珍贵的，如"宝刀"。2. 珍贵的东西，如"珍宝"。

"宝"对应的繁体字是"寶"。"宝"是"寶"的俗字。简化时，用"宝"代替"寶"。

［寶］bǎo

《说文解字·宀部》："寶，珍也。从宀从王从貝，缶聲。"形声字，本义为玉石、玉器的总称，如《国语·鲁语上》："莒太子僕弒紀公，以其寶來奔。"引申指贵重的东西等义，如《礼记·礼运》："天不愛其道，地不愛其寶，人不愛其情，故天降膏露，地出醴泉，山出器車，河出馬圖。"

## 【古诗文选读】

古之人非無寶也，其所寶者異也。孫叔敖疾，將死，戒其子曰："王數封我矣，吾不受也。爲我死，王則封汝，必無受利地。楚、越之閒有寢之丘者，此其地不利，而名甚惡。荊人畏鬼，而越人信禨。可長有者，其唯此也。"孫叔敖死，王果以美地封其子，而子辭，請寢之丘，故至今不失。孫叔敖之知，知不以利爲利矣，知以人之所惡爲己之所喜，此有道者之所以異乎俗也。

——《吕氏春秋·异宝》

# 011.【报】bào

"报"字的现代常用义有：1. 传达，如"报喜"。2. 传达消息和言论的文件或信号，如"电报"。3. 报纸，也指某些刊物，如"成都晚报"。4. 回赠，回报，如"以德报怨"。

"报"对应的繁体字是"報"。"报"是"報"的草书楷化字形①。简化时，用"报"代替"報"。

[報] bào

《说文解字·㚔部》："報，當罪人也。从㚔从㞋，㞋，服罪也。""㚔"（niè）象刑具，"㞋"（fǔ）象以手捕人，会意字。本义为判决罪人，如《韩非子·五蠹》："楚之有直躬，其父竊羊而謁之吏。令尹曰：'殺之！'以爲直於君而曲於父，報而罪之。"引申为回赠、回报之义，如《诗经·卫风·木瓜》："投我以木瓜，報之以瓊琚，匪報也，永以爲好也。"

## 【古诗文选读】

婦人之性，率寵子壻而虐兒婦。寵壻，則兄弟之怨生焉；虐婦，則姊妹之讒行焉。然則女之行留，皆得罪於其家者，母實爲之。至有諺云："落索阿姑餐。"此其相報也。家之常弊，可不誡哉！婚姻素對，靖侯成規。近世嫁娶，遂有賣女納財，買婦輸絹，比量父祖，計較錙銖，責多還少，市井無異。或猥壻在門，

① 草书楷化字形：草书指笔画相连、书写便利迅速的一种汉字字体。保留草书的轮廓，写成楷化字，就是草书楷化字形。

或傲妇擅室，贪荣求利，反招羞恥，可不慎歟！

——北齐颜之推《颜氏家训·治家》

# 012.【备】bèi

"备"字的现代常用义有：1. 具备，如"德才兼备"。2. 防备，如"有备无患"。3. 设备，如"装备"。4. 完全，如"关怀备至"。

"备"对应的繁体字是"備"。"備"有异体字作"俻"。简化时，删除"俻"的亻旁，简作"备"。"备"可用作简化偏旁。

[備]

"備"是"𤰈"的假借字。《说文解字·用部》："𤰈，具也。从用，苟省。"后借"備"字表示。金文"備"本义为箭函，从人𤰈（bèi）声，形声字，"𤰈"兼表意。本义指完备，如《诗经·小雅·楚茨》："禮儀既備，鍾鼓既戒。"引申指防备、戒备等义，如《孙子·计篇》："攻其無備，出其不意。"

[类推简化字]

惫/憊（bèi）

## 【古诗文选读】

我不欲戰，畫地而守之，敵不得與我戰者，乖其所之也。故形人而我無形，則我專而敵分；我專爲一，敵分爲十，是以十攻其一也。則我衆而敵寡，能以衆擊寡者，則吾之所與戰者，約矣。吾所與戰之地不可知；不可知，則敵所備者多；敵所備者多，则吾所與戰者，寡矣。故備前則後寡，備後則前寡，備左則右寡，備右則左寡，無所不備，則無所不寡。寡者備人者也，衆者使人備己者也。故知戰之地，知戰之日，則可千里而會戰。不知戰地，不知戰日，則左不能救右，右不能救左，前不能救後，後不能救前，而況遠者數十里，近者數里乎？以吾度之，越人之兵雖多，亦奚益於勝敗哉？

——《孙子·虚实篇》

# 013.【贝】bèi

"贝"字的现代常用义有：1. 有壳的软体动物的统称，如"贝壳"。2.（Bèi）姓。

"贝"对应的繁体字是"貝"。"贝"是"貝"的草书楷化字形。简化时，用"贝"代替"貝"。"贝"可用作简化偏旁。

[貝]

《说文解字·贝部》："貝，海介蟲也。居陸名猋，在水名蜬。象形。古者貨貝而寶龜，周而有泉，至秦廢貝行錢。"象形字，本义指贝壳，《尚书·顾命》："文貝仍几。"引申指有壳的软体动物的统称等义，如《汉书·司马相如传上》："罔毒冒，釣紫貝。"古代又用作货币，如《史记·平准书论》："農工商交易之路通，而龜貝金錢刀布之幣興焉。"

[类推简化字]

败/敗（bài）　狈/狽（bèi）　钡/鋇（bèi）
呗/唄（bei）　贲/賁（bì、bēn）　贬/貶（biǎn）

15

财/財（cái）　　厕/廁、厠（cè）　　侧/側（cè）

测/測（cè）　　恻/惻（cè）　　蒇/蕆（chǎn）

柽/檉（chēng）　　赐/賜（cì）

赕/賧（dǎn）　　贷/貸（dài）　　赌/賭（dǔ）

贰/貳（èr）

贩/販（fàn）　　费/費（fèi）　　镄/鐨（fèi）　　豮/豶（fén）

偾/僨（fèn）　　偾/僨（fèn）　　赗/賵（fèng）　　负/負（fù）

赋/賦（fù）　　赙/賻（fù）

赅/賅（gāi）　　赣/贛（gàn）　　戆/戇（gàng、zhuàng）

赓/賡（gēng）　　贡/貢（gòng）　　唝/嗊（gòng）

贯/貫（guàn）　　掼/摜（guàn）　　惯/慣（guàn）　　贵/貴（guì）

贺/賀（hè）　　贿/賄（huì）　　殨/殨（huì）　　货/貨（huò）

赍/賫（jī）　　绩/績（jì）　　贾/賈（Jiǎ、gǔ）

槚/檟（jiǎ）　　贱/賤（jiàn）　　溅/濺（jiàn）　　赆/贐（jìn）

贶/貺（kuàng）　　匮/匱（kuì）　　蒉/蕢（kuì）

馈/饋（kuì）　　溃/潰（kuì）　　愦/憒（kuì）　　襀/襀（kuì）

聩/聵（kuì）　　篑/簣（kuì）

赉/賚（lài）　　赖/賴（lài）　　濑/瀨（lài）　　癞/癩（lài）

籁/籟（lài）　　懒/懶（lǎn）　　赁/賃（lìn）　　赂/賂（lù）

贸/貿（mào）

腻/膩（nì）

赔/賠（péi）　　喷/噴（pēn）　　贫/貧（pín）

碛/磧（qì）　　赌/賭（qíng）

赛/賽（sài）　　赡/贍（shàn）　　赏/賞（shǎng）

赊/賒（shē）　　贳/貰（shì）　　赎/贖（shú）　　损/損（sǔn）

唢/嗩（suǒ）　　琐/瑣（suǒ）　　锁/鎖（suǒ）

獭/獺（tǎ）　　贪/貪（tān）　　贴/貼（tiē）

贤/賢（xián）　　勋/勛（xūn）　　埙/塤（xūn）

赝/贋（yàn）　　贻/貽（yí）　　遗/遺（yí）　　勚/勩（yì）

婴/嬰（yīng）　　撄/攖（yīng）　　嘤/嚶（yīng）

罂/罌（yīng）

缨/纓（yīng）　　璎/瓔（yīng）　　樱/櫻（yīng）

鹦/鸚（yīng）　　赢/贏（yíng）　　瘿/癭（yǐng）

员/員（yuán）　　圆/圓（yuán）　　郧/鄖（yún）

涢/溳（yún）　　陨/隕（yǔn）　　殒/殞（yǔn）

臜/臢（zā）　　攒/攢（zǎn）　　趱/趲（zǎn）

赞/贊（zàn）　　瓒/瓚（zàn）　　则/則（zé）　　责/責（zé）

啧/嘖（zé）　　帻/幘（zé）　　箦/簀（zé）　　赜/賾（zé）

贼/賊（zéi）　　鲗/鰂（zéi）　　赠/贈（zèng）

铡/鍘（zhá）　　债/債（zhài）　　账/賬（zhàng）

贞/貞（zhēn）　　侦/偵（zhēn）　　帧/幀（zhēn）

浈/湞（zhēn）　　桢/楨（zhēn）　　祯/禎（zhēn）

赈/賑（zhèn）　　贽/贄（zhì）　　赒/賙（zhōu）

贮/貯（zhù）　　赚/賺（zhuàn）　　赘/贅（zhuì）

资/資（zī）　　渍/漬（zì）　　躜/躦（zuān）　　缵/纘（zuǎn）

## 【古诗文选读】

　　孔子曰："丘聞之，凡天下有三德：生而長大，美好無雙，少長貴賤見而皆說之，此上德也；知維天地，能辯諸物，此中德也；勇悍果敢，聚衆率兵，此下德也。凡人有此一德者，足以南面稱孤矣。今將軍兼此三者，身長八尺二寸，面目有光，唇如激丹，齒如齊貝，音中黃鍾，而名曰盜跖，丘竊爲將軍恥不取焉。將軍有意聽臣，臣請南使吳越，北使齊魯，東使宋衛，西使晉楚，使爲將軍造大城數百里，立數十萬戶之邑，尊將軍爲諸侯，與天下更始，罷兵休卒，收養昆弟，共祭先祖。此聖人才士之行，而天下之願也。"

——《庄子·盗跖》

# 014. 【笔】bǐ

"笔"字的现代常用义有：1. 写字、画图的工具，如"毛笔"。2. 笔画，如"一笔一画"。3. 写，如"亲笔"。4. 笔法，如"败笔"。5. 量词，如"一笔捐款"。

"笔"对应的繁体字是"筆"。"笔"是"筆"的异体字。简化时，用"笔"代替"筆"。"笔"可用作简化偏旁。

［筆］bǐ

《说文解字·聿部》："筆，秦謂之筆。从聿从竹。"会意字，本义为写字、画图的工具，如南朝宋刘义庆《世说新语·文学》："會須露布文，喚袁倚馬前令作，手不輟筆，俄得七紙，殊可觀。"引申指写作、书写等义，如《史记·孔子世家》："至於爲《春秋》，筆則筆，削則削，子夏之徒不能贊一辭。"

［类推简化字］

滗/潷（bì）

# 【古诗文选读】

凡將水銀再升硃用，故名曰銀硃。其法或用磬口泥罐，或用上下釜。每水銀一斤入石亭脂二斤，同研不見星，炒作青砂頭，裝于罐內。上用鐵盞蓋定，盞上壓一鐵尺。鐵線兜底捆縛，鹽泥固濟口縫，下用三釘插地鼎足盛罐。打火三炷香久，頻以廢**筆**蘸水擦盞，則銀自成粉，貼於罐上，其貼口者硃更鮮華。冷定揭出，刮掃即取用。其石亭脂沉下罐底，可取再用也。每升水銀一斤得硃十四兩，次硃三兩五錢，出數藉硫質而生。凡升硃與研硃，功用亦相仿。若皇家、貴家畫彩，則即用辰、錦丹砂研成者，不用此硃也。凡硃，文房膠成條塊，石硯則顯，若磨於錫硯之上，則立成皂汁。即漆工以鮮物彩，唯入桐油調則顯，入漆亦晦也。凡水銀與硃更無他出，其澒海、草澒之說無端狂妄，耳食者信之。若水銀已升硃，則不可復還爲澒，所謂造化之巧已盡也。

——明宋应星《天工开物·丹青第十六卷·硃》

# 015. 【毕】bì

"毕"字的现代常用义有：1. 完成，如"毕业"。2. 完全，如"锋芒毕露"。3. 星宿名，二十八宿之一。4.（Bì）姓。

"毕"对应的繁体字是"畢"。简化时，把"畢"上部改成"比"，写作"毕"字。"毕"可用作简化偏旁。

[畢]

《说文解字·华部》："畢，田罔也。从華，象畢形。微也。"象形兼会意字，本义指用网捕捉禽兽，如《诗经·小雅·鸳鸯》："鸳鸯於飛，畢之羅之。"引申指完成、完结等义，如《孟子·滕文公上》："公事畢，然後敢治私事。"

[类推简化字]

荜/蓽（bì）　哔/嗶（bì）　筚/篳（bì）　跸/蹕（bì）

## 【古诗文选读】

武王即位，太公望爲師，周公旦爲輔，召公、畢公之徒左右王師，脩文王緒業。九年，武王上祭於畢。東觀兵，至於盟津。爲文王木主，載以車，中軍。武王自稱太子發，言奉文王以伐，不敢自專。乃告司馬、司徒、司空、諸節：“齊栗，信哉！予無知，以先祖有德，臣小子受先功，畢立賞罰，以定其功。”遂興師。師尚父號曰：“總爾衆庶，與爾舟楫，後至者斬。”武王渡河，中流，白魚躍入王舟中，武王俯取以祭。既渡，有火自上復於下，至於王屋，流爲烏，其色赤，其聲魄雲。是時，諸侯不期而會盟津者八百諸侯。諸侯皆曰：“紂可伐矣。”武王曰：“女未知天命，未可也。”乃還師歸。

—— 《史记·周本纪》

# 016. 【币】bì

“币”字的现代常用义是钱币，如“人民币”。

“币”对应的繁体字是“幣”。“幣”的上半部分“敝”用符号“丿”代替，简化作“币”。但是“敝”用作其他字（如“蔽”“弊”等）的部件时，不简化成“丿”。

### [幣] bì

《说文解字·巾部》：“幣，帛也。从巾，敝聲。”形声字，本义为作为礼物或商品交换的丝织品，如《战国策·齐策》：“請具車馬皮幣。”引申指货币等义，如《管子·国蓄》：“先王爲其途之遠，其至之難，故託用於其重，以珠玉爲上幣，以黄金爲中幣，以刀布爲下幣。"

## 【古诗文选读】

後期年，齊王謂孟嘗君曰："寡人不敢以先王之臣爲臣。"孟嘗君就國於薛，未至百里，民扶老攜幼，迎君道中。孟嘗君顧謂馮諼："先生所爲文市義者，乃今日見之。"馮諼曰："狡兔有三窟，僅得免其死耳。今君有一窟，未得高枕而臥也。請爲君復鑿二窟。"孟嘗君予車五十乘，金五百斤，西遊於梁，謂惠王曰："齊放其大臣孟嘗君於諸侯，諸侯先迎之者，富而兵強。"於是，梁王虛上位，以故相爲上將軍，遣使者，黃金千斤，車百乘，往聘孟嘗君。馮諼先驅誠孟嘗君曰："千金，重幣也；百乘，顯使也。齊其聞之矣。"梁使三反，孟嘗君固辭不往也。齊王聞之，君臣恐懼，遣太傅賫黃金千斤，文車二駟，服劍一，封書謝孟嘗君曰："寡人不祥，被於宗廟之祟，沉於諂諛之臣，開罪於君，寡人不足爲也。願君顧先王之宗廟，姑反國統萬人乎?"馮諼誠孟嘗君曰："願請先王之祭器，立宗廟于薛。"廟成，還報孟嘗君曰："三窟已就，君姑高枕爲樂矣。"孟嘗君爲相數十年，無纖介之禍者，馮諼之計也。

——《战国策·齐策四·齐人有冯谖者》

## 017.【毙】bì

"毙"字的现代常用义有：1. 死，如"坐以待毙"。2. 用枪打死，如"枪毙"。

"毙"对应的繁体字是"斃"。简化时，将"斃"的声旁"敝"改换作"比"，简作"毙"。

［斃］bì

"斃"有异体字作"獘",《说文解字·犬部》:"獘,顿仆也,从犬敝聲。《春秋傳》曰:'與犬,犬獘。'或从死。"形声字。"獘"本指倒下,后引申为"死"的意思,便有了从"死"的"斃"字,如唐裴铏《传奇·元柳二公》:"郎君令持此药曰還魂膏,而報二君子,家有斃者,雖一甲子,猶能塗頂而活。"引申指击毙、打死,如《礼记·檀弓下》:"子射諸,射之,斃一人……又斃二人。每斃一人,揜其目。"

## 【古诗文选读】

驪姬以君命命申生曰:"今夕君夢齊姜,必速祠而歸福。"申生許諾,乃祭于曲沃,歸福于絳。公田,驪姬受福,乃寘鴆于酒,寘堇于肉。公至,召申生獻,公祭之地,地墳。申生恐而出。驪姬與犬肉,犬斃;飲小臣酒,亦斃。公命殺杜原款。申生奔新城。

——《国语·晋语二》

# 018.【边】biān

"边"字的现代常用义有:1. 物体周围的部分,如"一望无边"。2. 国家或地区之间的交界处,如"边疆"。3. 几何学上指夹成角的射线或围成多边形的线段,如"四边形"。4. 连用表示动作同时进行,如"边走边说"。5. 表示位置、方向,如"上边"。6. 方面,如"双边会谈"。

"边"对应的繁体字是"邊"。简化时,将"邊"的右上部用符号"力"代替，写成"边"字。"边"可用作简化偏旁。

## ［邊］

《说文解字·辵部》作"邉"："邉，行垂崖也。从辵，臱聲。"后楷化作"邊"。形声字，本义为走近山崖边缘，引申为边缘，如《礼记·深衣》："續衽鉤邊，要逢半下。"又引申指旁边、附近等义，如晋陶渊明《五柳先生传》："先生不知何許人也，亦不詳其姓字，宅邊有五柳樹，因以爲號焉。"

## ［类推简化字］

笾/籩（biān）

## 【古诗文选读】

譬如昔日有二小兒，入河遨戲，於此水底得一把毛。一小兒言："此是仙鬚。"一小兒言："此是羆毛。"爾時河邊有一仙人，此二小兒諍之不已，詣彼仙所，決其所疑。而彼仙人尋即取米及胡麻子，口中含嚼，吐著掌中，語小兒言："我掌中者，似孔雀屎。"而此仙人不答他問，人皆知之。世間愚人，亦復如是。說法之時，戲論諸法，不答正理，如彼仙人不答所問，爲一切人之所嗤笑。浮漫虛說，亦復如是。

——北齐求那毗地译《百喻经·小儿争分别毛喻》

# 019.【标】biāo

"标"字的现代常用义有：1. 事物的枝节或表面，如"标本兼治"。2. 记号，标志，如"商标"。3. 用文字或其他事物表明，如"明码标价"。4. 一定的准则、规格，如"超标"。

"标"对应的繁体字是"標"。简化时，将声旁"票"中的"西"省略，简作"标"。

［標］biāo

《说文解字·木部》："標，木杪（miǎo）末也。从木，票声。"形声字，本义为树梢，如《庄子·天地》："上如標枝，民如野鹿。"引申为末梢、事物的枝节或表面等义，如《管子·霸言》："大本而小標。"

## 【古诗文选读】

噫吁嚱，危乎高哉！蜀道之難，難於上青天。蠶叢及魚鳧，開國何茫然。爾來四萬八千歲，不與秦塞通人煙。西當太白有鳥道，可以橫絕峨眉巔。地崩山摧壯士死，然後天梯石棧相鈎連。上有六龍回日之高標，下有衝波逆折之迴川。黃鶴之飛尚不得過，猿猱欲度愁攀援。青泥何盤盤，百步九折縈巖巒。捫參歷井仰脅息，以手撫膺坐長歎。問君西遊何時還？畏途巉巖不可攀。但見悲鳥號古木，雄飛雌從繞林間。又聞子規啼夜月，愁空山，蜀道之難，難於上青天！使人聽此凋朱顏。連峰去天不盈尺，枯松倒挂倚絕壁，飛湍瀑流爭喧豗，砯崖轉石萬壑雷。其險也若此，嗟爾遠道之人胡爲乎來哉！劍閣崢嶸而崔嵬，一夫當關，萬夫莫開。所守或匪親，化爲狼與豺。朝避猛虎，夕避長蛇。磨牙吮血，殺人如麻。錦城雖云樂，不如早還家。蜀道之難，難於上青天，側身西望長咨嗟。

——唐李白《蜀道难》

# 020.【表】biǎo

"表"字的现代常用义有：1. 外部，跟"里"相对，如"表里如一"。2. 表示，显示，如"略表心意"。3. 中医指用药物把体内的风寒发散出来，如"清热解表"。4. 表格，如"调查表"。5. 计时间的器具，通常比钟小，可以带在身边，如"手表"。6. 计量某种量的器具，如"仪表"。7. 树立的标志，如"华表"。8. 称呼父亲或祖父的姊妹、母亲或祖母的兄弟姊妹生的子女，用来表示亲属关系，如"表哥"。

"表"对应的字是"表"和"錶"。简化时，用"表"代替"錶"。

### （一）［表］biǎo

《说文解字·衣部》："表，上衣也。从衣从毛，古者衣裘，以毛爲表。"会意字，本义为毛朝外的皮外衣，如《庄子·让王》："子貢乘大馬，中紺而表素。"后引申为外表等义，如《庄子·天下》："以濡弱謙下爲表，以空虚不毀萬物爲實。"

### （二）［錶］biǎo

形声字，从金表声。计时器，一般比钟小，可以随身携带，即手表、怀表等，如《老残游记》第十六回："人瑞腰裏摸出錶來一看，說：'四下鐘了!'"

## 【古诗文选读】

偶登眺。憑小闌，豔陽時節，乍晴天氣，是處閑花芳草。遙

25

山萬疊雲散，漲海千里，潮平波浩渺。煙村院落，是誰家綠樹，數聲啼鳥。

旋情悄。遠信沈沈，離魂杳杳。對景傷懷，度日無言誰<u>表</u>。惆悵舊歡何處，後約難憑，看看春又老。盈盈淚眼，望仙鄉，隱隱斷霞殘照。

——宋柳永《留客住·林钟商》

# 021. 【别】bié、biè

"别"字的现代常用义有：1. bié。①分离，如"分别"；②分辨，区分，如"分门别类"；③类别，分类，如"性别"；④另外，另外的，如"别有用心"；⑤副词，不要（表示禁止或劝阻），如"别动"；⑥绷住或卡住，如"把校徽别上"。2. biè。多用作"别扭"。①不顺心，不相投，如"闹别扭"；②不顺从，难对付，如"这个人脾气很别扭"；③语句不顺畅，有毛病，如"这段话真别扭，让人读不懂"。

"别"对应的字是"別"和"彆"。"別"和"彆"原为两个不同的字。简化时，用"别"代替"彆"。

## ［別］bié

小篆作"𠛆"，后写作"別"。《说文解字·冎部》："𠛆，分解也。从冎（guǎ），从刀。"会意字，本义为分解、区分，如《荀子·君道》："知國之安危臧否，若別黑白，是其人者也。"引申为离别等义，如《楚辞·离骚》："余既不難夫離別兮，傷靈脩之數化。"

［彆］biè

段玉裁《说文解字注·弓部》："彆，弓戾也。从弓，敝聲。"形声字，本义为弓强硬不易调整，引申指朝相反方向弯曲。《诗经·小雅·采薇》"象弭魚服"汉郑玄笺："弭，弓反末彆者。"现多用作"彆（别）扭"，义为不顺心、难对付，如曹禺《日出》第一幕："你這個人！還是跟從前一樣地彆扭，簡直是没有辦法。"

## 【古诗文选读】

石根百尺杉，山眼一片泉。倚之道氣高，飲之詩思鮮。於此逍遥場，忽奏別離弦。卻笑薛蘿子，不同鳴躍年。

——唐孟郊《山中送从叔簡赴举》

# 022.【宾】bīn

"宾"字的现代常用义为客人，如"喧宾夺主"。

"宾"对应的繁体字是"賓"。简化时，将"賓"的下半部分改为"兵"，写成"宾"字。"宾"可用作简化偏旁。

［賓］bīn

《说文解字·贝部》："賓，所敬也。从貝，宀聲。"形声字，本义为客人，如《诗经·小雅·鹿鸣》："呦呦鹿鸣，食野之蘋。我有嘉賓，鼓瑟吹笙。"引申指以客礼相待，如《淮南子·氾论》："乃矯鄭伯之命，犒以十二牛，賓秦師而却之。"又作戏曲用语，即对话，明李诩《戒庵老人漫笔·曲宾白》："北曲中有全賓，全白。兩人對説曰賓，一人自説曰白。"

## ［类推简化字］

傧/儐（bīn）　滨/濱（bīn）　缤/繽（bīn）

槟/檳（bīn、bīng）　镔/鑌（bīn）　摈/擯（bìn）

殡/殯（bìn）　膑/臏（bìn）　髌/髕（bìn）　鬓/鬢（bìn）

嫔/嬪（pín）

## 【古诗文选读】

　　呂不韋乃以五百金與子楚，爲進用，結賓客；而復以五百金買奇物玩好，自奉而西遊秦，求見華陽夫人姊，而皆以其物獻華陽夫人。因言子楚賢智，結諸侯賓客遍天下，常曰"楚也以夫人爲天，日夜泣思太子及夫人"。夫人大喜。不韋因使其姊説夫人曰："吾聞之，以色事人者，色衰而愛弛。今夫人事太子，甚愛而無子，不以此時蚤自結於諸子中賢孝者，舉立以爲適而子之，夫在則重尊，夫百歲之後，所子者爲王，終不失勢，此所謂一言而萬世之利也。不以繁華時樹本，即色衰愛弛後，雖欲開一語，尚可得乎？今子楚賢，而自知中男也，次不得爲適，其母又不得幸，自附夫人，夫人誠以此時拔以爲適，夫人則竟世有寵於秦矣。"華陽夫人以爲然，承太子間，從容言子楚質于趙者絕賢，來往者皆稱譽之。乃因涕泣曰："妾幸得充後宮，不幸無子，願得子楚立以爲適嗣，以託妾身。"安國君許之，乃與夫人刻玉符，約以爲適嗣。安國君及夫人因厚餽遺子楚，而請呂不韋傅之，子楚以此名譽益盛於諸侯。

　　　　　　　　　　　　　　　——《史记·吕不韦列传》

# 023.【卜】bo、bǔ

"卜"字的现代常用义有：1. bo。萝卜。2. bǔ。①占卜，如"求签问卜"；②预料，如"生死未卜"；③（Bǔ）姓。

"卜"对应的字是"卜"和"蔔"。简化时，用"卜"代替"蔔"。

［蔔］bo

形声字，从艹，匐声。"蔔"字又作"菔"，用作"蘆菔"，即"蘿蔔"，如《后汉书·刘盆子传》："幽閉殿内，掘庭中蘆菔根，捕池魚而食之。"北魏贾思勰《齐民要术·蔓菁》："種菘、蘆菔法，與蕪菁同。"

［卜］bǔ

《说文解字·卜部》："卜，灼剝龜也。象灸龜之形。一曰象龜兆之從横也。"象形字，像龟甲烧过之后出现的裂纹，本义指烧灼龟甲以占卜吉凶祸福，如《诗经·卫风·氓》："爾卜爾筮，體無咎言。"后引申指预料、选择等义，如《史记·孙子吴起列传》："試延以公主，起有留心則必受之，無留心則必辭矣。以此卜之。"

## 【古诗文选读】

蜀人魏野，隱居不仕宦，善爲詩，以詩著名。卜居陝州東門之外。有《陝州平陸縣》詩云："寒食花藏院，重陽菊繞灣。一聲離岸櫓，數點別州山。"最爲警句。所居頗蕭灑，當世顯人多與之遊，寇忠愍尤愛之。嘗有《贈忠愍》詩云："好向上天辭富貴，卻來平地作神仙。"後忠愍鎮北都，召野置門下。北都有妓女，美色而舉止生梗，土人謂之"生張八。"因府會，忠愍令乞詩於野，野贈之詩曰："君爲北道生張八，我是西州熟魏三。莫怪尊前無笑語，半生半熟未相諳。"吳正憲《憶陝郊》詩曰："南郭迎天使，東郊訪隱人。"隱人，謂野也。野死，有子閑，亦有清名，今尚居陝中。

——宋沈括《梦溪笔谈·艺文》

## 024.【补】bǔ

"补"字的现代常用义有：1. 修补，如"亡羊补牢"。2. 补充，如"补偿"。3. 益处，如"于事无补"。

"补"对应的繁体字是"補"。简化时，"補"的声旁换成"卜"，简作"补"。

[補] bǔ

《说文解字·衣部》："補，完衣也。从衣，甫聲。"形声字，本义为补缀破衣，如《礼记·内则》："衣裳綻裂，紉箴請補綴。"后引申指修补、补充等义，如《吕氏春秋·孟秋》："修宫室，坿牆垣，補城郭。"

### 【古诗文选读】

莊子衣大布而補之，正緳繫履而過魏王。魏王曰："何先生之憊邪？"莊子曰："貧也，非憊也。士有道德不能行，憊也；衣弊履穿，貧也，非憊也；此所謂非遭時也。王獨不見夫騰猿乎？

其得柟梓豫章也，攬蔓其枝，而王長其間，雖羿、蓬蒙不能眄睨也。及其得柘棘枳枸之間也，危行側視，振動悼慄；此筋骨非有加急而不柔也，處勢不便，未足以逞其能也。今處昏上亂相之間，而欲無憊，奚可得邪？此比干之見剖心，微也夫！"

—— 《庄子·山木》

# 025.【才】cái

"才"字的现代常用义有：1. 能力，如"真才实学"。2. 从才能方面指称某类人，如"天才"。3. 副词，刚刚，如"刚才"。

"才"对应的字是"才"和"纔"。简化时，用"才"代替"纔"。

## （一）［才］cái

《说文解字·才部》："才，艸（草）木之初也。从丨，上贯一，将生枝葉。一，地也。"象形字，本义表示植物主茎刚刚冒出地面，引申指才力、才能等义，如《论语·子罕》："既竭吾才，如有所立，卓爾。"文献中常用同"纔"，作副词，表示仅仅、只是、刚刚等意义，如宋柳永《西平乐》词："嘉景清明渐近，時節輕寒乍暖，天氣才晴又雨。"

## （二）［纔］shān、cái

1. shān。《说文解字·系部》："纔，帛雀頭色。一曰微黑色，如紺。纔，淺也。讀若讒，从糸，毚聲。"形声字，本义为浅青色、微黑色。

2. cái。方始，刚刚，如《汉书·晁错传》："救之，少發則

31

不足，多發，遠縣纔至，則胡又已去。"引申指仅仅等义，如晋陶渊明《桃花源记》："初極狹，纔通人。"

## 【古诗文选读】

　　子貢問於孔子曰："今之人臣，孰爲賢？"子曰："吾未識也，徃者齊有鮑叔，鄭有子皮，則賢者矣。"子貢曰："齊無管仲，鄭無子產？"子曰："賜，汝徒知其一，未知其二也。汝聞用力爲賢乎？進賢爲賢乎？"子貢曰："進賢賢哉。"子曰："然，吾聞鮑叔達管仲，子皮達子產，未聞二子之達賢己之才者也。"

——《孔子家语·贤君》

# 026. 【参】cān、cēn、shēn

　　"参"字的现代常用义有：1. cān。①加入，如"参军"；②进见，如"参拜"；③探究并领会，如"参禅"；④告发，如"参劾"。2. cēn。用作"参差"，指长短、大小、高低等不齐。3. shēn。①星宿名，二十八宿之一；②人参，草本植物。

　　"参"对应的繁体字是"參"。"参"是"參"的草书楷化字形。简化时，用"参"代替"參"字。"参"可用作简化偏旁。

　　［參］shēn、cān、cēn

　　1. shēn。《说文解字·晶部》作"曑"："曑，商星也。从晶，㐱（zhěn）聲。"形声字，常用来指星宿名，二十八宿之一，如《左传·昭公元年》："遷實沈於大夏，主參。"又指人参，如《急就篇》卷四："遠志續斷參土瓜。"

　　2. cān。参加，如《后汉书·班彪传》："所上奏章，誰與参之?"引申指检验等义,如《荀子·劝学》:"君子博學而日參省乎己,則知明而行無過矣。"

3. cēn。参差,指长短、大小、高低等不齐的样子,如《诗经·周南·关雎》:"參差荇菜,左右流之。"

## [类推简化字]

穇/穇（cǎn）　骖/驂（cān）　惨/慘（cǎn）
掺/摻（chān）　碜/磣（chěn）　毵/毿（sān）
穆/穆（sǎn、shēn）　渗/滲（shèn）　瘆/瘮（shèn）

## 【古诗文选读】

村中來一女子,年二十有四五,攜一藥囊,售其醫。有問病者,女不能自爲方,俟暮夜問諸神。晚潔斗室,閉置其中。衆繞門窗,傾耳寂聽;但竊竊語,莫敢欬。內外動息俱冥。至夜許,忽聞簾聲。女在內曰:"九姑來耶?"一女子答云:"來矣。"又曰:"臘梅從九姑耶?"似一婢答云:"來矣。"三人絮語間雜,刺刺不休。俄聞簾鉤復動,女曰:"六姑至矣。"亂言曰:"春梅亦抱小郎子來耶?"一女曰:"拗哥子!嗚嗚不睡,定要從娘子來。身如百鈞重,負累煞人!"旋聞女子殷勤聲,九姑問訊聲,六姑寒暄聲,二婢慰勞聲,小兒喜笑聲,一齊嘈雜。即聞女子笑曰:"小郎君亦大好耍,遠迢迢抱貓兒來。"既而聲漸疏,簾又響,滿室俱嘩,曰:"四姑來何遲也?"有一小女子細聲答曰:"路有千里且溢,與阿姑走爾許時始至。阿姑行且緩。"遂各各道溫涼聲,並移坐聲,喚添坐聲,參差並作,喧繁滿室,食頃始定。即聞女子問病。九姑以爲宜得參,六姑以爲宜得芪,四姑以爲宜得术。參酌移時,即聞九姑喚筆硯。無何,折紙戢戢然,拔筆擲帽丁丁然,磨墨隆隆然;既而投筆觸几,震震作響,便聞撮藥包裹蘇蘇然。頃之,女子推簾,呼病者授藥並方。反身入室,即聞三姑作

别，三婢作别，小儿哑哑，猫儿唔唔，又一时并起。九姑之声清
以越，六姑之声缓以苍，四姑之声娇以婉，以及三婢之声，各有
态响，听之了了可辨。群讶以为真神。而试其方亦不甚效。此即
所谓口技，特借之以售其术耳。然亦奇矣！

——清蒲松龄《聊斋志异·口技》

# 027.【蚕】cán

"蚕"字的现代常用义指蚕虫，如"春蚕"。

"蚕"对应的繁体字是"蠶"。"蚕"是"蠶"的俗字。简化
时，用"蚕"代替"蠶"。

［蠶］cán

《说文解字·蚰部》："蠶，任丝也。从蚰，朁（cǎn）声。"
形声字，本义指蚕虫，如《韩非子·说林下》："鱣似蛇，蠶似
蠋。"引申指蚕事，如唐李白《五月东鲁行答汶上翁》："五月梅
始黄，蠶凋桑柘空。"

## 【古诗文选读】

养蠶法：收取种茧，必取居簇中者。【近上则丝薄，近地则
子不生也。】泥屋，用福、德、利上土。屋欲四面开窗，纸糊；
厚为篱，屋内四角著火。【火若在一处，则冷热不均。】初生，以
毛扫。【用荻扫，则伤蠶。】调火，令冷热得所。【热则焦燥，冷
则长迟。】比至再眠，常须三箔：中箔上安蠶，上下空置。【下箔
障土气，上箔防尘埃。】小时，采福、德上桑，著怀中令暖，然
后切之。【蠶小，不用见露气，得人体则众恶除。】每饲蠶，卷窗

幏，飼訖還下。【蠶見明則食，食多則生長。】老時值雨者，則壞繭，宜於屋裏簇之：薄布薪於箔上，散蠶訖，又薄以薪覆之。一槌得安十箔。

——北魏贾思勰《齐民要术·种桑柘》

# 028. 【灿】càn

"灿"字的现代常用义有：1. 光彩耀眼，如"金灿灿"。2. 用作"灿烂"，义为鲜明耀眼，如"星光灿烂"。

"灿"对应的繁体字是"燦"。简化时，"燦"字声旁"粲"换成"山"，简作"灿"。

[燦] càn

《说文解字·火部》新附："燦，燦爛，明瀞皃。从火，粲聲。"形声字，义为鲜明洁净的样子，如南朝梁何逊《苦热行》："臥思清露泡，坐待明星燦。"引申指明白、清楚等义，如金王若虚《〈扬子法言微旨〉序》："及觀公解，則終始貫穿通爲一義，燦有條理而不亂。"

## 【古诗文选读】

廣東有搢紳傅氏，年六十餘，生一子，名廉，甚慧，而天閹，十七歲陰裁如蠶。遐邇聞知，無妻以女。自分宗緒已絕，晝夜慢悒，而無如何。廉從師讀。師偶他出，適門外有猴戲者，廉觀之，廢學焉。度師將至而懼，遂亡去。離家數里，見一白衣女郎，偕小婢出其前。女一回首，妖麗無比，蓮步蹇緩，廉趨過之。女回顧婢曰："試問郎君，得毋欲如瓊乎？"婢果呼問，廉詰其何爲，女曰："倘之瓊也，有尺書一函，煩便道寄里門。老母在家，亦可爲東道主。"廉出本無定向，念浮海亦得，因諾之。女出書付婢，婢轉付生。問其姓名居里，云："華姓，居秦女村，去北郭三四里。"生附舟便去。至瓊州北郭，日已曛暮，問秦女村，迄無知者。望北行四五里，星月已燦，芳草迷目，曠無逆旅，窘甚。見道側墓，思欲傍墳棲止，大懼虎狼，因攀樹猱升，蹲踞其上。聽松聲謖謖，宵蟲哀奏，中心忐忑，悔至如燒。

——清蒲松齡《聊齋志異·巧娘》

# 029.【仓】cāng

"仓"字的现代常用义指收藏粮食等物质的建筑物，如"米仓"。

"仓"对应的繁体字是"倉"。简化时，将"倉"的下部用符号替换，写成"仓"字。"仓"可用作简化偏旁。

## ［倉］cāng

《说文解字·仓部》："倉，穀藏也。倉黃取而藏之，故謂之倉。从食省，口象倉形。"会意字，本义为粮仓，如《诗经·小雅·甫田》："乃求千斯倉，乃求萬斯箱。"又用作"倉卒""倉皇""倉遽""倉迫"等。

## ［类推简化字］

伧/傖（cāng）　苍/蒼（cāng）　沧/滄（cāng）

鸧/鶬（cāng）　舱/艙（cāng）　疮/瘡（chuāng）

创/創（chuàng、chuāng）　怆/愴（chuàng）

玱/瑲（qiāng）　枪/槍（qiāng）　戗/戧（qiāng、qiàng）

抢/搶（qiǎng、qiāng）　呛/嗆（qiāng、qiàng）

炝/熗（qiàng）　跄/蹌（qiàng）

## 【古诗文选读】

漢三年秋，項羽擊漢，拔滎陽，漢兵遁保鞏、洛。楚人聞淮陰侯破趙，彭越數反梁地，則分兵救之。淮陰方東擊齊，漢王數困滎陽、成皋，計欲捐成皋以東，屯鞏、洛以拒楚。酈生因曰："臣聞知天之天者，王事可成；不知天之天者，王事不可成。王者以民人爲天，而民人以食爲天。夫敖倉，天下轉輸久矣，臣聞其下迺有藏粟甚多，楚人拔滎陽，不堅守敖倉，迺引而東，令適卒分守成皋，此迺天所以資漢也。方今楚易取而漢反郤，自奪其便，臣竊以爲過矣。且兩雄不俱立，楚漢久相持不決，百姓騷動，海內搖蕩，農夫釋耒，工女下機，天下之心未有所定也。願足下急復進兵，收取滎陽，據敖倉之粟，塞成皋之險，杜大行之道，距蜚狐之口，守白馬之津，以示諸侯效實形制之勢，則天下知所歸矣。方今燕、趙已定，唯齊未下。今田廣據千里之齊，田間將二十萬之衆，軍於歷城，諸田宗彊，負海阻河濟，南近楚，人多變詐，足下雖遣數十萬師，未可以歲月破也。臣請得奉明詔說齊王，使爲漢而稱東藩。"上曰："善。"

——《史记·郦生陆贾列传》

## 030. 【层】céng

"层"字的现代常用义有：1. 重复，重叠，如"层出不穷"。2. 重叠的事物或其中的一部分，如"高层建筑"。3. 量词，重，如"一层灰"。

"层"对应的繁体字是"層"。"层"是"層"字的草书楷化字形。简化时，用"层"代替"層"。

〔層〕céng

《说文解字·尸部》："重屋也。从尸，曾聲。"形声字，本义为重屋、楼房，如南朝梁刘孝绰《栖隐寺碑》："珠殿連雲，金層輝景。"后作量词，用于重叠或累积的事物，如《老子》第六十四章："九層之臺，起於累土。"唐王之涣《登鸛雀楼》："欲窮千里目，更上一層樓。"

## 【古诗文选读】

永寧寺，熙平元年靈太后胡氏所立也，在宮前閶闔門南一里御道西。其寺東有太尉府，西對永康里，南界昭玄曹，北鄰御史臺。閶闔門前御道東有左衛府，府南有司徒府。司徒府南有國子學。堂内有孔丘像，顏淵問仁、子路問政在側。國子學南有宗正寺，寺南有太廟，廟南有護軍府，府南有衣冠里。御道西有右衛府，府南有太尉府，府南有將作曹，曹南有九級府，府南有太社，社南有淩陰里，即四朝時藏冰處也。中有九層浮圖一所，架木爲之，舉高九十丈。上有金剎，復高十丈，合去地一千尺。去京師百里，已遙見之。

——北魏杨衒之《洛阳伽蓝记》卷一

# 031.【攙】chān

"攙"字的现代常用义指扶、挽扶，如"攙扶"。

"搀"对应的繁体字是"攙"。简化时，将"攙"字声旁"毚"改换，简作"搀"。同类型常用字简化的还有"饞/馋"和"讒/谗"。

[攙] chān

《说文解字·手部》新附："攙，刺也。从手，毚（chán）声。"形声字。本义为刺、插入，如宋苏轼《佛日山荣长老方丈五绝》诗之二："千株玉槊攙雲立，一穗珠旒落鏡寒。"后引申指用手扶人，如宋沈辽《禅僧岩》诗："吾身有病苦下濕，復畏神怪來邀攙。"

## 【古诗文选读】

小廝進來說："鄧老爺來了，坐在河房裏，定要會少爺。"杜少卿叫兩個小廝攙扶著，做個十分有病的模樣，路也走不全，出來拜謝知縣，拜在地下就不得起來。知縣慌忙扶了起來，坐下就道："朝廷大典，李大人專要借光。不想先生病得狼狽至此。不知幾時可以勉強就道？"杜少卿道："治晚不幸大病，生死難保，這事斷不能了！總求老父臺代我懇辭。"袖子裏取出一張呈子來，遞與知縣。知縣看這般光景，不好久坐，說道："弟且別了先生，恐怕勞神。這事，弟也祇得備文書，詳復上去，看大人意思何如。"杜少卿道："極蒙臺愛，怨治晚不能躬送了。"

——清吴敬梓《儒林外史》第三十四回

# 032. 【谗】 chán

"谗"字的现代常用义指说别人的坏话，如"谗言"。

"谗"对应的繁体字是"讒"。简化时，将"讒"字声旁"毚"改换，简作"谗"。

［讒］chán

《说文解字·言部》："讒，譖也。从言，毚聲。"形声字，本义为说别人的坏话，如《庄子·渔父》："不择是非而言，谓之諛；好言人之恶，谓之讒。"引申指说坏话的人等义，如《管子·君臣下》："中外不通，讒匿不生。"

### 【古诗文选读】

顷之，無忌又日夜言太子短於王曰："太子以秦女之故，不能無怨望，願王少自備也。自太子居城父，將兵，外交諸侯，且欲入爲亂矣。"平王乃召其太傅伍奢考問之。伍奢知無忌讒太子於平王，因曰："王獨奈何以讒賊小臣疏骨肉之親乎？"無忌曰："王今不制，其事成矣。王且見禽。"於是平王怒，囚伍奢，而使城父司馬奮揚往殺太子。行未至，奮揚使人先告太子："太子急去，不然將誅。"太子建亡奔宋。

　　　　　　　　　　　——《史记·伍子胥列传》

# 033. 【馋】chán

"馋"字的现代常用义有：1. 贪吃，如"嘴馋"。2. 贪，羡慕，如"眼馋"。

"馋"对应的繁体字是"饞"。简化时，将"饞"字声旁"毚"改换，简作"馋"。

〔饞〕chán

《集韵·咸韵》："讒，饕也。"从食，毚声，形声字，本义为贪食、想吃，如汉焦赣《易林·需之解》："一指食肉，口無所得，染其鼎鼐，舌饞於腹。"引申指贪羡等义，如唐韩愈《酬司门卢四兄云夫院长望秋作》诗："馳坑跨谷終未悔，爲利而止真貪饞。"

## 【古诗文选读】

貞觀九年，太宗謂魏徵曰："頃讀周、齊史，末代亡國之主，爲惡多相類也。齊主深好奢侈，所有府庫，用之略盡，乃至關市無不稅斂。朕常謂此猶如饞人自食其肉，肉盡必死。人君賦斂不已，百姓既弊，其君亦亡，齊主即是也。然天元、齊主，若爲優劣？"徵對曰："二主亡國雖同，其行則別。齊主懦弱，政出多門，國無綱紀，遂至亡滅。天元性凶而強，威福在己，亡國之事，皆在其身。以此論之，齊主爲劣。"

——唐吴兢《贞观政要·辩兴亡第三十四》

## 034. 【缠】chán

"缠"字的现代常用义有：1. 绕，围绕，如"腰缠万贯"。2. 搅扰，如"胡搅蛮缠"。

"缠"对应的繁体字是"纏"。简化时，将"纏"的部首"糸"简作"纟"，声旁"廛"省略作"厘"，简作"缠"。

［**纏**］chán

《说文解字·系部》："纏，繞也。从糸，廛（chán）聲。"形声字，本义为盘绕，如汉班固《西都赋》："颮颮纷纷，矰缴相纏。"引申为纠缠、搅扰等义，如《后汉书·班固传下》："漢興已來，曠世歷年，兵纏夷狄，尤事匈奴。"

## 【古诗文选读】

譬如有蛇，尾與頭言："我應在前。"頭語尾言："我恒在前，何以卒爾?"頭果在前，其尾纏樹，不能得去。放尾在前，即墮火坑，燒爛而死。師徒弟子，亦復如是。言師者老，每恒在前；我諸年少，應爲導首。如是年少，不閑戒律，多有所犯。因即相牽，入於地獄。

——北齐求那毗地译《百喻经·蛇头尾共争在前喻》

# 035.【产】chǎn

"产"字的现代常用义有：1. 人或动物生子，如"产妇"。2. 制造、种植或自然生长，如"国产"。3. 物产，如"土特产"。4. 所拥有的土地、房屋等财产，如"资产"。

"产"对应的繁体字是"産"。简化时，删减"産"字右下部"生"，写作"产"。"产"可用作简化偏旁。

［**産**］chǎn

《说文解字·生部》："産，生也。从生，彥省聲。"形声字，本义指人或动物生子，如《韩非子·六反》："且父母之於子也，产男则相贺，产女则杀之。"引申指出生、生长等义，如《孟子·滕文公上》："陈良，楚产也。"

## ［类推简化字］

浐/潹（chǎn）　　铲/鏟（chǎn）　　萨/薩（sà）

## 【古诗文选读】

昔有國王，产生一女，喚醫語言："爲我與藥，立使長大。"醫師答言："我與良藥，能使即大，但今卒無，方須求索。比得藥頃，王要莫看，待與藥已，然後示王。"於是即便遠方取藥。經十二年，得藥來還，與女令服，將示於王。王見歡喜，即自念言："實是良醫，與我女藥，能令卒長。"便勅左右，賜以珍寶。時諸人等，笑王無智，不曉籌量生來年月，見其長大，謂是藥力。世人亦爾，詣善知識，而啟之言："我欲求道，願見教授，使我立得。"善知識師以方便故，教令坐禪，觀十二緣起，漸積眾德，獲阿羅漢。倍踊躍歡喜，而作是言："快哉大師！速能令我證最妙法。"

　　　　——北齐求那毗地译《百喻经·醫與王女藥令卒長大喻》

# 036. 【忏】chàn

"忏"字的现代常用义有：1. 悔过，悔恨，如"忏悔"。2. 僧尼道士代人忏悔时念的经文，如"梁皇忏"。

"忏"对应的字是"忏"和"懺"。简化时，用"忏"代替"懺"。

（一）［忏］qiān、qiǎn

1. qiān。好。《广雅·释诂一》：“忏，善也。”《集韵·先韵》：“忏，《方言》：自關而西秦晉之間，呼好爲忏。”

2. qiǎn。怒。《玉篇·心部》：“忏，怒也。”

（二）［懺］chàn

《广韵·鉴韵》：“懺，自陳悔也。”从忄，韱聲，形声字。“懺”字多用作“懺悔”。梵文 ksama，音译为“懺摩”，省略为“懺”，意译为“悔”，合称为“懺悔”。“懺悔”为佛教术语。佛教规定，出家人每半月集合举行诵戒，给犯戒者说过悔改的机会。后成为自陈过错、悔罪祈福的一种宗教仪式。引申为认识了错误或罪过而感到痛心，如晋郗超《奉法要》：“每禮拜懺悔，皆當至心歸命，并慈念一切衆生。”《法苑珠林》卷一〇二：“積罪尤多，今既覺悟，盡誠懺悔。”

## 【古诗文选读】

昔有愚人，養育七子。一子先死。時此愚人見子既死，便欲停置於其家中，自欲棄去。傍人見已，而語之言：“生死道異，當速莊嚴，致於遠處而殯葬之。云何得留，自欲棄去？”爾時愚人聞此語已，即自思念：“若不得留，要當葬者，須更殺一子，停擔兩頭，乃可勝致。”於是便更殺其一子而擔負之，遠葬林野。時人見之，深生嗤笑，怪未曾有。譬如比丘私犯一戒，情憚改悔，默然覆藏，自說清淨，或有知者即語之言：“出家之人，守持禁戒，如護明珠，不使缺落。汝今云何違犯所受，欲不懺悔？”犯戒者言：“苟須懺者，更就犯之，然後當出。”遂便破戒，多作不善，爾乃頓出。如彼愚人，一子既死，又殺一子。今此比丘亦復如是。

——北齐求那毗地译《百喻经·子死欲停置家中喻》

# 037. 【长】cháng、zhǎng

　　"长"字的现代常用义有：1. cháng。①两端的距离大，跟"短"相对，如"源远流长"；②长度，如"周长"；③长处，优点，如"扬长避短"；④对某事做得特别好，如"擅长"。2. zhǎng。①辈分高或年纪大的人，如"长辈"；②排行中第一的，如"长房长孙"；③领导人，如"校长"；④生长，发育，如"拔苗助长"；⑤增加，如"教学相长"。

　　"长"对应的繁体字是"長"。"长"是"長"的草书楷化字形。简化时，用"长"代替"長"。"长"可用作简化偏旁。

[長] cháng、zhǎng

　　1. cháng。《说文解字·长部》："長，久遠也。从兀从匕。"象形字，本义为头发长，引申为长短的"长"，如《诗经·秦风·蒹葭》："所謂伊人，在水一方，溯洄從之，道阻且長。"又引申指常常、经常等义，如《庄子·秋水》："吾長見笑於大方之家。"

　　2. zhǎng。指年纪较大，由"长短"的"长"引申而来，如《论语·先进》："以吾一日長乎爾，毋吾以也。"又引申指君长、领袖等义，如《孟子·梁惠王下》："君行仁政，斯民親其上，死其長矣。"

[类推简化字]

　　伥/倀（chāng）　　怅/悵（chàng）　　枨/棖（chéng）
　　张/張（zhāng）　　涨/漲（zhàng、zhǎng）

45

帐/帳（zhàng）　　账/賬（zhàng）　　胀/脹（zhàng）

## 【古诗文选读】

天下皆知美之爲美，斯惡已；皆知善之爲善，斯不善已。故有无相生，難易相成，長短相形，高下相傾，音聲相和，前後相隨。是以聖人處無爲之事，行不言之教。萬物作而不辭，生而不有，爲而不恃，功成不居。夫唯不居，是以不去。

——《老子》第二章

# 038. 【尝】cháng

"尝"字的现代常用义有：1. 稍微吃一点儿，辨别滋味，如"卧薪尝胆"。2. 试一试，如"浅尝辄止"。3. 曾经，如"未尝"。

"尝"对应的繁体字是"嘗"。简化时，将"嘗"下部的"口"和"旨"换成"云"，写作"尝"。"尝"可用作简化偏旁。

[嘗] cháng

《说文解字·旨部》："嘗，口味之也。从旨，尚聲。"形声字，本义为辨别滋味，吃一点儿试试，如《诗经·小雅·甫田》："田畯至喜，攘其左右，嘗其旨否。"后引申作曾经等义，如《论语·卫灵公》："俎豆之事，则嘗聞之矣。""嘗"另有异体字作"嚐""甞"。

[类推简化字]

鲿/鱨（cháng）

46

**【古诗文选读】**

漢武帝乳母嘗於外犯事，帝欲申憲，乳母求救東方朔。朔曰："此非唇舌所爭，爾必望濟者，將去時，但當屢顧帝，慎勿言！此或可萬一冀耳。"乳母既至，朔亦侍側，因謂曰："汝癡耳！帝豈復憶汝乳哺時恩邪！"帝雖才雄心忍，亦深有情戀，乃悽然愍之，即敕免罪。

——南朝宋刘义庆《世说新语·规箴》

# 039.【偿】cháng

"偿"字的现代常用义有 1. 归还，赔偿，如"得不偿失"。2. 满足，如"如愿以偿"。3. 代价，报酬，如"无偿献血"。

"偿"对应的繁体字是"償"。简化时，将"償"的声旁"賞"改换为"尝"，写成"偿"字。

［償］cháng

《说文解字·人部》："償，還也。从人，賞聲。"形声字，本义为归还，如汉晁错《论贵粟疏》："有賣田宅、鬻子孫以償責者矣。"引申为报答、酬报等义，如《史记·范雎蔡泽列传》："一飯之德必償，睚眦之怨必報。"

**【古诗文选读】**

漢董永，千乘人。少偏孤，與父居，肆力田畝，鹿車載自隨。父亡，無以葬，乃自賣爲奴，以供喪事。主人知其賢，與錢一萬，遣之。永行，三年喪畢，欲還主人，供其奴職。道逢一婦人曰："願爲子妻。"遂與之俱。主人謂永曰："以錢與君矣。"永曰："蒙君之惠，父喪收藏，永雖小人，必欲服勤致力，以報厚德。"主曰："婦人何能？"永曰："能織。"主曰："必爾者，但令君婦爲我織縑百匹。"於是永妻爲主人家織，十日而畢。女出門，謂永曰："我，天之織女也。緣君至孝，天帝令我助君償債耳。"語畢，凌空而去，不知所在。

——晋干宝《搜神记》卷一

# 040. 【厂】chǎng、ān

"厂"字的现代常用义有：1. chǎng。①工厂，如"汽车厂"；②有空地可以存货或进行加工的场所，如"煤炭厂"。2. ān。同"庵"，多用于人名。

"厂"对应的字是"厂"和"廠"。简化时，用"厂"代替"廠"。

## （一）〔厂〕hǎn、ān

1. hǎn，《说文解字·厂部》："厂，山石之厓巖，人可居。"象形字，本义为山崖边较浅的岩穴，如清刘献廷《广阳杂记》卷三："山足至洞顶高八丈許，洞之厂上附頂處，架木爲龕，可布三四席。"

2. ān，同"庵"，多用于人名，现在很少使用。

## （二）〔廠〕chǎng

《广韵·漾韵》："廠，露舍。"从广（yǎn），敞声，"敞"兼表意，形声兼会意字，另有俗字作"厰"。本义指没有墙壁或只有一面墙壁的房屋，如北魏贾思勰《齐民要术·养羊》："架北墙为廠。"后引申出工厂等义，如《明史·食货志六》："後添設饒州通判專管御器廠燒造。是時營建最繁，近京及蘇州皆有磚廠。"

## 【古诗文选读】

凡燒砒霜，質料似土而堅，似石而碎，穴土數尺而取之。江西信郡、河南信陽州皆有砒井，故名信石。近則出產獨盛衡陽，一廠有造至萬鈞者。凡砒石井中，其上常有濁綠水，先絞水盡，然後下鑿。砒有紅、白兩種，各因所出原石色燒成。凡燒砒，下鞠土窯，納石其上，上砌曲突，以鐵釜倒懸覆突口。其下灼炭舉火。其煙氣從曲突內熏貼釜上。度其已貼一層厚結寸許，下復息火。待前煙冷定，又舉次火，熏貼如前。一釜之內數層已滿，然後提下，毀釜而取砒。故今砒底有鐵沙，即破釜滓也。凡白砒止此一法。紅砒則分金爐內銀銅腦氣有閃成者。凡燒砒時，立者必于上風十餘丈外，下風所近，草木皆死。燒砒之人經兩載即改徙，否則鬚髮盡落。此物生人食過分厘立死。然每歲千萬金錢速售不滯者，以晉地菽麥必用拌種，且驅田中黃鼠害，寧、紹郡稻田必用蘸秧根，則豐收也。不然火藥與染銅需用能幾何哉！

　　　　　　——明宋应星《天工开物·燔石第十一卷·砒石》

# 041.【车】chē、jū

"车"字的现代常用义有：1. chē。①陆地上有轮子的交通工具，如"摩托车"；②用轮轴来转动的器具，如"纺车"；③用旋床加工工件，如"车零件"；④（Chē）姓。2. jū。中国象棋中的一种棋子，如"车走直线"。

"车"对应的繁体字是"車"。"车"是"車"的草书楷化字形。简化时，用"车"代替"車"。"车"可用作简化偏旁。

[車] chē、jū

1. chē。《说文解字·车部》："車，舆輪之總名。夏后時奚仲所造。象形。"象形字，本义为陆地上有轮子的交通工具，如《诗经·秦风·车邻》："有車鄰鄰，有馬白顛。"引申指加工切削物件等义，如宋洪皓《松漠纪闻·补遗》："麋角與鹿角不同，麋角如駝骨，通身可車，却無紋。"

2. jū。中国象棋中的一种棋子，如《镜花缘》第七四回："吕祥蕡连忙叫道：'小鸾姐姐攔不得，有個馬後炮哩！'話未說完，秦小春隨即用炮把車打了。"

[类推简化字]

辈/輩（bèi）

砗/硨（chē）　辍/輟（chuò）　辏/輳（còu）

轭/軛（è）

辐/輻（fú）　辅/輔（fǔ）

轱/軲（gū）　毂/轂（gǔ）　轨/軌（guǐ）　匦/匭（guǐ）

辊/輥（gǔn）

轷/軤（hū）　挥/揮（huī）　珲/琿（hún、huī）

辉/輝（huī）　翚/翬（huī）　荤/葷（hūn）

浑/渾（hún）　诨/諢（hùn）

辑/輯（jí）　渐/漸（jiàn、jiān）　轿/轎（jiào）

较/較（jiào）　军/軍（jūn）　皲/皸（jūn）

轲/軻（kē）　库/庫（kù）　裤/褲（kù）

轹/轢（lì）　连/連（lián）　莲/蓮（lián）

涟/漣（lián）　裢/褳（lián）　鲢/鰱（lián）

琏/璉（liǎn）　链/鏈（liàn）　辆/輛（liàng）　辚/轔（lín）

轳/轤（lu）　辂/輅（lù）　辘/轆（lù）　轮/輪（lún）

辇/輦（niǎn）　撵/攆（niǎn）

辔/轡（pèi）

堑/塹（qiàn）　椠/槧（qiàn）　轻/輕（qīng）

韧/韌（rèn）　软/軟（ruǎn）

库/庫（shè）　轼/軾（shì）　输/輸（shū）

辋/輞（wǎng）

辖/轄（xiá）　轩/軒（xuān）

轺/軺（yáo）　轶/軼（yì）　舆/輿（yú）　辕/轅（yuán）

晕/暈（yūn、yùn）　郓/鄆（yùn）　恽/惲（yùn）

载/載（zǎi、zài）　暂/暫（zàn）　錾/鏨（zàn）

轧/軋（zhá、yà、gá）　崭/嶄（zhǎn）　崭/嶃（zhǎn）

辗/輾（zhǎn）　辄/輒（zhé）　辙/轍（zhé）

轸/軫（zhěn）　阵/陣（zhèn）　轾/輊（zhì）

轴/軸（zhóu、zhòu）　转/轉（zhuàn、zhuǎn）

啭/囀（zhuàn）　辎/輜（zī）

## 【古诗文选读】

　　有女同<u>车</u>，颜如舜華。將翱將翔，佩玉瓊琚。彼美孟姜，洵美且都。

　　有女同行，颜如舜英。將翱將翔，佩玉將將。彼美孟姜，德音不忘。

——《诗经·郑风·有女同车》

# 042. 【彻】chè

"彻"字的现代常用义为通、透,如"彻头彻尾"。

"彻"对应的繁体字是"徹"。简化时,"徹"字右边部件改换为"切",写成"彻"字。

## ［徹］chè

甲骨文从鬲从又(手),表示会餐后撤去食具。《说文解字·攴部》:"徹,通也。从彳,从攴,从育。"会意字,本义为撤除、撤去,如《诗经·小雅·楚茨》:"諸宰君婦,廢徹不遲。"引申为通、贯通等义,如《墨子·备穴》:"爲鐵鉤鉅長四尺者,財自足,穴徹,以鉤客穴者。"《列子·汤问》:"汝心之固,固不可徹,曾不若孀妻弱子。"

## 【古诗文选读】

粟穀難春付石臼,弊衣難護付巧婦。男兒千凶飽人手,老女不嫁只生口。

誰家女子能行步,反著袂襌後裙露。天生男女共一處,願得兩個成翁嫗。

華陰山頭百丈井,下有流水徹骨冷。可憐女子能照影,不見其餘見斜領。

黃桑柘屐蒲子履,中央有絲兩頭繫。小時憐母大憐婿,何不早嫁論家計。

　　　　——《乐府诗集·横吹曲辞五·梁鼓角横吹曲·捉搦歌》

# 043. 【尘】chén

"尘"字的现代常用义有：1. 灰土，如"一尘不染"。2. 世俗，如"滚滚红尘"。3. 形迹，如"步人后尘"。

"尘"对应的繁体字是"塵"。"尘"是"塵"新造异体字。简化时，用"尘"代替"塵"。

[塵] chén

原作"麤"，从麤（cū）从土，表示群鹿奔跑扬起尘土之意，后简作"塵"。《说文解字·麤部》："塵，鹿行扬土也。从麤，从土。"会意字，本义为飞扬的灰土，如《左传·成公十六年》："甚嚣，且塵上矣。"后引申为世俗等义，如唐张乔《秦原春望》："無窮名利塵，軒蓋逐年新。"

## 【古诗文选读】

少無適俗韻，性本愛丘山。誤落塵網中，一去三十年。
羈鳥戀舊林，池魚思故淵。開荒南野際，守拙歸園田。
方宅十餘畝，草屋八九間，榆柳蔭後簷，桃李羅堂前。
曖曖遠人村，依依墟里煙。狗吠深巷中，雞鳴桑樹巔。
戶庭無塵雜，虛室有餘閒。久在樊籠裏，復得返自然。

——晋陶渊明《归园田居五首》其一

# 044. 【衬】chèn

"衬"字的现代常用义有：1. 垫在或穿在里面的，如"衬衣"。2. 在里面再托上一层，如"衬一层纸"。3. 搭配上别的东西以显示最主要，如"陪衬"。

"衬"对应的繁体字是"襯"。简化时，把"襯"的声旁"親"变为"寸"，写成"衬"字。

［襯］chèn

《玉篇·衣部》："襯，近身衣。"从衤，親声，形声字，本义为内衣，如宋孟元老《东京梦华录·车驾宿大庆殿》："兵士皆小帽黄繡抹額，黄繡寬衫，青窄襯衫。"引申为陪衬等义，如北周庾信《杏花》："好折待賓客，金盤襯紅瓊。"

## 【古诗文选读】

有費生者，邑之名士，傾其產，以重金啗媼，媼諾，爲之請。女已知之，責曰："汝賣我耶？"媼伏地自投。女曰："汝貪其賂，我感其癡，可以一見。然而緣分盡矣。"媼又伏叩。女約以明日。生聞之，喜，具香燭而往，入門長揖。女簾內與語，問："君破產相見，將何以教妾也？"生曰："實不敢他有所干，祇以王嬙、西子，徒得傳聞，如不以冥頑見棄，倖得一闊眼界，下願已足。若休咎自有定數，非所樂聞。"忽見布幕之中，容光射露，翠黛朱櫻，無不畢現，似無簾幌之隔者。生意炫神馳，不覺傾拜。拜已而起，則厚幙沉沉，聞聲不見矣。悒悵間，竊恨未睹下體；俄見簾下繡履雙翹，瘦不盈指。生又拜。簾中女曰：

"君歸休！妾體惓矣！"媼延生別室，烹茶爲供。生題《南鄉子》一調於壁云："隱約畫簾前，三寸凌波玉筍尖；點地分明蓮瓣落，纖纖，再著重臺更可憐。花襯鳳頭彎，入握應知軟似綿；但願化爲蝴蝶去，裙邊，一嗅餘香死亦甜。"題畢而去。女覽題不悅，謂媼曰："我言緣分已盡，今不妄矣。"媼伏地請罪。女曰："罪不盡在汝。我偶墮情障，以色身示人，遂被淫詞污褻，此皆自取，於汝何尤。若不速遷，恐陷身情窟，轉劫難出矣。"遂襆被出。媼追挽之，轉瞬已失。

——清蒲松齡《聊齋志異·绩女》

# 045.【称】chēng、chèn、chèng

"称"字的现代常用义有：1. chēng。①量轻重，如"把这包米称一称"；②叫，叫作，如"称兄道弟"；③说，如"拍手称快"；④名称，如"简称"；⑤赞扬，如"称道"；⑥举事，如"称兵"。2. chèn。适合，如"称心如意"。3. chèng。同"秤"。

"称"对应的繁体字是"稱"。简化时，将"稱"的偏旁"爯"（chēng）简化为"尔"，写成"称"。

[稱] chēng、chèn、chèng

1. chēng。《说文解字·禾部》："稱，銓也。从禾，爯聲。"形声字，本义为称量、测物之轻重，如《管子·枢言》："量之不以少多，稱之不以輕重，度之不以長短。不審此三者，不可舉大事。"引申指叫做、称做等义，如《论语·季氏》："邦君之妻，君稱之曰夫人，夫人自稱曰小童。"

2. chèn。相当、符合，如《孟子·公孙丑下》："古者棺槨無度，中古棺七吋，槨稱之。"引申为好、美好等义，如《周礼·考工记·轮人》："進而眂之，欲其肉稱也。"

3. chèng。同"秤"，测定物体重量的器具，如《魏书·食货志》："其京邑二市、天下州鎮郡縣之市，各置二稱，懸於市門。"又作量词，十五斤为一称，如《金史·把胡鲁传》："臣竊計之，月當費米三石，草九萬稱。"

## 【古诗文选读】

法師將終，先一年內，所有文章雜書史等，積爲大聚，裂作紙泥，寺造金剛兩軀，以充其用。門人進而諫曰："尊必須紙，敢以空紙換之。"師曰："耽著斯文，久來誤我，豈於今日而誤他哉！譬乎令餐鴆毒，指往險途，其未可也。廢正業，習傍功，聖開上品，耽成大過。己所不欲，勿施他矣。"門徒稱善而退。其《說文》及字書之流，幸蒙曲賜，乃垂誨曰："汝略披經史，文字薄識，宜可欽情勝典，勿著斯累。"將欲終時，先告門人曰："吾三數日定當去矣，然於終際，必抱掃箒而亡。我之餘骸，當遺廣澤。"後於晨朝，俯臨清澗，蕭條白楊之下，彷徉綠篠之側，孑然獨坐，執箒而終。門人慧力禪師侵明就謁，怪聲寂爾，乃將手親附，但見熱氣衝頭，足手俱冷，遂便大哭，四遠咸集。于時法侶悲啼，若金河之流血灑地；俗徒號慟，等玉嶺之摧碎明珠。傷道樹之早凋，歎法舟之遽沒。殯於寺之西園，春秋六十三矣。身亡之後，緣身資具但有三衣及故鞋履二量，并隨宜臥具而已。

————唐义净《南海寄归内法传》卷四

# 046.【惩】chéng

"惩"字的现代常用义为处罚、警戒，如"惩前毖后"。

"惩"对应的繁体字是"懲"。简化时，将"懲"的"徵"简作"征"，简化为"惩"。

[懲] chéng

《说文解字·心部》："懲，忢也。从心，徵聲。"《玉篇·心部》："懲，戒也。"形声字，本义为警戒、鉴戒，如《诗经·周颂·小毖》："予其懲而毖後患。"引申指惩罚等义，如《荀子·王制》："故姦言、姦説、姦事、姦能、遁逃反側之民，職而教之，須而待之，勉之以慶賞，懲之以刑罰，安職則畜，不安職則棄。"

## 【古诗文选读】

齊桓公飲酒醉，遺其冠，恥之，三日不朝。管仲曰："此非有國之恥也，公胡不雪之以政？"公曰："善。"因發倉困賜貧窮，論囹圄而出薄罪。處三日而民歌之曰："公乎，公乎，胡不復遺其冠乎！"

或曰：管仲雪桓公之恥於小人，而生桓公之恥於君子矣。使桓公發倉困而賜貧窮，論囹圄而出薄罪，非義也，不可以雪恥使之而義也。桓公宿義，須遺冠而後行之，則是桓公行義，非爲遺冠也。是雖雪遺冠之恥於小人，而亦遺義之恥於君子矣。且夫發困倉而賜貧窮者，是賞無功也；論囹圄而出薄罪者，是不誅過也。夫賞無功則民偷幸而望於上，不誅過則民不懲而易爲非，此亂之本也，安可以雪恥哉！

——《韩非子·难二》

# 047. 【迟】chí

"迟"字的现代常用义有：1. 缓慢，如"迟钝"。2. 晚，如"姗姗来迟"。3.（Chí）姓。

"迟"对应的繁体字是"遲"。简化时，声旁"犀"用"尺"代替，写成"迟"字。

［遲］chí

《说文解字·辵部》："遲，徐行也。从辵，犀聲。"形声字，本义为慢慢地走，如《诗经·邶风·谷风》："行道遲遲。"引申指缓慢等义，如《荀子·修身》："则千里雖遠，亦或遲或速，或先或後，胡爲乎其不可以相及也！"

## 【古诗文选读】

習習谷風，以陰以雨。黽勉同心，不宜有怒。采葑采菲，無以下體。德音莫違，及爾同死。

行道遲遲，中心有違。不遠伊邇，薄送我畿。誰謂荼苦？其甘如薺。宴爾新昏，如兄如弟。

涇以渭濁，湜湜其沚。宴爾新昏，不我屑以。毋逝我梁，毋發我笱。我躬不閱，遑恤我後。

就其深矣，方之舟之。就其淺矣，泳之游之。何有何亡？黽勉求之。凡民有喪，匍匐救之。

不我能慉，反以我爲讎。既阻我德，賈用不售。昔育恐育鞫，及爾顛覆。既生既育，比予于毒。

我有旨蓄，亦以御冬。宴爾新昏，以我御窮。有洸有潰，既
詒我肄。不念昔者，伊余來墍。

——《诗经·邶风·谷风》

# 048.【齿】chǐ

"齿"字的现代常用义有：1. 牙齿，如"唇齿相依"。2. 牙
齿状的或像牙齿状的东西，如"齿轮"。3. 年龄，如"序齿"。
4. 提及，如"为人所不齿"。

"齿"对应的繁体字是"齒"。简化时，删减"齒"字下部的
笔画和部件，简作"齿"。"齿"可用作简化偏旁。

[齒] chǐ

《说文解字·齿部》："齒，口齗骨也。象口齒之形，止聲。"
形声字。本义为门牙，如《诗经·卫风·硕人》："領如蝤蠐，齒
如瓠犀。"泛指牙齿，如《左传·哀公六年》："女忘君之爲孺子
牛而折其齒乎。"又引申指提到、说及等义，如《陈书·任忠
传》："少孤微，不爲鄉黨所齒。"

[类推简化字]

龅/齙（bāo）

龀/齔（chèn）　　龊/齪（chuò）

龃/齟（jǔ）

龄/齡（líng）

啮/嚙（niè）

齵/齵（qǔ）

齠/齠（tiáo）

齷/齷（wò）

齦/齦（yín、kěn）　　齬/齬（yǔ）

龇/齜（zī）

## 【古诗文选读】

秦攻趙長平，齊、楚救之。秦計曰："齊、楚救趙，親，則
將退兵；不親，則且遂攻之。"趙無以食，請粟於齊，而齊不聽。
蘇秦謂齊王曰："不如聽之以卻秦兵，不聽則秦兵不卻，是秦之
計中，而齊、燕之計過矣。且趙之於燕、齊，隱蔽也，齒之有唇
也，唇亡則齒寒。今日亡趙，則明日及齊、楚矣。且夫救趙之
務，宜若奉漏甕，沃焦釜。夫救趙，高義也；卻秦兵，顯名也。
義救亡趙，威卻強秦之兵，不務爲此，而務愛粟，則爲國計者
過矣。"

——《战国策·齐策二·秦攻赵长平》

# 049. 【冲】chōng、chòng

"冲"字的现代常用义有：1. chōng。①水流撞击或用水流浇
洗，如"冲茶"；②互相抵消，如"冲账"；③向上钻，如"冲入
云霄"；④通行的大道，如"交通要冲"；⑤快速向前闯，如"横
冲直撞"。2. chòng。①对着，向，如"别冲着我说"；②猛烈，
如"酒味真冲"；③介词，凭，根据，如"冲他这股钻劲，一定能
攻克这道难关"。④用冲（chòng）床加工金属，如"冲压"。

"冲"对应的字是"冲"和"衝"。"衝"与"冲"音同义近，

"冲"是"沖"的俗字。简化时，用"冲"代替"沖"和"衝"。

## （一）［沖］chōng

《说文解字·水部》："沖，涌搖也。从水、中。"会意字，本义为动摇的样子，如《诗经·小雅·白华之什·蓼萧》："既見君子，儵革沖沖，和鸞雝雝，萬福攸同。"引申指快速地向上或向前直闯等义，如《楚辞·九歌·大司命》："乘龍兮轔轔，高駝兮沖天。"

## （二）［衝］chōng、chòng

1. chōng，《说文解字·行部》作"衝"："衝，通道也。从行，童聲。"形声字，本义为通途、大路，如《墨子·号令》："吏各從四人，以行衝術及里中。"引申指冲撞、碰撞等义，如唐赵璘《因话录·角》："嘗朝回，以同列入坊門，有負販者呵不避，李罵云：'頭錢價奴兵輒衝官長！'負者顧而言曰：'八錢價措大漫作威風！'"

2. chòng，由"衝 chōng"义引申为对、向着义，如唐韩愈《雉带箭》："地形漸窄觀者多，雉驚弓滿勁箭加，衝人決起百餘丈，紅翎白鏃隨傾斜。"又引申指向前突出等义，如唐柳宗元《憎王孫文》："跳踉叫囂兮，衝目宣齦。"

## 【古诗文选读】

景公爲大鐘，將懸之。晏子、仲尼、柏常騫三人朝，俱曰："鐘將毀。"衝之，果毀。公召三子者而問之。晏子對曰："鐘大，不祀先君而以燕，非禮，是以曰鐘將毀。"仲尼曰："鐘大而懸下，衝之其氣下回而上薄，是以曰鐘將毀。柏常騫曰："今庚申，雷日也，音莫勝於雷，是以曰鐘將毀也。"

——《晏子春秋·外篇》

# 050. 【虫】chóng

"虫"字的现代常用义有：1. 虫子，昆虫，如"蚊虫"。2. 比喻某类人（多含轻蔑或诙谐意），如"书虫"。

"虫"对应的字是"虫"和"蟲"。简化时，用"虫"代替"蟲"。"虫"可用作简化偏旁。

## （一）［虫］huǐ

《说文解字·虫部》："虫，一名蝮，博三寸，首大如擘指。象其臥形。物之微细，或行，或毛，或蠃，或介，或鳞，以虫爲象。"象形字，甲骨文"虫"像一条长蛇形，本义为蛇，后用"虺"字表示。《玉篇·虫部》："虫，此古文虺字。"后来"虫"成为"蟲"的俗字。

## （二）［蟲］chóng

《说文解字·蟲部》："蟲，有足謂之蟲，無足謂之豸。从三虫。"会意字，本为一切动物的通称，如《大戴礼记·易本命》："有羽之蟲三百六十，而鳳凰爲之長；有毛之蟲三百六十，而麒麟爲之長；有甲之蟲三百六十，而神龜爲之長；有鱗之蟲三百六十，而蛟龍爲之長；倮之蟲三百六十，而聖人爲之長。"引申指昆虫的通称，如唐韩愈《盆池》诗之三："瓦沼晨朝水自清，小蟲無數不知名。"

### ［类推简化字］

蛊/蠱（gǔ）

## 【古诗文选读】

景公問晏子曰："天下有極大乎?"晏子對曰："有。足遊浮雲，背凌蒼天，尾偃天間，躍啄北海，頸尾咳于天地乎！然而滲滲不知六翮之所在。"公曰："天下有極細乎?"晏子對曰："有。東海有<u>蟲</u>，巢於蟁睫，再乳再飛，而蟁不爲驚。臣嬰不知其名，而東海漁者曰焦冥。"

——《晏子春秋·外篇》

# 051. 【丑】chǒu

"丑"字的现代常用义有：1. 地支的第二位，如"子丑寅卯"。2. 丑时，指夜里一点到三点。3. 戏剧里的滑稽角色，如"丑角"。4. 相貌难看，如"丑八怪"。5. 可厌恶的，可耻的，不光彩的，如"丑态百出"。

"丑"对应的字是"丑"和"醜"。简化时，用"丑"代替"醜"。

## （一）［丑］chǒu

《说文解字·丑部》："丑，纽也。十二月，萬物動，用事。"象形字，本义为象手之形，借用为地支的第二位名，如《尔雅·释天》："太歲在寅曰攝提格……在丑曰赤奮若。"又指传统戏曲角色行当中的"丑角"，如明胡应麟《少室山房笔丛·庄岳委谈下》："今優伶輩呼子弟，大率八人爲朋，生、旦、净、丑、副亦如之。"

## （二）［醜］chǒu

《说文解字·鬼部》："醜，可恶也。从鬼，酉聲。"形声字，本义为凶、邪恶，如《诗经·小雅·十月之交》："十月之交，朔月辛卯。日有食之，亦孔之醜。"引申指样子难看等义，如《淮南子·说山》："嫫母有所美，西施有所醜。"

## 【古诗文选读】

孔子西遊於衛。顏淵問師金曰："以夫子之行爲奚如？"師金曰："惜乎，而夫子其窮哉！"顏淵曰："何也？"師金曰："夫芻狗之未陳也，盛以篋衍，巾以文繡，尸祝齊戒以將之。及其已陳也，行者踐其首脊，蘇者取而爨之而已；將復取而盛以篋衍，巾以文繡，遊居寢臥其下，彼不得夢，必且數眯焉。今而夫子，亦取先王已陳芻狗，聚弟子遊居寢臥其下。故伐樹於宋，削跡於衛，窮於商周，是非其夢邪？圍於陳蔡之間，七日不火食，死生相與鄰，是非其眯邪？夫水行莫如用舟，而陸行莫如用車。以舟之可行於水也而求推之於陸，則没世不行尋常。古今非水陸與？周魯非舟車與？今蘄行周於魯，是猶推舟於陸也，勞而無功，身必有殃。彼未知夫無方之傳，應物而不窮者也。且子獨不見夫桔槔者乎？引之則俯，舍之則仰。彼，人之所引，非引人也，故俯仰而不得罪於人。故夫三皇五帝之禮義法度，不矜於同而矜於治。故譬三皇五帝之禮義法度，其猶柤梨橘柚邪！其味相反而皆可於口。故禮義法度者，應時而變者也。今取猿狙而衣以周公之服，彼必齕齧挽裂，盡去而後慊。觀古今之異，猶猿狙之異乎周公也。故西施病心而矉其里，其里之醜人見之而美之，歸亦捧心而矉其里。其里之富人見之，堅閉門而不出；貧人見之，挈妻子而去走。彼知矉美而不知矉之所以美。惜乎，而夫子其窮哉！"

——《庄子·天运》

# 052.【出】chū

"出"字的现代常用义有：1. 跟"进""入"相对，如"进进出出"。2. 来到，如"出席"。3. 离开，如"出家"。4. 出产，如"出品"。5. 发生，如"出事"。6. 显得量多，如"这米很出饭"。7. 显露，如"出头"。8. 超过，如"出人头地"。9. 放在动词后，表示趋向或效果，如"做出贡献"。10. 量词，原指传奇中的一回，今指戏曲的一个独立剧目，如"一出戏"。

"出"对应的字是"出"和"齣"。简化时，用"出"代替"齣"

## （一）[出] chū

《说文解字·出部》："出，進也。象艸木益滋，上出達也。"会意字，本义为长出，如《礼记·月令·季春》："句者畢出，蒙者盡達。"引申为自内而外移动等义，如《诗经·郑风·出其东门》："出其東門，有女如雲。"

## （二）[齣] chū

《字汇补·齿部》："齣，傳奇中一迴爲一齣。"从齒，句声。形声字，原指传奇中的一个段落，与杂剧中的"折"相近。引申指戏曲中一个独立的段落或剧目，如《儒林外史》第三十回："把這一百幾十班做旦脚的都叫了來，一個人做一齣戲。"

## 【古诗文选读】

楚王將出張子，恐其敗己也，靳尚謂楚王曰："臣請隨之。

儀事王不善，臣請殺之。"楚小臣，靳尚之仇也，謂張旄曰："以張儀之知，而有秦、楚之用，君必窮矣。君不如，使人微要靳尚而刺之，楚王必大怒儀也。彼儀窮，則子重矣。楚、秦相難，則魏無患矣。"張旄果令人要靳尚刺之。楚王大怒，秦構兵而戰。秦、楚爭事魏，張旄果大重。

——《战国策·楚策二·楚王将出张子》

# 053. 【刍】chú

"刍"字的现代常用义有：1. 割草，如"刍荛"。2. 喂牲畜的草，如"反刍"。3. 谦称自己的言论、见解等，如"刍议"。

"刍"对应的繁体字是"芻"。"刍"是"芻"的草书楷化字形。简化时，用"刍"代替"芻"。"刍"可用作简化偏旁。

[芻] chú

《说文解字·艸部》："芻，刈艸也。象包束艸之形。"甲骨文表示手持断草，会意字，本义为割草，如《左传·昭公六年》："禁芻牧采樵，不入田。"引申指喂牲畜的草等义，如《孟子·公孙丑下》："今有受人之牛馬而爲之牧之者，則必爲之求牧與芻矣；求牧與芻而不得，則反諸其人乎?"

[类推简化字]

雏/雛（chú）

诌/謅（zhōu）　　㑇/傷（zhòu）　　㤘/㤺（zhòu）

绉/縐（zhòu）　　皱/皺（zhòu）　　邹/鄒（zōu）　　驺/騶（zōu）

**【古诗文选读】**

桓公入洛，過淮泗，踐北境，與諸僚屬登平乘樓，眺矚中原，慨然曰："遂使神州陸沈，百年丘墟，王夷甫諸人，不得不任其責！"袁虎率爾對曰："運自有廢興，豈必諸人之過？"桓公懍然作色，顧謂四坐曰："諸君頗聞劉景升不？有大牛重千斤，噉芻豆十倍於常牛，負重致遠，曾不若一羸牸。魏武入荊州，烹以饗士卒，于時莫不稱快。"意以況袁。四坐既駭，袁亦失色。

——南朝宋刘义庆《世说新语·轻诋》

# 054. 【础】chǔ

"础"字的现代常用义为础石，即垫在房屋柱子底下的石头，如"基础"。

"础"对应的繁体字是"礎"。简化时，"礎"的声旁"楚"简化为"出"，写成"础"字。

［礎］chǔ

《说文解字·石部》："礎，礩也。从石，楚聲。"形声字，本义为垫在柱子下边的石墩，如《淮南子·说林》："山雲蒸，柱礎潤。"引申指堆砌等义，如宋曾敏行《独醒杂志》卷六："東坡謫嶺南……舟次新淦，時人方礎石爲橋。"

**【古诗文选读】**

潤氣凝柱礎，繁聲注瓦溝。暗留窗不曉，涼引簟先秋。葉濕蠶應病，泥稀燕亦愁。仍聞放朝夜，誤出到街頭。

——唐白居易《和韩侍郎苦雨》

# 055.【处】chǔ、chù

"处"字的现代常用义有：1. chǔ。①居住，如"穴居野处"；②存在，置身，如"设身处地"；③跟别人一起生活、交往，如"相处"；④办理，如"处理"；⑤处罚，如"处以徒刑"。2. chù。①地方，如"绝处逢生"；②机关或机关、团体里的部门，如"教务处"。

"处"对应的繁体字是"處"。"處"的本字作"処"。简化时，把"処"的"几"换为"卜"，简作"处"。

[**處**] chǔ、chù

1. chǔ。《说文解字·几部》作"処"："処，止也，得几而止。从几，从夂（zhǐ）。"会意字。"處"，从処虍（hū）声，形声字。本义为止息，如《孙子·军争》："卷甲而趨，日夜不處。"引申为居住，在一起生活、交往等义，如《诗经·小雅·黄鸟》："此邦之人，不可與處。"

2. chù。《广韵·御韵》："處，處所也。"本义为地方、场所，如《墨子·兼爱中》："南爲江、漢、淮、汝，東流之，注五湖之處。"引申为时候等义，如唐刘长卿《江州留别薛六柳八二员外》诗："江海相逢少，東南別處長。"

## 【古诗文选读】

齊人有一妻一妾而<u>處</u>室者，其良人出，則必饜酒肉而後反。

其妻問其所與飲食者，則盡富貴也。其妻告其妾曰："良人出，則必饜酒肉而後反；問其與飲食者，盡富貴也，而未嘗有顯者來。吾將瞷良人之所之也。"蚤起，施從良人之所之，遍國中無與立談者。卒之東郭墦間，之祭者，乞其餘；不足，又顧而之他——此其爲饜足之道也。其妻歸，告其妾曰："良人者，所仰望而終身也。今若此——"與其妾訕其良人而相泣於中庭。而良人未之知也，施施從外來，驕其妻妾。由君子觀之，則人之所以求富貴利達者，其妻妾不羞也，而不相泣者，幾希矣。

——《孟子·離婁下》

# 056.【触】chù

"触"字的现代常用义有：1. 碰上，撞上，如"一触即发"。2. 因受到某种刺激而引起（感情变化），如"触景生情"。

"触"对应的繁体字是"觸"。简化时，将"觸"声旁"蜀"简化为"虫"，写成"触"。

[觸] chù

《说文解字·角部》："觸，抵也。从角，蜀聲。"形声字，本义为用角相抵，如《淮南子·兵略》："有角者觸。"引申为碰撞、接触等义，如《左传·宣公二年》："觸槐而死。"

## 【古诗文选读】

庖丁爲文惠君解牛，手之所觸，肩之所倚，足之所履，膝之所踦，砉然響然，奏刀騞然，莫不中音。合於《桑林》之舞，乃中《經首》之會。文惠君曰："嘻，善哉！技蓋至此乎？"庖丁釋刀對曰：“臣之所好者道也，進乎技矣。始臣之解牛之時，所見無非全牛者。三年之後，未嘗見全牛也。方今之時，臣以神遇而不以目視，官知止而神欲行。依乎天理，批大郤，導大窾，因其固然。技經肯綮之未嘗，而況大軱乎？良庖歲更刀，割也；族庖月更刀，折也。今臣之刀十九年矣，所解數千牛矣，而刀刃若新發於硎。彼節者有間，而刀刃者無厚；以無厚入有間，恢恢乎其於遊刃必有餘地矣。是以十九年而刀刃若新發於硎。雖然，每至於族，吾見其難爲，怵然爲戒，視爲止，行爲遲，動刀甚微，謋然已解，如土委地。提刀而立，爲之四顧，爲之躊躇滿志，善刀而藏之。”文惠君曰：“善哉！吾聞庖丁之言，得養生焉。”

——《庄子·养生主》

# 057. 【辞】cí

“辞”字的现代常用义有：1. 告别，如“辞旧迎新”。2. 不接受，推托，如“义不容辞”。3. 请求离去，如“辞职”。4. 解雇，如“辞退”。5. 词句，如“文辞”。6. 古典文学的一种体裁，如“楚辞”。

“辞”对应的繁体字是“辭”。“辞”是“辭”的俗字。简化时，用“辞”代替“辭”字。

［辭］cí

《说文解字·辛部》：“辭，訟也。从𠭥，𠭥猶理辜也。𠭥，理也。”会意字，本义为讼辞，如《尚书·吕刑》：“上下比罪，無僭亂辭。”引申为告别、辞别等义，如唐李白《早发白帝城》诗：“朝辭白帝彩雲間，千里江陵一日還。”

## 【古诗文选读】

府吏聞此變，因求假暫歸。未至二三里，摧藏馬悲哀。新婦識馬聲，躡履相逢迎。悵然遙相望，知是故人來。舉手拍馬鞍，嗟歎使心傷："自君別我後，人事不可量。果不如先願，又非君所詳。我有親父母，逼迫兼弟兄；以我應他人，君還何所望！"府吏謂新婦："賀卿得高遷！磐石方且厚，可以卒千年；蒲葦一時紉，便作旦夕間。卿當日勝貴，吾獨向黃泉。"新婦謂府吏："何意出此言！同是被逼迫，君爾妾亦然。黃泉下相見，勿違今日言！"執手分道去，各各還家門。生人作死別，恨恨那可論！念與世間辭，千萬不復全。

——汉《玉台新咏·古诗为焦仲卿妻作》

# 058. 【聪】cōng

"聪"字的现代常用义有：1. 听觉，如"失聪"。2. 听觉灵敏，如"耳聪目明"。3. 聪明，智力强，如"聪颖"。

"聪"对应的繁体字是"聰"。简化时，"聰"字声旁"悤"简化为"总"，写成"聪"字。

［聰］cōng

《说文解字·耳部》："聰，察也。从耳，悤聲。"形声字，本义为听觉，如《诗经·王风·兔爰》："我生之後，逢此百兇，尚寐無聰。"引申为听觉灵敏、聪明等义，如《礼记·杂记下》："視不明，聽不聰，行不正，不知哀，君子病之。"

## 【古诗文选读】

　　直隶有慕生，小字蟾宫，商人慕小寰之子。聪惠喜读。年十六，翁以文业迂，使去而学贾，从父至楚。每舟中无事，辄便吟诵。抵武昌，父留居逆旅，守其居积。生乘父出，执卷哦诗，音节铿锵。辄见窗影憧憧，似有人窃听之，而亦未之异也。一夕翁赴饮，久不归，生吟益苦。有人徘徊窗外，月映甚悉。怪之，遽出窥觇，则十五六倾城之姝。望见生，急避去。又二三日，载货北旋，暮泊湖滨。父适他出，有媪入曰："郎君杀吾女矣！"生惊问之，答云："妾白姓。有息女秋练，颇解文字。言在郡城，得听清吟，于今结想，至绝眠餐。意欲附为婚姻，不得复拒。"生心实爱好，第虑父嗔，因直以情告。媪不实信，务要盟约。生不肯，媪怒曰："人世姻好，有求委禽而不得者。今老身自媒，反不见纳，耻孰甚焉！请勿想北渡矣！"遂去。少间父归，善其词以告之，隐冀垂纳。而父以涉远，又薄女子之怀春也，笑置之。

　　　　　　　　　　——清蒲松龄《聊斋志异·白秋练》

# 059. 【从】cóng

　　"从"字的现代常用义有：1. 跟随，如"跟从"。2. 依顺，如"言听计从"。3. 参与，如"投笔从戎"。4. 表示起点或经由，如"从南到北"。5. 采取某种态度或方式，如"从长计议"。6. 跟随的人，如"随从"。7. 指同宗而非嫡亲的（亲属），如"从兄弟"。8. 次要的，如"主从分明"。

"从"对应的字是"从"和"從"。"从"是"從"的古字①。简化时,用"从"代替"從"。"从"可用作简化偏旁。

## (一)[从] cóng

《说文解字·从部》:"从,相聽也,从二人。"会意字,本义为二人相随而行。字书中用来指出汉字所由构成的成分,如《说文解字》中都作"从",又如《隶续·驹氏二镜铭》附文:"说者謂校官碑親臥賨智,劉熊碑崔鳴一震,皆蒙下文,故賢鶴从省。"后作"從"字。

## (二)[從] cóng

《说文解字·从部》:"從,隨行也。从辵、从,从亦聲。"形声兼会意字,本义为跟随,如《诗经·邶风·击鼓》:"從孫子仲,平陳與宋。"后引申为依顺、参与等义,如《易·坤》:"或從王事,无成有終。"

### [类推简化字]

苁/蓯(cōng)　枞/樅(cōng、zōng)　怂/慫(sǒng)
耸/聳(sǒng)　纵/縱(zòng)

## 【古诗文选读】

顔回曰:"回益矣。"仲尼曰:"何謂也?"曰:"回忘仁義矣。"曰:"可矣,猶未也。"他日,復見,曰:"回益矣。"曰:"何謂也?"曰:"回忘禮樂矣。"曰:"可矣,猶未也。"他日,復見,曰:"回益矣。"曰:何謂也?"曰:"回坐忘矣。"仲尼蹴然

---

① 古字:对古今字而言,早期的写法是古字,后来的写法是今字。有时也指一个字的最初写法。

曰：“何謂坐忘？”顏回曰：“墮肢體，黜聰明，離形去知，同於大通，此謂坐忘。”仲尼曰：“同則無好也。化則無常也。而果其賢乎！丘也請從而後也。”

——《庄子·大宗师》

# 060.【丛】cóng

“丛”字的现代常用义有：1. 聚集，如“草木丛生”。2. 聚在一起的人或物，如“灌木丛”。3.（Cóng）姓。

“丛”对应的繁体字是“叢”。“丛”是新造形声字。在“从”字下加一横，写成“丛”。其中，“从”表音，“一”为符号。简化时，用“丛”代替“叢”字。

[叢] cóng

《说文解字·丵部》：“叢，聚也。从丵，取聲。”形声字，本义为聚集，如《吕氏春秋·达郁》：“百惡並起，而萬失叢至矣。”引申指聚集在一起的人或物等义，如唐杜甫《往在》：“是時妃嬪戮，連爲糞土叢。”

## 【古诗文选读】

孟子曰：“桀紂之失天下也，失其民也。失其民者，失其心也。得天下有道：得其民斯得天下矣。得其民有道，得其心斯得民矣。得其心有道：所欲，與之聚之；所惡，勿施爾也。民之歸仁也，猶水之就下，獸之走壙也。故爲淵驅魚者，獺也；爲叢驅爵者，鸇也；爲湯武驅民者，桀與紂也。今天下之君有好仁者，則諸侯皆爲之驅矣；雖欲無王，不可得已。今之欲王者，猶七年之病求三年之艾也。苟爲不畜，終身不得。苟不志於仁，終身憂辱，以陷於死亡。《詩》云：'其何能淑？載胥及溺'，此之謂也。"

——《孟子·离娄上》

# 061.【窜】cuàn

"窜"字的现代常用义有：1. 逃走，乱跑，如"抱头鼠窜"。2. 修改文字，如"窜改"。

"窜"对应的繁体字是"竄"。简化时，将"竄"字下部的"鼠"改换为表音的"串"，写成"窜"字。"窜"可用作简化偏旁。

## [竄] cuàn

《说文解字·穴部》："竄，墜也。从鼠在穴中。"会意字，本义为藏匿，如《左传·定公四年》："天誘其衷，致罰於楚，而君又竄之。"引申指奔逃等义，如《史记·淮阴侯列传》："常山王背項王，奉項嬰頭而竄，逃歸於漢王。"

## [类推简化字]

撺/攛（cuān）　镩/鑹（cuān）　蹿/躥（cuān）

## 【古诗文选读】

于七之亂，殺人如麻。鄉民李化龍，自山中竄歸。值大兵宵進，恐罹炎崑之禍，急無所匿，僵臥於死人之叢，詐作尸。兵過既盡，未敢遽出。忽見闕頭斷臂之尸，起立如林。一尸斷首連背上，口中作语曰："野狗子来，奈何？"群尸参差而应曰："奈何！"俄顷蹶然尽倒，遂寂无声。李方惊颤欲起，有一物来，兽首人身，伏啮人首，偏吸其脑。李惧，匿首尸下。物来拨李肩，欲得李首。李力伏，俾不可得。物乃推覆尸而移之，首见。李大惧，手索腰下，得巨石如椀，握之。物俯身欲龁，李骤起，大呼，击其首，中嘴。物嗥如鸱，掩口负痛而奔，吐血道上。就视之，于血中得二齿，中曲而端锐，长四寸馀。怀归以示人，皆不知其何物也。

——清蒲松龄《聊斋志异·野狗》

# 062. 【达】dá

"达"字的现代常用义有：1. 通，到，如"四通八达"。2. 通达，对事理认识得透彻，如"知书达理"。3. 达到，实现，如"达成协议"。4. 告知，表达，如"词不达意"。5. 官位高，有权势，如"达官贵人"。

"达"对应的字是"達"和"达"。"达"是"達"的异体字。简化时，用"达"字代替"達"。"达"可用作简化偏旁。

[達] dá、tà

1. dá。《说文解字·辵部》："達，行不相遇也。从辵，奎（tà）聲。"形声字，本义为畅通，如《荀子·君道》："然后明分职，序事业，材技官能，莫不治理，则公道达而私门塞矣，公义明而私事息矣。"引申指通晓等义，如《论语·乡党》："康子馈药，拜而受之，曰：'丘未達，不敢尝。'"

2. tà。用作"挑達"，指彷徨的样子，如《诗经·郑风·子衿》："挑兮達兮，在城闕兮。"

［达］dá

"達"的异体字。《说文解字·辵部》："達，行不相遇也。从辵，羍（tà）聲。《詩》曰：'挑兮達兮。'达，或从大，或曰迖。"

［类推简化字］

哒/噠（dā）　鞑/韃（dá）　挞/撻（tà）　闼/闥（tà）

泚/澾（tà）

【古诗文选读】

孟子謂宋勾踐曰："子好遊乎？吾語子游：人知之亦囂囂，人不知亦囂囂。"曰："何如斯可以囂囂矣？"曰："尊德樂義，則可以囂囂矣。故士窮不失義，達不離道。窮不失義，故士得己焉。達不離道，故民不失望焉。古之人，得志，澤加於民；不得志，修身見於世。窮則獨善其身；達則兼善天下。"

——《孟子·尽心上》

# 063.【帶】dài

"带"字的现代常用义有：1. 用皮、布等物做成的长条，如"腰带"。2. 地带，区域，如"绿化带"。3. 携带，如"带着行李"。4. 捎，顺便做，如"把门带上"。5. 显露，如"面带微笑"。6. 含有，附有，如"说话带刺儿"。7. 连着，附带，如"沾亲带故"。8. 引导，率领，如"带领"。

"带"对应的繁体字是"帶"。"带"是"帶"的草书楷化字形。简化时,用"带"代替"帶"。"带"可用作简化偏旁。

［帶］dài

《说文解字·巾部》:"帶,紳也。男子鞶帶,婦人帶絲。象繫佩之形。佩必有巾,从巾。"会意字,本义为腰带,如《诗经·卫风·有狐》:"有狐綏綏,在彼淇厲。心之憂矣,之子無帶。"引申指挂、佩带等义,如《礼记·少仪》:"僕者右帶劍。"

［类推简化字］

滞/滯（zhì）

## 【古诗文选读】

白下程生性磊落,不爲畛畦。一日,自外歸,緩其束帶,覺帶端沉沉,若有物墮,視之,無所見。宛轉間,有女子從衣後出,掠髮微笑,麗絶。程疑其鬼,女曰:"妾非鬼,狐也。"程曰:"倘得佳人,鬼且不懼,而況于狐!"遂與狎。二年生一女,小字青梅。每謂程:"勿娶,我且爲君生男。"程信之,遂不娶,戚友共誚姗之。程志奪,聘湖東王氏。狐聞之,怒。就女乳之,委於程曰:"此汝家賠錢貨,生之殺之,俱由爾,我何故代人作乳媼乎!"出門徑去。青梅長而慧,貌韶秀,酷肖其母。既而程病卒,王再醮去。青梅寄食於堂叔。叔蕩無行,欲鬻以自肥。適有王進士者,方候銓於家,聞其慧,購以重金,使從女阿喜服役。喜年十四,容華絶代,見梅忻悅,與同寢處。梅亦善候伺,能以目聽,以眉語,由是一家俱憐愛之。

——清蒲松齡《聊斋志异·青梅》

# 064. 【担】dān、dàn

"担"字的现代常用义有：1. dān。①用肩膀挑，如"担水"；②担负，承当，如"担风险"；③忧虑，顾虑，如"担心"。2. dàn。①扁担，挑东西的用具，多用竹、木做成；②一挑儿东西，如"担子"（喻指担负的责任）；③市制质量单位，1担是100斤；④量词，用于成担的东西，如"一担水"。

"担"对应的字是"担"和"擔"。"担"和"擔"是不同的两个字，后"担"用作"擔"的俗字。简化时，用"担"代替"擔"。

## （一）[担]dǎn

《玉篇·手部》："担，拂也。"从扌，旦声。形声字，本义为拂，后作"掸"。后用作"擔"的俗字，清翟灝《通俗编·杂字》："担，俗以此爲'擔負'之'擔'。"

## （二）[擔]dān、dàn

1. dān，本作"儋"字，《说文解字·人部》："儋，何也。从亻，詹聲。"形声字，本义为肩挑、肩扛，如南朝宋刘义庆《世说新语·黜免》："殷中軍廢後，恨簡文曰：'上人著百尺樓上，儋梯將去。'"后作"擔"，形声字，从扌詹声，如三国魏曹操《苦寒行》："擔囊行取薪，斧冰持作糜。"引申指背负、负载等义，如晋干宝《搜神记》卷十六："鬼便先擔定伯數里。"

2. dàn，由擔（dān）的肩挑、肩扛义引申为担子，如《列子·汤问》："遂率子孫荷擔者三夫，叩石墾壤，箕畚運於渤海之

79

尾。"又作容器名，引申为一石或一百斤之量，如《后汉书·宣秉传》："自無擔石之儲。"

## 【古诗文选读】

日出東南隅，照我秦氏樓。秦氏有好女，自名爲羅敷。羅敷憙蠶桑，採桑城南隅。青絲爲籠係，桂枝爲籠鉤。頭上倭墮髻，耳中明月珠。緗綺爲下裙，紫綺爲上襦。行者見羅敷，下擔捋髭鬚；少年見羅敷，脫帽著帩頭。耕者忘其犁，鋤者忘其鋤。來歸相怒怨，但坐觀羅敷。使君從南來，五馬立踟躕。使君遣吏往，問是誰家姝？秦氏有好女，自名爲羅敷。羅敷年幾何？二十尚不足，十五頗有餘。使君謝羅敷："寧可共載不？"羅敷前置辭："使君一何愚！使君自有婦，羅敷自有夫。東方千餘騎，夫婿居上頭。何用識夫婿，白馬從驪駒。青絲繫馬尾，黃金絡馬頭。腰中鹿盧劍，可直千萬餘。十五府小史，二十朝大夫。三十侍中郎，四十專城居。爲人潔白皙，鬑鬑頗有鬚。盈盈公府步，冉冉府中趨。坐中數千人，皆言夫婿殊。"

——《乐府诗集·相和歌辞三·相和曲下·陌上桑》

# 065. 【单】 dān、chán、Shàn

"单"字的现代常用义有：1. dān。①一个（与"双"相对），如"单人床"；②奇数的，如"单号"；③独，一，如"单枪匹马"；④种类少，不复杂，如"简单"；⑤衣服被褥等只有一层的，如"单衣"；⑥覆盖用的布，如"床单"；⑦记载事物用的纸片，如"菜单"；⑧只，仅仅，如"单凭热情是不够的"。2. chán。用作"单于"，古代匈奴君主的称号。3. Shàn。①单县，在山东省；②姓。

"单"对应的繁体字是"單"。简化时，将"單"上部"吅"（xuān）换成"丷"，简作"单"。"单"可用作简化偏旁。

[單] dān、chán、Shàn

1. dān。《说文解字·吅部》："單，大也。"甲骨文中该字与此不同，像带杈的木棍形，在丫杈两端和分叉处各捆上石头，以增加打击的力量，用以攻取野兽。象形字，本义为狩猎或战斗的工具，引申为单独、单一等义，如《荀子·正名》："單足以喻则單，單不足以喻则兼；單與兼無所相避则共，雖共不爲害矣。"

2. chán。常用作"單于"，古代匈奴君长的称号，如《史记·匈奴列传》："匈奴單于曰頭曼。"

3. Shàn。①單县，在山东省；②姓。

[类推简化字]

婵/嬋（chán）　　禅/禪（chán、shàn）　　蝉/蟬（chán）

阐/闡（chǎn）　　骣/驏（chǎn）

郸/鄲（dān）　　殚/殫（dān）　　瘅/癉（dān、dàn）

箪/簞（dān）　　掸/撣（dǎn、shàn）　　惮/憚（dàn）

弹/彈（dàn、tán）

蕲/蘄（qí）

## 【古诗文选读】

张骞，漢中人也，建元中爲郎。時匈奴降者言匈奴破月氏王，以其頭爲飲器，月氏遁而怨匈奴，無與共擊之。漢方欲事滅胡，聞此言，欲通使，道必更匈奴中，乃募能使者。骞以郎應募，使月氏，與堂邑氏奴甘父俱出隴西。徑匈奴，匈奴得之，傳詣單于。單于曰："月氏在吾北，漢何以得往使？吾欲使越，漢肯聽我乎?"留騫十餘歲,予妻,有子,然騫持漢節不失。居匈奴西,騫因與其屬亡鄉月氏,西走數十日,至大宛。大宛聞漢之饒財,欲通不得,見騫,喜,問欲何之。騫曰:"爲漢使月氏而爲匈奴所閉道,今亡,唯王使人道送我。誠得至,反漢,漢之賂遺王財物不可勝言。"大宛以爲然,遣騫,爲發譯道,抵康居。

——《汉书·张骞李广利传》

# 066.【胆】dǎn

"胆"字的现代常用义有:1. 胆囊,如"肝胆"。2. 胆量,如"胆大心细"。3. 某些器物的内层,如"暖瓶胆"。

"胆"对应的繁体字是"膽"。简化时,将"膽"的声旁"詹"换为"旦",简化为"胆"。

［膽］dǎn

《说文解字·肉部》:"膽,連肝之府。从肉,詹聲。"形声字,本义为胆囊,如《史记·越王勾践世家》:"越王勾踐反國,乃苦身焦思,置膽于坐,坐臥即仰膽,飲食亦嘗膽也。"引申为胆气、胆量等义,如《荀子·修身》:"勇膽猛戾,則輔之以道順。"

## 【古诗文选读】

妖氣生美好,故美好之人多邪惡。叔虎之母美,叔向之母知之,不使視寢。叔向諫其母曰:"深山大澤,實生龍蛇。彼美,吾懼其生龍蛇以禍汝。汝弊族也,國多大寵,不仁之人間之,不亦難乎!余何愛焉!"使往視寢,生叔虎,美有勇力,嬖於欒懷子。及范宣子逐懷子,殺叔虎,禍及叔向。夫深山大澤,龍蛇所生也，比之叔虎之母者，美色之人懷毒螫也。生子叔虎，美有勇力，勇力所生，生於美色；禍難所發，由於勇力。火有光耀，木有容貌。龍、蛇、東方、木，含火精，故美色貌麗。膽附於肝，故生勇力。火氣猛，故多勇；木剛強，故多力也。生妖怪者常由好色，爲禍難者常發勇力，爲毒害者皆在好色。

——汉王充《论衡·言毒篇》

# 067.【当】dāng、dàng

"当"字的现代常用义有：1. dāng。①担任，如"当老师"；②掌管，如"独当一面"；③相配，如"旗鼓相当"；④应该，如"老当益壮"；⑤承受，如"当之无愧"；⑥阻挡，如"螳臂当车"；⑦顶端，如"瓦当"；⑧介词，正在（那时候或那地方），如"当场"；⑨介词，面对，如"当面"；⑩象声词，撞击金属器物的声音，如"响当当"。2. dàng。①合宜，如"得当"；②抵得上，等于，如"一以当十"；③作为，如"长歌当哭"；④认为，如"切莫当真"；⑤事情发生的时间，如"当天"；⑥用实物做抵押向当铺借钱，如"典当"；⑦押在当铺里的实物，如"赎当"。

"当"对应的繁体字是"當"和"噹"。简化时，保留"當"上部部件，下部用符号代替，简作"当"。"噹""當"同音，也用"当"字代替。"当"可用作简化偏旁。

[當] dāng、dàng

1. dāng。《说文解字·田部》："當，田相值也。从田，尚聲。"形声字，本义为田与田相对等，引申为相当、相称，如

《礼记·王制》："小國之上卿，位當大國之下卿，中當其上大夫，下當其下大夫。"又引申指担任、充当等义，如《史记·田敬仲完世家》："覊旅之臣幸得免負擔，君之惠也，不敢當高位。"

2. dàng。基本义是合适、合宜，如《礼记·乐记》："古者天地順而四時當，民有德而五穀昌。"引申指抵押等义，如《左传·哀公八年》："乃請釋子服何於吳，吳人許之，以王子姑曹當之，而後止。"

### [噹] dāng

从口當声，形声字，象声词，指撞击金属器物的声音，如明吴承恩《西游记》第七十回："行者聞説，將金杯連酒望空一撇，噹的一聲響嚑，那個金杯落地。"

### [类推简化字]

铛/鐺（dāng、chēng）　裆/襠（dāng）

挡/擋（dǎng、dàng）　档/檔（dàng）

## 【古诗文选读】

昔有一長者，遣人持錢至他園中買庵婆羅果而欲食之，而敕之言："好甜美者，汝當買來。"即便持錢往買其果。果主言："我此樹果，悉皆美好，無一惡者。汝嚐一果，足以知之。"買果者言："我今當一一嚐之，然後當取。若但嚐一，何以可知？"尋即取果一一皆嚐。持來歸家，長者見已，惡而不食，便一切都棄。世間之人亦復如是。聞持戒施得大富樂，身常安隱，無有諸患。不肯信之，便作是言："布施得福，我自得時然後可信。"目睹現世貴賤貧窮，皆是先業所獲果報，不知推一以求因果，方懷不信，須己自經。一旦命終，財物喪失，如彼嘗果，一切都棄。

——北齐求那毘地译《百喻经·尝庵婆罗果喻》

# 068.【党】dǎng

"党"字的现代常用义有：1. 由利害关系结成的集团，如"同党"。2. 偏袒，如"党同伐异"。3. 政党，在我国特指中国共产党，如"入党"。4.（Dǎng）姓。5. 用作"党项"，中国古代西北地区的少数民族。

"党"对应的字是"党"和"黨"。简化时，用"党"代替"黨"。"党"可用作简化偏旁。

[党] dǎng

《集韵·荡韵》："党，党项，虏名。"从儿，尚声，形声字，指中国古代的党项族。北宋时党项族人李元昊称帝，建立以党项族为主的西夏政权。"党"又作姓氏用。

[黨] dǎng

《说文解字·黑部》："黨，不鲜也。从黑，尚聲。"形声字，本义指黝黯不鲜明。常用义为亲族，如《礼记·杂记下》："有服，人召食之，不往。大功以下，既葬适人，人食之，其黨也食之，非其黨弗食也。"引申指朋党等义，如《左传·僖公十年》："遂殺平鄭、祁舉及七輿大夫……皆里平之黨也。"

[类推简化字]

谠/讜（dǎng）　傥/儻（tǎng）　镋/钂（tǎng）

**【古诗文选读】**

孔子以詩書禮樂教，弟子蓋三千焉，身通六藝者七十有二人。如顏濁鄒之徒，頗受業者甚衆。孔子以四教：文，行，忠，信。絕四：毋意，毋必，毋固，毋我。所慎：齊，戰，疾。子罕言利與命與仁。不憤不啟，舉一隅不以三隅反，則弗復也。其於鄉黨，恂恂似不能言者。其於宗廟朝廷，辯辯言，唯謹爾。朝，與上大夫言，誾誾如也；與下大夫言，侃侃如也。入公門，鞠躬如也；趨進，翼如也。君召使儐，色勃如也。君命召，不俟駕行矣。魚餒，肉敗，割不正，不食。席不正，不坐。食於有喪者之側，未嘗飽也。是日哭，則不歌。

——《史记·孔子世家》

# 069.【导】dǎo

"导"字的现代常用义有：1. 指引，带领，如"导游"。2. 教诲，如"开导"。3. 疏导，如"导管"。4. 传导，如"导电"。

"导"对应的繁体字是"導"。"导"是"導"的草书楷化字形。简化时，用"导"代替"導"。

[導] dǎo

《说文解字·寸部》："導，引也。从寸，道聲。"形声字，本义为引导，如《孟子·离娄下》："有故而去，则君使人導之出疆。"引申指疏导等义，如《淮南子·墜形》："河水出昆侖東北陬，貫渤海，入禹所導積石山。"

## 【古诗文选读】

孟子曰："伯夷辟紂，居北海之滨，闻文王作兴，曰：'盍归乎来！吾闻西伯善养老者。'太公辟紂，居东海之滨，闻文王作兴，曰：'盍归乎来！吾闻西伯善养老者。'天下有善养老，则仁人以为己归矣。五畝之宅，树墙下以桑，匹妇蚕之，则老者足以衣帛矣。五母鸡，二母彘，无失其时，老者足以无失肉矣。百畝之田，匹夫耕之，八口之家，足以无饥矣。所谓西伯善养老者，制其田里，教之树畜，导其妻子，使养其老。五十非帛不暖，七十非肉不饱。不暖不饱，谓之冻馁。文王之民，无冻馁之老者，此之谓也。"

——《孟子·尽心上》

# 070.【灯】dēng

"灯"字的现代常用义为照明或作某种用途的发光器具，如"电灯"。

"灯"对应的字是"灯"和"燈"。简化时，用"灯"代替"燈"。

## （一）〔灯〕dīng

《玉篇》："火也。"《类篇》："烈火也。"后来用作"燈"的俗字，《正字通·火部》："灯，俗燈字。"

## （二）〔燈〕dēng

"燈"原作"鐙"，《说文解字·金部》："鐙，锭也。从金，登聲。"后写作"燈"字，又有俗字写作"灯"，《正字通·金部》："鐙，亦作燈，俗作灯。"本指盛熟食的器皿，如《仪礼·公食大夫礼》："大羹湆不和，實于鐙。宰右執鐙，左執蓋，由門入。"后指照明的器具，如汉王充《论衡·程材篇》："日之照幽，不須燈燭；賁、育當敵，不待輔佐。"引申为观赏用的花灯、灯彩等义，如《旧唐书·中宗纪》："丙寅上元夜，帝與皇后微行觀燈。"

## 【古诗文选读】

川原澄映，煙月冥蒙，去舟如葉。岸足沙平，蒲根水冷留雁唼。別有孤角吟秋，對曉風鳴軋。紅日三竿，醉頭扶起還怯。

離思相縈，漸看看，鬢絲堪鑷。舞衫歌扇，何人輕憐細閱。點檢從前恩愛，但鳳箋盈篋。愁剪燈花，夜來和淚雙疊。

——宋周邦彦《华胥引·黄钟秋思》

# 071.【邓】dèng

"邓"字的现代常用义有：1. 地名，如"邓州"，在河南省。2.（Dèng）姓。

"邓"对应的繁体字是"鄧"。简化时，"鄧"的声旁"登"用符号"又"替换，写作"邓"。

## ［鄧］dèng

《说文解字·邑部》："曼姓之國，今屬南陽。从邑，登聲。"形声字，指古国名，如《国语·郑语》："當成周者，南有荆蠻、申、吕、應、鄧、陳、蔡、隨、唐。"又用作姓。

## 【古诗文选读】

秦取楚漢中，再戰於藍田，大敗楚軍。韓、魏聞楚之困，乃南襲至鄧，楚王引歸。後三國謀攻楚，恐秦之救也，或說薛公："可發使告楚曰，'今三國之兵且去楚，楚能應而共攻秦，雖藍田豈難得哉！況於楚之故地？'楚疑於秦之未必救己也，而今三國之辭去，則楚之應之也必勸，是楚與三國謀出秦兵矣。秦爲知之，必不救也。三國疾攻楚，楚必走秦以急；秦愈不敢出，則是我離秦而攻楚也，兵必有功。"薛公曰："善。"遂發重使之楚，楚之應之果勸。於是三國並力攻楚，楚果告急於秦，秦遂不敢出兵。

——《战国策·秦策四·秦取楚汉中》

# 072.【敌】dí

"敌"字的现代常用义有：1. 敌人，如"天敌"。2. 相当，如"势均力敌"。3. 抵挡，如"寡不敌众"。

"敌"对应的繁体字是"敵"。简化时，"敵"的声旁"啇"改为符号"舌"，写作"敌"。

### ［敵］dí

《说文解字·攴部》："敵，仇也。从攴，啇聲。"形声字，本义为仇敌，如《墨子·七患》："以七患守城，敵至國傾。"引申为抵挡、对抗等义，如《左传·哀公十五年》："大子聞之，懼，下石乞、孟黶敵子路。"

## 【古诗文选读】

仲尼既没之後，田氏取齊，六卿分晉，道德大廢，上下失序。至秦孝公，捐禮讓而貴戰爭，棄仁義而用詐譎，苟以取強而已矣。夫篡盜之人，列爲侯王；詐譎之國，興立爲強。是以傳相放效，後生師之，遂相吞滅，并大兼小，暴師經歲，流血滿野，父子不相親，兄弟不相安，夫婦離散，莫保其命，潛然道德絕矣。晚世益甚。萬乘之國七，千乘之國五，敵侔爭權，蓋爲戰國。貪饕無恥，競進無厭；國異政教，各自制斷；上無天子，下無方伯，力功爭強，勝者爲右；兵革不休，詐僞並起。當此之時，雖有道德，不得施謀；有設之強，負阻而恃固；連與交質，重約結誓，以守其國。故孟子、孫卿儒術之士，棄捐於世，而游說權謀之徒，見貴於俗。是以蘇秦、張儀、公孫衍、陳軫、代、屬之屬，生從橫短長之說，左右傾側。蘇秦爲從，張儀爲橫；橫則秦帝，從則楚王；所在國重，所去國輕。

——汉刘向《战国策书录》

# 073.【籴】dí

"籴"字的现代常用义为买粮食，跟"粜"相对，如"籴米"。

"籴"对应的繁体字是"糴"。简化时，截取"糴"具有特征性的左偏旁，简作"籴"。

[糴] dí

《说文解字·入部》："糴，市穀也。从入从耀。"会意字，义为买进谷物，如《公羊传·庄公二十八年》："臧孫辰告糴於齊。"

## 【古诗文选读】

夏，使大子居曲沃，重耳居蒲城，夷吾居屈。群公子皆鄙。唯二姬之子在絳。二五卒與驪姬譖群公子而立奚齊，晉人謂之二五耦。楚令尹子元欲蠱文夫人，爲館於其宮側，而振萬焉。夫人聞之，泣曰："先君以是舞也，習戎備也。今令尹不尋諸仇讐，而於未亡人之側，不亦異乎！"御人以告子元。子元曰："婦人不忘襲讐，我反忘之！"秋，子元以車六百乘伐鄭，入于桔柣之門。子元、鬬御彊、鬬梧、耿之不比爲旆，鬬班、王孫游、王孫喜殿。衆車入自純門，及逵市。縣門不發。楚言而出。子元曰："鄭有人焉。"諸侯救鄭。楚師夜遁。鄭人將奔桐丘，諜告曰："楚幕有烏。"乃止。冬，饑，臧孫辰告糴于齊，禮也。

——《左传·庄公二十八年》

# 074. 【递】dì

"递"字的现代常用义有：1. 传送，传达，如"快递"。2. 顺着次序，如"递增"。

"递"对应的繁体字是"遞"。"递"为"遞"的异体字。简化时，用"递"代替"遞"。

[遞] dì

《说文解字·辵部》："遞，更易也。从辵，虒聲。"形声字，本义为交替、轮流，如《楚辞·九辩》："四時遞來而卒歲兮，陰陽不可儷偕。"引申为传送、传递等义，如唐柳宗元《与崔策登西山》："驰景泛颓波，遥风遞寒篠。"

## 【古诗文选读】

　　驛傳舊有三等，曰步遞、馬遞、急腳遞。急腳遞最遽，日行四百里，唯軍興則用之。熙寧中，又有金字牌急腳遞，如古之羽檄也。以木牌朱漆黄金字，光明眩目，過如飛電，望之者無不避路，日行五百餘里。有軍前機速處分，則自御前發下，三省、樞密院莫得與也。

——宋沈括《梦溪笔谈·官政》

# 075.【点】diǎn

　　"点"字的现代常用义有：1. 小的痕迹或水滴，如"雨点儿"。2. 几何学上指没有长、宽、高，只有位置的几何图形。3. 一定的处所或限度，如"起点"。4. 项，部分，如"优点"。5. 汉字的笔形，如"一点一横"。6. 加点，如"画龙点睛"。7. 一落一起的动作，如"蜻蜓点水"。8. 使一点一滴地落下，如"点眼药"。9. 引火，燃火，如"点灯"。10. 查数，如"点数"。11. 指示、指定，如"点歌"。12. 时间单位，即一小时，如"两点半"。13. 钟点，规定的时间，如"加班加点"。14. 点心，如"糕点"。15. 指点，启发，如"点拨"。16. 装饰，如"点缀"。

　　"点"对应的繁体字是"點"。简化时，取"點"中的"灬"和"占"，写成"点"。

## ［點］diǎn

《说文解字·黑部》："點，小黑也。从黑，占聲。"形声字，本义为小黑点，如《晋书·文苑传·袁宏》："如彼白珪，質無塵點。"引申为汉字的一种笔画等义，如晋王羲之《题〈卫夫人笔阵图〉后》："每作一字，須有點處，且作餘字總竟，然後安點。"

## 【古诗文选读】

先是，二青在山中，樵人多見之。又數年，長數尺，圍如碗，漸出逐人，因而行旅相戒，罔敢出其途。一日蛇人經其處，蛇暴出如風，蛇人大怖而奔。蛇逐益急，回顧已將及矣。而視其首，朱點儼然，始悟爲二青。下擔呼曰："二青，二青!"蛇頓止。昂首久之，縱身繞蛇人如昔弄狀，覺其意殊不惡，但軀巨重，不勝其繞，仆地呼禱，乃釋之。又以首觸笥，蛇人悟其意，開笥出小青。二蛇相見，交纏如飴糖狀，久之始開。蛇人乃祝小青曰："我久欲與汝別，今有伴矣。"謂二青曰："原君引之來，可還引之去。更囑一言：深山不乏食飲，勿擾行人，以犯天譴。"二青垂頭，似相領受。遽起，大者前，小者後，過處林木爲之中分。蛇人竚立望之，不見乃去。此後行人如常，不知其何往也。

——清蒲松龄《聊斋志异·蛇人》

# 076. 【淀】diàn

"淀"的现代常用义有：1. 浅的湖泊，多用于地名，如"白洋淀"。2. 渣滓，液体里沉下的东西，如"淀粉"。

"淀"对应的字是"淀"和"澱"。简化时，用"淀"代替

"澱"。

## （一）［淀］diàn

《玉篇·水部》："淀，浅水也。"从水，定声，形声字，本义为浅水湖泊，如晋左思《魏都赋》："掘鲤之淀，蓋節之淵。"常用作地名，如北齐颜之推《颜氏家训·归心》："江陵高偉，隨吾入齊，凡數年，向幽州淀中捕魚。"文献中，常与"澱"字通用。

## （二）［澱］diàn

《说文解字·水部》："澱，滓滓也。从水，殿聲。"形声字，本义为渣滓，如《齐民要术·养羊》："又方：又去痂如前法。燒葵根爲灰；煮醋澱，熱塗之，以灰厚傅。"引申指淤积、壅塞等义，如宋沈括《梦溪笔谈·杂志二》："汴渠有二十年不浚，歲歲堙澱。"

## 【古诗文选读】

汶水自桃鄉四分，當其派別之處，謂之四汶口。其左，二水雙流，西南至無鹽縣之郈鄉城南，郈昭伯之故邑也。禍起闘雞矣。《春秋左傳·定公十二年》，叔孫氏墮郈。今其城無南面。汶水又西南逕東平陸縣故城北，應劭曰：古厥國也。今有厥亭。汶水又西逕危山南，世謂之龍山也。《漢書·宣元六王傳》曰：哀帝時，無鹽危山土自起，覆草如馳道狀，又瓠山石轉立。晉灼曰：《漢注》作報山，山脅石一枚，轉側起立，高九尺六寸，旁行一丈，廣四尺。東平王雲及后謁曰：漢世石立，宣帝起之表也。自之石所祭，治石象報山立石，束倍草，并祠之。建平三年，息夫躬告之，王自殺，后謁棄市，國除。汶水又西，合爲一水，西南入茂都淀，淀，陂水之異名也。淀水西南出，謂之巨野溝，又西南逕致密城南，《郡國志》曰：須昌縣有致密城，古中都也。即夫子所宰之邑矣。

——北魏郦道元《水经注》卷二十四"汶水"

# 077. 【电】diàn

"电"字的现代常用义有：1. 电能，如"电动车"。2. 闪电，如"电闪雷鸣"。3. 电流打击，如"电疗"。4. 电报，如"唁电"。5. 打电报，如"电贺"。

"电"对应的繁体字是"電"。"电"是"電"的古字。简化时，用"电"代替"電"。

[電] diàn

《说文解字·雨部》："電，陰陽激燿也，从雨从申。"会意字，本义为闪电，如《诗经·小雅·十月之交》："爗爗震電，不寧不令。"引申为形容迅疾、快速等义，如唐卢照邻《穷鱼赋》："鳧趨雀躍，風馳電往。"

## 【古诗文选读】

充便辭出。崔送至中門，執手涕零。出門，見一犢車，駕青衣，又見本所著衣及弓箭，故在門外。尋傳教將一人提襆衣與充，相問曰："姻緣始爾，別甚悵恨。今復致衣一襲，被褥自副。"充上車，去如電逝。須臾至家。家人相見，悲喜推問，知崔是亡人，而入其墓。追以懊惋。別後四年，三月三日，充臨水戲，忽見水旁有二犢車，乍沉乍浮，既而近岸，同坐皆見，而充往開車後戶，見崔氏女與三歲男共載。充見之忻然，欲捉其手，女舉手指後車曰："府君見人。"即見少府，充往問訊。女抱兒還充，又與金鋺，並贈詩曰："煌煌靈芝質，光麗何猗猗！華豔當時顯，嘉異表神奇。含英未及秀，中夏罹霜萎。榮耀長幽滅，世路永無施。不悟陰陽運，哲人忽來儀。會淺離別速，皆由靈與祇。何以贈余親？金鋺可頤兒。恩愛從此別，斷腸傷肝脾。"充取兒、鋺及詩，忽然不見二車處。充將兒還，四坐謂是鬼魅，僉遙唾之，形如故。問兒："誰是汝父？"兒徑就充懷。衆初怪惡，傳省其詩，慨然歎死生之玄通也。充後乘車入市賣鋺，高舉其價，不欲速售，冀有識。欻有一老婢識此，還白大家曰："市中見一人乘車，賣崔氏女郎棺中鋺。"大家，即崔氏親姨母也，遣兒視之，果如其婢言。上車，敘姓名，語充曰："昔我姨嫁少府，生女，未出而亡。家親痛之，贈一金鋺，著棺中。可說得鋺本末。"充以事對。此兒亦爲之悲咽。賚還白母，母即令詣充家，迎兒視之。諸親悉集。兒有崔氏之狀，又復似充貌。兒、鋺俱驗，姨母曰："我外甥三月末間產。父曰春暖溫也。願休強也。"即字溫休。溫休者，蓋幽婚也，其兆先彰矣。兒遂成令器。歷郡守二千石，子孫冠蓋相承至今。其後植，字子干，有名天下。

——晋干宝《搜神记》卷十六

# 078. 【东】dōng

"东"字的现代常用义有：1. 太阳升起的方向，跟"西"相对，如"东方红"。2. 主人，如"房东"。3. 东道，请客的主人，如"做东"。

"东"对应的繁体字是"東"。"东"是"東"的草书楷化字形。简化时，用"东"代替"東"。"东"可用作简化偏旁。

## ［東］dōng

《说文解字·东部》："東，動也。从木。官溥說：从日在木中。"《说文解字》中所释并非本义。甲骨文中，该字像竹木编的笼形，象形字，本义为圆竹笼，常用义为东方，如《诗经·召南·小星》："嚖彼小星，三五在東。"引申指向东、东去等义，如《左传·僖公三十二年》："秦師遂東。"

## ［类推简化字］

陈/陳（chén）　　崠/崬（dōng）　　鸫/鶇（dōng）

冻/凍（dòng）　　栋/棟（dòng）　　胨/腖（dòng）

## 【古诗文选读】

公子留趙十年不歸。秦聞公子在趙，日夜出兵東伐魏。魏王患之，使使往請公子。公子恐其怒之，乃誡門下："有敢爲魏王使通者，死。"賓客皆背魏之趙，莫敢勸公子歸。毛公、薛公兩人往見公子曰："公子所以重於趙，名聞諸侯者，徒以有魏也。今秦攻魏，魏急而公子不恤，使秦破大梁而夷先王之宗廟，公子當何面目立天下乎？"語未及卒，公子立變色，告車趣駕歸救魏。魏王見公子，相與泣，而以上將軍印授公子，公子遂將。魏安釐王三十年，公子使使遍告諸侯。諸侯聞公子將，各遣將將兵救魏。公子率五國之兵破秦軍於河外，走蒙驁。遂乘勝逐秦軍至函谷關，抑秦兵，秦兵不敢出。當是時，公子威振天下，諸侯之客進兵法，公子皆名之，故世俗稱魏公子兵法。

——《史记·魏公子列传》

# 079. 【冬】dōng

"冬"的现代常用义有：1. 冬季，如"过冬"。2. 拟声词，同"咚"，如"鼓声冬冬"。

"冬"对应的字是"冬"和"鼕"。简化时，用"冬"代替"鼕"。

## （一）［冬］dōng

《说文解字·仌部》："冬，四時盡也。从仌从夊。夊，古文終字。"会意字，指冬天，如《尚书·洪范》："日月之行，則有冬有夏。"

## （二）［鼕］dōng

《广韵·冬韵》："鼕，鼓聲。"从鼓，冬声，形声字，本为拟声词，现多用作"咚"，如元关汉卿《单刀会》第三折："俺也曾擂鼓三鼕斬蔡陽。"

## 【古诗文选读】

葛生蒙楚，蘞蔓于野。予美亡此，誰與獨處！
葛生蒙棘，蘞蔓于域。予美亡此，誰與獨息！
角枕粲兮，錦衾爛兮。予美亡此，誰與獨旦！
夏之日，<u>冬</u>之夜，百歲之後，歸於其居。
<u>冬</u>之夜，夏之日。百歲之後，歸於其室。

——《诗经·唐风·葛生》

# 080.【动】dòng

"动"字的现代常用义有：1. 改变原来的位置或脱离静止状态，跟"静"相对，如"风吹草动"。2. 行动、行为，如"一举一动"。3. 使动，使有动作，如"惊天动地"。4. 感动，情感起反应，如"无动于衷"。5. 开始做，如"动工"。6. 往往，如"动辄得咎"。7. 放在动词后，表示有效果，如"拿得动"。

"动"对应的繁体字是"動"。简化时，将"動"声旁"重"改作"云"，保留形旁，简作"动"。"动"可用作简化偏旁。

［動］dòng

《说文解字·力部》："動，作也。从力，重聲。"形声字，本义为振动、活动，如《诗经·豳风·七月》："五月斯螽動股，六月莎鶏振羽。"引申为行动、采取行动等义，如《孙子·军争》："故兵以詐立，以利動，以分合爲變者也。"

［类推简化字］

恸/慟（tòng）

【古诗文选读】

昔有一老母在樹下臥，熊欲來搏，爾時老母繞樹走避。熊尋後逐，一手抱樹，欲捉老母。老母得急，即時合樹，搦熊兩手，熊不得動。更有異人來至其所，老母語言："汝共我捉，殺分其肉。"時彼人者，信老母語，即時共捉。既捉之已，老母即便捨熊而走。其人後爲熊所困。如是愚人爲世所笑。凡夫之人亦復如

99

是。作諸異論，既不善好，文辭繁重，多有諸病，竟不成訖，便捨終亡。後人捉之，欲爲解釋，不達其意，反爲其困。如彼愚人代他捉熊，反自被害。

——北齐求那毘地译《百喻经·老母捉熊喻》

# 081. 【斗】dǒu、dòu

"斗"字的现代常用义有：1. dǒu。①市制容量单位，1 斗是 10 升；②量粮食的器具，容量是 1 斗，多为方形；③像斗一样大小的，如"斗室"；④像斗的东西，如"漏斗"；⑤呈圆形的指纹，如"斗箕"；⑥星宿名，二十八宿之一。2. dòu。①对打，如"斗殴"；②比赛胜负，如"斗智斗勇"；③拼合，凑在一起，如"用碎布斗成一个口袋"。

"斗"对应的字是"斗"和"鬥"。简化时，音近代替，用"斗"代替"鬥"。

## （一）［斗］dǒu

《说文解字·斗部》："斗，十升也。象形，有柄。"象形字，本指酒器，如《诗经·大雅·行苇》："酌以大斗，以祈黄耇。"引申为量器等义，如《庄子·胠箧》："掊斗折衡，而民不争。"

## （二）［鬥］dòu

《说文解字·鬥部》："鬥，兩士相對，兵杖在後，象鬥之形。"本义为对打，如《荀子·荣辱》："凡鬥者，必自以爲是而以人爲非也。"引申为比赛、争胜等义，如唐秦韬玉《贫女》："敢將十指誇鍼巧，不把雙眉鬥畫長。"文献中，"鬥"有异体字作"鬭""鬦""鬪"。

## 【古诗文选读】

　　所謂古之善用兵者，能使敵人前後不相及，衆寡不相恃，貴賤不相救，上下不相收，卒離而不集，兵合而不齊。合於利而動，不合於利而止。敢問：敵衆整而將來，待之若何？曰：先奪其所愛，則聽矣。兵之情主速，乘人之不及，由不虞之道，攻其所不戒也。凡爲客之道：深入則專，主人不克；掠於饒野，三軍足食；謹養而勿勞，併氣積力，運兵計謀，爲不可測。投之無所往，死且不北；死焉不得，士人盡力。兵士甚陷則不懼，無所往則固，深入則拘，不得已則鬭。是故其兵不修而戒，不求而得，不約而親，不令而信。禁祥去疑，至死無所之。

——《孙子·九地篇》

# 082.【独】dú

　　"独"字的现代常用义有：1. 单一，如"独唱"。2. 没有依靠或帮助，如"独立"。3. 没有子孙的老人，如"鳏寡孤独"。4. 只，唯有，如"唯独"。

　　"独"对应的繁体字是"獨"。"独"是"獨"的古代俗字。简化时，用"独"代替"獨"。

[獨] dú

　　《说文解字·犬部》："獨，犬相得而鬭也。从犬蜀聲。羊爲羣，犬爲獨也。"形声字，本义为孤单，如《诗经·小雅·正月》："念我獨兮，憂心慇慇。"引申为单独、独自等义，如《论语·季氏》："嘗獨立，鯉趨而過庭。"

## 【古诗文选读】

　　若有人兮山之阿，被薜荔兮帶女蘿。既含睇兮又宜笑，子慕予兮善窈窕。乘赤豹兮從文狸，辛夷車兮結桂旗。被石蘭兮帶杜衡，折芳馨兮遺所思。余處幽篁兮終不見天，路險難兮獨後來。表獨立兮山之上，雲容容兮而在下。杳冥冥兮羌晝晦，東風飄兮神靈雨。留靈修兮憺忘歸，歲既晏兮孰華予？采三秀兮於山間，石磊磊兮葛蔓蔓。怨公子兮悵忘歸，君思我兮不得閒。山中人兮芳杜若，飲石泉兮蔭松柏。君思我兮疑然作。雷填填兮雨冥冥，猨啾啾兮又夜鳴。風颯颯兮木蕭蕭，思公子兮徒離憂。

——《楚辞·九歌·山鬼》

# 083. 【断】duàn

　　"断"字的现代常用义有：1. 长条形的东西截成两段或几段，如"一刀两断"。2. 隔绝，不继续，如"断交"。3. 判断，决定，如"诊断"。4. 一定，绝对，如"断无此理"。

　　"断"对应的繁体字是"斷"。"断"是"斷"的俗字。简化时，用"断"代替"斷"。"断"可用作简化偏旁。

## ［斷］duàn

　　《说文解字·斤部》作"𢇍"："𢇍，截也。从斤，从𢇍。𢇍，古文絕。"后作"斷"，会意字，本义指截断，如《诗经·豳风·七月》："七月食瓜，八月斷壺。"引申指判断、决定等义，如《易·繫辞上》："繫辭焉以斷其吉凶，是故謂之爻。"

## ［类推简化字］

籪/籪（duàn）

## 【古诗文选读】

昔有長者子，入海取沈水，積有年載，方得一車。持來歸家，詣市賣之。以其貴故，卒無買者。經歷多日，不能得售，心甚疲厭，以爲苦惱。見人賣炭，時得速售，便生念言："不如燒之作炭，可得速售。"即燒爲炭，詣市賣之，不得半車炭之價直。世間愚人，亦復如是。無量方便，勤行精進，仰求佛果。以其難得，便生退心。不如發心，求聲聞果，速斷生死，作阿羅漢。

——北齐求那毗地译《百喻经·入海取沉水喻》

# 084. 【对】duì

"对"字的现代常用义有：1. 答话，回答，如"对答如流"。2. 向着，如"面对大海"。3. 对面的，如"对门"。4. 互相，如"对调"。5. 介词，如"对他说明白"。6. 看待，对付，如"对事不对人"。7. 照着样检查，如"对笔记"。8. 相合、适合，如"对症下药"。9. 正确，如"这话很对"。10. 双，成双的，如"对联"。

"对"对应的繁体字是"對"。简化时，用符号"又"代替"對"字左部，简化为"对"。"对"可用作简化偏旁。

## ［對］duì

《说文解字·丵部》作"對"："對，䛐無方也。从丵从口从

103

寸。"后作"對"。会意字，本义为回答、应答，如《论语·子路》："冉子退朝。子曰：'何晏也?'對曰：'有政。'"引申为朝向、相向等义，如司马迁《史记·万石张叔列传》："子孫有過失，不譙讓，爲便坐，對案不食。"

[类推简化字]

怼/懟（duì）

## 【古诗文选读】

過去有人，癡無智慧，極渴須水，見熱時焰謂爲是水，即便逐走至辛頭河，既至河所對視不飲。傍人語言："汝患渴逐水，今至水所何故不飲?"愚人答言："若可飲盡，我當飲之，此水極多俱不可盡，是故不飲。"爾時衆人聞其此語，皆大嗤笑。譬如外道僻取其理，以己不能具持佛戒，遂便不受，致使將來無得道分，流轉生死，若彼愚人見水不飲爲時所笑，亦復如是。

——北齐求那毗地译《百喻经·渴见水喻》

# 085.【队】duì

"队"字的现代常用义有：1. 有组织的集体或排成的行列，如"乐队"。2. 特指中国少年先锋队，如"入队"。3. 量词，用于排成队列的人或物，如"一队人马"。

"队"对应的繁体字是"隊"。简化时，"隊"右部用符号"人"替换，写成"队"。"队"可用作简化偏旁。

［隊］duì

《说文解字·𨸏部》："隊，從高隊也。从𨸏，㒸聲。"形声字。"隊"是"墜"的古字，音 zhuì，后写作"墜"。"隊"被借用来表示有组织的集体，音 duì，如《左传·襄公十年》："狄虒彌建大車之輪，而蒙之以甲，以爲櫓。左執之，右拔戟，以成一隊。"又引申指行列等义，如《汉书·司马相如传上》："車案行，騎就隊。"

## ［类推简化字］

坠/墜（zhuì）

## 【古诗文选读】

太史某公，忘其姓氏，畫臥齋中，忽有小鹵簿，出自堂陬。馬大如蛙，人細於指。小儀仗以數十隊。一官冠皂纱，著繡襆，乘肩輿，紛紛出門而去。公心異之，竊疑睡眼之訛。頓見一小人，返入舍，攜一氈包，大如拳，竟造床下。白言："家主人有不腆之儀，敬獻太史。"言已，對立，即又不陳其物。少間，又自笑曰："戔戔微物，想太史亦當無所用，不如即賜小人。"太史領之。欣然攜之而去。後不復見。惜太史中餒，不曾詰所自來。

——清蒲松龄《聊斋志异·小官人》

# 086. 【吨】dūn

"吨"字的现代常用义有：1. 质量单位，1 吨等于 1000 千克。2. 指登记吨，计算船只容积的单位，1 吨相当于 100 立方英尺，合 2. 83 立方米。

　　"吨"对应的繁体字是"噸"。简化时，删减"噸"右边的部件"頁"，简作"吨"。

　　[噸] dūn

　　从口頓声，形声字，法语 tonne 或英语 ton 的音译，指公制重量单位。一吨等于 1000 公斤，合 2000 市斤。秦牧《长街灯语·寄北方》："一畝地每年產糧一噸，在廣東是並不希奇的事了。"

## 【古诗文选读】

　　我看了不覺咋舌道："前兩天聽見濮固修說是打沉的，不料有這等事！"繼之歎道："我們南洋的兵船，早就知道是沒用的了，然而也料想不到這麼一著。"我道："南洋兵船不少，豈可一概抹煞？"繼之道："你未從此中過來，也難怪你不懂得。南洋兵船雖然不少，叵奈管帶的一味知道營私舞弊，哪裏還有公事在他心上。你看他們帶上幾年兵船，就都一個個的席豐履厚起來，哪裏還肯去打仗！"我道："帶一個兵船，哪裏有許多出息？"繼之道："這也一言難盡。克扣一節，且不要說他；單祇領料一層，就是了不得的了。譬如他要領煤，這裏南京是沒有煤賣的，照例是到支應局去領價，到上海去買。他領了一百噸的煤價到上海去，上海是有一家專供應兵船物料的鋪家，彼此久已相熟的，他到那裏去，祇買上二三十噸。"我唶道："那麼那七八十噸的價，他一齊吞沒了！"繼之道："這又不能。他在這七八十噸價當中，提出二成賄了那鋪家，叫他帳上寫了一百噸；恐怕他與店裏的帳目不符，就教他另外立一個暗記號，開支了那七八十噸的價銀就是了。你想他們這樣辦法，就是吊了店家帳簿來查，也查不出他的弊病呢。有時他們在上海先向店家取了二三十噸煤，卻出他個

百把噸的收條，叫店家自己到支應局來領價，也是這麼辦法。你
說他們發財不發財呢！"

——清吴趼人《二十年目睹之怪現狀》第十四回

# 087.【夺】duó

"夺"字的现代常用义有：1. 抢，强取，如"巧取豪夺"。
2. 争取得到，如"夺冠"。3. 用力冲出，如"夺门而出"。4.
做决定，如"定夺"。5. 胜过，压过，如"巧夺天工"。6. 使失
去，如"剥夺"。

"夺"对应的繁体字是"奪"。简化时，省略"奪"中间的
"隹"，保留原字的轮廓，简作"夺"。

[奪] duó、duì

1. duó。《说文解字·奞部》："奪，手持隹失之也。从又从
奞（xùn）。"会意字，本义为失去，如《孟子·梁惠王上》："百
畝之田，勿奪其時，數口之家可以無飢矣。"引申为强取、剥夺
等义，如隋李密《陈情表》："行年四歲，舅奪母志。"

2. duì。义为狭路，如《礼记·檀弓下》："齊莊公擊莒於
奪，杞梁死焉。"一说，地名，《集韵·夳韵》："奪，地名。"

## 【古诗文选读】

楚數使奇兵渡河擊趙，趙王耳、韓信往來救趙，因行定趙城
邑，發兵詣漢。楚方急圍漢王於滎陽，漢王南出，之宛、葉間，
得黥布，走入成皋，楚又復急圍之。六月，漢王出成皋，東渡
河，獨與滕公俱，從張耳軍脩武。至，宿傳舍。晨自稱漢使，馳

入趙壁。張耳、韓信未起，即其臥內上<u>奪</u>其印符，以麾召諸將，易置之。信、耳起，乃知漢王來，大驚。漢王<u>奪</u>兩人軍，即令張耳備守趙地。拜韓信爲相國，收趙兵未發者擊齊。

——《史记·淮阴侯列传》

# 088.【堕】duò

"堕"字的现代常用义有：1. 掉下来、坠落，如"堕马"。2. 比喻思想行为向坏的方向发展，如"堕落"。

"堕"对应的繁体字是"墮"。简化时，删减"墮"部件"左"，简作"堕"。

［<u>墮</u>］duò、huī

1. duò。字本写作"陊"，《说文解字·阜部》："陊，落也。从阜，多聲。"后作"墮"，义为坠落，如《史记·留侯世家》："有一老父，衣褐，至良所，直墮其履圯下。"引申指脱落等义，如汉王充《论衡·道虚》："夫蟬之去復育，龜之解甲，蛇之脱皮，鹿之墮角，殼皮之物解殼皮，持骨肉去，可謂屍解矣。"

2. huī。《说文解字·阜部》作"陸"："陸，敗城阜曰陸。从阜，圶聲。""陸"的异体为"隋"。隶变作"墮"。本义为毁坏，如《国语·周语下》："晉聞古之長民者，不墮山，不崇藪，不防川，不竇澤。"该"墮"字后来写作"隳"。

## 【古诗文选读】

菩提樹東渡尼連禪那河，大林中有窣堵波。其北有池，香象侍母處也。如來在昔修菩薩行，爲香象子，居北山中，遊此池侧。其母盲也，採藕根，汲清水，恭行孝養，與時推移。屬有一人，遊林迷路，彷徨往來，悲號慟哭。象子聞而愍焉，導之以示歸路。是人既還，遂白王曰："我知香象遊舍林藪，此奇貨也，可往捕之。"王納其言，興兵往狩，是人前導，指象示王，即時兩臂墮落，若有斬截者。其王雖驚此異，仍縛象子以歸。象子既已維縶多時，而不食水草，典廄者以聞，王遂親問之。象子曰："我母盲冥，累日飢餓，今見幽厄，詎能甘食?"王愍其情也，故遂放之。

——唐玄奘、辩机《大唐西域记》卷第九

# 089.【儿】ér

"儿"字的现代常用义有：1. 小孩子，如"儿歌"。2. 年轻的人，如"弄潮儿"。3. 儿子，男孩子，如"生儿育女"。4. 词尾，同前一字连成一个卷舌音，如"花儿"。

"儿"对应的字是"儿"和"兒"。简化时，用"儿"代替"兒"。

## （一）［儿］rén

同"人"字，《说文解字·儿部》："儿，仁人也。古文奇字人也。象形。"

## （二）［兒］ér、ní

1. ér。《说文解字·儿部》："兒，孺子也。从儿，象小儿头囟未合。"象形字，本义为小孩子，如《汉书·张汤传》："汤为兒守舍。"引申指年幼的小孩、男孩子等义，如唐韩愈《游西林寺》："中郎有女能傳業，伯道無兒可保家。"

2. ní。义指老人牙齿落尽后更生的细齿，如《诗经·鲁颂·閟宫》："黃髪兒齒。"后作"齯"。又作姓，汉代有兒宽。

## 【古诗文选读】

孔子東遊，見兩小兒辯日，問其故。一兒曰："我以日始出時去人近，而日中時遠也。"一兒以日初出遠，而日中時近也。一兒曰："日初出大如車蓋，及日中，則如盤盂，此不爲遠者小而近者大乎?"一兒曰："日初出滄滄涼涼，及其日中如探湯，此不爲近者熱而遠者涼乎?"孔子不能決也。兩小兒笑曰："孰爲汝多知乎?"

——《列子·汤问》

# 090. 【尔】ěr

"尔"字的现代常用义有：1. 你、你们，如"尔虞我诈"。2. 如此、这样，如"不过尔尔"。3. 这、那，如"尔时"。4. 作后缀，相当于"然"，如"卓尔不群"。

"尔"对应的繁体字是"爾"。"爾"有异体字作"尒"，俗作"尔"。简化时，用"尔"代替"爾"。"尔"可用作简化偏旁。

[爾] ěr

《说文解字·㸚部》："爾，麗爾，猶靡麗也。从冂从㸚，其孔㸚，尒聲。此與爽同意。"形声字，本义为疏朗的样子，该义古籍中罕用。假借为第二人称代词，如《诗经·小雅·无羊》："誰謂爾無羊? 三百維羣!"常常用作词缀，犹"然"，如《论语·先进》：“鼓瑟希，鏗爾，舍瑟而作。”

## ［类推简化字］

迩/邇（ěr）　弥/彌、瀰①（mí）　祢/禰（mí）

猕/獼（mí）　玺/璽（xǐ）

## 【古诗文选读】

　　屈原既放，遊於江潭，行吟澤畔，顏色憔悴，形容枯槁。漁父見而問之曰：“子非三閭大夫與？何故至於斯！”屈原曰：“舉世皆濁我獨清，衆人皆醉我獨醒，是以見放！”漁父曰：“聖人不凝滯於物，而能與世推移。世人皆濁，何不淈其泥而揚其波？衆人皆醉，何不餔其糟而歠其醨？何故深思高舉，自令放爲？”屈原曰：“吾聞之，新沐者必彈冠，新浴者必振衣；安能以身之察察，受物之汶汶者乎！寧赴湘流，葬於江魚之腹中。安能以皓皓之白，而蒙世俗之塵埃乎！”漁父莞爾而笑，鼓枻而去，乃歌曰：“滄浪之水清兮，可以濯吾纓。滄浪之水濁兮，可以濯吾足。”遂去，不復與言。

——《楚辭·渔父》

# 091.【发】fā、fà

　　“发”字的现代常用义有：1. fā。①交付，送出，跟“收”相对，如“分发”；②表达，说出，如“一言不发”；③放射，如“百发百中”；④散开，分散，如“发汗”；⑤开展，扩大，如

---

　　① “彌”字的义项较多，仅有遍、满义项与“瀰”字同。

"发扬"；⑥因得到大量资产而兴旺，如"暴发户"；⑦打开，揭露，如"揭发"；⑧显现，散发，如"发臭"；⑨产生，发生，如"一触即发"；⑩感到（多用于令人不快的情况），如"发麻"；⑪开始动作，起程，如"先发制人"；⑫量词，用于子弹、炮弹等，如"一发子弹"。2. fà。头发，如"千钧一发"。

"发"对应的繁体字是"發"和"髮"。"发"是"發"的草书楷化字形。简化时，用"发"代替"發"和"髮"。"发"可用作简化偏旁。

### ［發］fā

《说文解字·弓部》："發，躲發也。从弓，癹聲。"形声字，本义是把箭射出去，如《诗经·小雅·吉日》："既張我弓，既挾我矢。發彼小豝，殪此大兕。"引申指出发、起程等义，如《诗经·齐风·东方之日》："在我闥兮，履我發兮。"

### ［髮］fà

《说文解字·髟部》："髮，根也。从髟，犮聲。"《玉篇·髟部》："髮，首上毛也。"形声字，本义为头发，如《孝经》："身體髮膚，受之父母。"引申指草木等义，如《庄子·逍遥游》："窮髮之北有冥海者，天池也。"

### ［类推简化字］

拨/撥（bō）　废/廢（fèi）　泼/潑（pō）　钹/鏺（pō）

## 【古诗文选读】

明日兄之生日，昨夜夢與弟同自眉入京，行利州峽，路見二僧，其一僧鬚髮皆深青，與同行。問其向去災福，答云："向去甚好，無災。"問其京師所需，"要好朱砂五六錢。"又手擎一小卵塔，云："中有舍利。"兄接得，卵塔自開，其中舍利燦然如花，兄與弟請吞之。僧遂分爲三分，僧先吞，兄弟繼吞之，各一兩，細大不等，皆明瑩而白，亦有飛迸空中者。僧言："本欲起塔，卻吃了！"弟云："吾三人肩上各置一小塔便了。"兄言："吾等三人，便是三所無縫塔。"僧笑，遂覺。覺後胸中喧喧然，微似含物。夢中甚明，故閑報爲笑耳。書遺子由。

——宋苏轼《东坡志林·记子由梦塔》

# 092. 【矾】fán

"矾"字的现代常用义为某些金属硫酸盐的含水结晶，如"明矾"。

"矾"对应的繁体字是"礬"。简化时，把"礬"的声旁"樊"改为"凡"，把上下结构改为左右结构，写作"矾"。

## ［礬］fán

《玉篇·石部》："礬，石也。"从石樊声，形声字，指某些金属硫酸盐的含水结晶，如《山海经·西山经》："女牀之山……其陰多石涅。"晋郭璞注："即礬石也。楚人名爲涅石，秦名爲羽涅也。"《宋史·食货志下七》："無爲軍亦置務鬻礬，後聽民自鬻，官置場售之，私售礬禁如私售茶法。"

## 【古诗文选读】

凡礬燔石而成。白礬一種，亦所在有之。最盛者山西晋、南直無爲等州，值價低賤，與寒水石相仿。然煎水極沸，投礬化之，以之染物，則固結膚膜之間，外水永不入，故制糖餞與染畫纸、红纸者需之。其末乾撒，又能冶浸淫恶水，故湿疮家亦急需之也。凡白矾，掘土取磊块石，层叠煤炭饼锻炼，如烧石灰样。火候已足，冷定入水。煎水极沸时，盘中有溅溢如物飞出，俗名蝴蝶矾者，则矾成矣。煎浓之后，入水缸内澄，其上隆结曰弔矾，洁白异常。其沉下者曰缸矾。轻虚如棉絮者曰柳絮矾，烧汁至尽，白如雪者，谓之巴石。方药家锻过用者曰枯矾云。

——明宋应星《天工开物·燔石第十一卷·白矾》

# 093.【范】fàn

"范"字的现代常用义有：1. 模（mú）子，如"钱范"。2. 模范、榜样，如"示范"。3. 范围，一定的界限，如"就范"。4. 限制，如"防范"。5.（Fàn）姓。

"范"对应的字是"範"和"范"。简化时，用"范"代替"範"。

## （一）［範］fàn

本作"笵"，《说文解字·竹部》："笵，法也。从竹，竹，简书也；氾（fàn）声。古法有竹刑。"形声字，本义为竹刑，引申为模范，《玉篇·竹部》："笵，楷式也。"后作"範"。《说文解字·车部》："範，範軷也。从車，笵省聲。"形声字，本义为古代指祖道的祭祀，朱骏声《说文通训定声》："按範軷，祖道之祭也。"引申为模子、模型等义，如汉王充《论衡·物势》："今夫陶冶者，初埏埴作器，必模範爲形，故作之也。"

## （二）［范］fàn

《说文解字·艸部》：“范，艸也。从艸，氾聲。”形声字，本义为草名。引申为昆虫名，指蜂，如《礼记·檀弓下》：“范则冠而蟬有綾。”文献中该字常与“笵”“範”通用。又作姓。

### 【古诗文选读】

刑範正，金錫美，工冶巧，火齊得，剖刑而莫邪已。然而不剥脱，不砥厲，則不可以斷繩。剥脱之，砥厲之，則劙盤盂，刎牛馬，忽然耳。彼國者，亦強國之剖刑已。然而不教誨，不調一，則入不可以守，出不可以戰。教誨之，調一之，則兵勁城固，敵國不敢嬰也。彼國者亦有砥厲，禮義節奏是也。故人之命在天，國之命在禮。人君者，隆禮尊賢而王，重法愛民而霸，好利多詐而危，權謀傾覆幽險而亡。

——《荀子·强国》

# 094. 【飞】fēi

“飞”字的现代常用义有：1. 鸟类或虫类等用翅膀在空中往来活动，如“大雁南飞”。2. 物体在空中飘荡或运动，如“飞沙走石”。3. 形容速度很快，如“飞奔”。4. 比喻意外的、凭空而来的，如“飞来横祸”。

“飞”对应的繁体字是“飛”。简化时，去掉“飛”的左下部分，保留原字的主要特征，简作“飞”。

〔飛〕fēi

《说文解字·飞部》："飛，鳥翥也。象形。"本义为鸟飞，如《诗经·周南·葛覃》："黃鳥于飛，集于灌木，其鳴喈喈。"引申为物体在空中飘荡或飘扬等义，如汉武帝《秋风辞》："秋風起兮白雲飛，草木黄落兮雁南歸。"

## 【古诗文选读】

积土成山，風雨興焉；積水成淵，蛟龍生焉；積善成德，而神明自得，聖心備焉。故不積跬步，無以致千里；不積小流，無以成江海。騏驥一躍，不能十步；駑馬十駕，功在不舍。鍥而舍之，朽木不折；鍥而不舍，金石可鏤。螾無爪牙之利，筋骨之強，上食埃土，下飲黃泉，用心一也。蟹六跪而二螯，非虵蟺之穴，無可寄託者，用心躁也。是故無冥冥之志者，無昭昭之明無惛惛之事者，無赫赫之功。行衢道者不至，事兩君者不容。目不能兩視而明，耳不能兩聽而聰。螣蛇無足而飛，梧鼠五技而窮。《詩》曰："尸鳩在桑，其子七兮。淑人君子，其儀一兮。其儀一兮，心如結兮。"故君子結於一也。

——《荀子·劝学》

# 095. 【坟】fén

"坟"字的现代常用义为埋葬死人之后建起的土堆，如"坟墓"。

"坟"对应的繁体字是"墳"。简化时，把"墳"的声旁"賁"改为"文"，简作"坟"。

［墳］fén、fèn

1. fén。《说文解字·土部》："墳，墓也。从土，賁聲。"形声字，本义为土堆，如《楚辞·九章·哀郢》："登大墳以望遠兮，聊以舒吾憂心。"引申指堤岸、水边高地，如《诗经·周南·汝坟》："遵彼汝墳，伐其條枚。"特指坟墓，如《礼记·檀弓上》："古者墓而不墳。"

2. fèn。义为土质肥沃，如《尚书·禹贡》："厥土黑墳。"引申为高起等义，如《国语·晋语二》："公至，召申公獻。公祭之地，地墳。"

## 【古诗文选读】

遵彼汝墳，伐其條枚。未見君子，惄如調飢。

遵彼汝墳，伐其條肄。既見君子，不我遐棄。

魴魚赬尾，王室如燬。雖則如燬，父母孔邇。

——《诗经·周南·汝坟》

# 096.【奋】fèn

"奋"的现代常用义有：1. 振作，鼓动，如"奋发图强"。2. 举起，扬起，如"奋笔疾书"。

"奋"对应的繁体字是"奮"。简化时，删减"奮"中间部分"隹"，保持原字轮廓，简作"奋"。

［奮］fèn

《说文解字·奞部》："奮，翬也。从奞在田上。"会意字，本义为飞鸟振翅欲飞，如《诗经·邶风·柏舟》："静言思之，不能奮飛。"引申为发扬、振奋等义，如《诗经·大雅·常武》："王奮厥武，如震如怒。"

### 【古诗文选读】

及至始皇，奮六世之餘烈，振長策而御宇内，吞二周而亡諸侯，履至尊而制六合，執棰拊以鞭笞天下，威震四海。南取百越之地，以爲桂林、象郡，百越之君俛首係頸，委命下吏。乃使蒙恬北築長城而守藩籬，卻匈奴七百餘里，胡人不敢南下而牧馬，士亦不敢彎弓而報怨。於是廢先王之道，焚百家之言，以愚黔首。墮名城，殺豪俊，收天下之兵聚之咸陽，銷鋒鑄鐻，以爲金人十二，以弱天下之民。然後踐華爲城，因河爲津，據億丈之城，臨不測之谿以爲固。良將勁弩，守要害之處，信臣精卒，陳利兵而誰何。天下已定，始皇之心，自以爲關中之固，金城千里，子孫帝王萬世之業也。

——汉贾谊《过秦论》

# 097. 【粪】fèn

"粪"字的现代常用义有：1. 屎、粪便，如"化粪池"。2. 施肥，往田地里加肥料，如"粪田"。

"粪"对应的繁体字是"糞"。简化时，删减"糞"中间部分"田"，保持原字轮廓，简作"粪"。

### ［糞］fèn

《说文解字·華部》作"𤑄"："𤑄，棄除也。从廾推華棄采也。"本义为扫除灰土脏物，如《左传·昭公三年》："小人粪除先人之敝廬。"引申为大便等义，如汉赵晔《吴越春秋·勾践入臣外传》："今者臣竊嘗大王之糞。"

## 【古诗文选读】

人有問殷中軍："何以將得位而夢棺器，將得財而夢矢穢?"殷曰："官本是臭腐，所以將得而夢棺屍；財本是糞土，所以將得而夢穢汙。"時人以爲名通。

——南朝宋刘义庆《世说新语·文学》

# 098. 【丰】fēng

"丰"字的现代常用义有：1. 容貌，姿态美好，如"丰采"。2. 盛，多，如"丰衣足食"。3. 大，如"丰功伟绩"。

"丰"对应的字是"丰"和"豐"。简化时，用"丰"代替"豐"。"丰"可用作简化偏旁。

## （一）［丰］fēng

《说文解字·生部》："丰，艸盛丰丰也。从生，上下達也。"象形字，本义指草木茂盛，引申指容貌丰润，如《诗经·郑风·丰》："子之丰兮，俟我乎巷兮。"

## （二）［豐］fēng

《说文解字·豆部》："豐，豆之豐滿者也。从豆，象形。"象形字，古指盛放东西的礼器，如《仪礼·乡射礼》："司射適堂西，命弟子設豐。"引申指丰盛、多，如《左传·僖公二十七

119

年》："民易資者不求豐焉，明征其辭。"又引申指体态丰满等义，如南朝梁刘勰《文心雕龙·风骨》："夫翬翟備色，而翾翥百步，肌豐而力沈也。"

## ［类推简化字］

沣/灃（fēng）　艳/艷（yàn）　滟/灩（yàn）

## 【古诗文选读】

有問秀才："吳舊姓何如?"答曰："吳府君，聖王之老成，明時之儁乂；朱永長，理物之至德，清選之高望；嚴仲弼九皋之鳴鶴，空谷之白駒；顧彥先八音之琴瑟，五色之龍章；張威伯，歲寒之茂松，幽夜之逸光；陸士衡、士龍，鴻鵠之裴回，懸鼓之待椎。凡此諸君，以洪筆爲鉏耒，以紙札爲良田，以玄默爲稼穡，以義理爲豐年，以談論爲英華，以忠恕爲珍寶。著文章爲錦繡，蘊五經爲繒帛，坐謙虛爲席薦，張義讓爲帷幌，行仁義爲室宇，修道德爲廣宅。"

——南朝宋刘义庆《世说新语·赏誉》

# 099. 【风】fēng

"风"字的现代常用义有：1. 空气流动的现象，如"北风"。2. 消息，如"闻风而至"。3. 没有确实根据的，如"风传"。4. 表现在外的景象或态度，如"风景"。5. 风气，习俗，如"移风易俗"。6. 病名，如"抽风"。7. 古代称民歌，如"国风"。

"风"对应的繁体字是"風"。简化时，将"風"字中的"虫"换成"乂"，写成"风"。"风"可用作简化偏旁。

## ［風］fēng

《说文解字·风部》："風，八風也。東方曰明庶風，東南曰清明風，南方曰景風，西南曰涼風，西方曰閶闔風，西北曰不周風，北方曰廣莫風，東北曰融風。風動蟲生。故蟲八日而化。从虫，凡聲。"形声字，本义为空气流动的现象，如《诗经·郑风·萚兮》："萚兮萚兮，風其吹女。"引申指风教、教化等义，如《庄子·天下》："墨翟、禽滑釐聞其風而説之，爲之大過，已之大循。"

### ［类推简化字］

飙/飆（biāo）　　枫/楓（fēng）　　沨/渢（fēng）

疯/瘋（fēng）　　砜/碸（fēng）　　讽/諷（fěng）

飓/颶（jù）　　岚/嵐（lán）　　飗/飀（liú）　　飘/飄（piāo）

飒/颯（sà）　　飔/颸（sī）　　飕/颼（sōu）

## 【古诗文选读】

詩者，志之所之也，在心爲志，發言爲詩，情動於中而形於言，言之不足，故嗟嘆之，嗟嘆之不足，故詠歌之，詠歌之不足，不知手之舞之足之蹈之也。情發於聲，聲成文謂之音，治世之音安以樂，其政和；亂世之音怨以怒，其政乖；亡國之音哀以思，其民困。故正得失，動天地，感鬼神，莫近於詩。先王以是經夫婦，成孝敬，厚人倫，美教化，移風俗。故詩有六義焉：一曰風，二曰賦，三曰比，四曰興，五曰雅，六曰頌，上以風化下，下以風刺上，主文而譎諫，言之者無罪，聞之者足以戒，故曰風。至於王道衰，禮義廢，政教失，國異政，家殊俗，而變風變雅作矣。國史明乎得失之跡，傷人倫之廢，哀刑政之苛，吟詠情性，以風其上，達於事變而懷其舊俗者也。故變風發乎情，止乎禮義。發乎情，民之性也；止乎禮義，先王之澤也。是以一國之事，系一人之本，謂之<u>風</u>；言天下之事，形四方之<u>風</u>，謂之雅。雅者，正也，言王政之所由廢興也。政有大小，故有小雅焉，有大雅焉。頌者，美盛德之形容，以其成功告於神明者也。是謂四始，詩之至也。

——《毛诗序》

# 100. 【凤】fèng

"凤"字的现代常用义指凤凰，如"有凤来仪"。

"凤"对应的繁体字是"鳳"。简化时，用符号"又"代替"鳳"字里面的短横和"鳥"，简作"凤"。

## ［鳳］fèng

《说文解字·鸟部》："鳳，神鳥也。"从鳥凡声，形声字，本义为古代传说中的鸟王，如《荀子·解蔽》："《诗》曰：'鳳凰秋秋，其翼若干，其聲若蕭。有鳳有凰，樂帝之心。'"古代比喻有圣德的人，如《楚辞·九辩》："鷽鷃皆唉夫粱藻兮，鳳愈飄翔而高舉。"

## 【古诗文选读】

楚狂接輿歌而過孔子曰："鳳兮！鳳兮！何德之衰？往者不可諫，來者猶可追。已而！已而！今之從政者殆而！"孔子下，欲與之言。趨而辟之，不得與之言。

——《论语·微子》

# 101. 【肤】fū

"肤"字的现代常用义有：1. 皮肤，如"切肤之痛"。2. 喻指表面的、浅薄的，如"肤浅"。

"肤"对应的繁体字是"膚"。"肤"为"膚"的异体字。简化时，用"肤"代替"膚"。

[膚] fū

《说文解字·肉部》作"臚"："臚，皮也。从肉，盧聲。"后作"膚"。形声字，本义为人体的表皮，如《诗经·卫风·硕人》："手如柔荑，膚如凝脂。"引申指树木、果实的表皮或表皮下的组织，如《后汉书·蔡伦传》："倫乃造意，用樹膚、麻頭及敝布、魚網以爲紙。"

## 【古诗文选读】

孟子曰："舜發於畎畝之中，傅說舉於版築之間，膠鬲舉於魚鹽之中，管夷吾舉於士，孫叔敖舉於海，百里奚舉於市。故天將降大任於是人也，必先苦其心志，勞其筋骨，餓其體膚，空乏其身，行拂亂其所爲；所以動心忍性，曾益其所不能。人恒過，然後能改。困於心，衡於慮，而後作。徵於色，發於聲，而後喻。入則無法家拂士，出則無敵國外患者，國恒亡。然後知生於憂患，而死於安樂也。"

—— 《孟子·告子下》

# 102. 【妇】fù

"妇"字的现代常用义有：1. 妇女，如"妇联"。2. 已婚的女子，如"少妇"。3. 妻子，如"夫妇"。

"妇"对应的繁体字是"婦"。"妇"为"婦"的俗字。简化时，用"妇"代替"婦"。

[婦] fù

《说文解字·女部》："婦，服也。从女持帚灑掃也。"会意字，本义指已婚的女子，如《诗经·卫风·氓》："三歲爲婦，靡室勞矣。"引申为妻子等义，如《乐府诗集·相和歌辞三·陌上桑》："使君自有婦，羅敷自有夫。""婦"另有异体字作"媍"。

## 【古诗文选读】

昔有一人，其婦端正，唯有鼻醜。其人外出，見他婦女面貌端正，其鼻甚好，便作念言："我今寧可截取其鼻，著我婦面上，不亦好乎！"即截他婦鼻，持來歸家，急喚其婦："汝速出來，與汝好鼻。"其婦出來，即割其鼻，尋以他鼻著婦面上。既不相著，復失其鼻，唐使其婦受大苦痛。世間愚人，亦復如是。聞他宿舊沙門、婆羅門有大名德，而爲世人之所恭敬，得大利養，便作是念言："我今與彼便爲不異。"虛自假稱，妄言有德，既失其利，復傷其行。如截他鼻，徒自傷損。世間愚人，亦復如是。

——北齐求那毗地译《百喻经·为妇贸鼻喻》

# 103. 【复】fù

"复"字的现代常用义有：1. 回去，如"往复"。2. 回答，如"答复"。3. 恢复，如"复原"。4. 报复，如"复仇"。5. 又，再，如"死灰复燃"。6. 重叠，重复，如"山重水复"。7. 繁复，如"复杂"。

"复"对应的繁体字是"復"和"複"。"复"为"復"的古字，"複"为"復"的分化字。简化时，用"复"代替"復"与"複"。

## （一）［復］fù

《说文解字·彳部》："復，往來也。从彳，复聲。"形声字，本义为回来、回去，如《左传·宣公二年》："昭王南征而不復。"引申为重复、反复、回环等义，如《孙子·虚实》："故其戰勝不復，而應形於無窮。"

## （二）［複］fù

《说文解字·衣部》："複，重衣皃。从衣复聲。一曰褚衣。"形声字，本义为有里子的衣服，即夹衣，如《释名·释衣服》："有裡曰複，无裡曰禅（dān）。"引申为繁多、复杂等义，如南朝梁刘勰《文心雕龙·练字》："單複者，字形肥瘠者也……善酌字者，参伍單複，磊落如珠矣。"

## 【古诗文选读】

四年，春，齊侯以諸侯之師侵蔡。蔡潰，遂伐楚。楚子使與師言曰："君處北海，寡人處南海，唯是風馬牛不相及也，不虞君之涉吾地也，何故？"管仲對曰："昔召康公命我先君大公曰：'五侯九伯，女實征之，以夾輔周室！'賜我先君履，東至于海，西至于河，南至于穆陵，北至于無棣。爾貢苞茅不入，王祭不共，無以縮酒，寡人是徵。昭王南征而不復，寡人是問。"對曰："貢之不入，寡君之罪也，敢不共給？昭王之不復，君其問諸水濱！"

——《左传·僖公四年》

# 104.【盖】gài、Gě

"盖"字的现代常用义有：1. gài。①器物上部有遮蔽作用的东西，如"锅盖"；②伞，如"华盖"；③由上向下遮蔽，如"遮盖"；④打印在上面，如"盖章"；⑤建造，如"盖房子"；⑥动物的甲壳，如"螃蟹盖"；⑦超过，压倒，如"功高盖世"。2. Gě。姓。

"盖"对应的繁体字是"蓋"。"盖"是"蓋"的俗字。简化时，用"盖"代替"蓋"。

[蓋] gài、gě

1. gài。《说文解字·艸部》作"葢"："葢，苫也。从艸，盍（hé）聲。"形声字，本义指用白茅编成的覆盖物，如《左传·襄公十四年》："乃祖吾離被苫蓋，蒙荊棘，以來歸我先君。"引申为遮盖、覆盖等义，如清王夫之《宋论·太祖》："一事之得，不足以蓋小人；一行之疵，不足以貶君子。"

2. Gě。古地名，又作姓。

## 【古诗文选读】

　　昔有一人，貧窮困乏，多負人債，無以可償，即便逃避。至空曠處，值篋，滿中珍寶。有一明鏡，著珍寶上，以蓋覆之。貧人見已，心大歡喜，即便發之。見鏡中人，便生驚怖，叉手語言：“我謂空篋，都無所有；不知有君在此篋中，莫見嗔也。”凡夫之人，亦復如是。爲無量煩惱之所窮困，而爲生死、魔王、債主之所纏著。欲避生死，入佛法中修行善法，作諸功德，如值寶篋。爲身見鏡之所惑亂，妄見有我，即便封著，謂是真寶。於是墮落，失諸功德，禪定道品、無漏諸善、三乘道果，一切都失。如彼愚人，棄於寶篋，著我見者，亦復如是。

　　　　　　　　　——北齐求那毗地译《百喻经·宝箧镜喻》

# 105.【干】gān、gàn

　　“干”字的现代常用义有：1. gān。①关联，涉及，如“相干”；②冒犯，触犯，如“干涉”；③追求，旧指追求职位俸禄，如“干禄”；④天干，如“干支”；⑤没有水分或水分少，与“湿”相对，如“干燥”；⑥干的食品或其他东西，如“饼干”；⑦枯竭，净尽，空虚，如“干杯”；⑧徒然，如“干生气”；⑨拜认的（亲属）关系，如“干爹”；⑩量词，伙，如“一干人”。2. gàn。①事物的主体或重要的部分，如“树干”；②做，搞，如“干活”；③有能力的，如“才干”。

　　“干”对应的字是“干”“乾”（gān）和“幹”。简化时，用“干”代替“乾”（gān）和“幹”。“乾”读 qián 时不简化，如“乾坤”。

## （一）［干］gān、gàn

1. gān。《说文解字·干部》："干，犯也。从反入，从一。"象形字，本义为盾牌，如《尚书·牧誓》："稱爾戈，比爾干，立爾矛，予其誓。"引申指冒犯、干涉等义，如《国语·晋语五》："河曲之役，趙孟使人以其乘車干行。"

2. gàn。义为捍卫或捍卫者，如《左传·襄公二十五年》："陪臣干撖有淫者，不知二命。"引申指立、建立等义，如明施耐庵《水浒传》第一一二回："後知張順干了功勞，打聽得焦山下船，取苗港，好去攻伐江陰、太倉。"

## （二）［乾］gān、qián

1. gān。《说文解字·乙部》："乾，上出也。从乙，倝（gàn）聲。"形声字，本义为没有水分或水分很少，与"湿"相对，如《诗经·王风·中谷有蓷》："中谷有蓷，暵其乾矣。"引申指空、竭尽等义，如《左传·僖公十五年》："亂氣狡憤，陰血周作，張脈僨興，外彊中乾。"

2. qián。《易》卦名，如《易·乾》："《乾》，元亨，利貞。"引申指阳，与"坤"相对等义，如《易·繫辞下》："乾，陽物也；坤，陰物也。"

## （三）［幹］gàn、gān

1. gàn。《说文解字》作"榦"。《说文解字·木部》："榦，築牆耑木也。从木，倝聲。"形声字，本义为树的主要部分、躯干，如《淮南子·主术》："枝不得大於榦。"引申为动词主治、办理，如《后汉书·伏湛传》："光武即位，知湛名儒舊臣，欲令幹任内職，征拜尚書。"又引申指才能、干略，如《三国志·蜀志·诸葛亮传》："理民之幹，優於將略。"

2. gān。《广雅·释诂一》："幹，正也。"义为正。通"干"，又作"榦"。天干的省称，如《广雅·释天》："甲乙爲（榦）幹，幹者日之神也。寅卯爲枝，枝者月之靈也。"又通"乾"。指无水分或水分很少，与"湿"相对，如《列子·黄帝》："足之所履，隨風東西，猶木葉幹殼。"

## 【古诗文选读】

及項梁渡淮，信杖劍從之，居麾下，無所知名。項梁敗，又屬項羽，羽以爲郎中。數以策干項羽，羽不用。漢王之入蜀，信亡楚歸漢，未得知名，爲連敖。坐法當斬，其輩十三人皆已斬，次至信，信乃仰視，適見滕公，曰："上不欲就天下乎？何爲斬壯士！"滕公奇其言，壯其貌，釋而不斬。與語，大說之。言於上，上拜以爲治粟都尉，上未之奇也。

——《史记·淮阴侯列传》

# 106. 【赶】gǎn

"赶"字的现代常用义有：1. 追，尽早或及时到达，如"赶集"。2. 加快行动，使不误时间，如"赶工"。3. 驱使，驱逐，如"赶马车"。4. 等到，如"赶巧"。5. 遇到，如"赶春节再回来"。

"赶"对应的字是"赶"和"趕"。简化时，用"赶"代替"趕"。

## （一）［赶］qián

兽类翘尾奔跑。《说文解字·走部》："赶，舉尾走也。"桂馥

《义证》："'舉尾走也'者，《通俗文》：'舉尾走曰赶。'《類篇》：'赶，馬走。'《廣韻》：'赶，獸舉尾走。'"引申为翘起尾巴或屁股。

## （二）［趕］gǎn

《正字通·走部》："趕，追逐也，今作赶。"从走旱声，形声字，本义为追逐，如唐张鹜《朝野金载》卷二："莊曰：'昔有人相莊，位至三品，有刀箭厄。莊走出被趕，砑射未死，走得脱來，願王哀之。'"引申指驱逐、驱散等义，如《大宋宣和遗事》前集："須臾捧出大金盤，趕散殘星與明月。"

## 【古诗文选读】

【前腔】說起心疼，這病知他是怎生！看他長眠短起，似笑如啼，有影無形。原來女兒到後花園遊了。夢見一人手執柳枝，閃了他去。〔作歎介〕怕腰身觸污了柳精靈，虛囂側犯了花神聖。老爺呵，急與禳星，怕流星趕月相刑迸。〔外〕卻還來。我請陳齋長教書，要他拘束身心。你爲母親的，倒縱他閒遊。〔笑介〕則是些日炙風吹，傷寒流轉。便要禳解，不用師巫，則叫紫陽宮石道婆誦些經卷可矣。古語云："信巫不信醫，一不治也。"我已請過陳齋長看他脈息去了。〔老旦〕看甚脈息。若早有了人家，敢沒這病。〔外〕咳，古者男子三十而娶，女子二十而嫁。女兒點點年紀，知道個什麼呢？

——明汤显祖《牡丹亭第十六出·诘病》

# 107.【冈】gāng

"冈"字的现代常用义为山脊,如"山冈"。

"冈"对应的繁体字是"岡"。简化时,将"岡"字中部用符号"乂"代替,写成"冈"。"冈"可用作简化偏旁。

〔岡〕gāng

《说文解字·山部》:"岡,山骨也。从山,网聲。"形声字,本义指山脊,如《诗经·小雅·天保》:"如山如阜,如岡如陵。"又如《水浒传》第二三回:"望見前面有一個酒店,挑着一面招旗在門前,上頭寫着五個字道:'三碗不過岡。'"

〔类推简化字〕

㧏/掆(gāng) 枫/棡(gāng) 刚/剛(gāng) 纲/綱(gāng)
钢/鋼(gāng、gàng) 岗/崗(gāng、gǎng)

## 【古诗文选读】

元皇帝時,廷尉張闓在小市居,私作都門,蚤閉晚開。群小患之,詣州府訴,不得理;遂至撾登聞鼓,猶不被判。聞賀司空出,至破岡,連名詣賀訴。賀曰:"身被微作禮官,不關此事。"群小叩頭曰:"若府君復不見治,便無所訴。"賀未語,令:"且去,見張廷尉當爲及之。"張闓,即毀門,自至方山迎賀,賀出見,辭之,曰:"此不必見關,但與君門情,相爲惜之。"張愧謝曰:"小人有如此,始不即知,蚤已毀壞。"

——南朝宋刘义庆《世说新语·规箴》

# 108. 【个】gè

"个"字的现代常用义有：1. gè。①量词，如"三个人"；②单独的，如"个性"；③身材或物体的大小，如"矮个子"。2. gě。（自个儿）自己。

"个"对应的字是"个"和"個"。简化时，用"个"代替"個"。

## （一）[个] gè、gàn

1. gè。象形字，古代一般用作量词，竹子的计量单位，如《史记·货殖列传》："木千章，竹竿萬个。"

2. gàn。古代射礼用的箭靶两旁上下伸出的部分，又叫舌，如《周礼·考工记·梓人》："上兩个與其身三，下兩个半之。"

## （二）個 gè、gě

1. gè。本作"箇"，《说文解字·竹部》："箇，竹枚也。"从竹固声，形声字，后来写作"個"，从亻固声。量词，如北魏贾思勰《齐民要术·种榆白杨》："梜者，镟作獨樂及盞，一個三文。"引申为指示代词这、此等义，如元白朴《墙头马上》第一折："與你個在客的劉郎說知。"

2. gě。用作"自個兒"，方言，义为自己、自身，如《儿女英雄传》第五回："要是你自個兒招些邪魔外祟來弄的受了累，那我可全不知道。"

## 【古诗文选读】

凡造獸糖者，每巨釜一口，受糖五十斤。其下發火慢煎，火從一角燒灼，則糖頭滾旋而起。若釜心發火，則盡盡沸溢于地。每釜用雞子三個，去黃取清，入冷水五升化解。逐匙滴下用火糖頭之上，則浮漚黑滓盡起水面，以笊篱撈去，其糖清白之甚。然後打入銅銚，下用自風慢火溫之，看定火色然後入模。凡獅象糖模，兩合如瓦爲之，杓寫糖入，隨手覆轉傾下。模冷糖燒，自有糖一膜靠模凝結，名曰享糖，華筵用之。

——明宋应星《天工开物·甘嗜卷六·造兽糖》

# 109.【巩】gǒng

"巩"字的现代常用义为坚固、使牢固，如"巩固"。

"巩"对应的字是"巩"和"鞏"。简化时，用"巩"代替"鞏"。

## （一）〔巩〕gǒng

《玉篇·丮部》："巩，抱也。"该义今已不用。

## （二）〔鞏〕gǒng

《说文解字·革部》："鞏，以韋束也。从革，巩聲。"形声字，本义为用皮革束物，如《易·革》："鞏用黃牛之革。"引申指巩固、牢固等义，如《诗经·大雅·瞻卬》："藐藐昊天，无不克鞏。"

**【古诗文选读】**

郢州渔人掷網於漢水，至一潭底，舉之覺重。得一石，長尺餘，圓直如斷椽，細視之，乃群小蛤，鱗次相比，綢繆鞏固。以物試抉其一端，得一書卷，乃唐天寶年所造《金剛經》，題誌甚詳，字法奇古，其末云："醫博士攝比陽縣令朱均施。"比陽乃唐州屬邑。不知何年墜水中，首尾略無霑漬。爲土豪李孝源所得，孝源素奉佛，寶藏其書，蛤筒復養之水中。客至欲見，則出以視之。孝源因感經像之勝異，施家財萬餘緡，寫佛經一藏於郢州興陽寺，特爲嚴麗。

——宋沈括《梦溪笔谈·神奇》

# 110. 【沟】gōu

"沟"字的现代常用义有：1. 流水道，如"阴沟"。2. 像沟的东西，如"车道沟"。

"沟"对应的字是"沟"和"溝"。简化时，用"沟"代替"溝"。

## （一）〔沟〕gōu

水声，如《康熙字典·水部》："沟，《篇韻》古侯切，音勾，水聲。"

## （二）〔溝〕gōu、kòu

1. gōu。《说文解字·水部》："水瀆。廣四尺、深四尺。从水，冓聲。"形声字，本义为田间水道，如《周礼·考工记·匠人》："九夫爲井，井間廣四尺，深四尺，謂之溝。"引申为泛指一切通水道，如《庄子·庚桑楚》："夫尋常之溝，巨魚無所還其體，而鯢鰌爲之制。"

2. kòu。沟瞀，即愚昧无知，如《荀子·儒效》："甚愚陋溝瞀而冀人之以已爲知也，是衆人也。"

## 【古诗文选读】

蘇子爲趙合從，說魏王曰："大王之坒，南有鴻溝、陳、汝南，有許、鄢、昆陽、邵陵、舞陽、新郪；東有淮、潁、沂、黃、煮棗、海鹽、無疎；西有長城之界；北有河外、卷、衍、燕、酸棗，坒方千里。坒名雖小，然而廬田廡舍，曾無所芻牧牛馬之地。人民之衆，車馬之多，日夜行不休已，無以異於三軍之衆。臣竊料之，大王之國，不下於楚。然橫人謀王，外交強虎狼之秦，以侵天下，卒有國患，不被其禍。夫挾強秦之勢，以内劫其主，罪無過此者。且魏，天下之強國也；大王，天下之賢主也。今乃有意西面而事秦，稱東藩，築帝宮，受冠帶，祠春秋，臣竊爲大王媿之。

——《战国策·魏策一·苏子为赵合从说魏王》

# 111.【构】gòu

"构"字的现代常用义有：1. 构造，组合，如"构想"。2. 结成（用于抽象事物），如"虚构"。3. 作品，如"佳构"。4. 树名，构树。

"构"对应的繁体字是"構"。简化时，"構"的声旁"冓"简化为"勾"，写成"构"。

## ［構］gòu

《说文解字·木部》："構，蓋也。从木，冓聲。"形声字，本义为架木造屋，如《尚书·大诰》："厥子乃弗肯堂，矧肯構？"引申指缔造、建立等义，如《梁书·蔡道恭传》："王業肇構，致力陝西。"

## 【古诗文选读】

王說，曰："《詩》云'他人有心，予忖度之'，夫子之謂也。夫我乃行之，反而求之，不得吾心；夫子言之，於我心有戚戚焉。此心之所以合於王者，何也？"曰："有復於王者曰：吾力足以舉百鈞，而不足以舉一羽；明足以察秋毫之末，而不見輿薪。則王許之乎？"曰："否。""今恩足以及禽獸，而功不至於百姓者，獨何與？然則一羽之不舉，爲不用力焉；輿薪之不見，爲不用明焉；百姓之不見保，爲不用恩焉。故王之不王，不爲也。非不能也。"曰："不爲者與不能者之形何以異？"曰："挾太山以超北海，語人曰：'我不能。'是誠不能也。爲長者折枝，語人曰：'我不能。'是不爲也，非不能也。故王之不王，非挾太山以超北海之類也；王之不王，是折枝之類也。老吾老以及人之老，幼吾幼以及人之幼，天下可運於掌。《詩》云：'刑于寡妻，至于兄弟，以御于家邦。'言舉斯心加諸彼而已。故推恩足以保四海，不推恩無以保妻子。古之人所以大過人者無他焉，善推其所爲而已矣。今恩足以及禽獸，而功不至於百姓者，獨何與？權，然後知輕重；度，然後知長短。物皆然，心爲甚。王請度之。抑王興甲兵，危士臣，構怨於諸侯，然後快於心與？王曰："否。吾何快於是？將以求吾所大欲也。"曰："王之所大欲，可得聞歟？"王笑而不言。

——《孟子·梁惠王上》

# 112. 【购】gòu

"购"字的现代常用义为买,如"购买"。

"购"对应的繁体字是"購"。简化时,把右旁"冓"简化为"勾",左旁"貝"类推简化为"贝",写成"购"。

[購] gòu

《说文解字·贝部》:"購,以财有所求也。从貝,冓聲。"形声字,本义为悬赏征求、重金收买,如《战国策·韩策二》:"韓取聶政屍於市,縣購之千金。"引申指买,如唐裴铏《传奇·萧旷》:"若有胡人購之,非萬金不可。"

## 【古诗文选读】

於是項王乃欲東渡烏江。烏江亭長檥船待,謂項王曰:"江東雖小,地方千里,衆數十萬人,亦足王也。願大王急渡。今獨臣有船,漢軍至,無以渡。"項王笑曰:"天之亡我,我何渡爲!且籍與江東子弟八千人渡江而西,今無一人還,縱江東父兄憐而王我,我何面目見之?縱彼不言,籍獨不愧於心乎?"乃謂亭長曰:"吾知公長者。吾騎此馬五歲,所當無敵,嘗一日行千里,不忍殺之,以賜公。"乃令騎皆下馬步行,持短兵接戰。獨籍所殺漢軍數百人。項王身亦被十餘創。顧見漢騎司馬呂馬童,曰:"若非吾故人乎?"馬童面之,指王翳曰:"此項王也。"項王乃曰:"吾聞漢購我頭千金,邑萬戶,吾爲若德。"乃自刎而死。

——《史记·项羽本纪》

# 113.【谷】gǔ、yù

"谷"字的现代常用义有：1. gǔ。①山谷，又指两山之间，如"万丈深谷"；②庄稼和粮食的总称，如"五谷丰登"；③谷类作物，如"稻谷"；④稻，也指稻的籽实，如"谷穗"；⑤（Gǔ）姓。2. yù。我国古代西部民族名，如"吐谷浑"。

"谷"对应的字是"谷"和"穀"。简化时，用"谷"代替"穀"。但是，"不穀""穀旦"中的"穀"不简化。

## （一）［谷］gǔ、yù、lù

1. gǔ。《说文解字·谷部》："谷，泉出通川爲谷。"象形字，本义为山涧泉水，如《公羊传·僖公三年》："無障谷。"引申指山间深凹的低地，多有出口与山外相通等义，如《诗经·小雅·十月之交》："高岸爲谷，深谷爲陵。"又作姓。

2. yù。吐谷浑，我国古代少数民族名，如《洛阳伽蓝记》卷五："從吐谷渾西行三千五百里，至鄯善城，其城自立王，爲吐谷渾所吞。"

3. lù。谷蠡王，匈奴官名，如《汉书·宣帝纪》："五鳳四年，匈奴單于稱臣，遣弟谷蠡王入侍。"

## （二）［穀］gǔ、gòu

1. gǔ。《说文解字·禾部》："穀，續也。百穀之總名。从禾，㱿聲。"形声字，本义为粮食作物总称，如《诗经·豳风·七月》："亟其乘屋，其始播百穀。"引申指赡养等义，如《诗经·小雅·小弁》："民莫不穀，我獨于罹。"

2. gòu。古义指小孩。

## 【古诗文选读】

健馱邏國，東西千餘里，南北八百餘里，東臨信度河。國大都城號布路沙布邏，周四十餘里。王族絕嗣，役屬迦畢試國。邑里空荒，居人稀少，宮城一隅有千餘戶。穀稼殷盛，花果繁茂，多甘蔗，出石蜜。氣序溫暑，略無霜雪。人性恇怯，好習典藝，多敬異道，少信正法。自古已來，印度之境，作論諸師，則有那羅延天、無著菩薩、世親菩薩、法救、如意、脇尊者等本生處也。僧伽藍千餘所，摧殘荒廢，蕪漫蕭條，諸窣堵波頗多頹圮。天祠百數，異道雜居。

——唐玄奘、辩机《大唐西域记》卷第二

# 114. 【顾】gù

"顾"字的现代常用义有：1. 回头看，泛指看，如"环顾四周"。2. 拜访，如"三顾茅庐"。3. 照管，注意，如"顾全大局"。4. 商店等前来买东西或要求服务的，如"顾客"。

"顾"对应的繁体字是"顧"。简化时，把左旁"雇"换为草书楷化字形"厄"，右旁的"頁"类推简化为"页"，写成"顾"。

[顧] gù

《说文解字·页部》："顧，還視也。从頁，雇聲。"形声字，本义为回头看，如《诗经·桧风·匪风》："顧瞻周道，中心怛兮。"引申指照顾、照应等义，如《诗经·魏风·硕鼠》："三歲貫女，莫我肯顧。"

## 【古诗文选读】

　　行行重行行，與君生別離。相去萬餘里，各在天一涯。道路阻且長，會面安可知？胡馬依北風，越鳥巢南枝。相去日已遠，衣帶日已緩。浮雲蔽白日，遊子不顧反。思君令人老，歲月忽已晚。棄捐勿復道，努力加餐飯。

——汉《古诗十九首·行行重行行》

# 115.【刮】guā

　　"刮"字的现代常用义有：1. 用刀子去掉物体表面的东西，如"刮脸"。2. 吹动，如"刮风"。

　　"刮"对应的字是"刮"和"颳"。简化时，用"刮"代替"颳"。

## （一）［刮］guā

　　《说文解字·刀部》："刮，掊把也。从刀，昏聲。"形声字，本义为摩、擦，如《礼记·明堂位》："刮楹、達鄉、反坫、出尊、崇坫、康圭、疏屏，天子之廟飾也。"引申指搜刮、榨取等义，如清李玉《牛头山》第三出："亂紛紛萬戶黎民争避難，哭啼啼兩宫帝主淚如麻，刮盡了金銀糞土，珠玉塵沙。"

## （二）［颳］guā

　　形声字，本义为恶风，如《篇海类编·天文类·风部》："颳，恶风。"引申指（风）劲吹等义，如明无名氏《黄孝子传奇·起兵》："俺這裏西風起，颳將來都是沙。"

## 【古诗文选读】

古人鑄鑑，鑑大則平，鑑小則凸。凡鑑窪則照人面大，凸則照人面小。小鑑不能全觀人面，故令微凸，收人面令小，則鑑雖小而能全納人面。仍復量鑑之小大，增損高下，常令人面與鑑大小相若。此工之巧智，後人不能造。比得古鑑，皆<u>刮</u>磨令平，此師曠所以傷知音也。

——宋沈括《梦溪笔谈·器用》

# 116.【关】guān

"关"字的现代常用义有：1. 闭、合拢，如"关门"。2. 古代在险要地方或国界设立的守卫处所，如"山海关"。3. 重要的转折点、不易度过的一段时间，如"难关"。4. 起转折关联作用的部分，如"机关"。5. 牵连、连属，如"至关重要"。

"关"对应的繁体字是"關"。"關"有异体字作"関"。简化时，删减"関"的部件"門"，简作"关"。

[關] guān、wǎn

1. guān。《说文解字·门部》："關，以木横持門戶也。从門，䜌聲。"形声字，本义指门闩，如《左传·襄公二十三年》："臧孫斬鹿門之關以出奔邾。"引申泛指门户、出入口等义，如《周礼·春官·巾车》："及墓，嘑啓關，陳車。"

2. wǎn。绾，如《金瓶梅词话》第八三回："既無此事，還把這銀簪子與你關頭，我不要你的。"

## 【古诗文选读】

善行无辙迹，善言无瑕讁，善計不用籌策，善閉无關鍵不可開，善結无繩約不可解。是以聖人常善救人，而无棄人；常善救物，而无棄物，是謂襲明。善人，不善人之師；不善人，善人之資。不貴其師，不愛其資，雖知大迷，此謂要妙。

——《老子》第二十七章

# 117.【观】guān、guàn

"观"字的现代常用义有：1. guān。①看，如"坐井观天"；②看到的景象，如"景观"；③对事物的认识、看法，如"观点"。2. guàn。道教的庙宇，如"道观"。

"观"对应的繁体字是"觀"。简化时，"觀"左旁的"雚"用符号"又"代替，右旁的"見"类推简化为"见"，写成"观"。

［觀］guān、guàn

1. guān。《说文解字·见部》："觀，諦視也。从見，雚聲。"形声字，本义为仔细看、观看，如《左传·僖公二十三年》："曹共公聞其駢脅，欲觀其裸，浴，薄而觀之。"引申指对事物的认识或看法等义，如《后汉书·黄香传》："帝會中山邸，乃詔香殿下，顧謂諸王曰：'此"天下無雙江夏黄童"者也。'左右莫不改觀。"

2. guàn。本义为古代宫门外的双阙，如《礼记·礼运》："昔者仲尼與於蜡賓，事畢，出遊於觀之上，喟然而嘆。"引申指道教的庙宇，如《史记·封禅书》："公孙卿曰：'仙人可见，而上往常遽，以故不见。今陛下可爲觀，如緱城，置脯棗，神人宜可致也。'"

## 【古诗文选读】

應侯問孫卿子曰："入秦何見？"孫卿子曰："其固塞險，形埶便，山林川谷美，天材之利多，是形勝也。入境，觀其風俗，其百姓樸，其聲樂不流汙，其服不挑，甚畏有司而順，古之民也。及都邑官府，其百吏肅然，莫不恭儉、敦敬、忠信而不楛，古之吏也。入其國，觀其士大夫，出於其門，入於公門；出於公門，歸於其家，無有私事也；不比周，不朋黨，偁然莫不明通而公也，古之士大夫也。觀其朝廷，其閒聽決百事不留，恬然如無治者，古之朝也。故四世有勝，非幸也，數也。是所見也。故曰：佚而治，約而詳，不煩而功，治之至也，秦類之矣。雖然，則有其諰矣。兼是數具者而盡有之，然而縣之以王者之功名，則偊偊然其不及遠矣！是何也？則其殆無儒邪！故曰：粹而王，駮而霸，無一焉而亡。此亦秦之所短也。"

——《荀子·强国》

## 118. 【广】guǎng

"广"字的现代常用义有：1. 宽，大，如"地广人稀"。2. 多，如"兵多将广"。3. 扩大，扩充，如"推广"。4.（Guǎng）指广东、广州，如"广交会"。

"广"对应的字是"广"和"廣"。简化时，用"广"代替"廣"。"广"可用作简化偏旁。

## （一）［广］yǎn、ān

1. yǎn。《说文解字·广部》："广，因广爲屋，象對刺高屋之形。"象形字，指就着山崖建造的敞屋，如唐韩愈《陪杜侍御游湘西两寺》诗："剖竹走泉源，開廊架崖广。"

2. ān。同"庵"，指简陋的草屋，如元袁桷《次韵瑾子过梁山泺》："土屋危可緣，草广突如峙。"

## （二）［廣］guǎng

《说文解字·广部》："廣，殿之大屋也。从广，黄聲。"段玉裁注："覆乎上者曰屋，無四壁而上有大覆蓋，其所通者宏遠矣，是曰廣。"形声字，本指四周没有墙壁的大屋，引申为大、广大等义，如《诗经·小雅·六月》："四牡脩廣，其大有顒。"又作古广州的省称，如《玉台新咏·古诗为焦仲卿妻作》："雜綵三百匹，交廣市鮭珍。"

### ［类推简化字］

犷/獷（guǎng）　圹/壙（kuàng）　邝/鄺（kuàng）

纩/纊（kuàng）　旷/曠（kuàng）　矿/礦（kuàng）

扩/擴（kuò）

## 【古诗文选读】

襄陽羅友有大韻，少時多謂之癡。嘗伺人祠，欲乞食，往太蚤，門未開。主人迎神出見，問以非時何得在此，答曰："聞卿祠，欲乞一頓食耳。"遂隱門側，至曉得食便退，了無作容。爲人有記功，從桓宣武平蜀，按行蜀城闕觀宇，內外道陌廣狹，植種果竹多少，皆默記之。後宣武漂洲與簡文集，友亦預焉。共道蜀中事，亦有所遺忘，友皆名列，曾無錯漏。宣武驗以蜀城闕

簿，皆如其言。坐者嘆服。謝公云："羅友詎減魏陽元。"後爲廣
州刺史，當之鎮，刺史桓谿語令莫來宿，答曰："民已有前期，
主人貧，或有酒饌之費，見與甚有舊。請別日奉命。"征西密遣
人察之，至夕，乃往荆州門下書佐家，處之怡然，不異勝達。在
益州語兒云："我有五百人食器。"家中大驚，其由來清，而忽有
此物，定是二百五十沓烏樏。

——南朝宋刘义庆《世说新语·任诞》

# 119. 【归】guī

"归"字的现代常用义有：1. 返回，回到本处，如"归心似
箭"。2. 归还，如"完璧归赵"。3. 趋向，如"众望所归"。4.
由，属于，如"这事归我办"。5. 合并，如"归纳"。

"归"对应的繁体字是"歸"。"归"是"歸"的草书楷化字
形。简化时，用"归"代替"歸"。"归"可用作简化偏旁。

## ［歸］guī

《说文解字·止部》："歸，女嫁也。从止，从婦省，𠂤
（duī）聲。"形声字，本义指女子出嫁，如《诗经·周南·桃
夭》："之子于歸，宜其室家。"引申指返回，如唐韩愈《送李六
协律归荆南》："早日羈遊所，春風送客歸。"又引申指归还等义，
如《孟子·尽心上》："久假而不歸，惡知其非有也。"

## ［类推简化字］

峃/𡵺（kuī）

## 【古诗文选读】

郑有神巫曰季咸，知人之死生存亡，祸福寿夭，期以岁月旬日，若神。郑人见之，皆弃而走。列子见之而心醉，归，以告壶子，曰："始，吾以夫子之道爲至矣，则又有至焉者矣。"壶子曰："吾与汝既其文，未既其实，而固得道与？衆雌而无雄，而又奚卵焉！而以道与世亢，必信，夫故使人得而相汝。尝试与來，以予示之。"

——《庄子·应帝王》

# 120.【龟】guī、Qiū、jūn

"龟"字的现代常用义有：1. guī。乌龟，如"巴西龟"。2. qiū。[龟兹]（Qiū cí）汉代西域国名。3. jūn。同"皲"，指皮肤等因寒冷或干燥而破裂，如"手脚龟裂"。

"龟"对应的繁体字是"龜"。简化时，将"龜"字整体草书楷化，保留了"龜"字的轮廓，写成"龟"。"龟"可用作简化偏旁。

[龜] guī、qiū、jūn

1. guī。《说文解字·龜部》："龜，舊也。外骨内肉者也。从它，龜頭與它頭同。天地之性，廣肩無雄；龜鼈之類，以它爲雄。象足甲尾之形。"象形字，指乌龟，如《礼记·礼运》："麟鳳龜龍，謂之四靈。"引申指龟形的碑座等义，如唐王建《题酸枣县蔡中郎碑》："蒼苔滿字土埋龜，風雨銷磨絶妙詞。"

2. Qiū。用于"龜兹"（Qiū cí），汉代西域国名，如《汉

146

书·西域传下·龟兹国》："龜兹國，王治延城。"

3. jūn。同"皸"，皮肤等因寒冷、干燥而破裂，如唐李白《溧阳濑水贞义女碑铭》："手柔黄而不龜，身擊漂以自業。"

［类推简化字］

阄/鬮（jiū）

【古诗文选读】

莊子釣於濮水，楚王使大夫二人往先焉，曰："願以境內累矣！"莊子持竿不顧，曰："吾聞楚有神龜，死已三千歲矣，王巾笥而藏之廟堂之上。此龜者，寧其死爲留骨而貴乎？寧其生而曳尾於塗中乎？"二大夫曰："寧生而曳尾塗中。"莊子曰："往矣！吾將曳尾於塗中。"

——《庄子·秋水》

# 121.【柜】guì、jǔ

"柜"字的现代常用义有：1. guì。①收藏衣物、器物、文件等的器具，如"衣柜"；②指商店的账房，如"掌柜"。2. jǔ。柜柳。

"柜"对应的字是"柜"和"櫃"。简化时，用"柜"代替"櫃"。

（一）［柜］jǔ

《说文解字·木部》："柜，木也。从木，巨聲。"形声字，本义为柜柳，如《后汉书·马融传》："其植物则……椿梧栝柏，柜柳楓楊。"引申指行马等义，如《周礼·天官·掌舍》"掌舍，掌王之會同之舍，設梐枑再重"汉郑玄注："故書枑爲柜。"

（二）［櫃］guì

字本作"匱"，《说文解字·匚部》："匱（guì），匣也。从匚，貴聲。"形声字。本义为小匣，收藏衣物、文件等的柜子，如《尚书·金縢》："公歸，乃納册于金縢之匱中，王翼日乃瘳。"后写作"櫃"，如唐白居易《宿杜曲花下》诗："斑竹盛茶櫃，紅泥罨飣爐。"引申指柜台、柜房等义，如《水浒传》第二十九回："那酒保去櫃上，叫那婦人舀兩角酒下來。"

## 【古诗文选读】

楚王謂田鳩曰："墨子者，顯學也。其身體則可，其言多不辯，何也？"曰："昔秦伯嫁其女於晉公子，令晉爲之飾裝，從文衣之縢七十人，至晉，晉人愛其妾而賤公女，此可謂善嫁妾而未可謂善嫁女也。楚人有賣其珠於鄭者，爲木蘭之櫃，薰以桂椒，綴以珠玉，飾以玫瑰，輯以羽翠，鄭人買其櫝而還其珠，此可謂善賣櫝矣，未可謂善鬻珠也。今世之談也，皆道辯說文辭之言，人主覽其文而忘有用。墨子之說，傳先王之道，論聖人之言以宣告人。若辯其辭，則恐人懷其文忘其直，以文害用也。此與楚人鬻珠，秦伯嫁女同類，故其言多不辯。"

——《韩非子·外储说左上》

# 122. 【国】guó

"国"字的现代常用义有：1. 国家，如"祖国"。2. 代表或象征国家的，如"国旗"。3.（Guó）姓。

"国"对应的繁体字是"國"。"國"有异体字作"囯"。简化时，将"囯"中的"王"变成"玉"，写成"国"字。"国"可用作简化偏旁。

### ［國］guó

"或"是"國"的古字，《说文解字·戈部》："或，邦也。从口从戈，以守一。一，地也。"会意字，后加"囗（wéi）"成"國"字，《说文解字·囗部》："國，邦也。从囗从或。"会意字，本义为国家，如《诗经·小雅·节南山》："秉國之均，四方是维。"引申指国都等义，如《左传·隐公元年》："先王之制，大都不過參國之一。"

### ［类推简化字］

腘/膕（guó）　帼/幗（guó）　掴/摑（guó）
蝈/蟈（guō）

### 【古诗文选读】

荀巨伯遠看友人疾，值胡賊攻郡，友人語巨伯曰："吾今死矣，子可去。"巨伯曰："遠來相視，子令吾去；敗義以求生，豈荀巨伯所行邪！"賊既至，謂巨伯曰："大軍至，一郡盡空，汝何男子，而敢獨止？"巨伯曰："友人有疾，不忍委之，寧以我身代友人命。"賊相謂曰："吾輩無義之人，而入有義之國。"遂班軍而還，一郡並獲全。

——南朝宋刘义庆《世说新语·德行》

# 123. 【过】guò、Guō

"过"字的现代常用义有：1. guò。①从这儿到那儿，如"过江"；②经过，度过，如"过冬"；③从一方转移到另一方，如"过户"；④数量或程度等超出，如"言过其实"；⑤量词，次，回，如"衣服洗了好几过儿"；⑥错误，如"改过自新"；⑦放在动词后，用作助词表示曾经或已经，如"用过"；或与"来""去"连用，表示趋向，如"转过去"；⑧放在单音节形容词后，表示超过，如"今年好过去年"。2. Guō。姓。

"过"对应的繁体字是"過"。"过"是"過"的草书楷化字形。简化时，用"过"代替"過"。"过"可用作简化偏旁。

［過］guò、Guō

1. guò。《说文解字·辵部》："過，度也，从辵，咼（guō）聲。"形声字，本义为走过、经过，如《论语·宪问》："子擊磬於衞，有荷蕢而過孔氏門者。"引申指超过、超越等义，如《论语·公冶长》："子曰：由也好勇過我，無所取材。"

2. Guō。专名用字，用如古洞名、古国名和姓氏。

［**类推简化字**］

挝/撾（wō、zhuā）

# 【古诗文选读】

其安易持，其未兆易谋，其脆易破，其微易散。爲之於未有，治之於未乱。合抱之木，生於毫末；九層之臺，起於累土；

千里之行，始於足下。爲者敗之，執者失之。是以聖人無爲，故無敗；無執，故無失。民之從事，常於幾成而敗之。慎終如始，則無敗事。是以聖人欲不欲，不貴難得之貨。學不學，復衆人之所<u>過</u>，以輔萬物之自然而不敢爲。

——《老子》第六十四章

# 124. 【汉】hàn

　　"汉"字的现代常用义有：1. 汉江，又叫汉水。2. 朝代名，如"汉代"。3. 汉族。4. 男人，男子，如"英雄汉"。

　　"汉"对应的繁体字是"漢"。简化时，用符号"又"代替"漢"字的右边部件，简化为"汉"。

## ［漢］hàn

　　《说文解字·水部》："漢，漾也。東爲滄浪水。从水，難省聲。"形声字，本指汉水，如《尚书·禹贡》："嶓冢導漾，東流爲漢。"引申指汉族、汉语等义，如《资治通鉴·汉武帝太始四年》"秦人"胡三省注："漢時，匈奴人謂中國人爲秦人，至唐及國朝則謂中國爲漢，如漢人、漢兒之類，皆習故而言。"

## 【古诗文选读】

　　南有喬木，不可休思。<u>漢</u>有游女，不可求思。<u>漢</u>之廣矣，不可泳思。江之永矣，不可方思。

　　翹翹錯薪，言刈其楚。之子于歸，言秣其馬。<u>漢</u>之廣矣，不可泳思。江之永矣，不可方思。

　　翹翹錯薪，言刈其蔞。之子于歸，言秣其駒。<u>漢</u>之廣矣，不

151

可泳思。江之永矣，不可方思。

——《诗经·周南·汉广》

# 125.【号】háo、hào

"号"字的现代常用义有：1. háo。①大声呼喊，如"狂风怒号"；②大声哭，如"号啕大哭"。2. hào。①名称，如"年号"；②记号，标志，如"记号"；③表示次第或等级，如"编号"；④指某种人，如"病号"；⑤量词，如"一百多号人"；⑥标上记号，如"标号"；⑦号令，命令，如"发号施令"；⑧军队或乐队里所用的西式喇叭，如"吹号"；⑨用号吹出的表示一定意义的声音，如"熄灯号"；⑩指商店，如"老字号"。

"号"对应的字是"号"和"號"。简化时，用"号"代替"號"。

## （一）［号］háo

《说文解字·号部》："号，痛聲也。从口在丂上。"会意字，本义为大声哭，如《庄子·养生主》："老聃死，秦失吊之，三号而出。"后被"號"字替换。

## （二）［號］háo、hào

1. háo。《说文解字·号部》："號，呼也。从号从虎。"会意字，本义为大声呼叫，如《诗经·魏风·硕鼠》："樂郊樂郊，誰之永號？"引申指动物引声长鸣等义，如《史记·历书》："時雞三號，卒明。"

2. hào。号召，号令，如《尚书·冏命》："發號施令，罔有不臧，下民祇若，萬邦咸休。"引申指扬言、宣称等义，如《史记·高祖本纪》："是時項羽兵四十萬，號百萬。沛公兵十萬，號二十萬，力不敵。"

### 【古诗文选读】

延陵季子適齊，於其反也，其長子死，葬於嬴、博之間。孔子曰："延陵季子，吳之習於禮者也。"往而觀其葬焉。其坎深不至於泉，其斂以時服。既葬而封，廣輪揜坎，其高可隱也。既封，左袒，右還其封，且號者三，曰："骨肉歸復于土，命也。若魂氣則無不之也，無不之也。"而遂行。

——《礼记·檀弓下》

# 126.【合】hé、gě

"合"字的现代常用义有：1. hé。①闭，对拢，如"合眼"；②聚集，共同，跟"分"相对，如"合唱"；③总共，全，如"合计"；④相合，符合，如"合格"；⑤计，折算，如"合多少钱"。2. gě。①市制容量单位，1升的十分之一；②旧时量粮食的器具。

"合"对应的字是"合"和"閤"。简化时，用"合"代替"閤"。

## （一）合 hé、gě

1. hé。《说文解字·亼部》："合，合口也。从亼从口。"会意字，本义为闭、合拢，如《山海经·大荒西经》："西北海之外，大荒之隅，有山而不合，名曰不周負子。"引申指会集、聚合等义，如《易·噬嗑》："剛柔分，動而明，雷電合而章。"又引申指全部、整个，如北魏贾思勰《齐民要术·果蓏》："裴淵《廣州記》曰：'羅浮山有橘，夏熟，實大如李；剥皮噉則酢，合食極甘。'"

2. gě。量词。一升的十分之一，《孙子算经》卷上："十抄爲一勺，十勺爲一合，十合爲一升。"元无名氏《陈州粜米》第一折："俺看承的一合米，關着八九個人的命。"

## （二）閤 hé、gé

1. hé。义为全、总共，如清孔尚任《桃花扇·闲话》："或一身殉難，或閤門死節。"引申指闭合等义，如吴运铎《把一切献给党·第三次负伤》："剛一閤眼，隊伍又要出發了。""閤"字的这个音义今并入"合"（hé）。

2. gé。《说文解字·门部》："閤，門旁戶也。从門，合聲。"形声字，本义为侧门、小门，如《墨子·杂守》："閤通守舍，相錯穿室。"引申指宫中便殿，如《北史·周宣皇后杨氏传》："帝大怒，遂賜后死，逼令自引決。后母獨孤氏聞之，詣閤陳謝，叩頭流血，然後得免。"又引申指古代宫廷收藏图书的房子等义，如唐高宗《奖颜扬庭进父师古〈匡谬正俗〉敕》："宜令所司録一本付秘書閤。""閤"字的这个音义今并入"阁"（gé）。

## 【古诗文选读】

客從遠方來，遺我一端綺。相去萬餘里，故人心尚爾。文彩雙鴛鴦，裁爲合歡被。著以長相思，緣以結不解。以膠投漆中，誰能別離此？

——汉《古诗十九首·客从远方来》

# 127.【轰】hōng

"轰"字的现代常用义有：1. 形容雷鸣、炮击等发出的巨大声音，如"轰鸣声"。2. 爆炸或炮击，雷电冲击，如"五雷轰顶"。3. 驱逐，赶走，如"轰赶"。

"轰"对应的繁体字是"轟"。简化时，用两个符号"又"代替下面的两个"車"，上面的"車"类推简化为"车"，写成"轰"字。

［轟］hōng

《说文解字·车部》："轟，羣車聲也。从三車。"会意字，本义为群车开动时发出的巨大声音，如晋左思《吴都赋》："車馬雷駭，轟轟闐闐。"引申指冲击、轰击等义，如唐元稹《放言》诗之三："霆轟電烻數聲頻，不奈狂夫不藉身。"

## 【古诗文选读】

由寺後側徑登山。越澗盤嶺，宛轉山半。隔峰復見一瀑，並掛瀑布之東，即馬尾泉也。五里，攀一尖峰，絕頂爲文殊臺。孤峰拔起，四望無倚，頂有文殊塔。對崖削立萬仞，瀑布轟轟下墜，與臺僅隔一澗，自巔至底，一目殆無不盡。不登此臺，不悉此瀑之勝。下臺，循山岡西北溯溪，即瀑布上流也。一徑忽入，山回谷抱，則黃巖寺據雙劍峰下。越澗再上，得黃石巖。巖石飛突，平覆如砥。巖側茅閣方丈，幽雅出塵。閣外修竹數竿，拂群峰而上，與山花霜葉，映配峰際。鄱湖一點，正當窗牖。縱步溪石間，觀斷崖夾壁之勝。仍飯開先，遂別去。

——明徐弘祖《徐霞客游记·游庐山日记》

155

# 128. 【后】hòu

"后"字的现代常用义有：1. 上古称君王，如"后稷"。2. 帝王的妻子，如"皇后"。3. 跟"前"相对，如"前呼后拥"。4. 后代，子孙，如"名门之后"。5. 落后，如"争先恐后"。

"后"对应的字是"后"和"後"。简化时，用"后"代替"後"。

## （一）［后］hòu

《说文解字·后部》："后，繼體君也。象人之形。施令以告四方，故厂之。从一、口。發號者，君后也。"会意字，上古指君主，如《楚辞·离骚》："昔三后之純粹兮，固衆芳之所在。"引申指君王的正妻、皇后等意义，如《左传·庄公二十一年》："鄭伯之享王也，王以后之鞶鑑予之。"

## （二）［後］hòu

《说文解字·彳部》："後，遲也。从彳（chì）、幺（yāo）、夊（suī）者，後也。"会意字，本义为落在后面，如《论语·先进》："三子者出，曾晳後。"引申指后代子孙等义，如《诗经·大雅·瞻卬》："無忝皇祖，式救爾後。"

## 【古诗文选读】

衛皇后字子夫，生微矣。蓋其家號曰衛氏，出平陽侯邑。子夫爲平陽主謳者。武帝初即位，數歲無子。平陽主求諸良家子女十餘人，飾置家。武帝祓霸上還，因過平陽主。主見所侍美人。

上弗說。既飲，謳者進，上望見，獨說衛子夫。是日，武帝起更衣，子夫侍尚衣軒中，得幸。上還坐，驩甚。賜平陽主金千斤。主因奏子夫奉送入宮。子夫上車，平陽主拊其背曰："行矣，彊飯，勉之！即貴，無相忘。"入宮歲餘，竟不復幸。武帝擇宮人不中用者，斥出歸之。衛子夫得見，涕泣請出。上憐之，復幸，遂有身，尊寵日隆。召其兄衛長君、弟青爲侍中。而子夫後大幸，有寵，凡生三女一男。男名據。

——《史记·外戚世家》

# 129.【胡】hú

"胡"字的现代常用义有：1. 我国古代泛称北方和西方的民族，如"胡人"。2. 乱，无道理，如"胡作非为"。3. 大，如"胡蜂"。4. 胡须，如"络腮胡"。5. 用作"胡同"，指巷子。6.（Hú）姓。

"胡"对应的字是"胡"和"鬍"。"鬍"为"胡"的后起分化字。简化时，用"胡"代替"鬍"。

## （一）[胡] hú

《说文解字·肉部》："胡，牛顄垂也。从肉，古聲。"形声字，本义为牛额下的垂肉，引申泛指兽类颔下的垂肉，如《诗经·豳风·狼跋》："狼跋其胡，载疐（zhì）其尾。"兽类的胡上多长有长毛，引申指胡须，如宋苏轼《送乔仝寄贺君》诗之一："爾來八十胸垂胡，上山如飛眞人扶。"古代称北方和西方的民族如匈奴等为胡，如《周礼·考工记序》："粵無鎛，燕無函，秦無廬，胡無弓車。"郑玄注引郑司农曰："胡，今匈奴。"进而指胡人。汉辛延年《羽林郎》："昔有霍家奴，姓馮名子都，依倚將軍勢，調笑酒家胡。"

（二）［髇］hú

"髇"为"胡"的后起分化字，从髟胡声，形声字，本指兽类胡上长着的长毛，引申为胡须，如元岳伯川《铁拐李》第三折："却怎生髇鬆着頭髮髇着箇嘴，劃地拄着條粗拐瘸着條腿。"

## 【古诗文选读】

颯秣建國，周千六七百里，東西長，南北狹。國大都城周二十餘里，極險固，多居人。異方寶貨，多聚此國。土地沃壤，稼穡備植，林樹蓊欝，花菓滋茂，多出善馬。機巧之技，特工諸國。氣序和暢，風俗猛烈。凡諸胡國，此爲其中，進止威儀，近遠取則。其王豪勇，隣國承命。兵馬強盛，多諸赭羯。赭羯之人，其性勇烈，視死如歸，戰無前敵。

——唐玄奘、辩机《大唐西域记》卷第一

# 130.【壶】hú

"壶"字的现代常用义指一种有把儿有嘴的容器，通常用来盛茶、酒等液体，如"茶壶"。

"壶"对应的繁体字是"壺"。简化时，将"壺"字下部改为"业"，写成"壶"。

［壺］hú

《说文解字·壺部》："昆吾圓器也。象形。从大，象其蓋也。"象形字，本指液体容器，如《左传·昭公十三年》："司鐸射懷錦奉壺飲冰以蒲伏焉。"古代又用作滴水计时的器具，如《礼记·丧大记》："君喪，虞人出木角，狄人出壺，雍人出鼎，司馬縣之，乃官代哭。"

## 【古诗文选读】

右軍不復見清真，賞會猶須我輩人。幽夢斷時雞唱曉，短章成處鳥呼春。出山茶筍村墟鬧，上市蓴鱸七筋新。速覓一壺隨處醉，風吹紅紫半成塵。

——宋陆游《春游》

# 131. 【沪】hù

"沪"字的现代常用义有：1. 沪渎，吴淞江下游的古称，在今上海。2. 上海的别称，如"沪剧"。

"沪"对应的繁体字是"滬"。简化时，把"滬"字的声旁"扈"换成"户"，写成"沪"。

[滬] hù

从氵扈（hù）声，形声字，本义为捕鱼的竹栅，如宋陆游《村舍》："潮聲魚滬短，風起鴨船斜。"后因为吴淞江下游近海处的人用"滬"捕鱼，故称此段河流为"滬瀆"，如唐陆广微《吴地记》："東南一百九十里，有晉將軍袁山松城，隆安二年築，時爲吴郡太守，以禦孫恩軍，在滬瀆江濱，半毁江中。"后以此作为上海的简称，如《清会典事例·户部·釐税》："是年，蘇常疊陷，僅存上海一隅，丁漕絲毫無收，僅資滬關稅項，實不足以贍軍。"

## 【古诗文选读】

吴郡陳遺，家至孝，母好食鐺底焦飯，遺作郡主簿，恒裝一囊，每煮食，輒貯錄焦飯，歸以遺母。後值孫恩賊出吳郡，袁府君即日便征。遺已聚斂得數斗焦飯，未展歸家，遂帶以從軍。戰於滬瀆，敗，軍人潰散，逃走山澤，皆多饑死，遺獨以焦飯得活。時人以爲純孝之報也。

——南朝宋刘义庆《世说新语·德行》

# 132. 【护】hù

"护"字的现代常用义为保护、保卫，如"爱护"。

"护"对应的繁体字是"護"。"护"为从手户声的新造形声字。简化时，用"护"代替"護"。

## ［護］hù

《说文解字·言部》："護，救視也。从言，蒦聲。"形声字，本义为监视、监督，如《史记·李将军列传》："有白馬將出護其兵，李廣上馬與十餘騎犇射殺胡白馬將。"张守节《正义》："其將乘白馬，而出監護也。"引申为卫护、救助，如《史记·萧相国世家》："高祖爲布衣時，何數以吏事護高祖。"又引申为袒护、包庇等义，如三国魏嵇康《与山巨源绝交书》："仲尼不假蓋於子夏，護其短也。"

**【古诗文选读】**

借人典籍，皆須愛護，先有缺壞，就為補治，此亦士大夫百行之一也。濟陽江祿，讀書未竟，雖有急速，必待卷束整齊，然後得起，故無損敗，人不厭其求假焉。或有狼籍几案，分散部帙，多爲童幼婢妾之所點汙，風雨蟲鼠之所毀傷，實為累德。吾每讀聖人之書，未嘗不肅敬對之；其故紙有《五經》詞義，及賢達姓名，不敢穢用也。

——北齐颜之推《颜氏家训·治家》

## 133. 【华】huá、Huà

“华”字的现代常用义有：1. huá。①美丽有光彩的，如“朴实无华”；②繁荣昌盛，如“繁华”；③事物最好的部分，如“含英咀华”；④指时光、岁月，如“年华似水”；⑤（头发）花白，如“华发”；⑥敬辞，用于指称跟对方有关的事物，如“华诞”；⑦（Huá）指中华民族或中国，如“华夏”。2. Huà。①华山，五岳中的西岳，在陕西省；②姓。

“华”对应的繁体字是“華”。简化时，保留“華”字下部字形，另加上与原字读音相近的声符“化”，写成“华”。“华”可用作简化偏旁。

［華］huā、huá、Huà

1. huā。《说文解字·华部》：“華，榮也。从艸从𠌶（huā）。”会意字，本义指花朵，如《诗经·小雅·皇皇者华》：“皇皇者華，于彼原隰。”魏晋时期该义写作“花”字。

2. huá。开花，如《礼记·月令》：“始雨水，桃始華。”引申指光彩、光辉等义，如《淮南子·墜形》：“末有十日，其華照下地。”又我国古称华夏，今称中华，省称“華”。《左传·定公十年》：“裔不謀夏，夷不亂華。”

3. Huà。专名用字，如“華山”。又用作姓。

### ［类推简化字］

哗/嘩（huá、huā）　骅/驊（huá）　铧/鏵（huá）

桦/樺（huà）　晔/曄（yè）　烨/爗（yè）

## 【古诗文选读】

東南形勝，三吳都會，錢塘自古繁華。煙柳畫橋，風簾翠幕，參差十萬人家。雲樹繞堤沙。怒濤卷霜雪，天塹無涯。市列珠璣，戶盈羅綺，競豪奢。

重湖疊巘清嘉，有三秋桂子，十里荷花。羌管弄晴，菱歌泛夜，嬉嬉釣叟蓮娃。千騎擁高牙。乘醉聽簫鼓，吟賞煙霞。異日圖將好景，歸去鳳池誇。

——宋柳永《望海潮·东南形胜》

# 134.【划】huá、huà

“划”字的现代常用义有：1. huá。①用刀或其他东西把别的东西分开或从上面擦过，如“划玻璃”；②拨水使船行动，如“划船”；③合算，如“划不来”。2. huà。①分开，如“划时代”；②分出来拨给，如“划拨”；③设计，安排，如“出谋划策”。

"划"对应的字是"划"和"劃"。简化时，用"划"代替"劃"。

## （一）［**划**］huá

《广韵·麻韵》："划，撥進船也。"形声字，从刀戈声。本义为拨水使船前进，如宋张镃《崇德道中》："破艇争划忽罷喧，野童村女闖籬邊。"引申指划子、小船等义，如清魏源《城守篇·守御下》："急募善檝，載鍬乘划，銜枚夜出。"

## （二）［**劃**］huá、huà

1. huá。《说文解字·刀部》："劃，錐刀曰劃。从刀，从畫，畫亦聲。"形声兼会意字，本义指用刀割开东西，如唐孟浩然《行出东山望汉川》："萬壑歸於漢，千峯劃彼蒼。"引申指摩擦、抹拭，如康有为《大同书》："入病室牢獄中，劃燭以照之。"

2. huà。"畫"的分化字，义指划分，如北齐颜之推《颜氏家训·归心》："九州未劃，列國未分。"引申指忽然等义，如唐杜甫《苦雨奉寄陇西公兼呈王徵士》："劃見公子面，超然歡笑同。"

## 【古诗文选读】

釋僧富，姓山，高陽人。父霸爲藍田令。富少孤居貧，而篤學無厭，採薪爲燭，以照讀書。及至冠年，備盡經史。美姿容，善談論。後遇偽秦衛將軍楊邕資其衣糧，習鑿齒攜共志學。及聽安公講《放光經》，遂有心樂道，於是剃髮，依安受業。安亡後，還魏郡廷尉寺。下帷潛思，絕事人間。時村中有劫，劫得一小兒，欲取心肝以解神。富逍遙路口，遇見劫，具問其意，因脫衣以易小兒。群劫不許。富曰："大人五藏，亦可用不?"劫謂富不能亡身，妄言亦好。富乃念曰："我幻炎之軀，會有一死。以死济人，虽死犹生。"即自取劫刀，<u>劃</u>胸至臍。群劫更相咎責，四散奔走，即送小兒還家。路口時，行路一人，見富如此，因問其故。富雖復頓悶，口猶能言，遇具答以事。此人悲悼傷心，還家取針，縫其腹皮，塗以驗藥，輿還寺將息，少時而差。後不知所終。

——梁慧皎《高僧传》卷第十二

# 135. 【画】huà

"画"字的现代常用义有：1. 用笔等做出图形或标记，如"画龙点睛"。2. 画成的作品，如"山水画"。3. 比划，如"指手画脚"。4. 汉字的一笔叫一画，如"笔画"。

"画"对应的繁体字是"畫"。"画"是"畫"的异体字。简化时，用"画"代替"畫"。"画"可用作简化偏旁。

［**畫**］huà

《说文解字·画部》："畫，界也。象田四界，聿，所以畫之。"会意字，本义为划分界线，如《左传·襄公四年》："芒芒禹迹，畫爲九州。"引申指绘画等义，如《仪礼·乡射礼》："大夫布侯，畫以虎豹。士布侯，畫以鹿豕。"

［**类推简化字**］

婳/嫿（huà）

## 【古诗文选读】

楚葉公好龍，牆壁盂樽皆<u>畫</u>龍象，真龍聞而下之。夫龍與雲雨同氣，故能感動，以類相從。葉公以爲畫致真龍，今獨何以不能致雲雨？七也。神靈示人以象不以實，故寢臥夢悟見事之象。將吉，吉象來；將凶，凶象至。神靈之氣，雲雨之類，八也。神靈以象見實，土龍何獨不能以僞致真？上古之人，有神荼、鬱壘者，昆弟二人，性能執鬼，居東海度朔山上，立桃樹下，簡閱百鬼。鬼無道理，妄爲人禍，荼與鬱壘縛以盧索，執以食虎。故今縣官斬桃爲人，立之戶側；<u>畫</u>虎之形，著之門闌。夫桃人非荼、鬱壘也，<u>畫</u>虎非食鬼之虎也，刻<u>畫</u>效象，冀以禦凶。今土龍亦非致雨之龍，獨信桃人<u>畫</u>虎，不知土龍。九也。

——汉王充《论衡·乱龙篇》

# 136.【怀】huái

　　"怀"字的现代常用义有：1. 思念，如"缅怀"。2. 心里存有，如"不怀好意"。3. 胸前，如"袒胸露怀"。4. 心意，如"耿耿于怀"。5. 怀孕，如"十月怀胎"。

　　"怀"对应的繁体字是"懷"。简化时，把"懷"的"裹"用符号"不"代替，简化为"怀"。

　　[懷] huái

　　"裹"是"懷"的初文，本义为怀揣，如《马王堆汉墓帛书·老子乙本》："是以聖人被褐而裹玉。"后作"懷"，如《礼记·曲礼上》："賜果于君前，其有核者懷其核。"引申为思念、想念等义，《说文解字·心部》："懷，念思也。从心，裹聲。"如《诗经·周南·卷耳》："嗟我懷人，寘彼周行。"

## 【古诗文选读】

匪風發兮，匪車偈兮。顧瞻周道，中心怛兮。

匪風飄兮，匪車嘌兮。顧瞻周道，中心吊兮。

誰能亨魚，溉之釜鬵。誰將西歸？懷之好音。

——《诗经·桧风·匪风》

# 137. 【坏】huài

"坏"字的现代常用义有：1. 缺点多的或使人不满意的，跟"好"相对，如"好坏不分"。2. 东西受了损伤，被毁，如"损坏"。3. 放在动词或形容词后，表程度深，如"高兴坏了"。

"坏"对应的字是"坏"和"壞"。简化时，用"坏"代替"壞"字。

［坏］pī

《说文解字·土部》："坏，丘再成者也。一曰瓦未燒。从土，不（pī）聲。"形声字，本指只有一个山包的山丘，如宋范成大《长安闸》："千車擁孤道，萬馬盤一坏。"后指土坏，如汉扬雄《法言·先知》："剛則甈，柔則坏。龍之潛亢，不獲其中矣，是以過中則惕。"这个用法后来写作"坯"字。

［壞］huài

《说文解字·土部》："壞，敗也。从土，褱聲。"形声字，本义指房屋倒塌，如《韩非子·说难》："宋有富人，天雨墙壞。"引申为破败、衰败等义，如《左传·襄公十四年》："王室之不坏，繄伯舅是赖。"

## 【古诗文选读】

虞慶爲屋，謂匠人曰："屋太尊。"匠人對曰："此新屋也，塗濡而椽生。夫濡塗重而生椽橈，以橈椽任重塗，此宜卑。"虞慶曰："不然。更日久，則塗乾而椽燥，塗乾則輕，椽燥則直，以直椽任輕塗，此益尊。"匠人詘，爲之而屋壞。

一曰：虞慶將爲屋，匠人曰："材生而塗濡。夫材生則橈，塗濡則重，以橈任重，今雖成，久必壞。"虞慶曰："材乾則直，塗乾則輕，今誠得乾，日以輕直，雖久必不壞。"匠人詘，作之，成，有間，屋果壞。

——《韩非子·外储说左上》

# 138. 【欢】huān

"欢"字的现代常用义有：1. 快乐，高兴，如"欢天喜地"。2. 活跃，起劲，如"孩子们玩得很欢"。3. 喜爱，也指所喜爱的人，如"旧爱新欢"。

"欢"对应的繁体字是"歡"。简化时，用符号"又"代替"雚"，简作"欢"。

## ［歡］huān

《说文解字·欠部》："歡，喜樂也。从欠，雚聲。"形声字，本义为欢乐，如《孟子·梁惠王上》："文王以民力爲臺爲沼，而民歡樂之。"引申指酣畅、起劲等义，如唐王涯《秋思赠远》诗之二："走馬臺邊人不見，拂雲堆畔戰初歡。""歡"另有异体字作"驩""懽""讙"等。

**【古诗文选读】**

怅恨獨策還，崎嶇歷榛曲。山澗清且淺，遇以濯吾足。漉我新熟酒，隻鷄招近局。日入室中闇，荆薪代明燭。歡來苦夕短，已復至天旭。

——晋陶渊明《归园田居》五首之一

# 139. 【环】huán

"环"字的现代常用义有：1. 圈形的东西，如"花环"。2. 围绕，如"四面环水"。3. 相互关联事物中的一个，如"环节"。4. 指射击、射箭比赛中射中环靶的环数，如"十环"。

"环"对应的繁体字是"環"。简化时，把"環"的右偏旁用"不"代替，简化为"环"。

[環] huán

《说文解字·玉部》："環，璧也。肉好若一謂之環。从玉，睘聲。"形声字，本义是指孔的直径和周边的宽度相等的玉璧，如《左传·昭公十六年》："宣子有環，其一在鄭商。"引申指围绕等义，如《国语·越语上》："三江環之，民無所移。"

**【古诗文选读】**

大覺寺，廣平王懷捨宅也，在融覺寺西一里許。北瞻芒嶺，南眺洛汭，東望宮闕，西顧旗亭；神皋顯敞，實爲勝地。是以溫子昇碑云"面水背山，左朝右市"是也。環所居之堂，上置七佛。林池飛閣，比之景明。至於春風動樹，則蘭開紫葉；秋霜降草，則菊吐黃花。名僧大德，寂以遣煩。永熙年中，平陽王即位，造磚浮圖一所。是土石之工，窮精極麗。詔中書舍人溫子昇以爲文也。

——北魏杨衒之《洛阳伽蓝记》卷四

# 140.【还】huán、hái

"还"字的现代常用义有：1. huán。①回，归，如"衣锦还乡"；②回报，如"以牙还牙"；③归还，如"退耕还林"。2. hái。①仍旧，依然，如"天黑了，他还在值班"；②更加，如"今天比昨天还热"；③再，又，如"明天我还来打球"；④尚，勉强过得去，如"味道还行"；⑤尚且，如"你还不是一样，好意思说我"；⑥表示没想到如此，而居然如此，如"你还真是个人才"。

"还"对应的繁体字是"還"。简化时，用符号"不"代替"睘"，简化为"还"。

[還] huán、hái

1. huán，《说文解字·辵部》："還，復也。从辵，睘聲。"形声字，本义为返回，如《左传·隐公四年》："諸侯之師敗鄭徒兵，取其禾而還。"引申指恢复、还复等义，如南朝宋鲍照《代陆平原君子有所思行》："年貌不可還，身意會盈歇。"

2. hái，由还（huán）虚化为副词，表示回转进行某一动作，或表示转折，或表示持续，或表示重复，或表更进一层，或表选择，或表示过得去等用法，如晋陶渊明《读〈山海经〉诗》：

"既耕亦已種，且還讀我書。"

## 【古诗文选读】

關東有義士，興兵討群凶。初期會盟津，乃心在咸陽。軍合力不齊，躊躇而雁行。勢利使人爭，嗣還自相戕。淮南弟稱號，刻璽於北方。鎧甲生蟣蝨，萬姓以死亡。白骨露於野，千里無雞鳴。生民百遺一，念之斷人腸。

——三国魏曹操《蒿里行》

# 141.【回】huí

"回"字的现代常用义有：1. 还，走向原来的地方，如"有去无回"。2. 掉转，如"回心转意"。3. 曲折，环绕，如"峰回路转"。4. 答复，报答，如"回信"。5. 量词，指事件的次数，如"两三回"。6. 指回族，如"回民"。

"回"对应的字是"回"和"迴"。"迴"是"回"的分化字。简化时，用"回"代替"迴"。

## （一）［回］huí

《说文解字·口部》："回，轉也。从口，中象回轉形。"象形字，本义为漩涡，引申指旋转，如《诗经·大雅·云汉》："倬彼雲漢，昭回于天。"又引申指还、返回等义，如唐杜甫《郑驸马池台喜遇郑广文同饮》："燃臍郿塢敗，握節漢臣回。"又指回族。

## （二）［迴］huí

形声字，从辵回声。"回"的分化字，本义为掉转、返回，如《楚辞·离骚》："迴朕车以復路兮，及行迷之未遠。"引申指环绕、围绕等义，如晋张华《博物志》卷四："始皇陵在驪山之北，高數十丈，周迴六七里。""迴"有异体字作"廻"和"迴"。

## 【古诗文选读】

沔水之左有騎城，周迴二里餘，高一丈六尺，即騎亭也。縣，故楚邑也，秦以爲縣，漢高帝十一年，封黃極忠爲侯國。縣南有黃家墓，墓前有雙石闕，彫制甚工，俗謂之黃公闕。黃公名尚，爲漢司徒。沔水又東逕豬蘭橋，橋本名木蘭橋，橋之左右，豐蒿荻。于橋東劉季和大養豬，襄陽太守曰：此中作豬屎臭，可易名豬蘭橋。百姓遂以爲名矣。橋北有習郁宅，宅側有魚池，池不假功，自然通洫，長六七十步，廣十丈，常出名魚。沔水又南得木里水會，楚時，於宜城東穿渠，上口去城三里，漢南郡太守王寵又鑿之，引蠻水灌田，謂之木里溝。逕宜城東而東北入于沔，謂之木里水口也。

——北魏酈道元《水经注》卷二十九"沔水"

# 142. 【汇】huì

"汇"字的现代常用义有：1. 河流汇合在一起，如"汇成巨流"。2. 从甲地把款项寄到乙地，如"汇款"。3. 外汇，如"创汇"。4. 聚合，如"汇总"。5. 集聚在一起的东西，如"词汇"。

"汇"对应的繁体字是"匯""彙"。"匯"有异体字作"滙"，去掉"滙"中的"隹"，就写成"汇"。简化时，用"汇"代替"匯"和"彙"。"汇"可用作简化偏旁。

## （一）［匯］huì

《说文解字·匚部》：“匯，器也。从匚（fāng），淮聲。”形声字，本义为盛东西的器物，引申为河流会合，如《尚书·禹贡》：“東匯澤爲彭蠡。”又引申指通过钱庄、银号、银行等金融机构或邮电局把甲地款项划拨到乙地，如《儿女英雄传》第十三回：“把銀子匯到京都，交到門生家裏。”

## （二）［彙］huì

“彙”是“猬”的古字，《说文解字·希部》作“𧳟”：“𧳟，蟲似豪豬者。从希，胃省聲。”形声字。后“彙”假借为类、族类之义，如《易·泰》：“拔茅茹，以其彙，征吉。”又引申指汇聚等义，如清阮元《小沧浪笔谈》卷三：“又各出所藏彝器、錢、幣、鏡、印，彙而編之，得千三百餘種，成書二十四卷。”

### ［类推简化字］

扑/攦（kuǎi）

## 【古诗文选读】

康熙二十一年，山東旱，自春徂夏，赤地無青草。六月十三日小雨，始種粟者。十八日，大雨沾足，乃種豆。一日，石門莊有老叟，暮見二羊鬥山上，謂村人曰：“大水將至矣！”遂攜家播遷。村人共笑之。無何，雨暴注，徹夜不止，平地水深數尺，居廬盡没。一農人棄其兩兒，與妻扶老母，奔避高阜。下視村中，匯爲澤國，並不復念及兒矣。水落歸家。見一村盡成墟墓，入門視之，則一屋僅存，兩兒尚並坐床頭，嬉笑無恙。咸謂夫妻之孝報云。此六月二十二日事。

——清蒲松龄《聊斋志异·水灾》

# 143. 【会】huì、kuài

"会"字的现代常用义有：1. huì。①聚合，如"聚精会神"；②集会，如"茶话会"；③城市（行政中心），如"省会"；④彼此见面，如"会客"；⑤理解，领悟，如"心领神会"；⑥熟悉，通晓，如"能说会道"；⑦时机，如"机会"；⑧一小段时间，如"一会儿"；⑨有可能，如"他会不会来"；⑩付账，如"会钞"。2. kuài。总计，如"会计"。

"会"对应的繁体字是"會"。"会"是"會"的草书楷化字形。简化时，用"会"代替"會"。"会"可用作简化偏旁。

[會] huì、kuài

1. huì。《说文解字·会部》："會，合也。从亼从曾省。曾，益也。"会意字，本义为聚合、会合，如《尚书·洪范》："會其有極，歸其有極。"引申指会见、会面等义，如《左传·文公八年》："冬，襄仲會晉趙孟于衡雍，報扈之盟也。"

2. kuài。由聚合引申为对各款项的总和、总计，如《周礼·天官·职币》："歲終則會其出入。"

## [类推简化字]

刽/劊（guì）

桧/檜（huì、guì）　荟/薈（huì）　绘/繪（huì）

烩/燴（huì）

浍/澮（kuài、huì）　侩/儈（kuài）　郐/鄶（kuài）

哙/噲（kuài）　狯/獪（kuài）　脍/膾（kuài）　鲙/鱠（kuài）

## 【古诗文选读】

昔有愚人將<u>會</u>賓客，欲集牛乳以擬供設，而作是念："我今若豫於日日中擊取牛乳，牛乳漸多卒無安處，或復酢敗。不如即就牛腹盛之，待臨<u>會</u>時當頓擊取。"作是念已，便捉特牛母子，各繫異處。却後一月，爾乃設<u>會</u>迎置賓客，方牽牛來欲擊取乳，而此牛乳即乾無有。時爲衆賓，或瞋或笑。愚人亦爾，欲修布施，方言待我大有之時，然後頓施。未及聚頃，或爲縣官水火盜賊之所侵奪，或卒命終不及時施，彼亦如是。

——北齐求那毗地译《百喻经·愚人集牛乳喻》

# 144. 【伙】huǒ

"伙"字的现代常用义有：1. 伙计，同伴，一同做事的人，如"伙伴"。2. 旧指店员，如"店伙"。3. 合伙，结伴，联合起来，如"伙同"。4. 由同伴组成的集体，如"合伙"。5. 量词，用于人群，如"一伙人"。6. 伙食，如"伙补"。

"伙"对应的字是"伙"和"夥"。简化时，用"伙"代替"夥"。"夥"字作"多"讲时不简化，如"获益甚夥"。

## （一）［伙］huǒ、huo

1. huǒ。原作"火"，后作"伙"。从亻火声，火兼表义，会意兼形声字。本义为火伴，如唐杜佑《通典·兵一·立军》："五人爲列，二列爲火，五火爲隊。"后写作"伙伴"。引申指同伴等义，如清沈复《浮生六记·浪游记快》："余于施心畊附資合伙。"

2. huo。家伙，也作"傢伙"。指家具、器皿等物件，如清曹雪芹《红楼梦》第三五回："鳳姐先忙着要乾净傢伙來，替寶玉揀菜。"引申指对人的憎称、蔑称或戏称，如瞿秋白《乱弹·老虎皮》："這些'強橫霸道下流作惡'的披著老虎皮的人，現在對於中國紳商大人才真正是可怕的傢伙了。"

（二）［夥］huǒ

《说文解字·多部》："夥，齊謂多爲夥。从多，果聲。"形声字，本义为多，如汉张衡《应问》："不恥祿之不夥，而恥智之不博。"引申指聚集、联合等义，如晋张协《七命》："鳴鳳在林，夥於黄帝之園。"

## 【古诗文选读】

智深、史進來到村中酒店内，一面吃酒，一面叫酒保買些肉來，借些米來，打火做飯。兩個吃酒，訴說路上許多事務。吃了酒飯，智深便問史進道："你今投那裏去？"史進道："我如今只得再回少華山，去投奔朱武等三人，入了夥，且過幾時，卻再理會。"智深見說了，道："兄弟，也是。"便打開包裹，取些金銀與了史進。二人拴了包裹，挈了器械，還了酒錢。二人出得店門，離了村鎮，又行不過五七里，到一個三岔路口。智深道："兄弟，須要分手。洒家從東京去，你休相送。你打華州，須從這條路去。他日卻得相會。若有個便人，可通個信息來往。"史進拜辭了智深，各自分了路，史進去了。

——明施耐庵、罗贯中《水浒传》第六回

# 145. 【获】huò

"获"字的现代常用义有：1. 得到，取得，如"查获"。2. 捉住，捉拿，如"捕获"。3. 收割庄稼，如"收获"。

"获"对应的繁体字是"獲"和"穫"。简化时，把右下部的"隻"改为"犬"，"穫"字的偏旁"禾"改为"犭"，把原字的左右结构改为上下结构，都简作"获"。

## （一）［獲］huò

《说文解字·犬部》："獲，獵所獲也。从犬，蒦聲。"形声字，本义为捕获禽兽，如汉焦赣《易林·未济之师》："狡兔趯趯，良犬逐咋，雄雌爰爰，爲鷹所獲。"引申指得到、取得等义，如《易·明夷》："入于左腹，獲明夷之心，于出門庭。"

## （二）［穫］huò

《说文解字·禾部》："穫，刈穀也。从禾，蒦聲。"形声字，本义为收割庄稼，如《尚书·金縢》："秋，大熟，未穫，天大雷電，以風，禾盡偃。"引申指收成、收获等义，如《国语·吴语》："以歲之不穫也，無有誅焉。"

## 【古诗文选读】

晉獻公立驪姬以爲夫人，以奚齊爲太子，里克率國人以攻殺之。荀息立其弟公子卓，已葬，里克又率國人攻殺之。於是晉無君。公子夷吾重賂秦以地而求入，秦繆公率師以納之，晉人立以爲君，是爲惠公。惠公既定於晉，背秦德而不予地。秦繆公率師攻晉，晉惠公逆之，與秦人戰於韓原。晉師大敗，秦<u>獲</u>惠公以歸，囚之於靈臺。十月乃與晉成，歸惠公而質太子圉，太子圉逃歸也。惠公死，圉立爲君，是爲懷公。秦繆公怒其逃歸也，起奉公子重耳以攻懷公，殺之於高梁，而立重耳，是爲文公。文公施舍，振廢滯，匡乏困，救災患，禁淫慝，薄賦斂，宥罪戾，節器用，用民以時，敗荊人于城濮，定襄王，釋宋出穀戍，外內皆服，而後晉亂止。故獻公聽驪姬，近梁五、優施，殺太子申生，而大難隨之者五，三君死，一君虜，大臣卿士之死者以百數，離咎二十年。自上世以來，亂未嘗一。而亂人之患也，皆曰一而已，此事慮不同情也。事慮不同情者，心異也，故凡作亂之人，禍希不及身。

——《吕氏春秋·原乱》

# 146. 【击】jī

"击"字的现代常用义有：1. 敲打，如"旁敲侧击"。2. 攻打，如"击败"。3. 碰，如"撞击"。4. 接触，如"目击"。

"击"对应的繁体字是"擊"。简化时，将"擊"的左上部部件省简，写成"击"。

[擊] jī

《说文解字·手部》："擊，攴也。从手，毄聲。"形声字，本义为敲打，如《诗经·邶风·击鼓》："擊鼓其鏜。"引申指攻打、进攻等义，如《史记·白起王翦列传》："王翦果代李信擊荆。"

## 【古诗文选读】

擊鼓其鏜，踴躍用兵。土國城漕，我獨南行。
從孫子仲，平陳與宋。不我以歸，憂心有忡。
爰居爰處？爰喪其馬？于以求之？于林之下。
死生契闊，與子成說。執子之手，與子偕老。
于嗟闊兮，不我活兮。于嗟洵兮，不我信兮。

——《诗经·邶风·击鼓》

# 147. 【鸡】jī

"鸡"字的现代常用义为家禽，如"母鸡"。

"鸡"对应的繁体字是"鷄"。简化时，用符号"又"代替"奚"，"鳥"类推简化为"鸟"，写成"鸡"。

### ［鷄］jī

《说文解字·隹部》作"雞"："雞，知時畜也。从隹，奚聲。""鷄"为"雞"的异体字，从鸟奚声，形声字，本义为一种家禽，如《荀子·儒效》："夫是之謂上愚，曾不如好相鷄狗之可以爲名也。"

## 【古诗文选读】

風雨淒淒，雞鳴喈喈。既見君子，云胡不夷？
風雨瀟瀟，雞鳴膠膠。既見君子，云胡不瘳？
風雨如晦，雞鳴不已。既見君子，云胡不喜？

——《诗经·郑风·风雨》

# 148. 【积】jī

"积"字的现代常用义有：1. 聚集，累聚，如"积少成多"。2. 长时间积累下来的，如"积劳"。3. 乘法运算的得数，如"乘积"。

"积"对应的繁体字是"積"。简化时，把"積"的声旁"責"换成"只"，简作"积"。

[積] jī

《说文解字·禾部》："積，聚也，从禾，責聲。"形声字，本义为积聚谷物，如《诗经·周颂·良相》："獲之挃挃，積之粟粟。"引申指累积、堆叠等义，如《荀子·劝学》："積土成山，風雨興焉；積水成淵，蛟龍生焉。"

## 【古诗文选读】

今諸王苟能存亡繼絕，振弱伐暴，以安劉氏，社稷之所願也。敝國雖貧，寡人節衣食之用，積金錢，脩兵革，聚穀食，夜以繼日，三十餘年矣。凡爲此，願諸王勉用之。能斬捕大將者，賜金五千斤，封萬戶；列將，三千斤，封五千戶；裨將，二千斤，封二千戶；二千石，千斤，封千戶；千石，五百斤，封五百戶：皆爲列侯。其以軍若城邑降者，卒萬人，邑萬戶，如得大將；人戶五千，如得列將；人戶三千，如得裨將；人戶千，如得二千石；其小吏皆以差次受爵金。佗封賜皆倍軍法。其有故爵邑者，更益勿因。願諸王明以令士大夫，弗敢欺也。寡人金錢在天下者往往而有，非必取於吳，諸王日夜用之弗能盡。有當賜者告寡人，寡人且往遗之。

——《史记·吴王濞列传》

# 149. 【几】jī、jǐ

"几"字的现代常用义有：1. jī。①矮小的桌子，如"窗明几净"；②接近于，如"几乎"。2. jǐ。①询问数量多少，如"几个人"；②表示不定的数目，如"所剩无几"。

"几"对应的字是"幾"和"几"。简化时，用"几"代替"幾"。"几"可用作简化偏旁。

## （一）［几］jī

《说文解字·几部》："几，踞几也。"象形字，指古人坐时倚靠的家具，引申为搁置物件的小桌子，如《尚书·顾命》："相被冕服，凭玉几。"《礼记·檀弓下》："有司以几筵舍奠於墓左。"

## （二）［幾］jī、jǐ

1. jī。《说文解字·丝部》："幾，微也。殆也。从丝从戍。戍，兵守也。丝而兵守者，危也。"会意字，本指细微的迹象，如《易·系辞上》："君子見幾而作，不俟終日。"引申指将近、几乎等义，如《国语·晋语四》："時日及矣，公子幾矣。"

2. jǐ。义为若干、多少，如《左传·僖公二十三年》："夫有大功而無貴仕，其人能靖者與，有幾?"引申指不定的少数，如《水浒传》第六五回："哥哥放心，在此住幾日，等這廝來吃酒，我與哥哥報仇。"

## ［类推简化字］

机/機（jī）　玑/璣（jī）　矶/磯（jī）　虮/蟣（jǐ）

叽/嘰（jī）　讥/譏（jī）　饥/飢、饑（jī）

## 【古诗文选读】

夫明六經之指，涉百家之書，縱不能增益德行，敦厲風俗，猶爲一藝，得以自資。父兄不可常依，鄉國不可常保，一旦流離，無人庇廕，當自求諸身耳。諺曰："積財千萬，不如薄伎在身。"伎之易習而可貴者，無過讀書也。世人不問愚智，皆欲識人之多，見事之廣，而不肯讀書，是猶求飽而嬾營饌，欲暖而惰裁衣也。夫讀書之人，自羲、農已來，宇宙之下，凡識<u>幾</u>人，凡見<u>幾</u>事，生民之成敗好惡，固不足論，天地所不能藏，鬼神所不能隱也。

——北齐颜之推《颜氏家训·勉学》

# 150.【极】jí

"极"字的现代常用义有：1. 顶端，最高点，如"登峰造极"。2. 指地球的南北两端或电路、磁体的正负两端，如"南极"。3. 最终的，最高的，如"极端"。4. 最，表示达到最高程度，如"穷凶极恶"。5. 竭尽，如"极力"。

"极"对应的字是"极"和"極"。简化时，用"极"代替"極"。

## （一）［极］jí

《说文解字·木部》："极，驴上负也。从木，及声。"形声字，本义为放在驴背上用以载物的物架。

## （二）［極］jí

《说文解字·木部》："極，栋也。从木，亟声。"形声字，本义为房屋的正梁，如《庄子·则阳》："孔子之楚，舍於蚁丘之漿。其鄰有夫妻臣妾登極者。"引申指达到顶点、最高限度等义，如《吕氏春秋·大乐》："天地車輪，終則復始，極則復反，莫不咸當。"

### 【古诗文选读】

肅肅鸨羽，集于苞栩。王事靡盬，不能蓺稷黍，父母何怙？悠悠蒼天，曷其有所？

肅肅鸨翼，集于苞棘。王事靡盬，不能蓺黍稷，父母何食？悠悠蒼天，曷其有極？

肅肅鸨行，集于苞桑。王事靡盬，不能蓺稻粱，父母何嘗？悠悠蒼天，曷其有常？

——《诗经·唐风·鸨羽》

# 151. 【际】jì

"际"字的现代常用义有：1. 交界或靠边的地方，如"天际"。2. 彼此之间，如"人际"。3. 时候，如"危难之际"。4. 当，适逢其时，如"际此盛会"。5. 中间，里边，如"脑际"。6．遭遇，如"遭际"。

"际"对应的繁体字是"際"。简化时，去掉"際"字声旁"祭"的上部，简作"际"。

## ［際］jì

《说文解字·阜部》："際，壁會也。从阜，祭聲。"形声字，本义为两墙相交处，如《墨子·备穴》："柱善塗亓寶際，勿令泄。"引申指彼此之间、人与人之间的关系等义，《吕氏春秋·壹行》："先王所惡，無惡于不可知。不可知則君臣、父子、兄弟、朋友、夫妻之際敗矣。"

# 【古诗文选读】

東郭子問於莊子曰："所謂道，惡乎在?"莊子曰："無所不在。"東郭子曰："期而後可。"莊子曰："在螻蟻。"曰："何其下邪?"曰："在稊稗。"曰："何其愈下邪?"曰："在瓦甓。"曰："何其愈甚邪?"曰："在屎溺。"東郭子不應。莊子曰："夫子之問也，固不及質。正獲之問於監市，履狶也，每下愈況。汝唯莫必，無乎逃物。至道若是，大言亦然。周、徧、咸三者異名同實，其指一也。嘗相與遊乎無何有之宮，同合而論，無所終窮乎!嘗相與無爲乎!澹而靜乎!漠而清乎!調而閑乎!寥已吾志，無往焉而不知其所至。去而來而不知其所止，吾已往來焉而不知其所終；彷徨乎馮閎，大知入焉，而不知其所窮。物物者與物無際，而物有際者，所謂物際者也。不際之際，際之不際者也，謂盈虛衰殺。彼爲盈虛，非盈虛；彼爲衰殺，非衰殺；彼爲本末，非本末；彼爲積散，非積散也。"

——《庄子·知北游》

# 152. 【继】jì

"继"字的现代常用义为连续、接着，如"继承"。

"继"对应的繁体字是"繼"。简化时，"繼"的左部偏旁类推简化为"纟"，声旁"䜌"用符号"米"代替，简作"继"。

[繼] jì

《说文解字·系部》："繼，續也，从糸从䜌。"会意字，本义为接续、延续，如《论语·尧曰》："興滅國，繼絕世。"引申指承接、继承等义，如《荀子·儒效》："工匠之子，莫不繼事。"

## 【古诗文选读】

子華使於齊，冉子爲其母請粟。子曰："與之釜。"請益。曰："與之庾。"冉子與之粟五秉。子曰："赤之適齊也，乘肥馬，衣輕裘。吾聞之也，君子周急不繼富。"原思爲之宰，與之粟九百，辭。子曰："毋！以與爾鄰里鄉黨乎！"

——《论语·雍也》

# 153. 【家】jiā、jia、jie

"家"字的现代常用义有：1. jiā。①家庭，人家，如"勤俭持家"；②家庭的住所，如"回家"；③指经营某种行业或有某种身份的人家，如"酒家"；④学术流派，如"儒家"；⑤掌握某种专门学识或有丰富实践经验以及从事某种专门活动的人，如"政治家"；⑥指相对各方中的一方，如"对家"；⑦量词，用于家庭或企业，如"一家饭馆"。2. jia。词尾，表示某类人，如"姑娘家"。3. jie。助词，如"成年家"。

"家"对应的字是"家"和"傢"。"家"是"傢"的古字。简化时，用"家"代替"傢"。

## （一）[家] jiā、jia、jie

1. jiā。《说文解字·宀部》："家，居也。从宀，豭省聲。"会意字，本义为住所，如《庄子·山木》："夫子出於山，舍於故人之家。"引申指家庭、人家等义，如《孟子·梁惠王上》："百畝之田，勿奪其時，數口之家可以無饑矣。"

2. jia。助词，用在某些名词后面，表示属于那一类人，如明汤显祖《牡丹亭·慈戒》："女兒家甚做作，星辰高猶自可。"

3. jie。助词，犹"地"，如金董解元《西厢记诸宫调》卷三："酒來後，滿盞家没命飲，面磨羅地甚情緒，吃着下酒，没滋味似泥土。"

## （二）[傢] jiā

傢伙，也作"家伙"，指家具、器皿等物件，如清曹雪芹《红楼梦》第三五回："鳳姐先忙着要乾净傢伙來，替寶玉揀菜。"引申指对人的憎称、蔑称或戏称，如瞿秋白《乱弹·老虎皮》："這些'強橫霸道下流作惡'的披著老虎皮的人，现在對於中國紳商大人才真正是可怕的傢伙了。"

## 【古诗文选读】

士相見之禮：摯，冬用雉，夏用腒。左頭奉之，曰："某也願見，無由達。某子以命命某見。"主人對曰："某子命某見，吾子有辱。請吾子之就<u>家</u>也，某將走見。"賓對曰："某不足以辱命，請終賜見。"主人對曰："某不敢爲儀，固請吾子之就<u>家</u>也，某將走見。"賓對曰："某不敢爲儀，固以請。"主人對曰："某也固辭，不得命，將走見。聞吾子稱摯，敢辭摯。"賓對曰："某不以摯不敢見。"主人對曰："某不足以習禮，敢固辭。"賓對曰："某也不依於摯，不敢見，固以請。"主人對曰："某也固辭，不得命，敢不敬從?"出迎于門外，再拜。賓答再拜。主人揖，入門右。賓奉摯，入門左。主人再拜受，賓再拜送摯，出。主人請見，賓反見，退。主人送於門外，再拜。

——《仪礼·士相见礼》

# 154. 【夹】jiā、gā、jiá

"夹"字的现代常用义有：1. jiā。①胳膊向胁部用力，使腋下放着的东西不掉下，如"夹着书包"；②从东西的两旁钳住，如"夹在中间"；③掺杂，如"夹带"；④夹东西的器具，如"文件夹"。2. gā。夹肢窝，即腋下。3. jiá。两层的，如"夹裤"。

"夹"对应的繁体字是"夾"。"夹"是"夾"的草书楷化字形。简化时，用"夹"代替"夾"。"夹"可用作简化偏旁。

[夾] jiā、gā、jiá

1. jiā。《说文解字·大部》："夾，持也。从大俠二人。"会意字，本义为从左右相持，如《仪礼·既夕礼》："北面交轡，圉人夾牽之。"《墨子·杂守》："守大門者二人，夾門而立。"引申指从两个相对的方面施加作用，也指置于胳膊底下或手指等中间，如《左传·定公八年》："林楚御桓子，虞人以鈹、盾夾之。"

2. gā。夹肢窝，即腋下，如《儒林外史》第四二回："他又夺过去擦夹肢窝。"

3. jiá。义为双层的，如宋陈师道《后山谈丛》卷三："仁宗四時衣夾，冬不御爐，夏不御扇。"

"夾"（jiá）有异体字作"袷"①，《说文解字·衣部》："袷，衣无絮。"如《汉书·匈奴传上》："服繡袷綺衣。"

"夾"（jiá）又有异体字作"裌"，如《玉台新咏·古诗为焦仲卿妻作》："著我绣裌裙，事事四五通。"唐杜甫《云安九日郑十八携酒陪诸公宴》："地偏初衣裌，山擁更登危。"

### ［类推简化字］

浃/浹（jiā）　郏/郟（jiá）　荚/莢（jiá）　铗/鋏（jiá）

颊/頰（jiá）　蛱/蛺（jiá）　惬/愜（qiè）　箧/篋（qiè）

陕/陝（shǎn）

侠/俠（xiá）　峡/峽（xiá）　狭/狹（xiá）　硖/硤（xiá）

挟/挾（xié）

瘗/瘞（yì）

## 【古诗文选读】

王乃校劍士七日，死傷者六十餘人，得五六人，使奉劍於殿下，乃召莊子。王曰："今日試使士敦劍。"莊子曰："望之久矣。"王曰："夫子所禦杖，長短何如？"曰："臣之所奉，皆可。然臣有三劍，唯王所用，請先言而後試。"王曰："願聞三劍。"曰："有天子劍，有諸侯劍，有庶人劍。"王曰："天子之劍何如？"曰："天子之劍，以燕溪石城爲鋒，齊岱爲鍔，晉魏爲脊，

---

① 《通用规范汉字表》确认，"袷"读 jiá 时简作"夹"，读 qiā 时不简作"夹"，仍作"袷"，用作"袷袢"，指维吾尔、塔吉克等民族所穿的对襟长袍。

周宋爲鐔，韓魏爲<u>夾</u>；包以四夷，裹以四時；繞以渤海，帶以常山；制以五行，論以刑德；開以陰陽，持以春夏，行以秋冬。此劍，直之無前，舉之無上，案之無下，運之無旁；上決浮雲，下絕地紀。此劍一用，匡諸侯，天下服矣。此天子之劍也。"文王芒然自失，曰："諸侯之劍何如?"曰："諸侯之劍，以知勇士爲鋒，以清廉士爲鍔，以賢良士爲脊，以忠聖士爲鐔，以豪桀士爲<u>夾</u>。此劍，直之亦無前，舉之亦無上，案之亦無下，運之亦無旁；上法圓天，以順三光；下法方地，以順四時；中和民意，以安四鄉。此劍一用，如雷霆之震也，四封之內，無不賓服而聽從君命者矣。此諸侯之劍也。"王曰："庶人之劍何如?"曰："庶人之劍，蓬頭突鬢垂冠，曼胡之纓，短後之衣，嗔目而語難。相擊於前，上斬頸領，下決肝肺。此庶人之劍，無異於鬪雞，一旦命已絕矣，無所用於國事。今大王有天子之位而好庶人之劍，臣竊爲大王薄之。"

——《庄子·说剑》

# 155. 【价】jià、jiè、jie

"价"字的现代常用义有：1. jià。①价钱，商品所值的钱数，如"价格"；②价值，如"等价交换"。2. jiè。旧时被派遣传送东西或消息的人。3. jie。助词，如"震天价响"。

"价"对应的字是"价"和"價"。简化时，用"价"代替"價"。

## （一）［价］jiè

《说文解字·人部》："价，善也。从人，介声。"形声字，本义为善，如《诗经·大雅·板》："价人維藩，大師維垣。"引申指被派遣传递信息或供役使的人，如宋苏轼《与潮守王朝请涤书》之二："承諭欲撰韓公廟碑，萬里遠志，不敢復以淺陋爲詞，謹已撰成付來价。"

## （二）［價］jià、jie

1. jià。《说文解字·人部》新附："價，物直也。从人、賈，賈亦聲。"会意兼形声字，本义为价格、价值，如《韩非子·外储说左下》："鄭縣人賣豚，人問其價。"引申指声价、名声等义，如北齐颜之推《颜氏家训·名实》："夫神滅形消，遺聲餘價，亦猶蟬殼蜿皮、獸远鳥迹耳。"

2. jie。助词，相当于"地"，如宋辛弃疾《醜奴儿近·博山道中效李易安体》："千峯雲起，驟雨一霎兒價；更遠樹斜陽，風景怎生圖畫？"

## 【古诗文选读】

昔有群賊共行劫盜，多取財物，即共分之，等以爲分。唯有鹿野欽婆羅色不純好，以爲下分，與最劣者。下劣者得之恚恨，謂呼大失。至城賣之，諸貴長者多與其價，一人所得倍於衆伴，方乃歡喜，踴悅無量。猶如世人不知布施有報無報，而行少施，得生天上，受無量樂。方更悔恨，悔不廣施。如欽婆羅後得大價，乃生歡喜，施亦如是。少作多得，爾乃自慶，恨不益焉。

——北齐求那毗地译《百喻经·劫盗分财喻》

189

# 156. 【艰】jiān

"艰"字的现代常用义为困难,如"艰苦"。

"艰"对应的繁体字是"艱"。简化时,把"艱"的形旁用符号"又"代替,简作"艰"。

[艱] jiān

《说文解字·堇部》:"艱,土難治也,从堇,䃼聲。"形声字,本义为土难治,后指困难,如《尚书·说命中》:"非知之艱,行之惟艱。"引申指困苦、不容易等义,如《楚辞·离骚》:"長太息以掩涕兮,哀民生之多艱。"

## 【古诗文选读】

出自北門,憂心殷殷。終窶且貧,莫知我艱。已焉哉!天實爲之,謂之何哉!

王事適我,政事一埤益我,我入自外,室人交遍讁我。已焉哉!天實爲之,謂之何哉。

王事敦我,政事一埤遺我,我入自外,室人交遍摧我。已焉哉!天實爲之,謂之何哉。

——《诗经·邶风·北门》

# 157. 【歼】jiān

"歼"字的现代常用义为消灭，如"围歼"。

"歼"对应的繁体字是"殲"。简化时，把"殲"的声旁"韱"换成"千"，简作"歼"。

［殲］jiān

《说文解字·歹部》："殲，微盡也。从歹（è），韱聲。"形声字，本义为杀尽、消灭，如《尚书·胤征》："殲厥渠魁，脅從罔治。"引申指刺、死等义，如《礼记·文王世子》："其刑罪則纖剸。"汉郑玄注："纖，讀爲殲。殲，刺也。"

## 【古诗文选读】

楚人伐宋以救鄭。宋公將戰，大司馬固諫曰："天之棄商久矣，君將興之，弗可赦也已。"弗聽。冬，十一月己巳朔，宋公及楚人戰於泓。宋人既成列，楚人未既濟。司馬曰："彼衆我寡，及其未既濟也，請擊之。"公曰："不可。"既濟而未成列，又以告。公曰："未可。"既陳而後擊之，宋師敗績。公傷股。門官殲焉。國人皆咎公。公曰："君子不重傷，不禽二毛。古之爲軍也，不以阻隘也。寡人雖亡國之餘，不鼓不成列。"子魚曰："君未知戰，勍敵之人，隘而不列，天贊我也；阻而鼓之，不亦可乎？猶有懼焉。且今之勍者，皆吾敵也。雖及胡耇，獲則取之，何有於二毛？明耻、教戰，求殺敵也。傷未及死，如何勿重？若愛重傷，則如勿傷；愛其二毛，則如服焉。三軍以利用也，金鼓以聲氣也。利而用之，阻隘可也；聲盛致志，鼓儳可也。"

——《左传·僖公二十二年》

# 158. 【戋】jiān

"戋"字的现代常用义为少、细微，如"为数戋戋""所得戋戋"。

"戋"对应的繁体字是"戔"。"戋"是"戔"的草书楷化字形。简化时，用"戋"代替"戔"。"戋"可用作简化偏旁。

[戔] cán、jiān

1. cán。《说文解字·戈部》："戔，贼也。从二戈。"会意字，本义为残杀，是"残"的古字。

2. jiān。《字汇·戈部》："戔，浅少之意。"意为少或小，如宋沈括《梦溪笔谈·艺文一》："所謂右文者，如戔，小也——水之小者曰淺，金之小者曰錢，歹而小者曰殘，貝之小者曰賤。如此之類，皆以戔爲義也。"

[类推简化字]

残/殘（cán）　划/劃（chǎn、chàn）

笺/箋、牋（jiān）　钱/餞（jiàn）　贱/賤（jiàn）

践/踐（jiàn）　溅/濺（jiān、jiàn）

钱/錢（qián）　浅/淺（qiǎn、jiān）

线/綫、線（xiàn）

盏/盞（zhǎn）　栈/棧（zhàn）

## 【古诗文选读】

帝城春欲暮，喧喧車馬度。共道牡丹時，相隨買花去。貴賤無常價，酬直看花數。灼灼百朵紅，戔戔五束素。上張幄幕庇，旁織巴籬護。水灑復泥封，移來色如故。家家習爲俗，人人迷不悟。有一田舍翁，偶來買花處。低頭獨長歎，此歎無人喻。一叢深色花，十戶中人賦。

——唐白居易《秦中吟十首·买花》

# 159. 【监】jiān、jiàn

"监"字的现代常用义有：1. jiān。①监视，如"监考"；②监牢，如"探监"。2. jiàn。古代官府名或官名，如"国子监"。

"监"对应的繁体字是"監"。"监"是"監"的草书楷化字形。简化时，用"监"代替"監"。"监"可用作简化偏旁。

[監] jiàn、jiān

1. jiàn。《说文解字·卧部》："監，臨下也。从臥，𥫄省聲。"甲骨文字形像人低头对着水盆照视之形。本义为照视，引申指镜子、借鉴等义，如《尚書·酒诰》："人無於水監，當於民監。"这一系列的意义后写作"鑑（鉴）"字。又为古代官署名或官名，如"中書監""秘書監""國子監"。

2. jiān。《方言》卷十二："監，察也。"指监视、督查，如《史記·秦始皇本紀》："始皇怒，使扶苏北监蒙恬于上郡。"引申指监禁、监狱等义，如明罗贯中《三国演义》第十三回："郭汜不臣，監禁公卿，欲劫陛下。"

[类推简化字]

尴/尷（gān）　槛/檻（kǎn）　蓝/藍（lán）

褴/襤（lán）　篮/籃（lán）　滥/濫（làn）

【古诗文选读】

　　江南好，風景舊曾諳。日出江花紅勝火，春來江水綠如藍，能不憶江南。

　　江南憶，最憶是杭州。山寺月中尋桂子，郡亭枕上看潮頭，何日更重遊。

　　江南憶，其次憶吳宮。吳酒一杯春竹葉，吳娃雙舞醉芙蓉，早晚復相逢。

——唐白居易《忆江南词三首》

# 160.【茧】jiǎn

　　"茧"字的现代常用义有：1. 某些昆虫幼虫在变成蛹之前吐丝做成的壳，如"蚕茧"。2. 手、脚上因摩擦而生的硬皮，如"老茧"。

　　"茧"对应的字是"茧"和"繭"。简化时，用"茧"代替"繭"。

## （一）[茧] chóng

　　草衰，如《玉篇·艸部》："茧，草衰。"也指草名，如《集韵·东韵》："茧，草名。"

（二）〔繭〕jiǎn

《说文解字·系部》："繭，蠶衣也。从糸从虫，黹省。"会意字，本义为蚕茧，如《礼记·月令》："蠶事既登，分繭稱絲，效功以共郊廟之服。"引申指茧丝等义，如明张煌言《和于湛之海上原韵》之一："不是孤臣甘浪跡，肯將獨繭着漁竿。"

## 【古诗文选读】

夏，楚子庚卒。楚子使蓮子馮爲令尹，訪於申叔豫。叔豫曰："國多寵而王弱，國不可爲也。"遂以疾辭。方暑，闕地，下冰而床焉。重繭，衣裘，鮮食而寢。楚子使醫視之。復曰："瘠則甚矣，而血氣未動。"乃使子南爲令尹。

欒桓子娶於范宣子，生懷子。范鞅以其亡也，怨欒氏，故與欒盈爲公族大夫而不相能。桓子卒，欒祁與其老州賓通，幾亡室矣。懷子患之。祁懼其討也，愬諸宣子曰："盈將爲亂，以范氏爲死桓主而專政矣，曰：'吾父逐鞅也，不怒而以寵報之，又與吾同官而專。吾父死而益富。死吾父而專於國，有死而已，吾蔑從之矣。'其謀如是，懼害於主，吾不敢不言。"范鞅爲之徵。懷子好施，士多歸之。宣子畏其多士也，信之。懷子爲下卿，宣子使城著而遂逐之。

——《左传·襄公二十一年》

# 161.【拣】jiǎn

"拣"字的现代常用义为挑选，如"挑肥拣瘦"。

"拣"对应的繁体字是"揀"。简化时，采用"揀"声旁

"柬"的草书楷化字形,简作"拣"。

［拣］jiǎn

《广雅·释诂一》:"拣,择也。"从扌柬声,形声字,本义为挑选,如《三国志·吴志·贺齐传》:"誅其首惡,餘皆降服,揀其精健爲兵,次爲縣户。"引申指拾取等义,如《儿女英雄传》第六回:"那禿子便説道:'誰把這東西扔在這兒咧?這准是三兒幹的,咱們給他帶到厨房裏去。'説着,彎下腰去揀那鐥子起來。"

## 【古诗文选读】

家人去了十餘日,領著蓮太守的回書來見兩公子道:"太老爺聽了這話,甚是歡喜。向小人吩咐説:自己不能遠來,這事總央煩二位老爺做主。央媒拜允,一是二位老爺揀擇。或娶過去,或招在這裏,也是二位老爺斟酌。呈上回書,並白銀五百兩,以爲聘禮之用。大相公也不必回家,住在這裏辦這喜事。太老爺身體是康強的,一切放心!"兩公子收了回書、銀子,擇個吉日,央請陳和甫爲媒,這邊添上一位媒人,就是牛布衣。

——清吴敬梓《儒林外史》第十回

# 162. 【硷】jiǎn

"硷"同"碱"。"硷"字的现代常用义有:1. 含氢氧根的化合物的统称。2. 含有十个分子结晶水的碳酸钠,可用作洗涤剂,也用来中和发面中的酸味。3. 被盐硷腐蚀,如"墙根已经硷了"。

"碱"对应的繁体字是"鹼"。简化时，把"鹼"的形旁"卤"改为"石"，声旁"僉"改为"金"，简作"碱"。"鹼"有异体字作"鹻"。《通用规范汉字表》收"碱"字而未收"碱"字，将"鹼"和"鹻"均作为"碱"的异体字。

［鹼］jiǎn

《说文解字·盐部》："鹼，卤也。从盐省，僉声。"形声字，本义为盐卤，如宋林逋《出曹州》："雨漈生新鹻，茅叢夾舊槎。"引申指含氢氧根的化合物的统称。

## 【古诗文选读】

太陰玄精，生解州鹽澤大滷中，溝渠土內得之。大者如杏葉，小者如魚鱗，悉皆六角，端正如刻，正如龜甲。其裙襴小撮，其前則下剡，其後則上剡，正如穿山甲相掩之處全是龜甲，更無異也。色綠而瑩徹；叩之則直理而折，瑩明如鑑；折處亦六角，如柳葉。火燒過則悉解折，薄如柳葉，片片相離，白如霜雪，平潔可愛。此乃稟積陰之氣凝結，故皆六角。今天下所用玄精，乃絳州山中所出絳石耳，非玄精也。楚州鹽城古鹽倉下土中，又有一物，六稜，如馬牙硝，清瑩如水晶，潤澤可愛，彼方亦名太陰玄精，然喜暴潤，如鹽鹻之類。唯解州所出者爲正。

——宋沈括《梦溪笔谈·药议》

# 163. 【舰】jiàn

"舰"字的现代常用义为军用船只，如"军舰"。

"舰"对应的繁体字是"艦"。简化时，把"艦"的声旁

"監"改为"见",简作"舰"。

［艦］jiàn

从舟監声,形声字,本义为大型军用船只,如《三国志·吴志·周瑜传》:"劉表治水軍,蒙衝鬭艦,乃以千數。"引申泛指一般的船只,如宋陆游《舟行钱清柯桥之间》:"兒童鼓笛迎歸艦,父老壺觴叙別情。"

## 【古诗文选读】

時劉備爲曹公所破,欲引南渡江,與魯肅遇於當陽,遂共圖計,因進住夏口,遣諸葛亮詣權,權遂遣瑜及程普等與備并力逆曹公,遇於赤壁。時曹公軍衆已有疾病,初一交戰,公軍敗退,引次江北。瑜等在南岸。瑜部將黃蓋曰:"今寇衆我寡,難與持久。然觀操軍船艦首尾相接,可燒而走也。"乃取蒙衝鬭艦數十艘,實以薪草,膏油灌其中,裹以帷幕,上建牙旗,先書報曹公,欺以欲降。又豫備走舸,各繫大船後,因引次俱前。曹公軍吏士皆延頸觀望,指言蓋降。蓋放諸船,同時發火。時風盛猛,悉延燒岸上營落。頃之,煙炎張天,人馬燒溺死者甚衆,軍遂敗退,還保南郡。備與瑜等復共追。曹公留曹仁等守江陵城,徑自北歸。

——《三国志·吴志·周瑜传》

# 164. 【见】jiàn

"见"字的现代常用义有:1. 看到,如"眼见为实"。2. 显出,如"见效"。3. 对事物的看法、观点,如"主见"。4. 会见，见面，如"接见"。5. 用在感官动词后，表示结果，如"看见"。

"见"对应的繁体字是"見"。"见"是"見"的草书楷化字形。简化时，用"见"代替"見"。"见"可用作简化偏旁。

## ［見］jiàn、xiàn

1. jiàn。《说文解字·见部》："見，视也。"甲骨文字形象一个跪坐的人，上面有一只突出的眼睛，会意字，本义为看见，如《论语·里仁》："見賢思齊焉，見不賢而内自省也。""見"常用作助词，用在动词前表示被动，如《庄子·秋水》："吾長見笑于大方之家。"

2. xiàn。古通"現"。义为出现、被看见，如《敕勒歌》："天蒼蒼，野茫茫，風吹草低見牛羊。"

## ［类推简化字］

觇/覘（chān）

觌/覿（dí）

觏/覯（gòu）　　规/規（guī）

觊/覬（jì）　　枧/梘（jiǎn）　　笕/筧（jiǎn）

搅/攪（jiǎo）　　觉/覺（jué、jiào）　　觐/覲（jìn）

宽/寬（kuān）　　髋/髖（kuān）　　窥/窺（kuī）

览/覽（lǎn）　　揽/攬（lǎn）　　缆/纜（lǎn）

榄/欖（lǎn）　　靓/靚（liàng、jìng）

觅/覓（mì）

觑/覷（qù）

视/視（shì）

觋/覡（xí）　　蚬/蜆（xiǎn）　　苋/莧（xiàn）

岘/峴（xiàn）　　现/現（xiàn）

赝/贗（yàn）　砚/硯（yàn）　觎/覦（yú）

## 【古诗文选读】

静女其姝，俟我於城隅。爱而不見，搔首踟躕。
静女其孌，貽我彤管。彤管有煒，說懌女美。
自牧歸荑，洵美且異。匪女之爲美，美人之貽。

——《诗经·邶风·静女》

# 165.【荐】jiàn

"荐"字的现代常用义有：1. 推举，介绍，如"举荐"。2. 草垫子，如"草荐"。

"荐"对应的字是"薦"和"荐"。简化时，用"荐"代替"薦"。"荐"可用作简化偏旁。

## （一）[薦] jiàn

《说文解字·廌部》："薦，獸之所食艸。从廌（zhì）从艸。"会意字，指兽畜吃的草，如《庄子·齐物论》："民食芻豢，麋鹿食薦。""薦"常用作"荐"的假借字，表示推荐、推举，如唐孟浩然《田园作》："誰能爲揚雄，一薦《甘泉賦》?"

## （二）[荐] jiàn

《说文解字·艸部》："荐，薦席也。从艸，存聲。"形声字，指草席。"荐"和"薦"古代通用，《正字通·艸部》："荐，同薦。"

200

[类推简化字]

鞯/韉（jiān）

## 【古诗文选读】

孝武甚親敬王國寶、王雅。雅薦王珣於帝，帝欲見之。嘗夜與國寶及雅相對，帝微有酒色，令喚珣，垂至，已聞卒傳聲。國寶自知才出珣下，恐傾奪其寵，因曰："王珣當今名流，陛下不宜有酒色見之，自可別詔召也。"帝然其言，心以爲忠，遂不見珣。

——南朝宋刘义庆《世说新语·谗险》

# 166.【将】jiāng、jiàng

"将"字的现代常用义有：1. jiāng。①快要，如"新岁将至"；②把，如"将革命进行到底"；③象棋术语，给对方出难题，如"将你一军"。2. jiàng。一种高级军衔，如"大将"。

"将"对应的繁体字是"將"。"将"是"將"的草书楷化字形。简化时，用"将"代替"將"。"将"可用作简化偏旁。

[將] jiàng、jiāng、qiāng

1. jiàng。《说文解字·寸部》："將，帥也。从寸，牆省聲。"形声字，本义指率领、统帅，如《史记·淮阴侯列传》："陛下不能將兵，而善將將。"引申作指将帅、将领，如《孙子·谋功》："夫將者，國之輔也。"又指能手、能人，如宋王之道《雪晴三首》："邂逅逢詩將，高吟眼倍明。"

2．jiāng。《广雅·释言》："將，扶也。"指扶持、扶助，如《玉台新咏·古诗为焦仲卿妻作》："勤心養公姥，好自相扶將。"又用作副词，表示将要、快要，如三国魏曹操《却东西门行》："冉冉老將至，何時返故鄉？"又用作介词，"把"的意思，如宋朱敦儒《一落索》："莫將愁緒比飛花，花有數，愁無數。"

3．qiāng。表示请求，如《诗经·卫风·氓》："將子無怒，秋以爲期。"

## ［类推简化字］

蒋/蔣（jiǎng）　锵/鏘（qiāng）

## 【古诗文选读】

故兵有走者，有弛者，有陷者，有崩者，有亂者，有北者。凡此六者，非天之災，將之過也。夫勢均，以一擊十，曰走；卒強吏弱，曰弛；吏強卒弱，曰陷；大吏怒而不服，遇敵懟而自戰，將不知其能，曰崩；將弱不嚴，教道不明，吏卒無常，陳兵縱橫，曰亂；將不能料敵，以少合衆，以弱擊強，兵無選鋒，曰北。凡此六者，敗之道也，將之至任，不可不察也。

　　　　　　　　　　　　——《孙子·地形篇》

# 167.【姜】jiāng

"姜"字的现代常用义有：1．一种草本植物，味辣，可供调味用，如"生姜"。2．（Jiāng）姓。

"姜"对应的字是"姜"和"薑"。简化时，用"姜"代替"薑"。

（一）［姜］jiāng

《说文解字·女部》："姜，神農居姜水，以爲姓。从女，羊聲。"形声字，本义为姓，如《诗经·大雅·生民》："厥初生民，時維姜嫄。"也指水名，如《国语·晋语四》："黄帝以姬水成，炎帝以姜水成。"

（二）［薑］jiāng

从艸薑（jiāng）声，形声字，本义为一种草本植物，地下茎有辣味，可做调味品和药，如南朝梁刘勰《文心雕龙·事类》："夫薑桂同地，辛在本性。"

## 【古诗文选读】

食不厭精，膾不厭細。食饐而餲，魚餒而肉敗，不食。色惡，不食。臭惡，不食。失飪，不食。不時，不食。割不正，不食。不得其醬，不食。肉雖多，不使勝食氣。唯酒無量，不及亂。沽酒市脯，不食。不撤薑食，不多食。祭於公，不宿肉。祭肉不出三日。出三日，不食之矣。食不語，寢不言。雖疏食菜羹，瓜祭，必齊如也。

——《论语·乡党》

# 168. 【浆】jiāng、jiàng

"浆"字的现代常用义有：1. jiāng。①比较浓的液体，如"豆浆"；②用米汤或粉浆等浸润纱、布、衣服等，使干后发硬变挺，如"浆衣服"。2. jiàng。浆糊。

"浆"对应的繁体字是"漿"。简化时，取"漿"声旁"將"左部"爿"的草书楷化字形，右部部分省略，简作"浆"。

[漿] jiāng、jiàng

1. jiāng。《说文解字·水部》作"滰"："滰，酢滰也。从水，將省聲。"形声字，本义为古代一种带酸的饮料，如《诗经·小雅·大东》："或以其酒，不以其浆。"引申指汁液等义，如《楚辞·招魂》："胹鳖炮羔，有柘漿些。"

2. jiàng。同"糨"。浆糊，如明阮大铖《燕子笺·误画》："自嘆紅鸞不利，招了箇漿水寃家。"

## 【古诗文选读】

酒正：掌酒之政令，以式灋授酒材。凡爲公酒者，亦如之。辨五齊之名，一曰泛齊，二曰醴齊，三曰盎齊，四曰緹齊，五曰沈齊。辨三酒之物，一曰事酒，二曰昔酒，三曰清酒。辨四飲之物，一曰清，二曰醫，三曰漿，四曰酏。掌其厚薄之齊，以共王之四飲、三酒之饌，及后、世子之飲與其酒。凡祭祀，以灋共五齊、三酒，以實八尊。大祭三貳，中祭再貳，小祭壹貳，皆有酌數。唯齊酒不貳，皆有器量。共賓客之禮酒，共后之致飲于賓客之禮——醫酏糟，皆使其士奉之。凡王之燕飲酒，共其計，酒正奉之。凡饗士庶子，饗耆老、孤子，皆共其酒，無酌數。掌酒之賜頒，皆有灋以行之。凡有秩酒者，以書契授之。酒正之出，日入其成，月入其要，小宰聽之。歲終則會，唯王及后之飲酒不會，以酒式誅賞。

——《周礼·天官冢宰·酒正》

# 169.【桨】jiǎng

"桨"字的现代常用义为划船的用具，常装置在船的两边，如"船桨"。

"桨"对应的繁体字是"槳"。简化时，取"槳"声旁"將"左部"爿"的草书楷化字形，右部部分省略，简作"桨"。

［槳］jiǎng

《玉篇·木部》："槳，楫属。"从木將声，形声字，本义为划船的工具，如南朝梁刘孝威《采莲曲》："金槳木蘭般，戲採江南蓮。"

## 【古诗文选读】

一葉舟輕，雙槳鴻驚。水天清，影湛波平。魚翻藻鑒，鷺點煙汀。過沙溪急，霜溪冷，月溪明。

重重似畫，曲曲如屏。算當年，虛老嚴陵。君臣一夢，今古虛名。但遠山長，雲山亂，曉山青。

——宋苏轼《行香子·过七里滩》

# 170.【奖】jiǎng

"奖"字的现代常用义有：1. 奖励，夸奖，如"嘉奖"。2. 为了鼓励或表扬而给予的荣誉或财物，如"发奖"。3. 指彩金，如“中奖”。

“奖”对应的繁体字是“奬”。简化时，取“奬”声旁“將”左部“爿”的草书楷化字形，右部部分省略，简作“奖”。

［奬］jiǎng

《说文解字·犬部》作“獎”：“獎，嗾犬厲之也。从犬，將省聲。”形声字，本义为嗾犬厉之，引申为劝勉，如《左传·昭公二十二年》：“無亢不衷，以奬亂人。”后引申指称许、赞美等义，如唐刘得仁《上姚谏议》：“曾暗投新軸，頻聞奬滯身。”

## 【古诗文选读】

楚薳越使告于宋曰：“寡君聞君有不令之臣爲君憂，無寧以爲宗羞，寡君請受而戮之。”對曰：“孤不佞，不能媚於父兄，以爲君憂，拜命之辱。抑君臣日戰，君曰‘余必臣是助’，亦唯命。人有言曰：‘唯亂門之無過。’君若惠保敝邑，無亢不衷，以奬亂人，孤之望也。唯君圖之！”楚人患之。諸侯之戍謀曰：“若華氏知困而致死，楚恥無功而疾戰，非吾利也。不如出之，以爲楚功，其亦無能爲也已。救宋而除其害，又何求？”乃固請出之，宋人從之。己巳，宋華亥、向寧、華定、華貙、華登、皇奄傷、省臧、士平出奔楚。宋公使公孫忌爲大司馬，邊卬爲大司徒，樂祁爲司城，仲幾爲左師，樂大心爲右師，樂輓爲大司寇，以靖國人。

——《左传·昭公二十二年》

# 171. 【讲】jiǎng

"讲"字的现代常用义有：1. 说，如"演讲"。2. 解释，如"讲学"。3. 商议，如"讲价钱"。4. 讲求，注重，如"讲品质"。5. 论，就某方面说，如"讲人品他不如你"。

"讲"对应的繁体字是"講"。简化时，"講"形旁"言"类推简化为"讠"，声旁"冓"改为"井"，简作"讲"。

[講] jiǎng

《说文解字·言部》："講，和解也。从言，冓聲。"形声字，本义为和解，如《战国策·齐策二》："秦攻赵，赵令楼缓以五城求講於秦，而與之伐齊。"引申指讲说、谈论等义，如《庄子·德充符》："孔子曰：'丘則陋矣，夫子胡不入乎？請講以所聞。'"

## 【古诗文选读】

三國至韓，王謂樓緩曰："三國之兵深矣，寡人欲割河東而講，何如？"對曰："夫割河東，大費也；免國於患，大功也。此父兄之任也，王何不召公子氾而問焉？"王召公子氾而告之，對曰："講亦悔，不講亦悔。王今割河東而講，三國歸，王必曰：'三國固且去矣，吾特以三城送之。'不講，三國也入韓，則國必大舉矣，王必大悔，王曰：不獻三城也。臣故曰：王講亦悔，不講亦悔。"王曰："爲我悔也，寧亡三城而悔，無危乃悔。寡人斷講矣。"

——《韩非子·内储说上》

# 172. 【酱】jiàng

"酱"字的现代常用义有：1. 用发酵后的豆、麦等做成的一种调味品，如"豆瓣酱"。2. 用酱或酱油腌制或煮的，如"酱肉"。3. 像酱的糊状食品，如"花生酱"。

"酱"对应的繁体字是"醬"。简化时，取"醬"声旁"將"左部"爿"的草书楷化字形，右部部分省略，简作"酱"。

［醬］jiàng

《说文解字·酉部》："醬，鹽也。从肉从酉，酒以和醬也；爿聲。"形声字，本义为肉酱，如《周礼·天官·膳夫》："凡王之饋，食用六穀……醬用百有二十甕。"引申指用麦、面、豆等发酵制成的调味品等义，如元武汉臣《玉壶春》第一折："早晨起來七件事，柴、米、油、鹽、醬、醋、茶。"

## 【古诗文选读】

建元六年，大行王恢擊東越，東越殺王郢以報。恢因兵威使番陽令唐蒙風指曉南越。南越食蒙蜀枸醬，蒙問所從來，曰"道西北牂柯，牂柯江廣數里，出番禺城下"。蒙歸至長安，問蜀賈人，賈人曰："獨蜀出枸醬，多持竊出市夜郎。夜郎者，臨牂柯江，江廣百餘步，足以行船。南越以財物役屬夜郎，西至同師，然亦不能臣使也。"蒙乃上書說上曰："南越王黃屋左纛，地東西萬餘里，名爲外臣，實一州主也。今以長沙、豫章往，水道多絕，難行。竊聞夜郎所有精兵，可得十餘萬，浮船牂柯江，出其不意，此制越一奇也。誠以漢之彊，巴蜀之饒，通夜郎道，爲置吏，易甚。"上許之。

——《史记·西南夷列传》

# 173.【胶】jiāo

"胶"字的现代常用义有：1. 黏性物质，有用动物的皮、角熬制成的，也有植物分泌的或人工合成的，如"万能胶"。2. 指橡胶，如"胶鞋"。3. 有黏性的、像胶的，如"胶泥"。4. 黏着，黏合，如"胶柱鼓瑟"。

"胶"对应的繁体字是"膠"。简化时，把"膠"的声旁"翏"改为"交"，简作"胶"。

[膠] jiāo、jiǎo

1. jiāo。《说文解字·肉部》："膠，昵也。作之以皮。从肉，翏聲。"形声字，本义为用动物的皮、角熬制成的黏合物质，如《周礼·考工记·弓人》："膠也者，以爲和也。"引申指黏住、使不能移动等义，如《庄子·逍遥游》："覆杯水于坳堂之上，则芥爲之舟。置杯焉则膠，水淺而舟大也。"

2. jiǎo。膠膠，和，如《集韵·巧韵》："膠膠，和也。"引申指纷乱不宁等义，如《庄子·天道》："堯曰：'膠膠擾擾乎！子，天之合也。我，人之合也。'"

## 【古诗文选读】

後四年，趙惠文王卒，子孝成王立。七年，秦與趙兵相距長平，時趙奢已死，而藺相如病篤，趙使廉頗將攻秦，秦數敗趙軍，趙軍固壁不戰。秦數挑戰，廉頗不肯。趙王信秦之間。秦之間言曰："秦之所惡，獨畏馬服君趙奢之子趙括爲將耳。"趙王因以括爲將，代廉頗。藺相如曰："王以名使括，若膠柱而鼓瑟耳。括徒能讀其父書傳，不知合變也。"趙王不聽，遂將之。

——《史记·廉颇蔺相如列传》

# 174.【阶】jiē

"阶"字的现代常用义有：1. 台阶，如"阶梯"。2. 事物发展的段落，如"阶段"。

"阶"对应的繁体字是"階"。简化时，把"階"的声旁"皆"改为"介"，简作"阶"。

[階] jiē

《说文解字·𨸏部》："階，陛也。从𨸏，皆聲。"形声字，本义为台阶，如《尚书·大禹谟》："帝乃誕敷文德，舞干羽于兩階。"引申指官阶、品级等义，如《汉书·匡衡传》："平原文學匡衡材智有餘，經學絶倫，但以無階朝廷，故隨牒在遠方。"

## 【古诗文选读】

公行子有子之喪，右師往弔。入門，有進而與右師言者，有就右師之位而與右師言者。孟子不與右師言，右師不悅曰："諸君子皆與驩言，孟子獨不與驩言，是簡驩也。"孟子聞之，曰："禮：朝廷不歷位而相與言，不逾階而相揖也。我欲行禮，子敖以我爲簡，不亦異乎？"

——《孟子·离娄下》

# 175.【疖】jiē

"疖"字的现代常用义为小疮，指皮肤或皮下组织局部化脓性炎症，如"疖子"。

"疖"对应的繁体字是"癤"。简化时，把"癤"的声旁"節"用符号"卩"代替，简作"疖"。

[癤] jiē

《广韵·屑韵》："癤，疮癤。"从疒節声，形声字，本义为疖疮，如明李时珍《本草纲目·木三·黄杨木》："又主暑月生癤，捣烂塗之。"引申指树枝干上的疤结硬块等义，如唐皮日休《二游诗·徐诗》："枕兼石鋒刃，榻共松瘤癤。"

## 【古诗文选读】

地黃煎：補虛除熱，治吐血、唾血，取乳石，去癰癤等疾。生地黃不拘多少，三搗三壓，取汁令盡，以瓦器盛之，密蓋勿泄氣，鹿角膠一斤半，生薑半斤，絞去滓，再煎如餳，丸彈子大。每溫酒服一丸，日二服。

——明李时珍《本草纲目·草部第十六卷·地黄》

# 176.【节】jié、jiē

"节"字的现代常用义有：1. jié。①物体各段之间相连的部位，如"骨节"；②段落，如"节拍"；③量词，如"两节火车"；④节日，节气，如"春节"；⑤节约，节制，如"开源节流"；⑥事项，如"不拘小节"；⑦节操，如"高风亮节"。2. jiē。比喻紧要的、能起决定作用的环节或时机，如"节骨眼儿"。

"节"对应的繁体字是"節"。"节"是"節"的俗字。简化时，用"节"代替"節"。"节"可用作简化偏旁。

［節］jié、jiē

1. jié。《说文解字·竹部》："節，竹約也。从竹，即聲。"形声字，本义为竹节，如《史记·龟策列传》："竹，外有節理，中直空虚。"引申指节操、气节等义，如宋吴芾《和陶咏贫士七首》："安貧抱全節，雖窮亦如通。"

2. jiē。比喻紧要的、能起决定作用的环节或时机，如"节骨眼儿"。

［类推简化字］

栉/櫛（zhì）

【古诗文选读】

冉冉孤生竹，結根泰山阿。與君爲新婚，兔絲附女蘿。兔絲生有時，夫婦會有宜。千里遠結婚，悠悠隔山陂。思君令人老，軒車來何遲！傷彼蕙蘭花，含英揚光輝。過時而不采，將隨秋草萎。君亮執高節，賤妾亦何爲！

——汉《古诗十九首·冉冉孤生竹》

# 177.【洁】jié

"洁"字的现代常用义有：1. 干净，如"洁净"。2. 清白，没有污点，如"贞洁"。

"洁"对应的繁体字是"潔"。简化时，把"潔"的声旁"絜（xié）"改为"吉"，简作"洁"。

## ［潔］jié

《说文解字·水部》："潔，瀞也。从水，絜聲。"形声字，本义为干净，如《左传·定公三年》："莊公卞急而好潔，故及是。"引申指使纯洁、保持清白等义，如《论语·微子》："君臣之義，如之何其廢之？欲潔其身，而亂大倫。"

## 【古诗文选读】

延陵卓子乘蒼龍與翟文之乘，前則有錯飾，後則有利錣，進則引之，退則筴之，馬前不得進，後不得退，遂避而逸，因下抽刀而刎其腳。造父見之而泣，終日不食，因仰天而歎曰："筴所以進之也，錯飾在前；引所以退之也，利錣在後。今人主以其清潔也進之，以其不適左右也退之；以其公正也譽之，以其不聽從也廢之。民懼，中立而不知所由，此聖人之所爲泣也。"

——《韩非子·外储说右下》

# 178.【借】jiè

　　"借"字的现代常用义有：1. 暂时使用别人的财物等，如"借钱"。2. 暂时把财物等给别人使用，如"借钱给别人"。3. 假托，如"借口"。4. 凭借，依靠，如"借题发挥"。

　　"借"对应的字是"借"和"藉"。简化时，用"借"代替"藉"。"藉"读 jí 或者用于慰藉、衬垫意义时仍然写作"藉"，不简化作"借"，如"狼藉（jí）""枕藉（jiè）"等。

## （一）[借] jiè

　　《说文解字·人部》："借，假也。从人，昔声。"形声字，本义为暂时取用别人提供的钱物，指借入，如《左传·定公九年》："盡借邑人之車，鍥其軸，麻約而歸之。"引申指凭借、利用等义，如《楚辞·九章·悲回风》："借光景以往來兮，施黄棘之枉策。"

## （二）[藉] jiè、jí

　　1. jiè。《说文解字·艸部》："藉，祭藉也。"从艸耤声，形声字，本义为古时祭祀朝聘时陈列礼品的草垫，如《楚辞·九歌》："蕙肴蒸兮蘭藉。"引申指抚慰、安慰等义，如《后汉书·隗嚣传》："光武素聞其風聲，報以殊禮，言稱字，用敵國之儀，所以慰藉之良厚。"文献中用同"借"，义为凭借、依托，如《管子·内业》："彼道自來，可藉與謀。"

　　2. jí。《说文解字·艸部》："藉，祭藉也。一曰艸不編，狼藉。"义为杂乱、盛多，如苏轼《前赤壁赋》："杯盘狼藉。"引申指践踏、凌辱等义，如《史记·魏其武安侯列传》："太后怒，不食，曰：'今我在也，而人皆藉吾弟，令我百歲後，皆魚肉之矣。'"

## 【古诗文选读】

凡食之道，大充，傷而形不臧。大攝，骨枯而血沍。充攝之間，此謂和成。精之所舍，而知之所生。飢飽之失度，乃爲之圖。飽則疾動，飢則廣思，老則長慮，飽不疾動，氣不通於四末，飢不廣思，飽而不廢。老不長慮，困乃遬竭。大心而敢，寬氣而廣，其形安而不移，能守一而棄萬苛。見利不誘，見害不懼，寬舒而仁，獨樂其身，是謂雲氣，意行似天。凡人之生也，必以其歡，憂則失紀，怒則失端，憂悲喜怒，道乃無處。愛欲靜之，遇亂正之，勿引勿推，福將自歸。彼道自來，可藉與謀。靜則得之。躁則失之，靈氣在心，一來一逝。其細無內，其大無外，所以失之，以躁爲害，心能執靜，道將自定。得道之人，理丞而屯泄，匈中無敗。節欲之道，萬物不害。

—— 《管子·内业》

# 179. 【仅】jǐn、jìn

"仅"字的现代常用义有：1. jǐn。只，如"仅供参考"。2. jìn。将近，几乎，如"士卒仅万人"。

"仅"对应的繁体字是"僅"。简化时，把"僅"声旁"堇"用符号"又"代替，简作"仅"。

［僅］jǐn、jìn

1. jǐn。《说文解字·人部》："僅，材能也。从人，堇（qín）聲。"形声字，本义为才能够、勉强，如《国语·周语中》："今天降災於周室，余一人僅能守府。"引申指数量少等义，如《诗经·大雅·行苇》"序賓以賢"毛传："蓋僅有存焉。"

2. jìn。几乎，接近，如《晋书·赵王伦传》："自兵興六十餘日，戰所殺害，僅十萬人。"

## 【古诗文选读】

项脊軒，舊南閣子也。室僅方丈，可容一人居。百年老屋，塵泥滲漉，雨澤下注；每移案，顧視無可置者。又北向，不能得日，日過午已昏。余稍爲脩葺，使不上漏。前闢四窗，垣牆周庭，以當南日，日影反照，室始洞然。又雜植蘭桂竹木於庭，舊時欄楯，亦遂增勝。積書滿架，偃仰嘯歌，冥然兀坐，萬籟有聲；而庭堦寂寂，小鳥時來啄食，人至不去。三五之夜，明月半牆，桂影斑駁，風移影動，珊珊可愛。

——明归有光《项脊轩志》

# 180.【尽】jìn、jǐn

"尽"字的现代常用义有：1. jìn。①完毕，如"弹尽粮绝"；②全部用出，如"物尽其用"；③全，都，如"前功尽弃"。2. jǐn。①力求达到最大限度，如"尽早"；②最，极，如"尽西边"；③放在最先，如"尽着小孩吃"。

"尽"对应繁体字"盡"和"儘"。"盡"的草书楷化字形为

"尽","尽"古已用作"盡"的俗体；"儘"是"盡"的分化字。简化时，用"尽"代替"盡"和"儘"。"尽"可用作简化偏旁。

## （一）[盡] jìn

《说文解字·皿部》："盡，器中空也。从皿，夬（jìn）聲。"甲骨文字形像一手持禾洗涤器皿之形，表示用餐完毕，会完、竭之意，如《韩非子·和氏》："武王薨，文王即位，和乃抱其璞而哭於楚山之下，三日三夜，泣盡而繼之以血。"引申指终止、终了等义，如唐李白《东武吟》："才力猶可倚，不慚世上雄。閑作東武吟，曲盡情未終。"

## （二）[儘] jǐn

"儘"是"盡"的分化字，指任随，如宋杨万里《夜闻风声》："作寒作暑無處避，開花落花儘他意。"又指让先等义，如《儿女英雄传》第二十八回："該是公子作主的，定有個儘讓。"

### [类推简化字]

泯/濜（jìn）　烬/燼（jìn）　荩/藎（jìn）　赆/贐（jìn）

## 【古诗文选读】

子曰："孝子之喪親也，哭不偯、禮無容、言不文、服美不安、聞樂不樂、食旨不甘，此哀戚之情也。三日而食，教民無以死傷生，毀不滅性，此聖人之政也；喪不過三年，示民有終也。爲之棺椁、衣衾而舉之；陳其簠簋而哀戚之；擗踴哭泣，哀以送之；卜其宅兆而安措之；爲之宗廟，以鬼享之；春秋祭祀，以時思之。生事愛敬，死事哀戚，生民之本盡矣！死生之義備矣！孝子之事親終矣！"

——《孝经·丧亲章》

# 181. 【进】jìn

"进"字的现代常用义有：1. 向前运动，如"前进"。2. 奉呈，如"进献"。

"进"对应的繁体字是"進"。简化时，用符号"井"代替"隹"，简作"进"。"进"可用作简化偏旁。

## ［進］jìn

《说文解字·辵部》："進，登也。从辵（chuò），閵（lìn）省聲。"会意兼形声字，本义为向前移动，如《墨子·鲁问第四十九》："昔者楚人與越人舟戰於江，楚人順流而進，迎流而退。見利而進，見不利則其退難。"引申指进入等义，如唐杜甫《后出塞》第二："朝進東門營，暮上河陽橋。"

## ［类推简化字］

琎/璡（jīn）

## 【古诗文选读】

宋人有取道者，其馬不進，倒而投之鸂水。又復取道，其馬不進，又倒而投之鸂水，如此三者。雖造父之所以威馬不過此矣。不得造父之道，而徒得其威，無益於御。人主之不肖者有似於此，不得其道而徒多其威。威愈多，民愈不用。亡國之主，多以多威使其民矣。故威不可無有，而不足專恃。

——《吕氏春秋·用民》

# 182.【惊】jīng

"惊"字的现代常用义有：1. 骡、马等因为害怕而狂奔起来不受控制，如"马受惊了"。2. 精神突然受到刺激而紧张或不安，如"惊慌"。3. 惊动，如"打草惊蛇"。

"惊"对应的字是"悢"和"驚"。简化时，把"驚"的形旁"馬"改为"忄"，声旁"敬"改为"京"，简作"惊"。

## （一）［悢］liáng

同"悢"，如《集韵·阳韵》："悢，悲也。"又《集韵·漾韵》："悢，《博雅》：'悢悢，悲也。'或作悢。"

## （二）［驚］jīng

《说文解字·马部》："驚，馬駭也。从馬，敬聲。"形声字，本义为马受刺激而狂奔，如《左传·襄公二十八年》："慶氏之馬善驚。"引申指惊慌、恐惧等义，如《庄子·达生》："譬之若載鼷以車馬，樂鴳以鐘鼓也。彼又惡能无驚乎哉？"

## 【古诗文选读】

初，鄭武公娶于申，曰武姜，生莊公及共叔段。莊公寤生，驚姜氏，故名曰寤生，遂惡之。愛共叔段，欲立之。亟請於武公，公弗許。及莊公即位，爲之請制。公曰："制，巖邑也，虢叔死焉。佗邑唯命。"請京，使居之，謂之京城大叔。祭仲曰："都，城過百雉，國之害也。先王之制：大都，不過參國之一；中，五之一；小，九之一。今京不度，非制也，君將不堪。"公曰:"姜氏欲之,焉辟害?"對曰:"姜氏何厭之有?不如早爲之所,無使滋蔓!蔓,難圖也。蔓草猶不可除,況君之寵弟乎?"公曰:"多行不義,必自斃,子姑待之。"

——《左传·隐公元年》

# 183.【竞】jìng

"竞"字的现代常用义为比赛、相互争夺胜利,如"竞争"。

"竞"对应的繁体字是"競"。简化时,删减"競"中的一半部件"竞",写成"竞"。

### [競] jìng

《说文解字·誩部》:"競,彊語也。一曰逐也。从誩,从二人。"会意字,本义为竞赛,如《左传·襄公十年》:"鄭其有災乎!師競已甚。"引申指争辩、争闹,如北齐颜之推《颜氏家训·省事》:"前在修文令曹,有山東學士與關中太史競曆。"

## 【古诗文选读】

世俗之爲說者曰:"堯、舜不能教化,是何也?曰:朱、象不化。"是不然也:堯舜至天下之善教化者也。南面而聽天下,生民之屬莫不振動從服以化順之。然而朱象獨不化,是非堯舜之過,朱象之罪也。堯舜者,天下之英也;朱象者,天下之嵬,一時之瑣也。今世俗之爲說者,不怪朱象,而非堯舜,豈不過甚矣哉!夫是之謂嵬說。羿蠭門者,天下之善射者也,不能以撥弓曲矢中;王梁造父者,天下之善馭者也,不能以辟馬毁輿致遠。堯舜者,天下之善教化者也,不能使嵬瑣化。何世而無嵬?何時而無瑣? 自太皞燧人莫不有也。故作者不祥, 學者受其殃, 非者有慶。《詩》曰:"下民之孽, 匪降自天。噂沓背憎, 職競由人。" 此之謂也。

——《荀子·正论》

# 184. 【旧】jiù

"旧"字的现代常用义有: 1. 过去的, 过时的, 与"新"相对, 如"守旧"。2. 因时间久或经过长时间使用而变色或变形, 如"旧衣服"。3. 交情, 有交情的人, 如"旧交情"。4. 在前的, 如"旧石器时代"。

"旧"对应的繁体字是"舊"。"旧"是"舊"字声旁"臼"的异体。简化时, 用"旧"代替"舊"。

[舊] jiù

《说文解字·萑部》:"舊, 雖舊, 舊鶹也。从萑, 臼聲。"形声字, 本义为猫头鹰, 后常用作过去的, 与新相对, 如《诗经·大雅·文王》:"周雖舊邦, 其命維新。"引申指旧交、旧谊等义, 如《汉书·苏武传》:"武素與桀、弘羊有舊, 數爲燕王所訟, 子又在謀中, 廷尉奏請逮捕武。"

## 【古诗文选读】

晉侯觀于軍府, 見鍾儀。問之曰:"南冠而縶者, 誰也?"有司對曰:"鄭人所獻楚囚也。"使稅之。召而弔之。再拜稽首。問其族。對曰:"泠人也。"公曰:"能樂乎?"對曰:"先人之職官也, 敢有二事?"使與之琴, 操南音。公曰:"君王何如?"對曰:

"非小人之所得知也。"固問之。對曰:"其爲大子也,師、保奉之,以朝于嬰齊而夕于側也。不知其他。"公語范文子。文子曰:"楚囚,君子也。言稱先職,不背本也;樂操土風,不忘舊也;稱大子,抑無私也;名其二卿,尊君也。不背本,仁也;不忘舊,信也;無私,忠也;尊君,敏也。仁以接事,信以守之,忠以成之,敏以行之。事雖大,必濟。君盍歸之,使合晉、楚之成。"公從之,重爲之禮,使歸求成。

——《左传·成公九年》

# 185. 【举】jǔ

"举"字的现代常用义有:1. 往上托,往上伸,如"举手"。2. 动作行为,如"举止"。3. 提出,如"举例"。4. 全部,如"举世闻名"。5. 推选,推荐,如"选举"。

"举"对应的繁体字是"舉"。"举"是"舉"的草书楷化字形。简化时,用"举"代替"舉"。"举"可用作简化偏旁。

[舉] jǔ

《说文解字·手部》作"擧":"擧,對舉也。从手,與聲。"形声字,篆文"擧"中的"與"象四手共举之形,表音兼表意。本义指用手向上托物,如《孟子·梁惠王上》:"吾力足以舉百鈞,而不足以舉一羽。"引申指做出某种行为或动作等义,如《史记·项羽本纪》:"國家安危,在此一舉。"

[类推简化字]

榉/欅(jǔ)

## 【古诗文选读】

郢人有遗燕相國書者，夜書，火不明，因謂持燭者曰"舉燭"，而誤書"舉燭"。舉燭，非書意也，燕相國受書而說之，曰："舉燭者，尚明也；尚明也者，舉賢而任之。"燕相白王，王大悅，國以治。治則治矣，非書意也。今世學者，多似此類。

——《韩非子·外储说左上》

# 186. 【剧】jù

"剧"字的现代常用义有：1. 厉害，猛烈，如"剧烈"。2. 戏剧，文艺的一种形式，如"歌剧"。

"剧"对应的繁体字是"劇"。简化时，把"劇"的声旁"豦"改成"居"，简作"剧"。

[劇] jù

《说文解字·刀部》："劇，尤甚也。从刀，未詳。豦聲。"形声字，本义为甚，如《文选·班彪〈北征赋〉》："劇蒙公之疲民兮，爲彊秦而築怨。"引申指繁多、繁忙等义，如《商君书·算地》："不觀時俗，不察國本，則其法立而民亂，事劇而功寡。"

## 【古诗文选读】

漢興，接秦之弊，丈夫從軍旅，老弱轉糧饟，作業劇而財匱，自天子不能具鈞駟，而將相或乘牛車，齊民無藏蓋。於是爲秦錢重難用，更令民鑄錢，一黃金一斤，約法省禁。而不軌逐利之民，蓄積餘業以稽市物，物踊騰糶，米至石萬錢，馬一匹則百金。天下已平，高祖乃令賈人不得衣絲乘車，重租稅以困辱之。孝惠、高后時，爲天下初定，復弛商賈之律，然市井之子孫亦不得仕宦爲吏。量吏祿，度官用，以賦於民。而山川園池市井租稅之入，自天子以至於封君湯沐邑，皆各爲私奉養焉，不領於天下之經費。漕轉山東粟，以給中都官，歲不過數十萬石。

——《史記·平准書》

# 187.【据】jū、jù

"据"字的现代常用义有：1. jū。拮据。2. jù。①凭依，倚仗，如"根据"；②介词，依据，如"据理力争"；③可以作证明的事物，如"真凭实据"；④占领并保持，如"占据"。

"据"对应的字是"据"和"據"。简化时，把"據"的声旁"豦"改成"居"，简作"据"。

## （一）［据］jū

《说文解字·手部》："据，戟挶也。从手，居聲。"形声字，本义为一种不能屈伸的手病，如《诗经·豳风·鸱鸮》："予手拮据。"引申指艰难困顿、经济窘迫，如唐杜甫《秋日送石首薛明府辞满告别三十韵》："文物陪巡狩，亲贤病拮据。"

## （二）［據］jù、jǐ

1. jù。《说文解字·手部》："據，杖持也。从手，豦聲。"形声字，本义为依靠、依从，如《诗经·邶风·柏舟》："亦有兄弟，不可以據。"引申指占有、占据等义，如《墨子·修身》："據财不能以分人者，不足與友。"

2. jǐ。搏击，爪持，如《史记·吕太后本纪》："三月中，吕后祓，还过轵道，见物如苍犬，据高后掖……高后遂病掖伤。"

## 【古诗文选读】

晋侯復假道於虞以伐虢。宫之奇諫曰："虢，虞之表也；虢亡，虞必從之。晋不可啟，寇不可玩。一之謂甚，其可再乎？諺所謂'輔車相依，唇亡齒寒'者，其虞、虢之謂也。"公曰："晋，吾宗也，豈害我哉？"對曰："大伯、虞仲，大王之昭也；大伯不從，是以不嗣。虢仲、虢叔，王季之穆也；爲文王卿士，勛在王室，藏於盟府。將虢是滅，何愛於虞？且虞能親於桓、莊乎？其愛之也，桓、莊之族何罪？而以爲戮，不唯逼乎？親以寵逼，猶尚害之，況以國乎？"公曰："吾享祀豐潔，神必據我。"對曰："臣聞之：鬼神非人實親，惟德是依。故周書曰：'皇天無親，惟德是輔。'又曰：'黍稷非馨，明德惟馨。'又曰：'民不易物，惟德緊物。'如是，則非德，民不和、神不享矣。神所馮依，將在德矣。若晋取虞，而明德以薦馨香，神其吐之乎？"弗聽，許晋使。宫之奇以其族行，曰："虞不臘矣。在此行也，晋不更舉矣。"

——《左传·僖公五年》

# 188.【惧】jù

"惧"字的现代常用义为害怕，如"临危不惧"。

"惧"对应的繁体字是"懼"。简化时，把"懼"的声旁"瞿"改为"具"，简作"惧"。

〔懼〕jù

《说文解字·心部》：“懼，恐也。从心，瞿聲。”形声字，本义为恐惧、害怕，如《诗经·小雅·谷风》：“將恐將懼，維予與女。”引申指担心、忧虑等义，如《孟子·滕文公下》：“世衰道微，邪說暴行……孔子懼，作《春秋》。”

## 【古诗文选读】

景春曰：“公孫衍、張儀豈不誠大丈夫哉？一怒而諸侯懼，安居而天下熄。”孟子曰：“是焉得爲大丈夫乎？子未學禮乎？丈夫之冠也，父命之；女子之嫁也，母命之，往送之門，戒之曰：‘往之女家，必敬必戒，無違夫子。’以順爲正者，妾婦之道也。居天下之廣居，立天下之正位，行天下之大道；得志與民由之，不得志，獨行其道。富貴不能淫，貧賤不能移，威武不能屈，此之謂大丈夫。”

——《孟子·滕文公下》

# 189.【卷】juǎn、juàn

“卷”字的现代常用义有：1. juǎn。①把东西弯转成圆筒形，如“卷行李”；②某种较大力量把东西掀起或裹住，如“卷入漩涡”；③裹成圆筒形的东西，如“纸卷”；④量词，用于成卷的东西，如“一卷报纸”。2. juàn。①可以舒卷（juǎn）的书画，如“画卷”；②书籍的册本或篇章，如“上卷”；③考试写答案的纸，如“试卷”；④案卷，机关里分类汇存的档案，如“卷宗”。

"卷"对应的字是"卷"和"捲"。简化时，用"卷"代替"捲"。

## （一）[卷] quán、juǎn、juàn

1. quán。《说文解字·卩部》："卷，厀曲也。从卩，㒸声。"形声字，本义为蜷曲，指膝关节的后部，后指弯曲，如《诗经·大雅·卷阿》："有卷者阿，飘风自南。"这个意义后来写作"蜷"。引申指柔弱貌，如《礼记·檀弓下》："貍首之班然，执女手之卷然。"

2. juǎn。把物弯转成圆筒形，如《诗经·邶风·柏舟》："我心匪席，不可卷也。"这个意义后来写作"捲"。引申指裹挟、用力推动等义，如唐杜甫《茅屋为秋风所破歌》："八月秋高风怒号，卷我屋上三重茅。"

3. juàn。书籍或字画的卷轴，如南朝梁元帝《金楼子·杂记上》："有人读书握卷而辄睡者。梁朝有名士呼书卷爲黄妳，此盖见其美神养性如妳媪也。"引申指考卷、试卷等义，如《宋史·选举志一》："凡廷试，帝亲阅卷累日。"

## （二）[捲] quán、juǎn

1. quán。《说文解字·手部》："捲，气势也。从手卷声。《國語》曰：'有捲勇。'一曰捲，收也。"形声字，本义为气势、气力，引申指拳头，如《淮南子·修务》："凡至勇武攘捲一擣，则摺胁伤幹。"

2. juǎn。义为收、收起，如宋范成大《己丑中秋寓宿玉堂》："笑看收雲捲雨忙，沉沉宫樹納空光。"引申指量词，用于卷成筒形的东西，如《儿女英雄传》第十八回："靠马石臺還放着一箇竹箱兒合小小的一捲鋪蓋一箇包袱。"

## 【古诗文选读】

北风<u>卷</u>地白草折，胡天八月即飛雪。忽如一夜春風來，千樹萬樹梨花開。散入珠簾濕羅幕，狐裘不暖錦衾薄。將軍角弓不得控，都護鐵衣冷難著。瀚海闌干百丈冰，愁雲慘淡萬里凝。中軍置酒飲歸客，胡琴琵琶與羌笛。紛紛暮雪下轅門，風掣紅旗凍不翻。輪臺東門送君去，去時雪滿天山路。山回路轉不見君，雪上空留馬行處。

——唐岑参《白雪歌送武判官归京》

# 190.【开】kāi

"开"字的现代常用义有：1. 把关闭的东西打开，如"开门"。2. 打通，开辟，如"开隧道"。3. 使显露出来，如"开采"。4. 扩大，发展，如"开源节流"。5. 发动，操纵，如"开车"。6. 起始，如"开端"。7. 设置，建立，如"开办"。8. 支付，如"开销"。9. 沸，滚，如"开水"。10. 举行，如"开会"。11. 写，如"开发票"。12. 放在动词后面，表示趋向或结果，如"睁开眼睛"。

"开"对应的繁体字是"開"。简化时，删减"開"外部的"門"，简作"开"。

［開］kāi

《说文解字·门部》："開，張也。从門从开。"会意字，本义为开门，如《三国志·吴志·孙权传》："是猶開門而揖盜，未可以爲仁也。"引申指张开、睁开等义，如《庄子·秋水》："今吾

228

無所開吾喙，敢問其方。"

## 【古诗文选读】

晉太元中，武陵人捕魚爲業。緣溪行，忘路之遠近。忽逢桃花林，夾岸數百步，中無雜樹，芳草鮮美，落英繽紛，漁人甚異之。復前行，欲窮其林。林盡水源，便得一山，山有小口，髣髴若有光。便捨船，從口入。初極狹，纔通人。復行數十步，豁然開朗。土地平曠，屋舍儼然，有良田美池桑竹之屬。阡陌交通，雞犬相聞。其中往來種作，男女衣著，悉如外人。黃髮垂髫，並怡然自樂。見漁人，乃大驚，問所從來。具答之。便要還家，設酒殺雞作食。村中聞有此人，咸來問訊。自云先世避秦時亂，率妻子邑人，來此絕境，不復出焉，遂與外人間隔。問今是何世，乃不知有漢，無論魏晉。此人一一爲具言所聞，皆歎惋。餘人各復延至其家，皆出酒食。停數日，辭去，此中人語云："不足爲外人道也。"既出，得其船，便扶向路，處處誌之。及郡下，詣太守，說如此。太守即遣人隨其往，尋向所誌，遂迷，不復得路。南陽劉子驥，高尚士也，聞之，欣然規往，未果，尋病終。後遂無問津者。

——晉陶淵明《桃花源記》

# 191. 【壳】ké、qiào

"壳"字的现代义为坚硬的外皮，有文白两种读音：口语单音词和日常事物的复音词中读为 ké，如"贝壳儿""脑壳"；书面语复音词中读为 qiào，如"地壳""躯壳"。

"壳"对应的繁体字是"殼"。简化时，把"殼"的右半部分去掉，再把左半部分中间的横线去掉，简作"壳"。"壳"可用作简化偏旁。

[殼] ké、qiào

指坚硬的外皮，如汉张衡《思玄赋》："玄武縮于殼中兮，騰蛇蜿而自糾。"古今意义基本没有变化，只是在读音上出现了文读（qiào）和白读（ké）的区别。

[类推简化字]

悫/愨（què）

【古诗文选读】

謝病臥東都，羸然一老夫。孤單同伯道，遲暮過商瞿。豈料鬢成雪，方看掌弄珠。已衰寧望有，雖晚亦勝無。蘭入前春夢，桑懸昨日弧。里閭多慶賀，親戚共歡娛。膩剃新胎髮，香繃小繡襦。玉芽開手爪，酥顆點肌膚。弓冶將傳汝，琴書勿墜吾。未能知壽夭，何暇慮賢愚。乳氣初離<u>殼</u>，啼聲漸變雛。何時能反哺，供養白頭烏。

——唐白居易《阿崔》

# 192.【克】kè

"克"字的现代常用义有：1. 能，如"克勤克俭"。2. 战胜，如"攻无不克"。3. 克服，克制，如"以柔克刚"。4. 量词，质量单位，1公斤等于1000克。

"克"对应的字是"克"和"剋"。简化时，同音代替，用

"克"代替"尅"。"尅"读 kēi 时不简化，如"尅架"。

## （一）［克］kè

《说文解字·克部》："克，肩也。象屋下刻木之形。"象形字，本义为战胜，如《左传·庄公十年》："既克，公问其故。"引申指能、能够等义，如《尚书·大禹谟》："克勤于邦，克俭于家。"

## （二）［尅］kè、kēi

1. kè。《尔雅·释诂》："尅，勝也。"从刂克声，形声字，本义为战胜、攻破，如《逸周书·度训》："夫力竟非衆不尅，衆非和不衆，和非中不立，中非禮不慎，禮非樂不履。"引申指约束、克制等义，如《后汉书·周举传》："成湯遭災，以六事尅己；魯僖遇旱，而自責祈雨，皆以精誠轉禍爲福。"

2. kēi。训斥、狠狠批评，如康濯《一同前进》："他鬧一會兒情緒，干部跑來勸說兩句，他老婆尅他兩句，又鼓勵他兩句，他就好了。"

## 【古诗文选读】

建武十四年，會稽大疫，死者萬數，意獨身自隱親，經給醫藥，所部多蒙全濟。舉孝廉，再遷，辟大司徒侯霸府。詔部送徒詣河內，時冬寒，徒病不能行。路過弘農，意輒移屬縣使作徒衣，縣不得已與之，而上書言狀，意亦具以聞。光武得奏，以視霸，曰："君所使掾何乃仁於用心？誠良吏也！"意遂於道解徒桎梏，恣所欲過，與尅期俱至，無或違者。還，以病免。

——《后汉书·钟离意传》

# 193.【垦】kěn

"垦"字的现代常用义有：1. 用力翻土，如"垦地"。2. 开垦，开辟荒地，如"垦荒"。

"垦"对应的繁体字是"墾"。简化时，删减"墾"上半部的"豸"，简作"垦"。

［墾］kěn

《说文解字·土部》："墾，耕也。从土，狠聲。"形声字，本义为用力翻土耕地，如《管子·治国》："民事農，则田墾；田墾，则粟多；粟多，则國富。"引申指开发、开垦等义，如《国语·周语上》："土不備墾，辟在有司。"

## 【古诗文选读】

凡稻田刈獲不再種者，土宜本秋耕墾，使宿稾化爛，敵糞力一倍。或秋旱無水及怠農春耕，则收穫損薄也。凡糞田若撒枯澆澤，恐霖雨至，過水來，肥質隨漂而去。謹視天時，在老農心計也。凡一耕之後，勤者再耕、三耕，然後施耙，则土質匀碎，而其中膏脈釋化也。凡牛力窮者，兩人以扛懸耝，項背相望而起土。兩人竟日僅敵一牛之力。若耕後牛窮，製成磨耙，兩人肩手磨軋，则一日敵三牛之力也。

——明宋应星《天工开物·乃粒第一卷·稻工》

# 194. 【恳】kěn

"恳"字的现代常用义为诚恳、真诚，如"恳求"。

"恳"对应的繁体字是"懇"。简化时，删减"懇"上半部的"豸"，简作"恳"。

［懇］kěn

《说文解字·心部》新附："懇，悃也。从心，豤聲。"形声字，本义指真诚，如《三国志·吴志·陆凯传》："乃心公家，義形於色，表疏皆指事不飾，忠懇内發。"引申指请求、干求等义，如《儒林外史》第二五回："你鮑太爺在我們太老爺跟前懇個情罷!"

## 【古诗文选读】

瑜兩男一女。女配太子登。男循尚公主，拜騎都尉，有瑜風，早卒。循弟胤，初拜興業都尉，妻以宗女，授兵千人，屯公安。黃龍元年，封都鄉侯，後以罪徙廬陵郡。赤烏二年，諸葛瑾、步騭連名上疏曰："故將軍周瑜子胤，昔蒙粉飾，受封爲將，不能養之以福，思立功效，至縱情欲，招速罪辟。臣竊以瑜昔見寵任，入作心膂，出爲爪牙，銜命出征，身當矢石，盡節用命，視死如歸，故能摧曹操於烏林，走曹仁於郢都，揚國威德，華夏是震，蠢爾蠻荊，莫不賓服，雖周之方叔，漢之信、布，誠無以尚也。夫折衝扞難之臣，自古帝王莫不貴重，故漢高帝封爵之誓曰'使黃河如帶，太山如礪，國以永存，爰及苗裔'；申以丹書，重以盟詛，藏於宗廟，傳於無窮，欲使功臣之後，世世相踵，非徒子孙，乃關苗裔，報德明功，勤勤懇懇，如此之至，欲以勸戒後人，用命之臣，死而無悔也。況於瑜身没未久，而其子胤降爲匹夫，益可悼傷。竊惟陛下欽明稽古，隆於興繼，爲胤歸訴，乞匄餘罪，還兵復爵，使失旦之雞，復得一鳴，抱罪之臣，展其後效。"

——《三国志·吴志·周瑜传》

# 195.【夸】kuā

"夸"字的现代常用义有：1. 说大话，如"夸夸其谈"。2. 称赞，如"夸奖"。

"夸"对应的字是"夸"和"誇"。简化时，用"夸"代替"誇"。

## （一）［夸］kuā、kuà

1. kuā。《说文解字·大部》："夸，奢也。从大，于聲。"形声字，本义为奢侈，如《荀子·仲尼》："主損絀之，则恐懼而不怨，貴而不爲夸。"引申指夸张、浮夸等义，如《韩非子·难言》："閎大廣博，妙遠不測，则見以爲夸而無用。"

2. kuà。跨越，如《汉书·诸侯王表序》："藩國大者夸州兼郡，連城數十。"引申为超过等义，如《文选·石崇〈思归引序〉》："余少有大志，夸邁流俗。"

## （二）［誇］kuā

《说文解字·言部》："誇，譀也。从言，夸聲。"形声字，本义为夸口、夸大，如《韩非子·八经》："说大而誇则窮端，故姦得而怒。"引申指夸奖、夸赞等义，如唐杜甫《李潮八分小篆歌》："吴郡張顛誇草書，草書非古空雄壯。"

## 【古诗文选读】

且夫天地爲爐兮，造化爲工；陰陽爲炭兮，萬物爲銅。合散消息兮，安有常則；千變萬化兮，未始有極。忽然爲人兮，何足控摶；化爲異物兮，又何足患！小智自私兮，賤彼貴我；達人大觀兮，物無不可。貪夫徇財兮，烈士徇名；夸者死權兮，品庶每生。怵迫之徒兮，或趨西東；大人不曲兮，意變齊同。愚士繫俗兮，窘若囚拘；至人遺物兮，獨與道俱。衆人惑惑兮，好惡積億；真人恬漠兮，獨與道息。釋智遺形兮，超然自喪；寥廓忽荒兮，與道翱翔。乘流則逝兮，得坻則止；縱軀委命兮，不私與己。其生兮若浮，其死兮若休；澹乎若深淵之靜，氾乎若不繫之舟。不以生故自寶兮，養空而浮；德人無累兮，知命不憂。細故蔕芥兮，何足以疑！

——汉贾谊《鵩鸟赋》

# 196. 【块】kuài

"块"字的现代常用义有：1. 成疙瘩或成团的东西，如"糖块"。2. 量词，用于块状或片状的东西，如"一块豆腐"。3. 方言，块儿，附在"这、那、哪"之后表示地点处所，如"以前我在这块住"。

"块"对应的繁体字是"塊"。简化时，把"塊"的声旁"鬼"改为"夬"，简作"块"。

［塊］kuài

"塊"本作"凷"。《说文解字·土部》："凷，墣也。从土，一屈象形。塊，凷或从鬼。"会意兼形声字，本义为土块，如《国语·晋语四》："過五鹿，乞食於野人，野人與塊以與之。"引申指成疙瘩或成团的东西，如北魏贾思勰《齐民要术·作酢法》："又以手就甕裏，搦破小塊。"

**【古诗文选读】**

乃行，過五鹿，乞食於野人。野人舉塊以與之。公子怒，將鞭之。子犯曰："天賜也。民以土服，又何求焉！天事必象，十有二年，必獲此土。二三子志之。歲在壽星及鶉尾，其有此土乎！天以命矣，復於壽星，必獲諸侯。天之道也，由是始之。有此，其以戊申乎！所以申土也。"再拜稽首，受而載之。遂適齊。

——《国语·晋语四》

# 197.【亏】kuī

"亏"字的现代常用义有：1. 缺损，折耗，如"吃亏"。2. 亏负，对不起，如"亏心"。3. 多亏，幸而，如"幸亏"。4. 表示讥讽，如"亏你想得出来"。

"亏"对应的字是"亏"和"虧"。简化时，用"亏"代替"虧"。

（一）［亏］yú

《说文解字·亏部》："亏，於也。象气之舒亏。从丂从一。

一者，其气平之也。"会意字，本义为气平缓。

## （二）［虧］kuī

《说文解字·亏部》："虧，气损也。从亏，雐聲。"形声字，本义为气不足、气虚，泛指缺损，如《易·谦》："天道虧盈而益谦。"引申指欠缺、不足等义，如《史记·范雎蔡泽列传》："日中则移，月满则虧。"

### 【古诗文选读】

晉荀盈如齊逆女，還，六月，卒於戲陽。殯於絳，未葬。晉侯飲酒，樂。膳宰屠蒯趨入，請佐公使尊，許之。而遂酌以飲工，曰："女爲君耳，將司聰也。辰在子卯，謂之疾日，君徹宴樂，學人舍業，爲疾故也。君之卿佐，是謂股肱。股肱或虧，何痛如之？女弗聞而樂，是不聰也。"又飲外嬖嬖叔，曰："女爲君目，將司明也。服以旌禮，禮以行事，事有其物，物有其容。今君之容，非其物也；而女不見，是不明也。"亦自飲也，曰："味以行氣，氣以實志，志以定言，言以出令。臣實司味，二御失官，而君弗命，臣之罪也。"公說，徹酒。初，公欲廢知氏而立其外嬖，爲是悛而止。秋，八月，使荀躒佐下軍以說焉。

——《左传·昭公九年》

# 198. 【困】kùn

"困"字的现代常用义有：1. 陷在艰难痛苦里面，如"为病所困"。2. 穷困，艰苦，如"困境"。3. 疲倦，困倦，如"人困马乏"。4. 方言，睡，如"困觉"。

"困"对应的字是"困"和"睏"。"睏"是"困"的分化字。简化时，用"困"代替"睏"。

（一）［**困**］kùn

《说文解字·口部》："困，故廬也。从木在口中。"会意字，本义为立在门中的木橛，如《墨子·备城门》："試藉車之力而爲之困。"引申指艰难、窘迫等义，如《左传·僖公三十年》："行李之往來，供其乏困。"

（二）［**睏**］kùn

从目困声，形声字，本义为疲倦欲睡，如清刘鹗《老残游记》第五回："我睏在大門旁邊南屋裏，你老有事，來招呼我罷。"

## 【古诗文选读】

三月，有司請立皇后。薄太后曰："諸侯皆同姓，立太子母爲皇后。"皇后姓竇氏。上爲立后故，賜天下鰥寡孤獨窮困及年八十巳上、孤兒九歲巳下，布帛米肉各有數。上從代來，初即位，施德惠天下，填撫諸侯四夷皆洽驩，乃循從代來功臣。上曰："方大臣之誅諸呂迎朕，朕狐疑，皆止朕，唯中尉宋昌勸朕，朕以得保奉宗廟。已尊昌爲衛將軍，其封昌爲壯武侯。諸從朕六人，官皆至九卿。"

——《史记·孝文本纪》

# 199. 【腊】 là、xī

"腊"字的现代常用义有：1. là。①古代在农历十二月举行的一种祭祀，如"腊祭"；②农历十二月，如"腊月"；③冬天腌制后风干或熏干的肉，如"腊肉"。2. xī。干肉。

"腊"对应的字是"腊"和"臘"。简化时，用"腊"代替"臘"。

## （一）[腊] xī

《说文解字·日部》作"昔"："昔，乾肉也。从殘肉，日以晞之。"形声字，本义为干肉，如汉应劭《风俗通·祀典·司命》："汝南余郡亦多有，皆祠以腊，率以春秋之月。"引申指晒干、制成干肉，保持干燥等义，如《庄子·外物》："任公子得若鱼，離而腊之。"

## （二）[臘] là、liè

1. là。《说文解字·肉部》："臘，冬至後三戌，臘祭百神。从肉，鼠聲。"形声字，本义为祭名，如《礼记·月令》："天子乃祈來年於天宗，大割祠於公社及門閭，臘先祖五祀，勞農以休息之。"引申指岁末，因腊祭而得名，通指农历十二月或泛指冬月，常与"伏"相对，如汉杨恽《报孙会宗书》："田家作苦，歲時伏臘，烹羊炮羔，斗酒自勞。"

2. liè。剑的两面刃，如《周礼·考工记·桃氏》："桃氏爲劍，臘廣二寸有半寸。"

## 【古诗文选读】

任公子爲大鉤巨緇，五十犗以爲餌，蹲乎會稽，投竿東海，旦旦而釣，期年不得魚。已而大魚食之，牽巨鉤，錎没而下；鶩揚而奮鬐，白波若山，海水震蕩，聲侔鬼神，憚赫千里。任公子得若魚，離而腊之。自制河以東，蒼梧以北，莫不厭若魚者。已而後世輇才諷說之徒，皆驚而相告也。夫揭竿累，趣灌瀆，守鯢鮒，其於得大魚，難矣。飾小說以干縣令，其於大達亦遠矣。是以未嘗聞任氏之風俗，其不可與經於世，亦遠矣。

——《庄子·外物》

# 200. 【蜡】là、zhà

"蜡"字的现代常用义有：1. là。①动物、植物或矿物所产生的某些油质，如"蜂蜡"；②蜡烛，如"蜡台"。2. zhà。古代年终的一种祭祀名。

"蜡"对应的繁字体有两个："蜡"和"蠟"。简化时，用"蜡"代替"蠟"。

## （一）[蜡] qù、zhà

1. qù。《说文解字·虫部》："蜡，蝇胆也。《周禮》：'蜡氏掌除骴。'从虫，昔聲。"段玉裁注："蝇生子爲蛆。蛆者俗字，胆者正字，蜡者古字。"形声字，本义指苍蝇的幼虫，如《周礼·秋官·序官》："蜡氏。"郑玄注："蜡，骨肉腐朽，蝇蟲所蜡也。"

2. zhà。古代年终大祭，如《礼记·杂记下》："子贡觀於蜡。"

## （二）［蠟］là

从虫鼠声，形声字。本义指动物、植物或矿物所产生的油质，具有可塑性，不溶于水，如《广韵·盍韵》："蠟，蜜蠟。"引申指蜡烛等义，如唐李商隐《无题》诗之一："蠟照半籠金翡翠，麝熏微度繡芙蓉。"

## 【古诗文选读】

簾幕東風寒料峭。雪裏香梅，先報春來早。紅蠟枝頭雙燕小。金刀剪綵呈纖巧。

旋暖金爐薰蕙藻。酒入橫波，困不禁煩惱。繡被五更春睡好。羅幃不覺紗窗曉。

——宋欧阳修《蝶恋花·帘幕东风寒料峭》

# 201. 【来】lái

"来"字的现代常用义有：1. 从别的地方到说话人所在的地方，跟"去"相对，如"来去自由"。2. 表示时间的经过，如"未来"。3. 表示估计将近或略超过某一数目，如"十来个"。4. 在动词前，表示要做某事，如"我来问你"。5. 在动词后，表示动作朝向说话人，如"进来"。6. 发生，出现，如"问题来了"。7. 助词，用在"一""二""三"后，表示列举。

"来"对应的繁体字是"來"。"来"是"來"的草书楷化字形。简化时，用"来"代替"來"。"来"可用作简化偏旁。

## ［來］lái

《说文解字·來部》：“來，周所受瑞麥來麰。一來二縫，象芒束之形。天所來也，故爲行來之來。”象形字，本义为小麦，如《诗经·周颂·思文》：“貽我來牟，帝命率育。”该义后来写作“麥”（麦）。假借作来去之“來”，如《论语·学而》：“有朋自遠方來，不亦樂乎？”引申指未来、将来等义，如《荀子·解蔽》：“不慕往，不閔來。”

## ［类推简化字］

崃/崍（lái）　徕/徠（lái）　涞/淶（lái）　莱/萊（lái）

铼/錸（lái）　赉/賚（lài）　睐/睞（lài）

## 【古诗文选读】

晏子將至楚，楚聞之，謂左右曰：“晏嬰，齊之習辭者也，今方來，吾欲辱之，何以也？”左右對曰：“爲其來也，臣請縛一人，過王而行，王曰：‘何爲者也。’對曰：‘齊人也。’王曰：‘何坐？’曰：‘坐盜。’”晏子至，楚王賜晏子酒，酒酣，吏二縛一人詣王，王曰：“縛者曷爲者也？”對曰：“齊人也，坐盜。”王視晏子曰：“齊人固善盜乎？”晏子避席對曰：“嬰聞之，橘生淮南則爲橘，生於淮北則爲枳，葉徒相似，其實味不同。所以然者何？水土異也。今民生長於齊不盜，入楚則盜，得無楚之水土使民善盜耶？”王笑曰：“聖人非所與熙也，寡人反取病焉。”

——《晏子春秋·内篇杂下》

# 202. 【兰】lán

"兰"字的现代常用义有：1. 兰花，如"春兰秋菊"。2. 兰草，多年生草本植物。

"兰"对应的繁体字是"蘭"。"兰"是"蘭"草书楷化字形。简化时，用"兰"代替"蘭"。

[蘭] lán

《说文解字·艸部》："蘭，香艸也。从艸，闌聲。"形声字，本义为兰草，如《楚辞·离骚》："扈江離與辟芷兮，紉秋蘭以爲佩。"引申指芳香，常用作称美之辞，如《旧五代史·唐书·郭崇韬传》："宦者曰：'見本朝長安大内，六宮嬪御，殆及萬人，椒房蘭室，無不充牣。'"

## 【古诗文选读】

帝高陽之苗裔兮，朕皇考曰伯庸。攝提貞于孟陬兮，惟庚寅吾以降。皇覽揆余初度兮，肇錫余以嘉名；名余曰正則兮，字余曰靈均。紛吾既有此内美兮，又重之以脩能。扈江離與辟芷兮，紉秋蘭以爲佩。汨余若將不及兮，恐年歲之不吾與。朝搴阰之木蘭兮，夕攬洲之宿莽。日月忽其不淹兮，春與秋其代序。惟草木之零落兮，恐美人之遲暮。不撫壯而棄穢兮，何不改乎此度？乘騏驥以馳騁兮，來吾道夫先路！

——《楚辞·离骚》

# 203. 【拦】lán

"拦"字的现代常用义有：1. 遮拦，阻止，如"拦截"。2. 隔断，如"拦在中间"。

"拦"对应的繁体字是"攔"。简化时，把"攔"的声旁"闌"改为"兰"，简作"拦"。

[攔] lán

《玉篇·手部》："攔，遮攔也。"从手，闌声，形声字。本义为遮拦、阻拦，如唐杜甫《兵车行》："牽衣頓足攔道哭，哭聲直上干雲霄。"引申指当、正对等义，如金董解元《西厢记诸宫调》卷七："皂絛攔胸繫，羅巾腦後擔。"

## 【古诗文选读】

天雨方住，見兩個人撞入後園，手提寶劍，突至亭前，左右攔擋不住。操視之，乃關、張二人也。原來二人從城外射箭方回，聽得玄德被許褚、張遼請將去了，慌忙來相府打聽；聞說在後園，祗恐有失，故衝突而入。卻見玄德與操對坐飲酒。二人按劍而立。操問二人何來。雲長曰："聽知丞相和兄飲酒，特來舞劍，以助一笑。"操笑曰："此非鴻門會，安用項莊、項伯乎?"玄德亦笑。操命："取酒與二樊噲壓驚。"關、張拜謝。須臾席散，玄德辭操而歸。雲長曰："險些驚殺我兩個!"玄德以落箸事說與關、張。關、張問是何意。玄德曰："吾之學圃，正欲使操知我無大志；不意操竟指我爲英雄，我故失驚落箸。又恐操生疑，故借懼雷以掩飾之耳。"關、張曰："兄真高見！"

——明罗贯中《三国演义》第二十一回

# 204. 【栏】lán

"栏"字的现代常用义有：1. 遮拦的东西，如"桥栏"。2. 养家畜的圈，如"牛栏"。3. 书刊报章在每版或每页上用线条或空白分成的各个部分，如"广告栏"。4. 表格中分项的格子，如"备注栏"。5. 专门用来张贴布告、报纸等的地方，如"宣传栏"。

"栏"对应的繁体字是"欄"。简化时，把"欄"的声旁"闌"改为"兰"，简作"栏"。

[欄] lán

《说文解字·门部》作"闌"："闌，門遮也。从門，柬聲。"后作"欄"，从木闌声，形声字，本义为栏杆，如南唐李煜《虞美人》："雕欄玉砌應猶在，衹是朱顔改。"引申指饲养家畜的圈，如三国魏嵇康《宅无吉凶摄生论》："夫一棲之雞，一欄之羊，賓至而有死者，豈居異哉！"

## 【古诗文选读】

今有一人，入人園圃，竊其桃李，衆聞則非之，上爲政者得則罰之。此何也？以虧人自利也。至攘人犬豕雞豚者，其不義又甚入人園圃竊桃李。是何故也？以虧人愈多，其不仁茲甚，罪益厚。至入人欄廄，取人馬牛者，其不仁義又甚攘人犬豕雞豚。此何故也？以其虧人愈多，苟虧人愈多，其不仁茲甚，罪益厚。至殺不辜人也，扡其衣裘，取戈劍者，其不義又甚入人欄廄取人馬牛。此何故也？以其虧人愈多。苟虧人愈多，其不仁兹甚矣，罪益厚。當此，天下之君子皆知而非之，謂之不義。今至大爲攻國，則弗知非，從而譽之，謂之義。此可謂知義與不義之別乎？殺一人謂之不義，必有一死罪矣，若以此說往，殺十人十重不義，必有十死罪矣；殺百人百重不義，必有百死罪矣。當此，天下之君子皆知而非之，謂之不義。今至大爲不義攻國，則弗知非，從而譽之，謂之義，情不知其不義也，故書其言以遺後世。若知其不義也，夫奚說書其不義以遺後世哉？今有人於此，少見黑曰黑，多見黑曰白，則以此人不知白黑之辯矣；少嘗苦曰苦，多嘗苦曰甘，則必以此人爲不知甘苦之辯矣。今小爲非，則知而非之。大爲非攻國，則不知非，從而譽之，謂之義。此可謂知義與不義之辯乎？是以知天下之君子也，辯義與不義之亂也。

——《墨子·非攻上》

# 205. 【烂】làn

"烂"字的现代常用义有：1. 食物烹煮得过熟而变得松软，如"稀粥烂饭"。2. 东西腐坏，如"腐烂"。3. 破旧的，残碎的，如"废铜烂铁"。4. 混乱无头绪，如"烂摊子"。5. 表示程度极深，如"背得烂熟"。

"烂"对应的繁体字是"爛"。简化时，把"爛"的声旁"闌"改为"兰"，简作"烂"。

[爛] làn

《说文解字·火部》作"爤"："爤，孰也。从火，蘭聲。"后作"爛"。形声字，本义为用火煮熟后变软变碎，如汉扬雄《方言》第七："自河以北，赵魏之间，火熟曰爛。"引申指腐烂、腐败等义，如《庄子·人间世》："咶其葉，則口爛而爲傷。"

## 【古诗文选读】

詩云："普天之下，莫非王土；率土之濱，莫非王臣。"信若詩之言也，是舜出則臣其君，入則臣其父，妾其母，妻其主女也。故烈士內不爲家，亂世絕嗣；而外矯於君，朽骨爛肉，施於土地，流於川谷，不避蹈水火，使天下從而效之，是天下徧死而願夭也，此皆釋世而不治是也。世之所爲烈士者，雖衆獨行，取異於人，爲恬淡之學，而理恍惚之言。臣以爲恬淡，無用之教也；恍惚，無法之言也。言出於無法，教出於無用者，天下謂之察。臣以爲人生必事君養親，事君養親不可以恬淡；之人必以言論忠信法術，言論忠信法術不可以恍惚。恍惚之言，恬淡之學，天下之惑術也。孝子之事父也，非競取父之家也；忠臣之事君也，非競取君之國也。

　　　　　　　　　　　——《韩非子·忠孝》

# 206. 【乐】lè、yuè

"乐"字的现代常用义有：1. lè。①欢喜，愉快，如"乐极生悲"；②对做某事感到快乐，如"津津乐道"；③使人快乐的事情，如"取乐"；④笑，如"可乐"；⑤（Lè）姓。2. yuè。①音乐，如"乐曲"；②（Yuè）姓。

"乐"对应的繁体字是"樂"。"乐"是"樂"的草书楷化字形。简化时，用"乐"代替"樂"。"乐"可用作简化偏旁。

[**樂**] yuè、lè、yào

1. yuè。《说文解字・木部》："樂，五聲八音總名，象鼓鞞。"象形字，本义为乐器或音乐，如唐白居易《琵琶行》："今夜聞君琵琶語，如聽仙樂耳暫明。"

2. lè。音乐使人愉快，引申指快乐、喜悦，如《墨子・七患》："上不厭其樂，下不堪其苦。"

3. yào。《广韵・效韵》："樂，好也。"喜好，如《论语・雍也》："智者樂水，仁者樂山。"

**［类推简化字］**

栎/櫟（lì、yuè）　轹/轢（lì）　砾/礫（lì）

泺/濼（luò、pō）　烁/爍（shuò）　铄/鑠（shuò）

## 【古诗文选读】

莊子與惠子遊於濠梁之上。莊子曰："儵魚出遊從容，是魚之樂也。"惠子曰："子非魚，安知魚之樂？"莊子曰："子非我，安知我不知魚之樂？"惠子曰："我非子，固不知子矣；子固非魚也，子之不知魚之樂，全矣。"莊子曰："請循其本。子曰'汝安知魚樂'云者，既已知吾知之而問我，我知之濠上也。"

——《庄子・秋水》

# 207.【累】léi、lěi、lèi

"累"字的现代常用义有：1. léi。①接连成串的样子，如"果实累累"；②多余的负担，麻烦，如"累赘"。2. lěi。①重

叠，堆积，如"积年累月"；②连累，如"牵累"；③屡次，如
"累建军功"。3. lèi。①疲劳，如"劳累"；②使疲劳，如"累
人"；③操劳，如"累了一天"。

"累"对应的字是"累"和"纍"。简化时，用"累"代替
"纍"。

## （一）［累］lěi、lèi

1. lěi。原作"絫"，后隶变作"累"。《说文解字·厽部》：
"絫，增也。从厽从糸。絫，十黍之重也。"会意字，本义为堆
积、积聚，如《老子》第六十四章："九層之臺，起於累土。"引
申指连续、屡次等义，如《史记·太史公自序》："'六藝'經傳
以千萬數，累世不能通其學。"

2. lèi。连累，使受害，如《尚书·旅獒》："不矜細行，終
累大德。"引申指劳累、操劳等义，如《管子·形势》："起居不
時，飲食不節，寒暑不適，則形體累而壽命損。"

## （二）［纍］léi、lěi、lèi

1. léi。《说文解字·糸部》："纍，綴得理也。一曰大索也。
从糸，畾聲。"形声字，本义为绳索，如《汉书·李广传》："禹
從落中以劍斫絕纍，欲刺虎。"引申指缠绕、攀援，如《诗经·
周南·樛木》："南有樛木，葛藟纍之。"

2. lěi。堆积、积聚，如《隶释·汉老子铭》："大人之度，
非凡所訂，九等之叙，何足纍名。"

3. lèi。牵连，妨碍，如《战国策·楚策三》："東有越纍，
北無晉，而交未定於齊秦，是楚孤也。不如速和。"

## 【古诗文选读】

南有樛木，葛藟纍之。樂只君子，福履綏之。

南有樛木，葛藟荒之。樂只君子，福履將之。

南有樛木，葛藟縈之。樂只君子，福履成之。

——《诗经·周南·樛木》

# 208.【垒】lěi

"垒"字的现代常用义有：1. 军事上防守用的建筑，如"堡垒"。2. 用砖、石、土等物砌成，如"垒墙"。

"垒"对应的字是"垒"和"壘"。"垒"是"壘"的古字。简化时，用"垒"代替"壘"。

## （一）［垒］lěi

《说文解字·厽部》："垒，絫坺也。从厽从土。"会意字，本义为用土、石砌墙。

## （二）［壘］lěi、léi、lèi

1. lěi。《说文解字·土部》："壘，軍壁也。从土，畾聲。"形声字，本义为军事堡垒，如《礼记·曲礼上》："四郊多壘，此卿大夫之辱也。"引申指堆砌等义，如《墨子·备穴》："斬艾與柴長尺，乃置窯竈中，先壘窯壁，迎穴爲連。"

2. léi。巨大，如《山海经·北山经》："又北三百里，曰維龍之山……其中多壘石。"引申指重叠累积的样子，如《文选·曹丕〈善哉行〉》："還望故鄉，鬱何壘壘。"

3. lèi。壘石，投击敌人的巨石，如《汉书·李陵传》："單于遮其後，乘隅下壘石，士卒多死，不得行。"

**【古诗文选读】**

攻而必取者，攻其所不守也；守而必固者，守其所不攻也。故善攻者，敌不知其所守；善守者，敌不知其所攻。微乎微乎，至於無形，神乎神乎，至於無聲，故能爲敌之司命。進而不可禦者，衝其虛也；退而不可追者，速而不可及也。故我欲戰，敌雖高壘深溝，不得不與我戰者，攻其所必救也；我不欲戰，畫地而守之，敌不得與我戰者，乖其所之也。

——《孙子·虚实篇》

# 209. 【类】lèi

"类"字的现代常用义有：1. 种，多种相似事物的综合，如"种类"。2. 类似，好像，如"画虎类犬"。3. 量词，用于相似或相同的事物，如"三类人员"。

"类"对应的繁体字是"類"。简化时，删减"類"的右半部"頁"，下半部的"犬"改为"大"，简作"类"。

[類] lèi

《说文解字·犬部》："類，種類相似，唯犬爲甚。从犬，頪聲。"形声字，本义为种类、许多相同或相似的事物的综合，如《易·乾》："本乎天者親上，本乎地者親下，則各從其類也。"引申指类似、像等义，如《后汉书·马援传》："所謂畫虎不成反類狗者也。"

## 【古诗文选读】

中國衣冠，自北齊以來，乃全用胡服。窄袖、緋綠，短衣、長靿靴、有蹀躞帶，皆胡服也。窄袖利於馳射，短衣長靿皆便於涉草。胡人樂茂草，常寢處其間，予使北時皆見之，雖王庭亦在深薦中。予至胡庭日，新雨過，涉草，衣褲皆濡，唯胡人都無所霑。帶衣所垂蹀躞，蓋欲佩帶弓劍、帉帨、算囊、刀礪之類。自後雖去蹀躞，而猶存其環，環所以銜蹀躞，如馬之鞦根，即今之帶銙也。天子必以十三環爲節，唐武德、貞觀時猶爾。開元之後，雖仍舊俗，而稍褻博矣。然帶鉤尚穿帶本爲孔，本朝加順折，茂人文也。

——宋沈括《梦溪笔谈·故事》

# 210.【离】lí

"离"字的现代常用义有：1. 分开，如"若即若离"。2. 相距，如"离家很近"。3. 缺少，如"发展工业离不了钢铁"。

"离"对应的字是"离"和"離"。简化时，用"离"代替"離"。"离"可用作简化偏旁。

### （一）离 chī

《说文解字·内（róu）部》："离，山神獸也。"段玉裁改为："离，山神也，兽形。"象形字，本指传说中的山林精怪，这个意义今天写作"魑（chī）"。古又用同"離"。

## （二）離 lí

《说文解字·佳部》："離，黄倉庚也，鳴則蠶生。从佳，离聲。"形声字。此为"離"的假借义，即黄鹂鸟，今写作"鹂"。"離"字甲骨文字形象用网捕鸟之形，隶变后，上面的鸟写作"佳"；下面的网写作"离"，与表示"山神"的"离"混同，两字因此混用。本义为鸟兽被捕捉，如《诗经·邶风·新台》："魚網之設，鴻則離之。"引申指离散、分离等义，如《吕氏春秋·大乐》："渾渾沌沌，離則復合，合則復離，是謂天常。"

### ［类推简化字］

漓/灕① （lí）　　篱/籬② （lí）

## 【古诗文选读】

寒蟬淒切。對長亭晚，驟雨初歇。都門帳飲無緒，留戀處、蘭舟催發。執手相看淚眼，竟無語凝噎。念去去、千里煙波，暮靄沈沈楚天闊。

多情自古傷離別。更那堪、冷落清秋節。今宵酒醒何處，楊柳岸、曉風殘月。此去經年，應是良辰好景虛設。便縱有千種風情，更與何人說？

——宋柳永《双调·雨霖铃》

---

① 古代就有"漓""灕"二字。"漓"主要用作"淋漓"，"灕"主要指"漓江"。
② 古代就有"篱""籬"二字。"篱"主要用作"笊篱"，"籬"主要指"篱笆""樊篱"。

# 211. 【里】ǐ

"里"字的现代常用义有：1. 市制长度单位，1 里是 150 丈，合 500 米。2. 居住的地方，如"故里"。3. 街坊，如"邻里"。4. 衣物的内层，跟"表""面"相对，如"被里"。5. 里面，内部，跟"外"相对，如"手里"。6. 附在"这、那、哪"等后面表示地点，如"这里"。

"里"对应的字是"里"和"裏"。简化时，用"里"代替"裏"。

## （一）［里］ǐ

《说文解字·里部》："里，居也。从田从土。"会意字，本义为民户聚居之地，如《周礼·地官·遂人》："五家爲鄰，五鄰爲里。"引申指故乡等义，如《史记·汲郑列传》："黯恥爲令，病歸田里。"

## （二）［裏］ǐ

《说文解字·衣部》："裏，衣内也。从衣，里聲。"形声字，本义为衣服的内层，如《诗经·邶风·绿衣》："緑兮衣兮，緑衣黄裏。"引申指里面、内部，与"外"相对，表示方位，如《左传·僖公二十八年》："戰而捷，必得諸侯。若其不捷，表裏山河，必無害也。""裏"另有异体字作"裡"。

## 【古诗文选读】

將仲子兮，無踰我里，無折我樹杞，豈敢愛之？畏我父母。

254

仲可懷也，父母之言，亦可畏也。

将仲子兮，無踰我牆，無折我樹桑，豈敢愛之？畏我諸兄。仲可懷也，諸兄之言，亦可畏也。

将仲子兮，無踰我園，無折我樹檀，豈敢愛之？畏人之多言。仲可懷也，人之多言，亦可畏也。

——《诗经·郑风·将仲子》

# 212. 【礼】lǐ

"礼"字的现代常用义有：1. 由一定社会的道德观念和风俗习惯形成的为大家共同遵行的仪节，如"礼仪"。2. 表示尊敬的态度或动作，如"礼貌"。3. 礼物，用来表示庆贺或敬意，如"礼金"。

"礼"对应的繁体字是"禮"。"礼"是"禮"的俗字。简化时，用"礼"代替"禮"。

[禮] lǐ

《说文解字·示部》："禮，履也。所以事神致福也。从示，从豊，豊亦聲。"会意兼形声字，本义为敬神，谓事神致福，如《仪礼·觐礼》："禮日於南門外，禮月與四瀆於北門外，禮山川丘陵於西門外。"引申指社会生活中由于风俗习惯而形成的行为准则、道德规范和各种礼节等义，如《晏子春秋·谏上二》："凡人之所以貴於禽獸者，以有禮也。故《詩》曰：'人而無禮，胡不遄死。'禮，不可無也。"

## 【古诗文选读】

颜渊喟然叹曰："仰之彌高，鑽之彌堅，瞻之在前，忽焉在後！夫子循循然善誘人，博我以文，約我以禮。欲罷不能。既竭吾才，如有所立卓爾。雖欲從之，末由也已！"

——《论语·子罕》

# 213.【历】lì

"历"字的现代常用义有：1. 经历，经过，如"历时三年"。2. 经过的，如"历届"。3. 遍，逐一，如"历览群书"。3. 历法，历书，如"阴历"。

"历"对应的繁体字是"歷"和"曆"。简化时，新造"历"字代替"歷"和"曆"。"历"可用作简化偏旁。

## （一）歷 lì

《说文解字·止部》："歷，過也。从止，厤（lì）聲。"形声字，本义为经过、经历，如《尚书·毕命》："既歷三紀，世變風雲。"引申指尽、遍等义，如唐李商隐《咏史》："歷覽前賢國與家，成由勤儉敗由奢。"

## （二）曆 lì

《说文解字·日部》："曆，厤象也。从日，厤聲。""歷"是"曆"的本字，后来才换用义符"日"写成"曆"。形声字，指历法，如《淮南子·本经》："星月之行，可以曆推得也。"

256

［类推简化字］

坜/壢（lì） 苈/藶（lì） 呖/嚦（lì） 沥/瀝（lì） 枥/櫪（lì） 疬/癧（lì） 雳/靂（lì）

## 【古诗文选读】

治亂，天邪？曰："日月星辰瑞曆，是禹桀之所同也。禹以治，桀以亂，治亂非天也。"時邪？曰："繁啟蕃長於春夏，畜積收藏於秋冬，是又禹桀之所同也。禹以治，桀以亂，治亂非時也。"地邪？曰："得地則生，失地則死，是又禹桀之所同也。禹以治，桀以亂，治亂非地也。"《詩》曰："天作高山，大王荒之。彼作矣，文王康之。"此之謂也。天不爲人之惡寒也輟冬，地不爲人之惡遼遠也輟廣，君子不爲小人匈匈也輟行。天有常道矣，地有常數矣，君子有常體矣。君子道其常，而小人計其功。《詩》曰："何恤人之言兮！"此之謂也。

——《荀子·天论》

# 214. 【丽】lì、lí

"丽"字的现代常用义有：1. lì。①好看，漂亮，如"风和日丽"；②附着，如"附丽"。2. lí。①［丽水］地名，在浙江省；②［高丽］旧时指朝鲜。

"丽"对应的繁体字是"麗"。简化时，将"麗"下面的"鹿"去掉，再将最上边的两短横改成一长横，简作"丽"。"丽"可用作简化偏旁。

［麗］lì、lí

1. lì。《说文解字·鹿部》："麗，旅行也。鹿之性，見食急則必旅行。从鹿，丽聲。"形声字，本义为结伴而行，成对的，如汉张衡《西京赋》："若其五縣遊麗辯論之士，街談巷議，彈射臧否。"这个意义后来写作"儷（俪）"。"麗"的另一常用义是华美，如唐任华《懷素上人草書歌》："雖有壯麗之骨，恨無狂逸之姿。"

2. lí。古诸侯国名，如宋罗泌《路史·国名纪戊》："麗，姬家，商時國。"

［类推简化字］

骊/驪（lí）　鹂/鸝（lí）　鲡/鱺（lí）　逦/邐（lǐ）

郦/酈（lì）　俪/儷（lì）　酾/釃（shī）

【古诗文选读】

學爲文章，先謀親友，得其評裁，知可施行，然後出手。慎勿師心自任，取笑旁人也。自古執筆爲文者，何可勝言。然至於宏麗精華，不過數十篇耳。但使不失體裁，辭意可觀，便稱才士；要須動俗蓋世，亦俟河之清乎！

——北齐颜之推《颜氏家训·文章》

# 215.【隶】lì

"隶"字的现代常用义有：1. 附属，属于，如"隶属"。2. 封建时代的衙役，如"隶卒"。3. 汉字的一种字体，由篆书简化演变而成，如"隶书"。4. 旧时地位低下而被奴役的人，如"奴隶"。

"隶"对应的字是"隶"和"隸"。简化时，用"隶"代替"隸"。

## （一）［隶］dài

《说文解字·隶部》："隶，及也。从又，从尾省。又，持尾者，从後及之也。"会意字，本义为及、捕获，如郑观应《哀黄人》："白人來中華，豈盡無邪匿。犯罪隶回國，按律究不得。"该字后写作"逮"。

## （二）［隸］lì

《说文解字·隶部》："隸，附箸也。从隶，柰聲。"形声字，本义为奴隶、奴仆，如《左传·襄公二十三年》："初，斐豹隸也。著於丹書。"引申指附属、隶属等义，如《后汉书·冯异传》："及破邯鄲，乃更部分諸將，各有配隸。"

## 【古诗文选读】

秦人，其生民狹隘，其使民也酷烈，劫之以執，隱之以阸，忸之以慶賞，鰌之以刑罰，使天下之民，所以要利於上者，非鬪無由也。阸而用之，得而後功之，功賞相長也，五甲首而隸五家，是最爲衆彊長久，多地以正。故四世有勝，非幸也，數也。

——《荀子·议兵》

# 216. 【帘】lián

"帘"字的现代常用义有：1. 旧时店铺挂在门前，用布制成的标志，如"酒帘"。2. 用布、竹等做的遮蔽门窗的东西，如"窗帘"。

"帘"对应的字是"帘"和"簾"。简化时，用"帘"代替"簾"。

## （一）［帘］lián

《广韵·盐韵》："帘，青帘，酒家望子。"从巾从穴，会意字，指酒家、茶馆的幌子，如唐刘禹锡《鱼复江中》："風檣好住貪程去，斜日青帘背酒家。"

## （二）［簾］lián

《说文解字·竹部》："簾，堂簾也。从竹，廉聲。"形声字，指以竹、布等制成的遮蔽门窗的用具，如南朝齐谢朓《和王主簿怨情》："花叢亂數蝶，風簾入雙燕。"

## 【古诗文选读】

許美人前在上林涿沐館，數召入飾室中若舍，一歲再三召，留數月或半歲御幸。元延二年褱子，其十一月乳。詔使嚴持乳醫及五種和藥丸三，送美人所。後客子、偏、兼聞昭儀謂成帝曰："常給我言從中宮來，即從中宮來，許美人兒何從生中？許氏竟當復立邪！"慰，以手自擣，以頭擊壁戶柱，從床上自投地，啼泣不肯食，曰："今當安置我，欲歸耳！"帝曰："今故告之，反怒爲！殊不可曉也。"帝亦不食。昭儀曰："陛下自知是，不食爲何？陛下常自言'約不負女'，今美人有子，竟負約，謂何？"帝曰："約以趙氏，故不立許氏。使天下無出趙氏上者，毋憂也！"後詔使嚴持綠囊書予許美人，告嚴曰："美人當有以予女，受來，置飾室中篋南。"美人以葦篋一合盛所生兒，緘封，及綠囊報書予嚴。嚴持篋書，置飾室篋南去。帝與昭儀坐，使客子解篋緘。未已，帝使客子、偏、兼皆出，自閉戶，獨與昭儀在。須臾開戶，嘑客子、偏、兼，使緘封篋及綠綈方底，推置屏風東。恭受詔，持篋方底予武，皆封以御史中丞印，曰："告武：篋中有死兒，埋屏處，勿令人知。"武穿獄樓垣下爲坎，埋其中。

——《汉书·外戚传下》

# 217.【联】lián

"联"字的现代常用义有：1. 联结，结合，如"联系"。2. 对联，对子，如"春联"。

"联"对应的繁体字是"聯"。简化时，根据"聯"的草书楷化字形，简作"联"。

[聯] lián

《说文解字·耳部》："聯，连也。从耳，耳连於頰也；从絲，絲连不絕也。"会意字，本义为连接，如汉张衡《西京赋》："朝堂承南，溫調延北，西有玉臺，聯以昆德。"引申指联合、联系等义，如《汉书·赵充国传》："臣恐羌變未止此，且復結聯他種，宜及未然爲之備。"

## 【古诗文选读】

唐考功员外郎宋之問以事累貶黜，後放還，至江南。遊靈隱寺，夜月極明，長廊行吟，且爲詩曰："鷲嶺鬱苕嶤，龍宮鏁寂寥。"第一聯搜奇覃思，終不如意。有老僧點長命燈，坐大禪床，問曰："少年夜久不寐，而吟諷甚苦，何耶？"之問答曰："弟子業詩，適遇欲題此寺，而興思不屬。"僧曰："試吟上聯。"即吟，與之再三吟諷。因曰："何不云樓觀滄海日，門對浙江潮？"之問愕然，訝其遒麗。又續終篇曰："桂子月中落，天香雲外飄。捫蘿登塔遠，刳木取泉遙。霜薄花更發，冰輕葉未凋。待入天台路，看余度石橋。"僧所贈句，乃爲一篇之警策。遲明更訪之，則不復見矣。寺僧有知者曰："此駱賓王也。"之問詰之，答曰："當徐敬業之敗，與賓王俱逃，捕之不獲。將帥慮失大魁，得不測罪，時死者數萬人，因求類二人者函首以獻。後雖知不死，不敢捕送，故敬業得爲衡山僧，年九十餘乃卒。賓王亦落髮，遍遊名山，至靈隱，以周歲卒。當時雖敗，且以興復唐朝爲名，故人多獲脫之。"

——《太平广记》卷九十一引《本事诗·骆宾王》

# 218. 【怜】lián

"怜"字的现代常用义有：1. 可怜，同情，如"同病相怜"。2. 爱，如"怜香惜玉"。

"怜"对应的字是"怜"和"憐"。简化时，用"怜"代替"憐"。

## （一）［怜］líng、lián

1. líng。《玉篇》："怜，心了也。"从忄令声，形声字，本义为聪明、机灵，如宋朱淑真《自责》："添得情懷轉蕭索，始知怜俐不如癡。"引申指干净利落等义，如元关汉卿《竇娥冤》第二折："説的來藏頭蓋脚多怜俐，道著難曉，做出纔知。"

2. lián。同"憐"，义为哀怜、怜悯，如汉王褒《九怀·通路》："陰憂兮感余，惆悵兮自怜。"

## （二）［憐］lián

《说文解字·心部》："憐，哀也。从心，粦聲。"形声字，本义为哀怜、怜悯，如《商君书·兵守》："壯男壯女過老弱之軍，則老使壯悲，弱使彊憐。"引申指喜爱、疼爱等义，如《庄子·秋水》："夔憐蚿，蚿憐蛇，蛇憐風，風憐目，目憐心。"

### 【古诗文选读】

昔有一人，貧窮困苦，爲王作事。日月經久，身體羸瘦。王見憐愍，賜一死駝。貧人得已，即便剝皮，嫌刀鈍故，求石欲磨。乃於樓上得一磨石，磨刀令利，來下而剝。如是數數往來磨刀，後轉勞苦，憚不能數上，懸駝上樓，就石磨刀。深爲衆人之所嗤笑。猶如愚人，毀破禁戒，多取錢財，以用修福，望得生天。如懸駝上樓磨刀，用功甚多，所得甚少。

——北齐求那毗地译《百喻经·就楼磨刀喻》

# 219. 【炼】liàn

"炼"字的现代常用义有：1. 用火烧制，如"炼钢"。2. 用心琢磨使精炼，如"炼句"。3. 烹熬炮制，如"炼乳"。

"炼"对应的繁体字是"煉"。简化时，采用"煉"声旁"柬"的草书楷化字形，简作"炼"。

[煉] liàn

《说文解字·火部》："煉，鑠治金也。从火，柬聲。"形声字，本义为冶炼，如汉王充《论衡·谈天》："女媧銷煉五色石以補蒼天。"引申为造就等义，如清方以智《东西均·张弛》："天地煉物於冬，而長養之於春、夏、秋。"

## 【古诗文选读】

往古之時，四極廢，九州裂，天不兼覆，地不周載。火爁焱而不滅，水浩洋而不息。猛獸食顓民，鷙鳥攫老弱。於是女媧煉五色石以補蒼天，斷鼇足以立四極，殺黑龍以濟冀州，積蘆灰以止淫水。蒼天補，四極正，淫水涸，冀州平，狡蟲死，顓民生。

——汉刘安《淮南子·览冥》

# 220. 【练】liàn

"练"字的现代常用义有：1. 白绢，如"白练"。2. 把生丝煮熟，使柔软洁白，如"练丝"。3. 反复学习，多次地操作，如"练习"。4. 经验多，纯熟，如"熟练"。

"练"对应的繁体字是"練"。简化时，把"練"的"糹"类推简化为"纟"，采用声旁"柬"的草书楷化字形，简作"练"。

[練] liàn

《说文解字·糸部》："練，繒也。从糸，柬聲。"形声字，本义为煮熟生丝或生丝织品，使之柔软洁白，如《周礼·天官·染人》："凡染，春暴練，夏纁玄。"引申指练习、训练等义，如《战国策·楚策一》："練士厲兵，在大王之所用之。"

## 【古诗文选读】

世有言曰："驅市人而戰之，可以勝人之厚祿教卒；老弱罷民，可以勝人之精士練材；離散係系，可以勝人之行陳整齊；鋤欀白梃，可以勝人之長銚利兵。"此不通乎兵者之論。今有利劍於此，以刺則不中，以擊則不及，與惡劍無擇，爲是鬥因用惡劍則不可。簡選精良，兵械銛利，發之則不時，縱之則不當，與惡卒無擇，爲是戰因用惡卒則不可。王子慶忌、陳年猶欲劍之利也。簡選精良，兵械銛利，令能將將之，古者有以王者，有以霸者矣，湯、武、齊桓、晉文、吳闔廬是矣。

——《吕氏春秋·简选》

# 221. 【粮】liáng

"粮"字的现代常用义有：1. 粮食，如"五谷杂粮"。2. 作为农业税的粮食，如"公粮"。

"粮"对应的繁体字是"糧"。"粮"是"糧"的异体字。简化时,用"粮"代替"糧"。

［糧］liáng

《说文解字·米部》:"糧,穀也。从米,量聲。"形声字,本义为谷类的总称,亦指出行所携带的干粮,如《诗经·大雅·公刘》:"迺裹餱糧,于橐于囊。"引申指田赋等义,如《宋史·高宗纪八》:"庚戌,以四川經、總、制及田晟錢糧錢共百三十四萬緡充增招軍校費。"

## 【古诗文选读】

蜩與學鳩笑之曰:"我決起而飛,搶榆枋而止,時則不至,而控於地而已矣,奚以之九萬里而南爲?"適莽蒼者,三湌而反,腹猶果然;適百里者,宿舂糧;適千里者,三月聚糧,之二蟲又何知? 小知不及大知,小年不及大年。奚以知其然也? 朝菌不知晦朔,蟪蛄不知春秋,此小年也。楚之南有冥靈者,以五百歲爲春,五百歲爲秋;上古有大椿者,以八千歲爲春,八千歲爲秋。而彭祖乃今以久特聞,衆人匹之,不亦悲乎! 湯之問棘也是已:窮發之北有冥海者,天池也。有魚焉,其廣數千里,未有知其修者,其名爲鯤。有鳥焉,其名爲鵬,背若太山,翼若垂天之雲,摶扶搖羊角而上者九萬里,絕雲氣,負青天,然後圖南,且適南冥也。斥鴳笑之曰:"彼且奚適也? 我騰躍而上,不過數仞而下,翺翔蓬蒿之間,此亦飛之至也。而彼且奚適也?"此小大之辯也。

——《庄子·逍遥游》

# 222.【两】liǎng

"两"字的现代常用义有：1. 数目"二"，如"两本书"。2. 双方，如"两全其美"。3. 表示十以内的不定的数目，如"过两天"。4. 市制重量单位，1 两合 50 克。

"两"对应的繁体字是"兩"。简化时，把"兩"的两个"入"改为"人"，去掉中间的一竖，简作"两"。"两"可用作简化偏旁。

［兩］liǎng

《说文解字·网部》："兩，二十四銖爲一兩。从一；网，平分，亦聲。"会意兼形声字，本义为重量单位，如《汉书·律历志上》："二十四銖爲兩，十六兩爲斤。"也指数目"二"，如唐李白《长干行》："同居長干里，兩小無嫌猜。"

［类推简化字］

俩/倆（liǎ、liǎng）　啊/啢（liǎng）　魉/魎（liǎng）

辆/輛（liàng）　懑/懣（mèn）　满/滿（mǎn）

瞒/瞞（mán）　螨/蟎（mǎn）　蹒/蹣（pán）　颟/顢（mān）

## 【古诗文选读】

長安高城，層樓亭亭。干雲四起，上貫天庭。蜉蝣何整，行如軍征。蟋蟀何感，中夜哀鳴。蚍蜉偷樂，粲粲其榮。寤寐念之，誰知我情。昔君視我，如掌中珠。何意一朝，棄我溝渠。昔君與我，如影如形，何意一去，心如流星。昔君與我，兩心相結。何意今日，忽然<u>兩</u>絕。

——晋傅玄《短歌行》

# 223. 【疗】liáo

"疗"字的现代常用义为医治，如"治疗"。

"疗"对应的繁体字是"療"。简化时，把"療"的声旁"尞"改换为"了"，简作"疗"。

[療] liáo

《说文解字·疒部》作"癆"："癆，治也。从疒，樂聲。"形声字，本义为医治，如《周礼·天官·疡医》："凡療瘍以五毒攻之。"引申指解除等义，如南朝宋谢灵运《君子有所思行》："寂寥曲肱子，瓢飲療朝飢。"

## 【古诗文选读】

若絕食不損者，後乃隨方處療。苦參湯偏除熱病，酥油蜜特遣風痾。其西天羅荼國，凡有病者，絕食或經半月，或經一月，要待病可，然後方食。中天極多七日，南海二三日矣。斯由風土差互，四大不同，致令多少，不爲一概，未委神州宜斷食不。然而七日不食，人命多殞者，由其無病持故。若病在身，多日亦不死矣。曾見有病，絕粒三旬，後時還差，則何須見怪絕食日多？豈容但見病發，不察病起所由，壯熱火然，還將熱粥食飲。帶病強食，深是可畏。萬有一差，終亦不堪教俗。醫方明內，極是諱焉。又由東夏時人，魚菜多並生食，此乃西國咸悉不飧。凡是菜茹，皆須爛煮，加阿魏、酥油及諸香和，然後方噉。菹虀之類，人皆不食。時復憶故，噉之遂使臍中結痛。損腹肚，闇眼目，長疾病，益虛疎，其斯之謂。智者思察，用行捨藏，聞而不行，豈醫咎也？行則身安道備，自他之益俱成；捨則體損智微，彼我之功皆失也。

——唐义净《南海寄归内法传》卷三

# 224. 【辽】liáo

"辽"字的现代常用义有：1. 远，如"辽远"。2. 朝代名，契丹族耶律阿保机建立。3. 辽宁省的简称。

"辽"对应的繁体字是"遼"。简化时，把"遼"的声旁"寮"改换为"了"，简作"辽"。

[遼] liáo

《说文解字·辵部》："遼，遠也。从辵，尞聲。"形声字，本义为遥远，如《文选·嵇康〈琴赋〉》："閒遼故音庳，絃長故徽鳴。"引申指开阔、远大等义，如唐白居易《截树》："開懷東南望，目遠心遼然。"

## 【古诗文选读】

冬，楚子囊伐鄭，討其侵蔡也。子駟、子國、子耳欲從楚，子孔、子蟜、子展欲待晉。子駟曰："周詩有之曰：'俟河之清，人壽幾何？兆云詢多，職競作羅。'謀之多族，民之多違，事滋無成。民急矣，姑從楚，以紓吾民。晉師至，吾又從之。敬共幣帛，以待來者，小國之道也。犧牲玉帛，待於二竟，以待強者而庇民焉。寇不爲害，民不罷病，不亦可乎？"子展曰："小所以事大，信也。小國無信，兵亂日至，亡無日矣。五會之信，今將背之，雖楚救我，將安用之？親我無成，鄙我是欲，不可從也。不如待晉。晉君方明，四軍無闕，八卿和睦，必不棄鄭。楚師遼遠，糧食將盡，必將速歸，何患焉？舍之聞之：杖莫如信。完守以老楚，杖信以待晉，不亦可乎？"

——《左传·襄公八年》

# 225.【了】liǎo、le

"了"字的现代常用义有：1. liǎo。①明白，如"了解"；②完了，结束，如"不了了之"；③在动词后，跟"不""得"连用，表示不可能或可能，如"看不了"；④完全，如"了无惧色"。2. le。①助词，放在动词或形容词后，表示动作或变化已经完成，如"买了一本书"；②用在句子末尾或句中停顿的地方，表示变化或出现新的情况，如"走了"；③表示祈使语气，如"别吵了!"

"了"对应的字是"了"和"瞭"。简化时，用"了"代替"瞭"。"瞭"读 liào 时不简化，如"瞭望"。

## （一）［了］liǎo、le

1. liǎo。《说文解字·了部》："了，尦也。从子無臂。"象形字，本义为手腿弯曲，后指二物纠结绞缠不直伸的样子。引申指完毕、结束等义，如汉王褒《僮约》："晨起早掃，食了洗滌。"

2. le。助词，用作词尾表示动作的完成或事情的变化，如苏轼《念奴娇·赤壁怀古》："遙想公瑾當年，小喬初嫁了，雄姿英發。"又表语气，表示肯定或确定某种情况，如鲁迅《朝花夕拾·狗、猫、鼠》："想来草席定已微凉，躺著也不至於烦得翻来覆去了。"

## （二）［瞭］liǎo、liào

1. liǎo。《玉篇·目部》："瞭，目明也。"从目从尞，尞兼表声，形声兼会意字，本义为眼珠明亮，如《周礼·春官·序官》："眂瞭三百人。"引申指明白、清晰等义，如汉王充《论衡·自纪》："文必麗以好，言必辩以巧。言瞭于耳，则事味于心。"

2. liào。远望，如清黄遵宪《东沟行》："我军瞭敵遽飛炮，一彈轟雷百人掃。"引申指看、斜视等义，如老舍《四世同堂》四九："他不敢挺直了脖子，而半低著頭，用眼偷偷的瞭著那些人。"

## 【古诗文选读】

孟子曰："存乎人者，莫良於眸子，眸子不能掩其恶。胸中正，则眸子瞭焉；胸中不正，则眸子眊焉。聽其言也，觀其眸子，人焉廋哉？"

——《孟子·离娄上》

# 226.【猎】liè

"猎"字的现代常用义有：1. 打猎，捕捉禽兽，如"渔猎"。2. 搜寻，如"猎奇"。

"猎"对应的字是"猎"和"獵"。简化时，用"猎"代替"獵"。

（一）［猎］xī

《广韵·昔韵》：“猎，兽名，似熊。”从犬昔声，形声字，本义为兽名，传说中像熊的野兽，如《山海经·大荒北经》：“有黑蟲如熊狀，名曰猎猎。”

（二）［獵］liè

《说文解字·犬部》：“獵，放獵逐禽也。从犬，巤聲。”形声字，本义为捕捉禽兽、打猎，如《诗经·魏风·伐檀》：“不狩不獵，胡瞻爾庭有縣貆兮。”引申指追求、搜求等义，如汉扬雄《法言·学行》：“耕道而得道，獵德而得德。”

## 【古诗文选读】

坎坎伐檀兮，寘之河之幹兮。河水清且漣猗。不稼不穡，胡取禾三百廛兮？不狩不獵，胡瞻爾庭有縣貆兮？彼君子兮，不素餐兮！

坎坎伐輻兮，寘之河之側兮。河水清且直猗。不稼不穡，胡取禾三百億兮？不狩不獵，胡瞻爾庭有縣特兮？彼君子兮，不素食兮！

坎坎伐輪兮，寘之河之漘兮。河水清且淪猗。不稼不穡，胡取禾三百囷兮？不狩不獵，胡瞻爾庭有縣鶉兮？彼君子兮，不素飧兮！

——《诗经·魏风·伐檀》

# 227.【临】lín

"临"字的现代常用义有：1. 到，来，如"光临"。2. 挨着，靠近，如"临街"。3. 将要，如"临终"。4. 照着字、画模仿，如"临摹"。

"临"对应的繁体字是"臨"。"临"是"臨"的草书楷化字形。简化时，用"临"代替"臨"。

［臨］lín

《说文解字·卧部》："臨，監臨也。从臥，品聲。"形声字，本义为俯视，如《荀子·劝学》："不臨深谿，不知地之厚也。"引申指面对、当着等义，如《楚辞·九歌·少司命》："望美人兮未來，臨風悅兮浩歌。"

## 【古诗文选读】

東臨碣石，以觀滄海。水何澹澹，山島竦峙。樹木叢生，百草豐茂。秋風蕭瑟，洪波湧起。日月之行，若出其中；星漢燦爛，若出其裏。幸甚至哉！歌以詠志。

——三国魏曹操《观沧海》

# 228.【邻】lín

"邻"字的现代常用义有：1. 住处接近的人家，如"四邻"。

2. 临近，附近，如"邻居"。

"邻"对应的繁体字是"鄰"。简化时，把"鄰"的声旁"粦"改为"令"，简作"邻"。

［鄰］lín

《说文解字·邑部》："鄰，五家爲鄰。从邑，粦聲。"形声字，本指古代行政单位，如《周礼·地官·遂人》："五家爲鄰，五鄰爲里。"引申指邻居、邻国等义，如《诗经·小雅·正月》："洽比其鄰，昏姻孔云。"

**【古诗文选读】**

戴盈之曰："什一，去關市之征，今茲未能。請輕之，以待來年，然後已，何如？"孟子曰："今有人日攘其鄰之雞者，或告之曰：'是非君子之道。'曰：'請損之，月攘一雞；以待來年，然後已。'如知其非義，斯速已矣，何待來年？"

——《孟子·滕文公下》

# 229.【灵】líng

"灵"字的现代常用义有：1. 有效验，如"灵验"。2. 聪明，机敏，如"心灵手巧"。3. 灵魂，精神，如"灵感"。4. 有关死人的，如"灵柩"。5. 神仙或关于神仙的，如"神灵"。

"灵"对应的字是"灵"和"靈"。简化时，用"灵"代替"靈"。"灵"可用作简化偏旁。

（一）[灵] líng

《广韵·青韵》："灵，《字类》云：'小热皃。'"义为微温。古多用作"靈"的俗字。《正字通·火部》："灵，俗靈字。"

（二）[靈] líng

《说文解字·玉部》作"霝"："霝，巫以玉事神。从玉，霝（líng）聲。"形声字，本义为祭神求雨，引申指神灵，如《水经注·渭水上》："出五色魚，俗以爲靈而莫敢採捕。"又引申指福佑等义，如《史记·孝文本纪》："賴天地之靈，社稷之福，方內安寧，靡有兵革。"

[类推简化字]

棂/欞（líng）

【古诗文选读】

　　知其愚者，非大愚也；知其惑者，非大惑也。大惑者，終身不解；大愚者，終身不靈。三人行而一人惑，所適者猶可致也，惑者少也；二人惑則勞而不至，惑者勝也。而今也以天下惑，予雖有祈嚮，不可得也。不亦悲乎！

——《庄子·天地》

# 230. 【岭】lǐng

　　"岭"字的现代常用义有：1. 高大的山脉，如"秦岭"。2. 顶上有路可通行的山，如"翻山越岭"。

"岭"对应的字是"岭"和"嶺"。简化时，用"岭"代替"嶺"。

## （一）［岭］líng

《玉篇·山部》："岭，岭嶝，山深小貌。"从山令声，形声字，本义为山深邃的样子，如《文选·扬雄〈甘泉赋〉》："岭嶝嶙峋，洞無厓兮。"

## （二）［嶺］lǐng

《说文解字·山部》："嶺，山道也。从山，領聲。"形声字，本义为山道，如南朝宋谢灵运《登上戍石鼓山》："日末澗增波，雲生嶺逾疊。"引申指山峰等义，如王羲之《兰亭集序》："此地有崇山峻嶺，茂林修竹。"

## 【古诗文选读】

西域以孝武時始通，本三十六國，其後稍分至五十餘，皆在匈奴之西，烏孫之南。南北有大山，中央有河，東西六千餘里，南北千餘里。東則接漢，隘以玉門、陽關，西則限以葱嶺。其南山，東出金城，與漢南山屬焉。其河有兩原：一出葱嶺出，一出于闐。于闐在南山下，其河北流，與葱嶺河合，東注蒲昌海。蒲昌海，一名鹽澤者也，去玉門、陽關三百餘里，廣袤三百里。其水亭居，冬夏不增減，皆以爲潛行地下，南出於積石，爲中國河云。

——《汉书·西域传》

# 231.【刘】liú

"刘"字在现代主要用作姓氏。

"刘"对应的繁体字是"劉"。简化时，用符号"文"代替"劉"字的左偏旁，简作"刘"。"刘"可用作简化偏旁。

## ［劉］liú

《说文解字·金部》："鑗，殺也。"徐铉注："徐鍇曰：'《說文》無劉字，偏旁有之。此字又史傳所不見，疑此即劉字也。'"本义指斧钺一类兵器，如《广雅·释器》："劉，刀也。"《正字通·刀部》："劉，鉞屬。"引申指杀戮，如明归有光《论御倭书》："自倭奴入寇，於今三年，虔劉我人民，淫污我婦女，焚蕩我屋廬。"

## ［类推简化字］

浏/瀏（liú）

# 【古诗文选读】

雞鳴高樹巓，狗吠深宮中。蕩子何所之，天下方太平。刑法非有貸，柔協正亂名。黃金爲君門，璧玉爲軒堂。上有雙樽酒，作使邯鄲倡。劉王碧青甍，後出郭門王。舍後有方池，池中雙鴛鴦。鴛鴦七十二，羅列自成行。鳴聲何啾啾，聞我殿東廂。兄弟四五人，皆爲侍中郎。五日一時來，觀者滿路傍。黃金絡馬頭，熲熲何煌煌。桃生露井上，李樹生桃傍。蟲來齧桃根，李樹代桃殭。樹木身相代，兄弟還相忘。

——《乐府诗集·相和歌辞三·相和曲下·鸡鸣》

# 232.【龙】lóng

"龙"字的现代常用义有：1. 古代指帝王，如"龙颜大悦"。2. 古代传说中的神兽，如"龙凤呈祥"。3. 古生物学上指一些有脚有尾的爬行动物，如"恐龙"。4.（Lóng）姓。

"龙"对应的繁体字是"龍"。古代"龍"常假借作"尨（máng）"，后来，"龍"的俗体也写作"龙"。简化时，在"龙"字基础上进一步简省，简作"龙"。"龙"可用作简化偏旁。

[龍] lóng

《说文解字·龙部》："龍，鱗蟲之長。能幽能明，能細能巨，能短能長。春分而登天，秋分而潛淵。从肉，飛之形，童省聲。"形声字，本义为传说中的神异动物，如《礼记·礼运》："麟鳳龜龍，謂之四靈。"引申指皇帝的象征等义，如《史记·项羽本纪》："吾令人望其氣，皆爲龍虎，成五彩，此天子氣也。"

[类推简化字]

宠/寵（chǒng）
龚/龔（gōng）
龛/龕（kān）
茏/蘢（lóng）　咙/嚨（lóng）　泷/瀧（lóng、shuāng）
珑/瓏（lóng）　栊/櫳（lóng）　昽/曨（lóng）　胧/朧（lóng）
砻/礱（lóng）　聋/聾（lóng）　笼/籠（lóng、lǒng）
陇/隴（lǒng）　拢/攏（lǒng）　垄/壟（lǒng）
庞/龐（páng）

278

袭/襲（xí）

奱/奱（yǎn）

詟/讋（zhé）

## 【古诗文选读】

龍宫月明光參差，精衛銜石東飛時。鮫人織綃采藕絲，翻江倒海傾吳蜀。漢女江妃杳相續，龍王宫中水不足。

——唐顾况《龙宫操》

# 233.【娄】lóu

"娄"字的现代常用义有：1. 星宿名，二十八宿之一。2. 方言称瓜类因过熟而变质，如"西瓜娄了"

"娄"对应的繁体字是"婁"。"娄"是"婁"的草书楷化字形。简化时，用"娄"代替"婁"。"娄"可用作简化偏旁。

［婁］lóu

《说文解字·女部》："婁，空也。从母、中、女，空之意也。"本义当为竹篓，是"簍"的本字。引申为中空、通透，《广韵·侯韵》："婁，空也。"

［类推简化字］

屦/屨（jù）　窭/窶（jù）

瞜/瞜（lōu）　偻/僂（lóu、lǚ）　楼/樓（lóu）　蝼/螻（lóu）

喽/嘍（lou、lóu）　嵝/嶁（lǒu）　搂/摟（lǒu、lōu）

溇/漊（lóu）　瘘/瘻（lòu）　篓/簍（lǒu）　耧/耬（lóu）

279

蒌/蔞（lóu）　　镂/鏤（lòu）　　髅/髏（lóu）

屡/屢（lǚ）　　褛/褸（lǚ）　　缕/縷（lǚ）

数/數（shù、shǔ、shuò）

擞/擻（sǒu、sòu）　　薮/藪（sǒu）

## 【古诗文选读】

賣藥翁，莫知其姓名。人或詰之，稱祇此是真姓名。有童稚見之，逮於暮齒，復見，其顏狀不改。常提一大葫蘆賣藥，人告疾求藥，得錢不得錢，皆與之無阻，藥皆稱有效。或無疾，戲而求藥者，得藥，尋必失之。由是人不敢妄求，敬如神明。常醉於城市間，得錢亦與貧人。或戲問之：“有大還丹賣否？”曰：“有，一粒一千貫錢。”人皆笑之以爲狂。多於城市笑駡人曰：“有錢不買藥喫，盡作土饅頭去！”人莫曉其意，益笑之。後於長安賣藥，方買藥者多，抖擻葫蘆已空，内祇有一丸出，極大光明，安於掌中，謂人曰：“百餘年人間賣藥，過卻億兆之人，無一人肯把錢買藥喫，深可哀哉！今之自喫卻。”藥纔入口，足下五色雲生，風起飄飄，飛騰而去。

　　　　　　——《太平广记》卷三十七引《续仙传·卖药翁》

# 234.【庐】lú

“庐”字的现代常用义为房舍，如“茅庐”。

“庐”对应的繁体字是“廬”。简化时，把“廬”的声旁“盧”改为“户”，简作“庐”。

［**盧**］lú

《说文解字·广部》："盧，寄也。从广，盧聲。"形声字，本义为春夏农忙季节在田野里寄居的棚舍，如《诗经·小雅·信南山》："中田有盧，疆場有瓜。"引申指古代沿途迎候宾客的房舍等义，如《周礼·地官·遗人》："凡國野之道，十里有盧，盧有飲食。"

## 【古诗文选读】

仍轉出一線天，北逾一嶺，二里，轉而東，入小隱巖，巖亦一山，東西環轉，南連北豁，皆上穹下遜，裂成平竅，【可盧而憩。】巖後有稱宋人洪駒父書云："宣和某年由徐巖而上，二里，復得射虎巖。"余憶徐巖之名，前由弋陽舟中已知其爲余家物，而至此忽忘不及覺，壁間書若爲提撕者。亟出巖詢之，無一能知其處。已而再聞有稱峨嵋在小隱東南三里者，余意其爲徐巖之更名也，亟從之。遂由羅塘之大道過一嶺，始北轉入山，竹樹深菁，巖石高穹，但爲釋人架屋疊牆，無復本來面目，且知其非徐巖也。甫欲下，雨復大至，時已過午，遂飯巖中。既飯，雨止。問仙橋之道，適有一知者曰："此有間道。循山而東，穿塢北去，四里可至。"從之。路甚荒僻，或隱或現，或岐而東西無定，幾成迷津。久之逾一山，忽見岑然高駕者，甚近也。及下谷而趨，復茫不可得，蓋望之雖近，而隔崖分塢，轉盼易向，猝不易遇矣。既而直抵其下，蓋一石高跨峰凹，上環如卷，中關成門，兩端石盤下柱，梁面平整如臺，正如砌造而成。梁之東，可循崖而登其上；梁之西，有一石相去三丈餘，轟踞其旁，若人之坐守者然。余先至橋下，仰視其頂，高穹圓整不啻數十丈；及登步其上，修廣平直，駕虹役鵲之巧，恐不迨及至此也。從其西二里，將抵象山，問所云徐巖，終不可得。後遇一老翁曰："余舍後南入即是。舊名徐巖，今爲朝真宫，乃鬼谷修道處，今荒没矣。非明晨不可覓，今已暮，姑過而問象山可也。"

——明徐弘祖《徐霞客游记·江右游日记》

# 235.【芦】lú

"芦"字的现代常用义为芦苇，如"芦席"。

"芦"对应的繁体字是"蘆"。简化时，把"蘆"的声旁"盧"改为"户"，简作"芦"。

## ［蘆］lú

《说文解字·艸部》："蘆，蘆菔也。一曰薺根。从艸，盧聲。"形声字，本义为萝卜，如《后汉书·刘盆子传》："幽閉殿内，掘庭中蘆菔根，捕池魚而食之。"又指芦苇，《玉篇·艸部》："葦未秀者爲蘆。"汉刘安《淮南子·修务》："夫鴈順風以愛氣力，衘蘆而翔，以備矰弋。"

## 【古诗文选读】

庭院碧苔紅葉遍。金菊開時，已近重陽宴。日日露荷凋綠扇。粉塘煙水澄如練。

試倚涼風醒酒面。雁字來時，恰向層樓見。幾點護霜雲影轉。誰家蘆管吹秋怨。

——宋晏几道《蝶恋花·庭院碧苔红叶遍》

# 236.【炉】lú

"炉"字的现代常用义为取暖、做饭或冶炼用的设备，如"煤气炉"。

"炉"对应的繁体字是"爐"。简化时，把"爐"的声旁"盧"改为"户"，简作"炉"。

[爐] lú

《玉篇·火部》："爐，火爐也。"从火盧声，形声字，本义为供烹饪、冶炼、取暖等用的盛火器具或装置，如《韩非子·内储说下》："奉熾爐，炭火盡亦紅。"引申指香炉、熏炉，如南朝梁刘孝威《怨诗》："燭避窗中影，香迴爐上煙。""爐"有异体字作"鑪"。

## 【古诗文选读】

夫近水則寒，近火則溫，遠之漸微。何則？氣之所加，遠近有差也。成事，火位在南，水位在北，北邊則寒，南極則熱。火之在鑪，水之在溝，氣之在軀，其實一也。當人君喜怒之時，寒溫之氣，閨門宜甚，境外宜微。今案寒溫外內均等，殆非人君喜怒之所致。世儒說稱，妄處之也。王者之變在天下，諸侯之變在境內，卿大夫之變在其位，庶人之變在其家。夫家人之能致變，則喜怒亦能致氣。父子相怒，夫妻相督，若當怒反喜，縱過飾非，一室之中，宜有寒溫。由此言之，變非喜怒所生，明矣。

——汉王充《论衡·寒温篇》

# 237. 【卢】lú

"卢"主要用作姓，也用作音译用字，如"卢比""卢旺达"。

"卢"对应的繁体字是"盧"。简化时，保留"盧"字轮廓，写成"卢"。"盧"作偏旁时，一般要类推简化作"卢"，但"廬、蘆、爐、驢"四个字是例外，分别简化为"庐、芦、炉、驴"。"卢"可用作简化偏旁。

［盧］lú

《说文解字·皿部》："盧，飯器也。从皿，虘聲。"形声字。甲骨文"盧"字上面是炉身，下面是炉的款足，故本义为火炉，如《后汉书·五行志五》："四年，魏郡男子張博送鐵盧詣太宮。"这个意义后来写作"爐（炉）"。引申指黑色，如《水经注·滱水》："余按盧奴城内西北隅有水，淵而不流，南北百步，東西百餘步，水色正黑，俗名曰黑水池。或云水黑曰盧，不流曰奴，故此城藉水以取名矣。"

［类推简化字］

垆/壚（lú）　栌/櫨（lú）　泸/瀘（lú）　胪/臚（lú）

舻/艫（lú）　轳/轤（lú）　颅/顱（lú）　鲈/鱸（lú）

鸬/鸕（lú）

# 【古诗文选读】

盧家有子弟，年已暮而猶爲校書郎。晚娶崔氏子，崔有詞翰，結褵之後，微有慊色。盧因請詩以述懷爲戲，崔立成詩曰：

"不怨卢郎年纪大，不怨卢郎官职卑。自恨妾身生较晚，不见卢郎年少时。"

——宋钱易《南部新书》丁卷

# 238. 【虏】lǔ

"虏"字的现代常用义有：1. 打仗时捉住，如"俘虏敌人"。2. 打仗时捉住的敌人，如"三名俘虏"。

"虏"对应的繁体字是"虜"。简化时，去掉"虜"中间的"田"，简作"虏"。"虏"可用作简化偏旁。

[虜] lǔ

《说文解字·毌部》："虜，獲也。从毌（guàn）从力，虍（hū）聲。"形声字，本义为俘获、劫掠，如《六韬·突战》："三軍疾戰，敵人雖衆，其將可虜。"引申指奴隶、仆人，如《韩非子·说难》："伊尹爲宰，百里奚爲虜。"

[类推简化字]

掳/擄（lǔ）

【古诗文选读】

書不空言，無德之國，天不救護，機衡急疾，日月催促少明。有德之國，機衡爲遲，日月有光。是天之所行，機衡日月星，皆當爲善明。反便少者，是行之所致，何所怨咎乎？同共天地日月星辰耳，得見天地報信者見其明。五星失度，兵革橫行，夷狄內侵，自虜反叛，國遣軍師，有命得還，失命不歸。是大人之罪也。爲子不孝，國少忠臣，行不純，故令相剋，卒歲乃止。故施洞極之經，名曰太平。能行者得其福，不者自令極思，聚身無離常。報應不枉人，所不者施惡施人。常言人無貴無賤，皆天所生，但錄籍相命不存耳。愛之慎之念之，慎勿加所不當爲而枉人，侵剋非有。是天所不報，地所不養，凶神隨之，不得久生、樂生。念自令自忽者勿望生，殊無生長之籍，強入神仙，齋家所有，祠祭神靈，求蒙仙度。

——《太平经·有过死谪作河梁诫第一百八十八》

# 239.【卤】lǔ

"卤"字的现代常用义有：1. 浓汁，如"打卤面"。2. 用盐水、酱油等浓汁制作食品，如"卤鹅"。3. 盐卤，制盐时剩下的黑色汁液。

"卤"对应的繁体字是"鹵"和"滷"。简化时，两字并为一字。又把"鹵"字内的四点去掉，简作"卤"。"卤"可用作简化偏旁。

### （一）［鹵］lǔ

《说文解字·卤部》："鹵，西方鹹地也。从西省，象鹽形。"指事字，本义为盐碱地，如《释名·释地》："地不生物曰鹵。"引申指碱地所生的盐粒，清段玉裁《说文解字注·盐部》："鹽，鹵也。天生曰鹵，人生曰鹽。"

### （二）［滷］lǔ

《玉篇·水部》："滷，鹽水。"从水，鹵声，形声字，本义为盐卤，引申指用盐水烹制食物。"卤"和"滷"古代字义并没有严格的区别，常可通用。

[类推简化字]

醝/醝（cuó）

## 【古诗文选读】

凡滇、蜀兩省遠離海濱，舟車艱通，形勢高上，其鹹脈即韞藏地中。凡蜀中石山去河不遠者，多可造井取鹽。鹽井周圍不過數寸，其上口一小盂覆之有餘，深必十丈以外乃得鹵信，故造井功費甚難。其器冶鐵錐，如碓嘴形，其尖使極剛利，向石山舂鑿成孔。其身破竹纏繩，夾懸此錐。每舂深入數尺，則又以竹接其身使引而長。初入丈許，或以足踏錐梢，如舂米形。太深則用手捧持頓下。所舂石成碎粉，隨以長竹接引，懸鐵盞挖之而上。大抵深者半載，淺者月餘，乃得一井成就。蓋井中空闊，則鹵氣遊散，不克結鹽故也。井及泉後，擇美竹長丈者，鑿淨其中節，留底不去。其喉下安消息，吸水入筒，用長絙繫竹沉下，其中水滿。井上懸桔槔、轆轤諸具，制盤駕牛。牛拽盤轉，轆轤絞絙，汲水而上。入於釜中煎煉。頃刻結鹽，色成至白。西川有火井，事奇甚。其井居然冷水，絕無火氣，但以長竹剖開去節，合縫漆布，一頭插入井底，其上曲接，以口緊對釜臍，注鹵水釜中。祇見火意烘烘，水即滾沸。啟竹而視之，絕無半點焦炎意。未見火形而用火神，此世間大奇事也，凡川、滇鹽井逃課掩蓋至易，不可窮詰。

——明宋应星《天工开物·作咸第五卷"井盐"》

# 240. 【陆】lù、liù

"陆"字的现代常用义有：1. lù。陆地，高出水面的土地，如"登陆"。2. liù。"六"字的大写。

"陆"对应的繁体字是"陸"。"陆"是"陸"的草书楷化字形。简化时，用"陆"代替"陸"。

[陸] lù、liù

1. lù。《说文解字·𨸏部》："陸，高平地。从𨸏从坴，坴亦聲。"会意兼形声字，本义为陆地，如汉王粲《登楼赋》："背墳衍之廣陸兮，臨皋隰之沃流。"引申指道路，如《墨子·节用上》："其爲舟車何？以爲車，以行陵陸，舟以行川谷，以通四方利。"

2. liù。数字"六"的大写。

## 【古诗文选读】

百工之事，皆聖人之作也。爍金以爲刃，凝土以爲器，作車以行陸，作舟以行水，此皆聖人之所作也。天有時，地有氣，材有美，工有巧，合此四者，然後可以爲良。材美工巧，然而不良，則不時、不得地氣也。橘踰淮而北爲枳，鸜鵒不踰濟，貉踰汶則死，此地氣然也。鄭之刀，宋之斤，魯之削，吳粵之劍，遷乎其地而弗能爲良，地氣然也。燕之角，荊之幹，妢胡之笴，吳粵之金錫，此材之美者也。天有時以生，有時以殺；草木有時以生，有時以死；石有時以泐；水有時以凝，有時以澤，此天時也。

——《周礼·冬官·考工记》

# 241. 【录】lù

"录"字的现代常用义有：1. 记录，记载，如"录音"。2. 记载言行或事物的书刊，如"回忆录"。3. 采取，任用，如"录用"。

"录"对应的字是"录"和"録"。简化时，用"录"代替"録"。"录"可用作简化偏旁。

［录］lù

《说文解字·录部》："录，刻木录录也。"象形字。义为刻木，《广韵·屋韵》："录，刻木也。"

［録］lù

《说文解字·金部》："録，金色也。从金，录聲。"形声字，本义为金色，假借作记载，如《公羊传·隐公十年》："《春秋》録内而略外。"引申指记载言行或事物的书册等义，如清黄宗羲《陈定生先生墓志铭》："是時有百官圖，邪黨録，天鑒録，同志録，點將録。"

［类推简化字］

箓/籙（lù）

## 【古诗文选读】

吾觀禮經，聖人之教，箕帚匕箸，咳唾唯諾，執燭沃盥，皆有節文，亦爲至矣。但既殘缺，非復全書；其有所不載，及世事變改者，學達君子，自爲節度，相承行之，故世號士大夫風操。而家門頗有不同，所見互稱長短；然其阡陌，亦自可知。昔在江南，目能視而見之，耳能聽而聞之。蓬生麻中，不勞翰墨。汝曹生於戎馬之間，視聽之所不曉，故聊記錄，以傳示子孫。

——北齐颜之推《颜氏家训·风操》

# 242.【驴】lǘ

"驴"字的现代常用义为家畜，像马而小，耳朵长，如"毛驴"。

"驴"对应的繁体字是"驢"。简化时，将"馬"类推简化为"马"，"盧"改为"户"，简作"驴"。

[驢] lǘ

《说文解字·马部》："驢，似馬，長耳。从馬，盧聲。"形声字，指毛驴，如唐韩愈《与卫中行书》："窮居荒涼，草樹茂密，出無驢馬，因與人絶，一室之內，有以自娛。"

## 【古诗文选读】

衣上征塵雜酒痕，遠遊無處不消魂。
此身合是詩人未？細雨騎驢入劍門。

——宋陆游《剑门道中遇微雨》

# 243. 【虑】lǜ

"虑"字的现代常用义有：1. 思考，如"深思熟虑"。2. 担忧，发愁，如"顾虑"。

"虑"对应的繁体字是"慮"。简化时，把"慮"的"田"去掉，简作"虑"。"虑"可用作简化偏旁。

## ［慮］lǜ

《说文解字·思部》："慮，謀思也。从思，虍（hū）聲。"形声字，本义为思考、谋划，如《论语·卫灵公》："人無遠慮，必有近憂。"引申指忧虑、担忧，如唐杜甫《秋日夔府詠懷奉寄鄭監李賓客一百韻》："每欲孤飛去，徒爲百慮牽。"

### ［类推简化字］

滤/濾（lǜ）　　摅/攄（shū）

## 【古诗文选读】

晏子方食，景公使使者至。分食食之，使者不飽，晏子亦不飽。使者反，言之公。公曰："嘻！晏子之家，若是其貧也，寡人不知，是寡人之過也。"使吏致千金與市租，請以奉賓客。晏子辭，三致之，終再拜而辭曰："嬰之家不貧。以君之賜，澤覆三族，延及交遊，以振百姓，君之賜也厚矣！嬰之家不貧也。嬰聞之，夫厚取之君而施之民，是臣代君君民也，忠臣不爲也。厚取之君而不施於民，是爲筐篋之藏也，仁人不爲也。進取於君，退得罪於士，身死而財遷於它人，是爲宰藏也，智者不爲也。夫十總之布，一豆之食，足於中免矣。"景公謂晏子曰："昔吾先君桓公，以書社五百封管仲，不辭而受，子辭之何也?"晏子曰："嬰聞之，聖人千慮，必有一失；愚人千慮，必有一得。意者管仲之失，而嬰之得者耶? 故再拜而不敢受命。"

——《晏子春秋·内篇杂下》

# 244. 【乱】luàn

"乱"字的现代常用义有：1. 没有秩序，没有条理，如"乱七八糟"。2. 战争，武装骚扰，如"战乱"。3. 混淆，如"以假乱真"。4. 任意，随便，如"乱跑"。

"乱"对应的繁体字是"亂"。"乱"是"亂"的古代俗字。简化时，用"乱"代替"亂"。

## ［亂］luàn

《说文解字·乙部》："亂，治也。从乙，乙，治之也；从𤔔。"会意字，本义指混乱，如《汉书·项籍传》："（羽）乃自刭。王翳取其頭，亂相蹂蹈争羽相殺者數十人。"引申指败坏、扰乱等义，如《论语·卫灵公》："巧言亂德，小不忍則亂大謀。"

## 【古诗文选读】

嵐光疊杳冥，曉翠濕窗明。欲起遊方去，重來繞塔行。亂雲開鳥道，群木發秋聲。曾約諸徒弟，香燈盡此生。

——唐齐己《留题仰山大师塔院》

# 245.【仑】lún

"仑"字的现代常用义有：1. 音译用字，如"拿破仑"。2. 昆仑，山名，西起帕米尔高原，分三支向东分布。

"仑"对应的繁体字是"侖"。简化时，用符号"匕"代替"侖"字下面的部分，简作"仑"。"仑"可用作简化偏旁。

[侖] lún

《说文解字·亼部》："侖，思也。从亼从冊。""亼"，古同"集"。会意字，本义为有次序、有条理，引申指伦常、纲纪。这两个意义后来都写作"倫"，如《孟子·滕文公上》："教以人倫——父子有親，君臣有義，夫婦有別，長幼有序，朋友有信。"

[类推简化字]

瘪/癟（biē、biě）　　抡/掄（lūn、lún）　　伦/倫（lún）

囵/圇（lún）　　沦/淪（lún）　　纶/綸（lún、guān）

轮/輪（lún）　　论/論（lún、lùn）

## 【古诗文选读】

大江東去，浪淘盡、千古風流人物。故壘西邊，人道是、三國周郎赤壁。亂石穿空，驚濤拍岸，捲起千堆雪。江山如畫，一時多少豪傑。

遙想公瑾當年，小喬初嫁了，雄姿英發。羽扇綸巾，談笑間、檣艣灰飛煙滅。故國神遊，多情應笑我，早生華髮。人生如梦，一樽還酹江月。

——宋苏轼《念奴娇·赤壁怀古》

# 246. 【罗】luó

"罗"字的现代常用义有：1. 捕鸟的网，如"天罗地网"。2. 张网捕捉，如"门可罗雀"。3. 陈列，摆列，如"星罗棋布"。4. 一种质地稀疏的丝织品，如"绫罗"。5. 过滤流质或筛细粉末用的器具，如"罗筛"。6. 用罗筛东西，如"罗面"。

"罗"对应的繁体字是"羅"。简化时，把"羅"的下部分用符号"夕"代替，简作"罗"。"罗"可用作简化偏旁。

［羅］luó

《说文解字·网部》："羅，以絲罟（gǔ）鳥也。从网从維。"会意字，本义为用网捕鸟，如《诗经·小雅·鸳鸯》："鴛鴦于飛，畢之羅之。"引申指搜寻、招致等义，如《汉书·王莽传上》："網羅天下異能之士。"

## ［类推简化字］

逻/邏（luó）　　啰/囉（luo、luō、luó）　　椤/欏（luó）
猡/玀（luó）　　箩/籮（luó）　　萝/蘿（luó）　　锣/鑼（luó）

## 【古诗文选读】

種葛南山下，葛藟自成陰。與君初婚時，結髮恩義深。歡愛在枕席，宿昔同衣衾。竊慕棠棣篇，好樂和瑟琴。行年將晚暮，佳人懷異心。恩紀曠不接，我情遂抑沈。出門當何顧，徘徊步北林。下有交颈兽，仰有双栖禽。攀枝长欢息，泪下沾罗襟。良马知我悲，延颈对我吟。昔为同池鱼，今为商与参。往古皆欢遇，我独困于今。弃置委天命，悠悠安可任。

——三国魏曹植《种葛篇》

# 247.【马】mǎ

"马"字的现代常用义有：1. 家畜名，如"骏马"。2. 大，如"马蜂"。3.（Mǎ）姓。

"马"对应的繁体字是"馬"。"马"是"馬"的草书楷化字形。简化时，用"马"代替"馬"。"马"可用作简化偏旁。

[馬] mǎ

《说文解字·马部》："馬，怒也，武也。象马头髦尾四足之形。"象形字，指家畜马，如《易·屯》："屯如邅如，乘马班如。"引申指大等义，明李时珍《本草纲目·草五·马蓼》："凡物大者，皆以馬名之，俗呼大蓼是也。"

[类推简化字]

骜/驁（ào）

骠/驃（biāo、piào）　　驳/駁（bó）

骖/驂（cān）　　骋/騁（chěng）　　驰/馳（chí）

闯/闖（chuǎng）　　骢/驄（cōng）

笃/篤（dǔ）　　骀/駘（dài、tái）

冯/馮（féng、píng）　　驸/駙（fù）

骇/駭（hài）　骅/驊（huá）

羁/羈（jī）　骥/驥（jì）　驾/駕（jià）　骄/驕（jiāo）

驹/駒（jū）　骏/駿（jùn）

骒/騍（kè）

骊/驪（lí）　骝/騮（liú）　骡/騾（luó）　骆/駱（luò）

妈/媽（mā）　犸/獁（mǎ）　玛/瑪（mǎ）　码/碼（mǎ）

蚂/螞（mā、mǎ、mà）　骂/罵（mà）

吗/嗎（ma、má、mǎ）　蓦/驀（mò）

驽/駑（nú）

骈/駢（pián）　骗/騙（piàn）

骐/騏（qí）　骑/騎（qí、jì）　骞/騫（qiān）　骎/駸（qīn）

驱/驅（qū）

骚/騷（sāo）　骟/騸（shàn）　驶/駛（shǐ）

驷/駟（sì）

腾/騰（téng）　驮/馱（tuó、duò）　驼/駝（tuó）

骛/騖（wù）

骧/驤（xiāng）　骁/驍（xiāo）　驯/馴（xùn）

验/驗（yàn）　驿/驛（yì）　驭/馭（yù）

驵/駔（zǎng）　驺/騶（zōu）　骘/騭（zhì）

骤/驟（zhòu）　驻/駐（zhù）　骓/騅（zhuī）

## 【古诗文选读】

世有伯樂，然後有千里馬。千里馬常有，而伯樂不常有。故雖有名<u>馬</u>，祇辱於奴隸人之手，駢死於槽櫪之間，不以千里稱也。<u>馬</u>之千里者，一食或盡粟一石。食馬者不知其能千里而食也。是<u>馬</u>也，雖有千里之能，食不飽，力不足，才美不外見，且欲與常<u>馬</u>等不可得，安求其能千里也！策之不以其道，食之不能盡其材，鳴之而不能通其意，執策而臨之曰："天下無<u>馬</u>。"嗚呼！其真無<u>馬</u>耶？其真不知<u>馬</u>也！

——唐韩愈《马说》

# 248. 【买】mǎi

"买"字的现代常用义为用钱换东西，与"卖"相对，如"买菜"。

"买"对应的繁体字是"買"。"买"是"買"的草书楷化字形。简化时，用"买"代替"買"。"买"可用作简化偏旁。

## ［買］mǎi

《说文解字·贝部》："買，市也。从网贝。"会意字，从"贝"表示与钱财有关，从"网"表示网罗利润。本义为以钱购物，如《淮南子·说林》："然酤酒買肉，不離屠沽之家。"引申指收买、买通等义，如《三国演义》第七二回："後曹丕暗買植左右，偷答教來告操。"

## ［类推简化字］

荬/蕒（mǎi）

## 【古诗文选读】

惠能慈父，本官范陽，左降遷流嶺南，作新州百姓。惠能幼小，父又早亡，老母孤遺，移來南海，艱辛貧乏，於市賣柴。忽有一客<u>買</u>柴，使令惠能送至於官店。客將柴去，惠能得錢，却向門前，忽見一客讀《金剛經》，惠能一聞，心明便悟，乃問客曰："從何處來持此經典？"客答曰："我於蘄州黃梅縣東馮墓山，禮

拜五祖弘忍和尚，见今在彼，門人有千餘衆。我於彼聽見大師勸
道俗，但持《金剛經》，即得見性，直了成佛。"惠能聞說，宿業
有緣，便即辭親，往黄梅馮墓山，禮拜五祖弘忍和尚。

——唐慧能《坛经》

# 249.【卖】mài

"卖"字的现代常用义有：1. 拿东西换钱，跟"买"相对，
如"卖菜"。2. 卖弄，表现自己，如"卖乖"。3. 尽量用出来，
如"卖力气"。

"卖"对应的繁体字是"賣"。"卖"是"賣"的草书楷化字
形。简化时，用"卖"代替"賣"。"卖"可用作简化偏旁。

## ［賣］mài

《说文解字·出部》："賣，出物货也。从出从買。"会意字。
本义为以物换钱，即卖出，如《汉书·食货志下》："貴則賣之，
賤則買之。"卖东西需要向他人展示货物，由此引申为特意显露，
卖弄，如《庄子·天地》："獨弦哀歌以賣名聲於天下者乎？"

## ［类推简化字］

觌/覿（dí）　窦/竇（dòu）　读/讀（dú、dòu）
渎/瀆（dú）　椟/櫝（dú）　犊/犢（dú）　牍/牘（dú）
黩/黷（dú）　赎/贖（shú）　续/續（xù）

## 【古诗文选读】

陈康肃公堯諮善射，當世無雙，公亦以此自矜。嘗射於家

圃，有賣油翁釋擔而立，睨之，久而不去。見其發矢十中八九，但微頷之。康肅問曰：“汝亦知射乎？吾射不亦精乎？”翁曰：“無他，但手熟爾。”康肅忿然曰：“爾安敢輕吾射！”翁曰：“以我酌油知之。”乃取一葫蘆置於地，以錢覆其口，徐以杓酌油瀝之，自錢孔入，而錢不濕。因曰：“我亦無他，惟手熟爾。”康肅笑而遣之。

——宋欧阳修《归田录》卷一

# 250.【麦】mài

“麦”字的现代常用义为麦子，通常专指小麦。

“麦”对应的繁体字是“麥”。“麦”是“麥”的俗字。简化时，用“麦”代替“麥”。“麦”可用作简化偏旁。

［麥］mài

《说文解字·麦部》：“麥，芒穀。秋穜厚薶，故謂之麥。麥，金也。金王而生，火王而死。从來，有穗者；从夊（suī）。”会意字，“夊”象脚形，会到来之意，是“来去”之“来”的本字；“小麦”的本字实为“來（来）”。“麥”指麦子，如《诗经·豳风·七月》：“九月築場圃，十月納禾稼，黍稷重穋，禾麻菽麥。”

［类推简化字］

麸/麩（fū）　唛/嘜（mài）

## 【古诗文选读】

東周欲爲稻，西周不下水，東周患之。蘇子謂東周君曰：

"臣請使西周下水可乎?"乃往見西周之君曰:"君之謀過矣! 今不下水,所以富東周也。今其民皆種<u>麥</u>,無他種矣。君若欲害之,不若一爲下水,以病其所種。下水,東周必復種稻;種稻而復奪之。若是,則東周之民可令一仰西周,而受命於君矣。"西周君曰:"善。"遂下水。蘇子亦得兩國之金也。

——《战国策·东周策·东周欲为稻》

# 251.【么】me、ma、yāo

"么"字的现代常用义有:1. 词尾,如"怎么"。2. 语气词,用在句中停顿处,如"不让你去么,你又偏要去"。

"么"对应的字是"麽"和"么"。简化时,用"么"代替"麽"。但"麽"在"幺麽"一词中不简化。

## (一)[麽] mó、ma、me

1. mó。《说文解字·幺部》新附:"麽,細也。"从幺(后作"么"),麻声,形声字,义为细小,如唐韩愈《寄崔二十六立之》:"乃令千里鯨,么麽微蟲斯。"

2. ma。用同"吗",如《红楼梦》第十八回:"冷燭無煙綠蠟幹,都忘了麽?"

3. me。常用作词缀和语气词,这种用法在唐宋之际已经出现。今以"么"作语气词"麽"的简体字,如宋杨万里《腊夜普明寺睡觉》诗之一:"只麽功名是,如今悟解不?"

## (二)[么] yāo

"么"本作"幺"。《说文解字·幺部》:"幺,小也。象子初生之形。"象形字，本义为细小，如《文选·陆机〈文赋〉》："猶絃么而徽急，故雖和而不悲。"引申指最末、最后等义，如沙汀《困兽记》十四："自然是個擬議——至少民國么年它總會實行啦！"《简化字总表》规定把读"yāo"的"么"写作"幺"。

## 【古诗文选读】

些兒柄靶天來大。悶損也，還知麼。共伊合下、深盟厚約，比望收因結果。這好事，難成易破。到如今，彼此無那。

終日行行坐坐。未曾識，展眉則個。若還不是、前生註定，甚得許多摧挫。去你行，有甚罪過。送一場，煩惱與我。

——宋晁元礼《柳初新》

# 252.【霉】méi

"霉"字的现代常用义有：1. 衣服、食品等因受潮而变色变质，如"发霉"。2. 霉菌，真菌的一类，如"青霉素"。

"霉"对应的字是"黴"和"霉"。简化时，用"霉"代替"黴"。

## （一）［黴］méi

《说文解字·黑部》："黴，中久雨青黑，从黑，微省聲。"形声字，本义为发霉，如《淮南子·说山》："文公棄荏席，後黴黑，咎犯辭歸，故桑葉落而長年悲也。"引申指面黑等义，如《楚辞·王褒〈九怀·蓄英〉》："菸蘊兮黴黧，思君兮無聊。"

（二）［霉］méi

《正字通·雨部》："霉，梅雨也。"形声字，从雨，每声。本义指梅雨，如清曹寅《雨阻不得入城和梅岑》："霉雨疎還密，霉天暗復明。"后"发黴"写作"发霉"，"霉雨"写作"梅雨"。

## 【古诗文选读】

走不以手，縛手走不能疾；飛不以尾，屈尾飛不能遠；物之用者必待不用者。故使之見者，乃不見者也；使鼓鳴者，乃不鳴者也。嘗一臠肉，知一鑊之味；懸羽與炭，而知燥溼之氣；以小明大。見一葉落，而知歲之將暮；睹瓶中之冰，而知天下之寒；以近論遠。三人比肩，不能外出戶；一人相隨，可以通天下。足蹍地而爲跡，暴行而爲影，此易而難。莊王誅里史，孫叔敖制冠浣衣；文公棄茬席，後黴黑，咎犯辭歸，故桑葉落而長年悲也。鼎錯日用而不足貴，周鼎不爨而不可賤，物固有以不用而爲有用者。地平則水不流，重鈞則衡不傾，物之尤必有所感，物固有以不用爲大用者。先保而浴則可，以浴而保則不可；先祭而後饗則可，先饗而後祭則不可；物之先後各有所宜也。

——汉刘安《淮南子·说山》

# 253. 【门】mén

"门"字的现代常用义有：1. 院墙或车船等处的出入口，如"校门"。2. 形状或作用类似门的东西，如"闸门"。3. 生物的分类单位之一，如"被子植物门"。4. 宗教或学术思想上的派别，如"佛门"。5. 一般事物的分类，如"分门别类"。6. 家族或家族的一支，如"一门老小"。7. 量词，如"两门功课"。8. 事件，多指负面的事件，如"水门事件"。

"门"对应的繁体字是"門"。"门"是"門"的草书楷化字形。简化时，用"门"代替"門"。"门"可用作简化偏旁。

〔門〕mén

《说文解字·门部》："門，闻也。从二户。"象形字，本义为房屋的门，如《左传·襄公二十五年》："門启而入，枕尸股而哭。"引申指途径、方法等义，如《老子》第一章："玄之又玄，众妙之門。"

## 〔类推简化字〕

闭/閉（bì）

闯/闤（chuài）　阐/闡（chǎn）　阊/閶（chāng）

闯/闖（chuǎng）

阀/閥（fá）

搁/擱（gē、gé）　阁/閣、閤（gé）　闺/閨（guī）

阂/閡（hé）　阖/闔（hé）　阍/閽（hūn）

间/間（jiān、jiàn）　裥/襇（jiǎn）　简/簡（jiǎn）

涧/澗（jiàn）　锏/鐧（jiǎn、jiàn）　阄/鬮（jiū）

阚/闞（kàn、hǎn）　阚/䁌（kàn、hǎn）　锎/鐦（kāi）

闿/闓（kǎi）　阃/閫（kǔn）　阔/闊（kuò）

阑/闌（lán）　谰/讕（lán）　澜/瀾（lán）

斓/斕（lán）　镧/鑭（lán）　阆/閬（láng、làng）

蔺/藺（lìn）　躏/躪（lìn）　闾/閭（lǘ）　榈/櫚（lǘ）

扪/捫（mén）　钔/鍆（mén）　闷/悶（mēn、mèn）

焖/燜（mèn）　们/們（men）　闵/閔（mǐn）

闽/閩（mǐn）　悯/憫（mǐn）

闹/鬧（nào）

阒/闃（qù）　　阕/闋（què）　　阙/闕（quē、què）

闰/閏（rùn）　　润/潤（rùn）

闪/閃（shǎn）　　闩/閂（shuān）　　闼/闥（tà）

阗/闐（tián）

闱/闈（wéi）　　闻/聞（wén）　　阌/閿（wén）

问/問（wèn）

阋/鬩（xì）　　闲/閑（xián）　　娴/嫻（xián）

痫/癇（xián）　　鹇/鷴（xián）

阉/閹（yān）　　阏/閼（yān）　　阎/閻（yán）

阈/閾（yù）　　阅/閱（yuè）

闸/閘（zhá）　　阐/闡（zhèng）

## 【古诗文选读】

　　晏子使楚，以晏子短，楚人爲小門於大門之側而延晏子。晏子不入，曰："使狗國者，從狗門入；今臣使楚，不當從此門入。"儐者更道從大門入，見楚王。王曰："齊無人耶？"晏子對曰："臨淄三百閭，張袂成陰，揮汗成雨，比肩繼踵而在，何爲無人？"王曰："然則子何爲使乎？"晏子對曰："齊命使，各有所主，其賢者使使賢王，不肖者使使不肖王。嬰最不肖，故直使楚矣。"

——《晏子春秋·内篇杂下》

# 254.【蒙】mēng、méng、Měng

　　"蒙"字现代常用义有：1. mēng。①欺骗，如"别蒙人"；

②胡乱猜测，如"蒙对了"；③昏迷，如"蒙头转向"。2.
méng。①没有知识，如"启蒙"；②覆盖，如"蒙一层轻纱"；
③蒙蒙，形容雨点细小，如"蒙蒙细雨"；④模糊不清的样子，
如"蒙胧"；⑤朴实敦厚，如"蒙厚"；⑥（Méng）姓。3.
Měng。指蒙古族，如"蒙文"。

"蒙"对应的字是"蒙""濛""懞""矇"。简化时，用"蒙"
代替"濛""懞""矇"。

## （一）［蒙］mēng、méng、měng

1. mēng。昏迷，使昏迷，如峻青《海啸》第一章："莫非
藥下少了，没蒙住，跑了？"又有胡乱猜测义，如张寿臣《小神
仙》："一位對是蒙的，兩位對算碰的，三位對啦是巧勁兒，四位
要全對了，算我對相學有研究。"

2. méng。《说文解字・艸部》："蒙，王女也。从艸，冡
聲。"形声字，本义为草名，即菟丝，后用作覆盖义，如《诗
经・鄘风・君子偕老》："蒙彼縐絺，是紲袢也。"引申为冒着、
顶着等义，如《左传・襄公十四年》："乃祖吾離被苦蓋、蒙荆棘
以來歸我先君。"

3. Měng。指蒙古族。

## （二）［濛］méng

《说文解字・水部》："濛，微雨也。从水，蒙聲。"形声字，
本义为小雨，如《诗经・豳风・东山》："我來自東，零雨其濛。"
引申指弥漫笼罩，如唐李山甫《寒食》："柳凝東風一向斜，春陰
澹澹濛人家。"

## （三）［懞］méng

《集韵・东韵》："懞，愨厚皃。"义为厚道朴实，如《管子・

五輔》：“敦懞純固，以備禍亂。”

（四）［矇］méng

《说文·目部》：“童矇也。一曰不明也。从目，蒙聲。”形声字，本义为眼睛失明，如《周礼·春官·序官》“瞽矇”郑玄注引汉郑司农曰：“有目联而無見謂之矇。”引申指蒙昧无知等义，如汉王充《论衡·量知》：“人未學問曰矇。矇者，竹木之類也。”

## 【古诗文选读】

秦時，南方有落頭民，其頭能飛。其種人部有祭祀，號曰“蟲落”，故因取名焉。吳時，將軍朱桓得一婢，每夜臥後，頭輒飛去。或從狗竇，或從天窗中出入，以耳爲翼，將曉，復還。數數如此，傍人怪之，夜中照視，唯有身無頭，其體微冷，氣息裁屬。乃蒙之以被。至曉，頭還，礙被不得安，兩三度，墮地，噫咤甚愁，體氣甚急，狀若將死。乃去被，頭復起，傅頸。有頃和平。桓以爲大怪，畏不敢畜，乃放遣之。既而詳之，乃知天性也。時南征大將，亦往往得之。又嘗有覆以銅盤者，頭不得進，遂死。

——晋干宝《搜神记》卷十二

# 255.【梦】mèng

“梦”字的现代常用义有：1. 睡眠时大脑里的影像活动，如“梦乡”。2. 做梦，如“梦见”。3. 比喻空想或者愿望，如“美梦成真”。

“梦”对应的繁体字是“癔”和“夢”。“梦”是“夢”的俗字。简化时，用"梦"代替"癔"和"夢"。

## （一）［癔］mèng

《说文解字·癔部》："癔，寐而有覺也。从宀从疒，夢聲。"段玉裁注："今字假夢爲之，夢行而癔廢矣。"《字彙·宀部》："癔，與夢同。"形声字，义为做梦，如《淮南子·俶真》："譬若癔爲鳥而飛於天，癔爲魚而没於淵，方其癔也，不知其癔也，覺而後知其癔也。"文献中常作"夢"。

## （二）［夢］méng、mèng

1. méng。《说文解字·夕部》："夢，不明也。从夕，瞢省聲。"清王夫之《说文广义》三："夢，从瞢省，从夕。目既瞢矣，而又當夕，夢然益無所見矣。故訓云'不明也'。"形声字，本义为不明，如《诗经·大雅·荡之什·抑》："視爾夢夢，我心慘慘。"

2. mèng，同"癔"。本义为睡眠时大脑里的影像活动，如唐杜甫《梦李白》诗之二："故人入我夢，明我長相憶。"引申指做梦，如唐李白《梦游天姥吟留别》："我欲因之夢吳越，一夜飛度鏡湖月。"

## 【古诗文选读】

豫章有戴氏女，久病不差，見一小石形像偶人，女謂曰："爾有人形，豈神？能差我宿疾者，吾將重汝。"其夜，夢有人告之："吾將佑汝。"自後疾漸差，遂爲立祠山下。戴氏爲巫，故名戴侯祠。

——晋干宝《搜神记》卷四

# 256. 【面】miàn

"面"字的现代常用义有：1. 脸，如"面带笑容"。2. 用脸对着，向着，如"背山面水"。3. 当面，如"面谈"。4. 事物的外表，如"地面"。5. 几何图形，如"平面"。6. 方面，边，部，如"面面俱到"。7. 量词，用于扁平的物体，如"一面旗"。8. 粮食磨成的粉，如"面粉"。9. 粉末，如"辣椒面"。10. 面条，如"方便面"。11. 食物含纤维少而口感绵软，如"这个瓜很面"。

"面"对应的字是"面"和"麵"。简化时，用"面"代替"麵"。

## （一）［面］miàn

《说文解字·面部》："面，颜前也。从百，象人面形。"象形字，本义指脸，如《墨子·非攻中》："君子不镜於水而镜於人。镜於水，见面之容；镜於人，则知吉与凶。"引申指见、会面等义，如《左传·昭公六年》："固请见之，见，如见王，以其乘马八匹私面。""面"另有异体字作"靣"。

## （二）［麵］miàn

《说文解字·麦部》作"麪"："麪，麥末也。从麥，丏聲。"段玉裁注："末者，屑之尤细者。"形声字，本义指面粉、米面等粮食，如南朝宋袁淑《驴山公九锡文》："嘉麥既熟，實須精麪。"引申指粉状物等义，如北魏贾思勰《齐民要术·五谷》："《蜀志记》曰：莎树出麪，一树出一石，正白而味似桄榔。"后作

"麵"，从麥，面声，如《朱子语类》卷第十五："意誠，如蒸餅，外面是白麵，透裏是白麵。"

## 【古诗文选读】

且莫奏短歌，聽余苦辛詞。如今刀筆士，不及屠酤兒。少年無事學詩賦，豈意文章復相誤。東西南北少知音，終年竟歲悲行路。仰面訴天天不聞，低頭告地地不言。天地生我尚如此，陌上他人何足論？誰謂西江深，涉之固無憂。誰謂南山高，可以登之遊。險巇唯有世間路，一嚮令人堪白頭。貴人立意不可測，等閒桃李成荊棘。風塵之士深可親，心如雞犬能依人。悲來却憶漢天子，不棄相如家舊貧。勸君且飲酒，酒能散羈愁。誰家有酒判一醉，萬事從他江水流。

——唐戎昱《苦辛行》

# 257. 【庙】miào

"庙"字的现代常用义有：1. 旧时供奉祖宗神位的地方，如"宗庙"。2. 供奉神佛或历史名人的建筑，如"孔庙"。

"庙"对应繁体字"廟"。"庙"是"廟"的俗字。简化时，用"庙"代替"廟"。

### ［廟］miào

《说文解字·广部》："廟，尊先祖皃也。从广，朝聲。"形声字，本义是设置祖先牌位以供祭祀的建筑，如《诗经·大雅·思齐》："雝雝在宫，肅肅在廟。"引申指供祀神、佛或前代贤哲的屋舍等义，如唐韩愈《唐故中散大夫少府监胡良公墓神道碑》：

"州經亂，無孔子廟。"

## 【古诗文选读】

張忠定少時，謁華山陳圖南，遂欲隱居華山。圖南曰："他人即不可知。如公者，吾當分半以相奉。然公方有官職，未可議此。其勢如失火家待君救火，豈可不赴也?"乃贈以一詩曰："自吳入蜀是尋常，歌舞筵中救火忙。乞得金陵養閑散，亦須多謝鬢邊瘡。"始皆不諭其言。後忠定更鎮杭、益，晚年有瘡發於項後，治不差，遂自請得金陵，皆如此詩言。忠定在蜀日，與一僧善。及歸，謂僧曰："君當送我至鹿頭，有事奉託。"僧依其言至鹿頭關，忠定出一書，封角付僧曰："謹收此，後至乙卯年七月二十六日，當請於官司，對衆發之。慎不可私發，若不待其日及私發者，必有大禍。"僧得其書，至大中祥符七年，歲乙卯，時凌待郎策師蜀，僧乃持其書詣府，具陳忠定之言。其僧亦有道者，凌信其言，集從官共開之，乃忠定真容也。其上有手題曰："詠當血食於此。"後數日，得京師報，忠定以其年七月二十六日捐館。凌乃爲之築廟於成都。蜀人自唐以來，嚴祀韋南康，自此乃改祠忠定至今。

        ——宋沈括《梦溪笔谈·神奇》

# 258. 【灭】miè

  "灭"字的现代常用义有：1. 使火熄，如"灭火器"。2. 完，尽，如"自生自灭"。3. 淹没，如"灭顶之灾"。

  "灭"对应的繁体字是"滅"。简化时，删减"滅"的构件，简作"灭"。

［滅］miè

《说文解字·水部》：“滅，盡也。”从水，威声，形声字。本指用器械扑打灭火，如《诗经·小雅·正月》：“燎之方揚，寧或滅之?”引申指淹没等义，如《庄子·秋水》：“赴水則接腋持頤，蹶泥則没足滅跗。”

## 【古诗文选读】

夏五月，詔曰：“蜀，蕞爾小國，土狹民寡，而姜維虐用其衆，曾無廢志；往歲破敗之後，猶復耕種沓中，刻剝衆羌，勞役無已，民不堪命。夫兼弱攻昧，武之善經，致人而不致於人，兵家之上略。蜀所恃賴，唯維而已，因其遠離巢窟，用力爲易。今使征西將軍鄧艾督帥諸軍，趣甘松、沓中以羅取維，雍州刺史諸葛緒督諸軍趣武都、高樓，首尾蹙討。若擒維，便當東西并進，掃滅巴蜀也。”又命鎮西將軍鍾會由駱谷伐蜀。

——《三国志·魏志·陈留王奂传》

# 259. 【蔑】miè

“蔑”字的现代常用义有：1. 造谣，诽谤，如“污蔑”。2. 微小，轻侮，如“蔑视”。

“蔑”对应的字是“蔑”和“衊”。简化时，用“蔑”代替“衊”。

## （一）［蔑］miè

《说文解字·苜部》：“蔑，勞，目無精也。从苜，人勞則蔑然；从戌。"此解为会意字。甲骨文"蔑"字上面突出人的眉目，代表人，下面是"戈"（后讹作"戌"），合起来表示以戈击人，即杀伐之义，如《国语·周语中》："今将大泯其宗祊，而蔑杀其民人，宜吾不敢服也！""蔑"又有小的意思，如汉扬雄《法言·学行》："視日月而知衆星之蔑也，仰聖人而知衆説之小也。"引申为轻蔑、小视等义，如晋左思《咏史》之八："外望無寸禄，內顧無斗儲。親戚還相蔑，朋友日夜疏。"

## （二）［衊］miè

《说文解字·血部》："衊，污血也，从血，蔑聲。"形声字，本义为污血，如《素问·气厥论》："膽移熱於腦，則辛頞鼻淵。鼻淵者，濁涕下不止也，傳爲衄衊瞑目。"引申为血染，如《新唐书·藩镇传·田悦》："大夫親斷逆首，血衊衣袖。"又引申为以恶名加人，如《新唐书·桓彦范传》："彦范等未訊即誅，恐爲讐家誣衊，請遣御史按實。"

## 【古诗文选读】

濠州定遠縣一弓手，善用矛，遠近皆伏其能。有一偷，亦善擊刺，常蔑視官軍，唯與此弓手不相下，曰："見必與之決生死。"一日，弓手者因事至村步，適值偷在市飲酒，勢不可避，遂曳矛而鬬。觀者如堵牆。久之，各未能進。弓手者忽謂偷曰："尉至矣。我與爾皆健者，汝敢與我尉馬前決生死乎？"偷曰："喏。"弓手應聲刺之，一舉而斃，蓋乘其隙也。又有人曾遇強寇鬬，矛刃方接，寇先含水滿口，忽噀其面。其人愕然，刃已揕胸。後有一壯士復與寇遇，已先知噀水之事。寇復用之，水纔出口，矛已洞頸。蓋已陳芻狗，其機已泄，恃勝失備，反受其害。

——宋沈括《梦溪笔谈·权智》

# 260.【黾】mǐn

"黾"字的现代常用义为努力、勉力，如"黾勉"。

"黾"对应的繁体字是"黽"。"黾"是"黽"的俗字。简化时，用"黾"代替"黽"。"黾"可用作简化偏旁。

［黽］měng、mǐn、miǎn

1. měng。《说文解字·黽部》："黽，鼃（古同蛙）黽也。从它，象形。"象形字，一种蛙，如《尔雅·释鱼》："在水者黽。"

2. mǐn。蛙鸣腹鼓，像鼓劲的样子，因此用来表示努力，如宋苏轼《屈原庙赋》："黽勉於亂世而不能去兮，又或爲之臣佐。"

3. miǎn。"黽池"，古地名，在今河南。

［**类推简化字**］

渑/澠（miǎn、shéng）　　绳/繩（shéng）　　鼍/鼉（tuó）

蝇/蠅（yíng）　　鼋/黿（yuán）

## 【古诗文选读】

子墨子曰：天下從事者不可以無法儀，無法儀而其事能成者，無有也。雖至士之爲將相者，皆有法，雖至百工從事者，亦皆有法。百工爲方以矩，爲圓以規，直以繩，正以縣。無巧工不巧工，皆以此五者爲法。巧者能中之，不巧者雖不能中，放依以從事，猶逾已。故百工從事，皆有法所度。

——《墨子·法仪第四》

# 261. 【亩】mǔ

"亩"字的现代常用义为土地面积单位，一亩为六十平方丈，合 666.67 平方米。

"亩"对应的繁体字是"畝"。简化时，删去"畝"的右边部件"久"，简为"亩"。

[畝] mǔ

《说文解字·田部》作"畮"："畮，六尺爲步，步百爲畮。从田，毎聲。"形声字，其本义为田埂、田垄，如《诗经·齐风·南山》："蓺麻如之何？衡從其畝。"引申为田亩、农田，如《诗经·豳风·七月》："同我婦子，饁彼南畝。"进而引申为土地面积单位，如《诗经·魏风·十亩之间》："十畝之間兮，桑者閑閑兮，行與子還兮。""畝"另有异体字作"畂""畆""畮""畎"等。

## 【古诗文选读】

既歸，凝思成疾，眠餐頓廢。解姥輒進甘旨，日三四省，撫摩殷切，病不少瘥。姥慢之，罔所爲計，曰："吳江王壽期已促，且爲奈何！"薄暮，一童子來，坐榻上與語，自言："隸蛺蝶部。"從容問曰："君病爲晚霞否？"端驚問："何知？"笑曰："晚霞亦如君耳。"端悽然起坐，便求方計。童問："尚能步否？"答云："勉強尚能自力。"童挽出，南啟一戶，折而西，又闢雙扉。見蓮花數十畝，皆生平地上，葉大如席，花大如蓋，落瓣堆梗下盈尺。童引入其中，曰："姑坐此。"遂去。少時，一美人撥蓮花而入，则晚霞也。相见惊喜，各道相思，略述生平。遂以石压荷盖令侧，雅可障蔽；又匀铺莲瓣而藉之，忻与狎寝。既订后约，日以夕阳为候，乃别。端归，病亦寻愈。由此两人日会于莲畝。

——清蒲松龄《聊斋志异·晚霞》

# 262. 【难】nán、nàn

"难"字的现代常用义有：1. nán。①不容易，如"艰难"；②使人不好办，如"难为"；③不好，如"难看"。2. nàn。①灾患，困苦，如"难民"；②诘责，如"刁难"。

"难"对应的繁体字是"難"。简化时，用符号"又"代替"難"的左偏旁，简作"难"。"难"可用作简化偏旁。

［難］nán、nàn

1. nán。《说文解字·鸟部》作"鸛"："鸛，鳥也。从鳥，堇聲。"形声字，本义是鸟名，文献不见用。假借表困难、艰难，如《尚书·说命中》："禮煩則亂，事神則難。"

2. nàn。由困难引申指程度更重的灾难、忧患等，如《左传·庄公三十年》："自毁其家，以紓楚國之難。"

［类推简化字］

傩/儺（nuó）　摊/攤（tān）　滩/灘（tān）
瘫/癱（tān）

【古诗文选读】

景公將觀於淄上，與晏子閒立。公喟然歎曰："嗚呼！使國

可长保而傳於子孫，豈不樂哉?"晏子對曰："嬰聞明王不徒立，
百姓不虛至。今君以政亂國，以行棄民久矣，而聲欲保之，不亦
難乎! 嬰聞之，能長保國者，能終善者也。諸侯並立，能終善者
爲長; 列士並學，能終善者爲師。昔先君桓公，其方任賢而贊德
之時，亡國恃以存，危國仰以安，是以民樂其政而世高其德，行
遠征暴，勞者不疾，驅海内使朝天子，而諸侯不怨。當是時，盛
君之行不能進焉。及其卒而衰，怠於德而並於樂，身溺於婦侍而
謀因豎习，是以民苦其政，而世非其行，故身死乎胡宫而不舉，
蟲出而不收。當是時也，桀紂之卒不能惡焉。《詩》曰:'靡不有
初，鮮克有終。'不能終善者，不遂其君。今君臨民若寇讎，見
善若避熱，亂政而危賢，必逆於衆，肆欲於民，而誅虐於下，恐
及於身，嬰之年老，不能待於君使矣，行不能革，則持節以没
世耳。"

——《晏子春秋·内篇谏上》

# 263. 【恼】nǎo

"恼"字的现代常用义有：1. 发怒，愤恨，如"恼怒"。
2. 烦闷，苦闷，如"苦恼"。

"恼"对应的繁体字是"惱"。"恼"是"惱"的草书楷化字
形。简化时，用"恼"代替"惱"。

## ［惱］nǎo

《说文解字·女部》作"嫐"："嫐，有所恨也。从女甾聲。
今汝南人有所恨曰嫐。"后写作"惱"字，形声字，本义指怨恨、
发怒，如唐卢仝《寄男抱孙》："任汝惱弟妹，任汝惱姨舅。"引

申指烦恼等义，如《陈书·姚察传》："將終，曾無痛惱，但西向坐，正念，云'一切空寂'。"

## 【古诗文选读】

一日與數人樵山中，欻有虎至，衆懼而伏，虎竟啣誠去。虎負人行緩，爲訥追及，訥力斧之，中胯。虎痛狂奔，莫可尋逐，痛哭而返。衆慰解之，哭益悲。曰："吾弟，非猶夫人之弟；況爲我死，我何生焉！"遂以斧自刎其項。衆急救之，入肉者已寸許，血溢如涌，眩瞀殞絕。衆駭，裂之衣而約之，群扶而歸。母哭罵曰："汝殺吾兒，欲劃頸以塞責耶！"訥呻云："母勿煩惱，弟死，我定不生！"置榻上，創痛不能眠，惟晝夜依壁坐哭。父恐其亦死，時就榻少哺之，牛輒詬責，訥遂不食，三日而斃。村中有巫走無常者，訥途遇之，面訴曩苦。因問弟所，巫言不聞，遂反身導訥去。至一都會，見一皂衫人自城中出，巫要遮代問之。皂衫人于佩囊中檢牒審顧，男婦百餘，並無犯而張者。巫疑在他牒。皂衫人曰："此路屬我，何得差逮。"訥不信，強巫入內城。城中新鬼、故鬼往來憧憧，亦有故識，就問，迄無知者。忽共嘩言："菩薩至！"仰見雲中有偉人，毫光徹上下，頓覺世界通明。巫賀曰："大郎有福哉！菩薩幾十年一入冥司，拔諸苦惱，今適值之。"便捽訥跪。衆鬼囚紛紛籍籍，合掌齊誦慈悲救苦之聲，関騰震地。菩薩以楊柳枝遍灑甘露，其細如塵；俄而霧收光斂，遂失所在。訥覺頸上沾露，斧處不復作痛。巫乃導與俱歸，望見里門，始別而去。訥死二日，豁然竟甦，悉述所遇，謂誠不死。母以爲撰造之誣，反詬罵之。訥負屈無以自伸，而摸創痕良瘥。自力起，拜父曰："行將穿雲入海往尋弟，如不可見，終此身勿望返也。願父猶以兒爲死。"翁引空處與泣，無敢留之，訥乃去。

——清蒲松龄《聊斋志异·张诚》

317

# 264. 【脑】nǎo

"脑"字的现代常用义有：1. 大脑，如"脑电图"。2. 头，如"探头探脑"。3. 脑筋，如"脑力劳动"。4. 形状或颜色像脑子的东西，如"豆腐脑儿"。5. 从物体中提炼出的精华部分，如"薄荷脑"。6. 事物剩下的零碎部分，如"针头线脑"。

"脑"对应的繁体字是"腦"。简化时，根据"腦"字的草书楷化字形，简化为"脑"。

［腦］nǎo

《说文解字·匕部》作"匘"："匘，頭髓也。从匕；匕，相匕著也。巛象髮，囟象匘形。"会意字，后写作"腦"，本义为脑髓，如《左传·僖公二十八年》："晉侯夢與楚子搏，楚子伏己而盬其腦。"后来引申指头颅、脑筋等义，如唐段成式《酉阳杂俎·侠盗》："韋知其盜也，乃彈之，正中其腦。"

## 【古诗文选读】

凡蠶卵中受病，已詳前款。出後濕熱積壓，妨忌在人。初眠騰時，用漆合者，不可蓋掩，逼出氣水。凡蠶將病，則腦上放光，通身黃色，頭漸大而尾漸小；並及眠之時，遊走不眠，食葉又不多者，皆病作也。急擇而去之，勿使敗群。凡蠶強美者必眠葉面，壓在下者或力弱或性懶，作繭亦薄。其作繭不知收法，妄吐絲成闊窩者，乃蠢蠶，非懶蠶也。

——明宋应星《天工开物·乃服第二卷·病症》

# 265. 【拟】nǐ

"拟"字的现代常用义有：1. 打算，计划，如"拟往北京"。2. 初步编制，如"拟订计划"。3. 模仿，如"模拟"。4. 猜测，假设，如"虚拟"。5. 相比较，如"比拟"。

"拟"对应的繁体字是"擬"。简化时，用"以"代替"疑"，简作"拟"。

[擬] nǐ

《说文解字·手部》："擬，度也。从手，疑聲。"形声字，本义为揣度、推测，如《易·系辞上》："擬之而後言，議之而後動。"后引申为打算等义，如宋柳永《凤栖梧》："擬把疏狂圖一醉，對酒當歌，强樂還無味。"

## 【古诗文选读】

二十日，晴霽，出步柴埠門外，由鐵樓門入。途中見折寶珠茶，花大瓣密，其紅映日；又見折千葉緋桃，含苞甚大，皆桃花冲物也，擬往觀之。而前晚下午，忽七門早閉，蓋因東安有大盜臨城，祁陽亦有盜殺掠也。余恐閉於城外，遂復入城，訂明日同靜聞往遊焉。

——明徐弘祖《徐霞客游记·楚游日记》

# 266. 【酿】niàng

"酿"字的现代常用义有：1. 利用发酵作用制造，如"酿酒"。2. 酒，如"佳酿"。

"酿"对应的繁体字是"釀"。简化时，将"釀"的声旁"襄"改为"良"，简作"酿"字。

［釀］niàng

《说文解字·酉部》："釀，醖也。作酒曰釀。从酉，襄聲。"形声字，本义指酿酒，如汉邹阳《酒赋》："清者爲酒，濁者爲醴。清者聖明，濁者頑騃，皆麴湒丘之麥，釀野田之米。"引申指酒，如《晋书·何充传》："充能飲酒，雅爲劉惔所貴。惔每云：'見次道飲，令人欲傾家釀。'"

## 【古诗文选读】

造神麴黍米酒方：細銼麴，燥曝之。麴一斗，水九斗，米三石。須多作者，率以此加之。其甕大小任人耳。桑欲落時作，可得周年停。初下，用米一石；次酘，五斗；又四斗，又三斗。以漸，待米消即酘，無令勢不相及。味足沸定爲熟。氣味雖正，沸未息者，麴勢未盡，宜更酘之，不酘則酒味苦薄矣。得所者，酒味輕香，實勝凡麴。初釀此酒者，率多傷薄，何者？猶以凡麴之意忖度之。蓋用米既少，麴勢未盡故也，所以傷薄耳。不得令雞狗見。所以專取桑落時作者，黍必令極冷也。

——北魏贾思勰《齐民要术·造神曲并酒》

# 267.【鸟】niǎo、diǎo

"鸟"字的现代常用义有：1. niǎo。指飞鸟。2. diǎo。指人、畜的雄性生殖器，多用来骂人。

"鸟"对应的繁体字是"鳥"。简化时，保留"鳥"字轮廓，省简笔画，简作"鸟"，中间的一点是为了和"乌"字区别。"鸟"可用作简化偏旁。

[鳥] niǎo、diǎo

1. niǎo。《说文解字·鸟部》："鳥，長尾禽總名也。象形。鳥之足似匕，从匕。"象形字，本义为尾羽长的飞禽，后泛指鸟类，如《诗经·鹿鸣之什·伐木》："伐木丁丁，鳥鳴嚶嚶。"

2. diǎo。人、畜的雄性生殖器，多用为詈词，如明冯梦龙《古今谭概·容悦·洗鸟》："大學士萬安老而陰痿，徽人倪進賢以藥劑湯洗之，得爲庶吉士，授御史。時人目爲洗鳥御史。"

[类推简化字]

鹌/鵪（ān）

鸨/鴇（bǎo）　鹁/鵓（bó）

鸧/鶬（cāng）　鹚/鶿（cí）　鸱/鴟（chī）　鹑/鶉（chún）

岛/島（dǎo）　捣/搗（dǎo）　鸢/鳶（diào）

鸫/鶇（dōng）

鹅/鵝（é）　鹗/鶚（è）　鸸/鴯（ér）

凫/鳧（fú）

鸽/鴿（gē）　鹒/鶊（gēng）　鸪/鴣（gū）

鹘/鶻（gǔ、hú）　鸹/鴰（guā）　鹳/鸛（guàn）

鹖/鶡（hé）　鹤/鶴（hè）　鸻/鴴（héng）

鸿/鴻（hóng）　鹄/鵠（gǔ、hú）　鹕/鶘（hú）

鹡/鶺（jí）　鹣/鶼（jiān）　鹪/鷦（jiāo）

鹪/鵁（jiāo）　鶄/鶄（jīng）　鸠/鳩（jiū）

鹫/鷲（jiù）　鹝/鶪（jú）　鹃/鵑（juān）

鹂/鸝（lí）　鹩/鷯（liáo）　鴷/鴷（liè）　鸰/鴒（líng）

鹨/鷚（liù）　鸬/鸕（lú）　鹭/鷺（lù）　鸾/鸞（luán）

鹛/鶥（méi）　鹋/鶓（miáo）　鸣/鳴（míng）

茑/蔦（niǎo）　袅/裊（niǎo）

鸥/鷗（ōu）

鹏/鵬（péng）　鸊/鷿（pì）

鹐/鵮（qiān）　鹙/鶖（qiū）　鸲/鴝（qú）

鹊/鵲（què）

鸤/鳲（shī）　鸶/鷥（sī）

鹈/鷉（tī）　鹈/鵜（tí）　鸵/鴕（tuó）

鹉/鵡（wǔ）　鹜/鶩（wù）

鹇/鷳（xián）　枭/梟（xiāo）　鸮/鴞（xiāo）

鸺/鵂（xiū）

鸦/鴉（yā）　鸭/鴨（yā）　鸯/鴦（yāng）

鹞/鷂（yào）　鹥/鷖（yī）　莺/鶯（yīng）

鹦/鸚（yīng）　鹰/鷹（yīng）　鹆/鵒（yù）　鹬/鷸（yù）

鸢/鳶（yuān）　鸳/鴛（yuān）

鹯/鸇（zhān）　鹧/鷓（zhè）　鸩/鴆（zhèn）

鸷/鷙（zhì）　鹠/鵃（zhōu）

## 【古诗文选读】

葛之覃兮，施于中谷，维叶萋萋。黄鸟于飞，集于灌木，其

322

嗚喈喈。

葛之覃兮，施于中谷，維葉莫莫。是刈是濩，爲絺爲綌，服之無斁。

言告師氏，言告言歸。薄污我私，薄澣我衣。害澣害否？歸寧父母。

——《诗经·周南·葛覃》

# 268.【聂】niè

"聂"字现代主要用作姓氏。

"聂"对应的繁体字是"聶"。简化时，将"聶"下面的两个"耳"都换作符号"又"，简作"聂"。"聂"可用作简化偏旁。

## ［聶］niè

《说文解字·耳部》："聶，附耳私小語也。从三耳。"会意字，本义为附耳小声说话，是"嗫"的本字。又为地名，在今山东省聊城东北，由地名转指姓氏，《通志·氏族略三》："聶氏，衛大夫食采於聶，因氏焉。"

## ［类推简化字］

蹑/躡（niè）　嗫/囁（niè）　镊/鑷（niè）　颞/顳（niè）
慑/懾（shè）　摄/攝（shè）　滠/灄（shè）

## 【古诗文选读】

堯立七十年得舜，二十年而老，令舜攝行天子之政，薦之於天。堯辟位凡二十八年而崩。百姓悲哀，如喪父母。三年，四方莫举乐，以思尧。尧知子丹朱之不肖，不足授天下，於是乃權授舜。授舜，則天下得其利而丹朱病；授丹朱，則天下病而丹朱得其利。尧曰"終不以天下之病而利一人"，而卒授舜以天下。尧崩，三年之喪畢，舜讓辟丹朱於南河之南。諸侯朝覲者不之丹朱而之舜，獄訟者不之丹朱而之舜，謳歌者不謳歌丹朱而謳歌舜。舜曰"天也"，夫而後之中國踐天子位焉，是爲帝舜。

——《史记·五帝本纪》

# 269.【宁】níng、nìng

"宁"字的现代常用义有：1. níng。①安宁，如"鸡犬不宁"；②使安宁，如"息事宁人"；③（Níng）江苏省南京的别称；④（Níng）姓。2. nìng。宁可，如"宁缺毋滥"。

"宁"对应的字是"寧"和"宁"。简化时，用"宁"代替"寧"。"宁"可用作简化偏旁。

## （一）［宁］zhù

《说文解字·宁部》："宁，辨積物也。象形。"本义为积聚，是"贮"的本字。"寧"的简化字与此字同形，为避免混淆，将读 zhù 的"宁"（包括偏旁）改为"㝉"，如"㝉（佇）""貯（貯）"等。

## （二）［寧］nìng、níng

1. nìng。《说文解字·丂部》："寧，願詞也。从丂（kǎo），寍聲。"本义为宁愿、宁可，如《左传·定公十三年》："與其害於民也，寧我獨死。"又作副词，相当于岂、难道，如《史记·陈涉世家》："王侯將相，寧有種乎？"

324

2. níng。《说文解字·宀部》段玉裁注："寍，安也。此安宁正字。今则宁行而寍废矣。""宁"本借用作"寍"，义为安宁，如《尚书·大禹谟》："野无遗贤，萬邦咸寧。"后"寍"字废用，其音义都并入"寧"。

"寧"有异体字作"寗"。另外，"甯"字以前被当作"寧"字的异体字，现《通用规范汉字表》将"甯"字调整为规范字，可用于姓氏人名。"甯"字其他用法仍简化作"宁"字。

### ［类推简化字］

柠/檸（níng）　咛/嚀（níng）　拧/擰（níng、nǐng）

狞/獰（níng）　聍/聹（níng）　泞/濘（nìng）

### 【古诗文选读】

青青子衿，悠悠我心。縱我不往，子寧不嗣音？
青青子佩，悠悠我思。縱我不往，子寧不來？
挑兮達兮，在城闕兮。一日不見，如三月兮。

——《诗经·郑风·子衿》

# 270.【农】nóng

"农"字的现代常用义有：1. 种庄稼，如"务农"。2. 农民，如"菜农"。

"农"对应的繁体字是"農"。"农"是"農"的草书楷化字形。简化时，用"农"代替"農"。"农"可用作简化偏旁。

［農］nóng

《说文解字·晨部》作"農"："農，耕也。从晨，凶聲。"古文从田、从辰（农具），会意字，隶定后写作"農"。本义为耕田、耕种，汉仲长统《昌言》下："天爲之時，而我不農，穀亦不可得而取之。"引申指农业，如唐太宗《久旱简刑诏》："農爲政本，食乃人天。"

［类推简化字］

侬/儂（nóng）　浓/濃（nóng）　哝/噥（nóng）
脓/膿（nóng）

【古诗文选读】

樊遲請學稼。子曰："吾不如老農。"請學爲圃。曰："吾不如老圃。"樊遲出。子曰："小人哉，樊須也！上好禮，則民莫敢不敬；上好義，則民莫敢不服；上好信，則民莫敢不用情。夫如是，則四方之民襁負其子而至矣，焉用稼？"

——《论语·子路》

# 271.【疟】nüè、yào

"疟"字的现代常用义有：1. nüè。疟疾，传染病，症状是周期性地发冷发热，热后大量出汗，全身无力，俗称打摆子，冷热病。2. yào。疟子，即疟疾，主要用于口语。

"疟"对应的繁体字是"瘧"。简化时，删减"瘧"的部件"虍"，简作"疟"。

〔瘧〕nüè、yào

1. nüè。《说文解字·疒部》："瘧，熱寒休作。从疒从虐，虐亦聲。"形声兼会意字，指疟疾，《素问·疟论》："瘧之始發也，先起於毫毛，伸欠乃作，寒慄鼓頷，腰脊具痛，寒去則内外皆熱，頭痛如破，渴欲冷飲。"如《左传·昭公十九年》："夏，許悼公瘧。"

2. yào。口语中称疟疾为"瘧子"，如老舍《龙须沟》第一幕："蚊子叮了才發瘧子呢。看咱們這兒，蚊子打成團。"张天翼《最后列车》："他腿子像發瘧子似地抖索。"

## 【古诗文选读】

治瘧病方：鼠婦、豆豉二七枚，合搗令相和。未發時服二丸，欲發時服一丸。

又方：青蒿一握，以水二升漬，絞取汁，盡服之。

又方：用獨父蒜，於白炭上燒之，末，服方寸匕。

又方：五月五日，蒜一片去皮，中破之，刀割令合容巴豆一枚，去心皮，内蒜中，令合。以竹挾，以火炙之，取可熱，搗爲三丸。未發前服一丸。不止，復與一丸。

又方：取蜘蛛一枚，蘆管中密塞管中以縮頸，過發時乃解去也。

——晋葛洪《肘后备急方·治寒热诸疟方》

# 272. 【盘】pán

"盘"字的现代常用义有：1. 盘子，如"杯盘狼藉"。2. 形状像盘子或有盘的功用的物品，如"方向盘"。3. 回旋地绕，如"盘根错节"。4. 垒，砌，如"盘灶"。5. 仔细查究，如"盘问"。6. 市场的行情，如"开盘"。7. 转让，如"把饭店盘出去"。8. 量词，如"一盘棋"。

"盘"对应的繁体字是"盤"。简化时，删减"盤"声旁"般"的右部部件"殳"，简化为"盘"。

[盤] pán

《说文解字·木部》作"槃"："槃，承槃也。从木，般聲。"后作"盤"，从皿，般声，形声字，本义指一种扁浅的器皿，如《史记·滑稽列传》："日暮酒闌，合尊促坐，男女同席，履舄交错，杯盤狼藉。"引申指盘绕、盘曲等义，如《后汉书·安帝纪》："帝自在邸第，數有神光照室，又有赤蛇盤於牀第之間。"

## 【古诗文选读】

南嶽李巖老好睡，衆人食飽下棋，巖老輒就枕，閱數局乃一展轉，云："君幾局矣？"東坡曰："巖老常用四腳棋盤，祇著一色黑子。昔與邊韶敵手，今被陳搏饒先。著時自有輸贏，著了並無一物。"歐陽公詩云："夜涼吹笛千山月，路暗迷人百種花。棋罷不知人換世，酒闌無奈客思家。"殆是類也。

——宋苏轼《东坡志林·题李岩老》

# 273. 【辟】pì、bì

"辟"字的现代常用义有：1. pì。①开拓，如"开天辟地"；②驳斥，如"辟谣"；③透彻，如"精辟"。2. bì。①君主，如

"复辟";②避免,如"辟邪"。

"辟"对应的字是"辟"和"闢"。"辟"是"闢"的本字。简化时,用"辟"代替"闢"。

## (一)[辟] pì、bì

1. pì。《说文解字·辟部》:"辟,法也。从卩从辛,節制其辠也;从口,用法者也。"会意字,本义为法度,如《诗经·小雅·雨无正》:"如何昊天,辟言不信。"引申指刑罚等义,如《左传·襄公二十五年》:"先王之命,唯罪所在,各致其辟。"

2. bì。由"辟(pì)"的法度义引申指执法的天子、君主之义,如《尚书·洪范》:"惟辟作福,惟辟作威,惟辟玉食。臣無作福,作威,玉食。"又引申为排除、避免等意义,如《左传·僖公二十八年》:"微楚之惠不及此,退三舍辟之,所以報也。"又引申为征召、荐举意义,如《管子·轻重乙》:"辟之以號令,引之以徐疾,施平其歸我若流水。"

## (二)[闢] pì

《说文解字·门部》:"闢,開也。从門,辟聲。"形声字,本义指开启门户,如《易·系辞上》:"是故闔戶謂之坤,闢戶謂之乾,一闔一闢謂之變。"引申有开辟、开拓等义,如《战国策·齐策六》:"且自天地之闢,民人之治,爲人臣之功者,誰有厚於安平君者哉?"

## 【古诗文选读】

漢時有杜蘭香者,自稱南康人氏。以建業四年春,數詣張傳。傳年十七,望見其車在門外,婢女通言:"阿母所生,遺授配君,可不敬從?"傳先名改碩,碩呼女前,視,可十六七,說事邈然久遠。有婢子二人:大者萱支,小者松支。鈿車青牛,上飲食皆備。作詩曰："阿母處靈嶽，時遊雲霄際。衆女侍羽儀，不出塘宮外。飄輪送我來，豈復耻塵穢。從我與福俱，嫌我與禍會。"至其年八月旦，復來，作詩曰："逍遥雲漢間，呼吸發九巔。流汝不稽路，弱水何不之。"出薯蕷子三枚，大如雞子，云："食此，令君不畏風波，辟寒溫。"碩食二枚，欲留一。不肯，令碩食盡。言："本爲君作妻，情無曠遠。以年命未合，其小乖。大歲東方卯，當還求君。"蘭香降時，碩問禱祀何如。香曰："消魔自可愈疾，淫祀無益。"香以藥爲消魔。

——晋干宝《搜神记》卷一

# 274.【苹】píng

"苹"字的现代常用义指苹果。

"苹"对应的字是"苹"和"蘋"。简化时，用"苹"代替"蘋"。但指蕨类植物名的"蘋"（pín）简作"蘋"。

## （一）［苹］píng

《说文解字·艸部》："苹，萍（píng）也。無根，浮水而生者。从艸，平聲。"形声字，浮萍，如《大戴礼记·夏小正》："湟潦生苹。"又指艾蒿一类的蒿草，如《诗经·小雅·鹿鸣》："呦呦鹿鳴，食野之苹。"

## （二）［蘋］píng、pín

1. píng。形声字，从艹頻声，指苹果。清汪灝《广群芳谱·果谱四》："蘋果，出北地燕趙者尤佳。接用林檎體，樹身聳直，葉青似木檎而大，果如梨而圓滑，生青，熟則半紅半白，或全紅，光潔可愛玩，香聞數步，味甘鬆。"

2. pín。多年生蕨类植物，也称田字草，茎横卧在浅水的泥中，四片小叶像"田"字，如《诗经·召南·采蘋》："于以采蘋？南澗之濱。"该"蘋"（pín）今简作"苹"。

## 【古诗文选读】

帝子降兮北渚，目眇眇兮愁予。嫋嫋兮秋風，洞庭波兮木葉下。登白蘋兮騁望，與佳期兮夕張。鳥何萃兮蘋中？罾何爲兮木上？沅有茝兮醴有蘭，思公子兮未敢言。荒忽兮遠望，觀流水兮潺湲。麋何食兮庭中？蛟何爲兮水裔？朝馳余馬兮江皋，夕濟兮西澨。聞佳人兮召予，將騰駕兮偕逝。築室兮水中，葺之兮荷蓋。蓀壁兮紫壇，播芳椒兮成堂。桂棟兮蘭橑，辛夷楣兮藥房。罔薜荔兮爲帷，擗蕙櫋兮既張。白玉兮爲鎮，疏石蘭兮爲芳。芷葺兮荷屋，繚之兮杜衡。合百草兮實庭，建芳馨兮廡門。九嶷繽兮並迎，靈之來兮如雲。捐余袂兮江中，遺余褋兮醴浦。搴汀洲兮杜若，將以遺兮遠者。時不可兮驟得，聊逍遙兮容與。

——《楚辭·九歌·湘夫人》

# 275. 【凭】píng

"凭"字的现代常用义有：1. 靠着，如"凭栏远眺"。2. 依仗，依靠，如"凭实力说话"。3. 证据，如"真凭实据"。4. 介词，引入动作行为的凭借或依据，如"凭票入场"。5. 任凭，如"凭你怎么说，他就是不听"。

"凭"对应的字是"凭"和"憑"。简化时，用"凭"代替"憑"。

## （一）［凭］píng

《说文解字·几部》："凭，依几也。从几从任。"会意字，本义表示身体靠在物体上，如白居易《寄湘灵》："遙知別後西樓上，應凭欄干獨自愁。"引申为任凭等义，如《红楼梦》第六一回："我們纔也説他不知好歹，凴是甚麼東西，也少不得變法兒去。""凭"另有异体字作"凴"。

## （二）［憑］píng

《广雅·释诂》："憑，滿也。"从心馮声，形声字，本义指满盛、盛怒，如汉张衡《西京赋》："心猶憑而未攄。""憑"又借来表示依凭，与"凭"相通。引申指依托、依仗等义，如《文选·陆机〈苦寒行〉》："猛虎憑林嘯，玄猿臨岸嘆。"

## 【古诗文选读】

漢家煙塵在東北，漢將辭家破殘賊。男兒本自重橫行，天子非常賜顏色。摐金伐鼓下榆關，旌旆逶迤碣石間。校尉羽書飛翰海，單于獵火照狼山。山川蕭條極邊土，胡騎憑陵雜風雨。戰士軍前半死生，美人帳下猶歌舞！大漠窮秋塞草衰，孤城落日鬥兵稀。身當恩遇常輕敵，力盡關山未解圍。鐵衣遠戍辛勤久，玉箸應啼別離後。少婦城南欲斷腸，征人薊北空回首。邊風飄飄那可度，絕域蒼茫無所有。殺氣三時作陣雲，寒聲一夜傳刁斗。相看白刃血紛紛，死節從來豈顧勳。君不見沙場征戰苦，至今猶憶李將軍。

——唐高适《燕歌行》

# 276. 【扑】pū

"扑"字的现代常用义有：1. 拍打，如"扑粉"。2. 向前猛冲，使身体突然伏在物体上，如"飞蛾扑火"。3.（气体等）直冲，如"香气扑鼻"。

"扑"对应的字是"扑"和"撲"。简化时，用"扑"代替"撲"。

## （一）［扑］pū

《说文解字·攴部》作"攴"："攴，小擊也。从又，卜聲。"清段玉裁《说文解字注》："攴，經典隸變作扑。"形声字，本义为用荆条责打犯人，如《尚书·舜典》："鞭作官刑，扑作教刑。"引申指击打等义，如《史记·刺客列传》："舉筑扑秦皇帝，不中。"

## （二）［撲］pū

《说文解字·手部》："撲，挨也。从手，業聲。"形声字，本义为打击，如汉刘向《淮南子·说林》："蔭不祥之木，爲雷電所撲。"引申指向前猛冲等义，如唐韩愈《永贞行》："怪鳥鳴喚令人憎，蠱蟲羣飛夜撲燈。"

## 【古诗文选读】

小麥宜下田。【歌曰："高田種小麥，穊穟不成穗。男兒在他鄉，那得不憔悴。"】八月上戊社前爲上時，【擲者，用子一升半也。】中戊前爲中時；【用子二升。】下戊前爲下時。【用子二升

333

半。】正月、二月，勞而鋤之。三月、四月，鋒而更鋤。【鋤，麥倍收，皮薄麵多。而鋒、勞、鋤各得再遍，爲良也。】令立秋前，治訖。【立秋後，則蟲生。】蒿、艾簞盛之，良。【以蒿、艾蔽窖埋之，亦佳。窖麥法：必須日曝令乾，及熱埋之。】多種、久居供食者，宜作劁麥：倒刈，薄布，順風放火。火既著，即以掃帚撲滅，仍打之。【如此者，經夏蟲不生；然唯中作麥及麵用耳。】

——北魏贾思勰《齐民要术·大小麦》

# 277. 【仆】pū、pú

“仆”字的现代常用义有：1. pū。向前跌倒，如“前仆后继”。2. pú。仆人，如“主仆二人”。

“仆”对应的字是“仆”和“僕”。简化时，用“仆”代替“僕”。

## （一）〔仆〕pū

《说文解字·人部》：“仆，頓也。从人，卜聲。”形声字，本义为以头触地，如汉王充《论衡·儒增》：“當門仆頭碎首而死。”引申为向前跌倒等义，如《史记·项羽本纪》：“樊噲側其盾以撞，衛士仆地。”

## （二）〔僕〕pú

《说文解字·菐部》：“僕，給事者。从人从菐（pú），菐亦聲。”会意兼形声字，本义指供役使的奴隶，如《左传·昭公七年》：“天有十日，人有十等。下所以事上，上所以共神也。故王臣公，公臣大夫，大夫臣士，士臣皁，皁臣輿，輿臣隸，隸臣

334

僚，僚臣僕，僕臣臺。”引申指供役使的仆人，如《水浒传》第五三回：“次日，兩個入城來，戴宗扮做主人，李逵扮做僕者，繞城中尋了一日。”古代常用作自称的谦辞，如《史记·滑稽列传》：“使張儀、蘇秦與僕並生於今之世，曾不能得掌故，安敢望常侍侍郎乎？”

## 【古诗文选读】

石曼卿居蔡河下曲，鄰有一豪家，日聞歌鍾之聲。其家僮僕數十人，常往來曼卿之門。曼卿呼一僕問豪爲何人。對曰：“姓李氏，主人方二十歲，並無昆弟，家妾曳羅綺者數十人。”曼卿求欲見之，其人曰：“郎君素未嘗接士大夫，他人必不可見，然喜飲酒，屢言聞學士能飲酒，意亦似欲相見。待試問之。”一日，果使人延曼卿，曼卿即著帽往見之，坐於堂上，久之，方出。主人著頭巾，繫勒帛，都不具衣冠。見曼卿，全不知拱揖之禮。引曼卿入一別館，供帳赫然。坐良久，有二鬟妾，各持一小槃至曼卿前，槃中紅牙牌十餘。其一槃是酒，凡十餘品，令曼卿擇一牌；其一槃肴饌名，令擇五品。既而二鬟去，有群妓十餘人，各執肴果樂器，妝服人品皆豔麗粲然。一妓酌酒以進，酒罷樂作；群妓執果肴者，萃立其前；食罷則分列其左右，京師人謂之“軟槃”。酒五行，群妓皆退；主人者亦翩然而入，略不揖客。曼卿獨步而出。曼卿言豪者之狀，懵然愚駭，殆不分菽麥，而奉養如此，極可怪也。他日試使人通鄭重，則閉門不納，亦無應門者。問其近鄰，云：“其人未嘗與人往還，雖鄰家亦不識面。”古人謂之錢癡，信有之。

——宋沈括《梦溪笔谈·人事》

# 278. 【朴】pǔ、Piáo、pò、pō

"朴"字的现代常用义有：1. pǔ。未经加工的木材，比喻未经修饰的，如"朴素"。2. Piáo。姓。3. pò。朴树，落叶乔木。4. pō。朴刀，古代的一种兵器。

"朴"对应的字是"朴"和"樸"。简化时，用"朴"代替"樸"。

## （一）［樸］pǔ

《说文解字·木部》："樸，木素也。从木，菐聲。"形声字，本义指未经加工成器的木材，如《老子》第二十八章："樸散則爲器，聖人用之則爲官長。"引申指朴实、厚重等义，如《荀子·强国》："入境，觀其風俗，其百姓樸，其聲樂不流汗。"

## （二）［朴］pò、pō、pǔ、Piáo

1. pò。《说文解字·木部》："朴，木皮也。从木，卜聲。"本指树皮，后指朴树，如汉崔骃《博徒论》："膚如桑朴，足如熊蹄。"

2. pō。指朴刀，一种刀身窄长，刀柄较短的刀，双手使用，如《水浒传》第二回："祇帶了三五箇做伴，將了朴刀，各跨口腰刀，不騎鞍馬，步行下山，逕來到史家莊上。"

3. pǔ。同"樸"，如《荀子·性恶》："今人之性，生而離其朴。"

4. Piáo。姓。

## 【古诗文选读】

凡硝，華夷皆生，中國專產西北。若東南販者不給官引，則以爲私貨而罪之。硝質與鹽同母，大地之下潮氣蒸成，現於地面。近水而土薄者成鹽，近山而土厚者成硝。以其入水即硝熔，故名曰"硝"。長淮以北，節過中秋，即居室之中，隔日掃地，可取少許以供煎錬。凡硝三所最多：出蜀中者曰川硝，生山西者俗呼鹽硝，生山東者俗呼土硝。凡硝刮掃取時，入缸內水浸一宿，穢雜之物浮於面上，掠取去時，然後入釜，注水煎煉。硝化水乾，傾于器內，經過一宿，即結成硝。其上浮者曰芒硝，芒長者曰馬牙硝，其下猥雜者曰朴硝。欲去雜還純，再入水煎煉。入萊菔數枚同煮熟，傾入盆中，經宿結成白雪，則呼盆硝。凡制火藥，牙硝、盆硝功用皆同。凡取硝制藥，少者用新瓦焙，多者用土釜焙，潮氣一乾，即成研末。凡研硝不以鐵碾入石臼，相激火生，則禍不可測，凡硝配定何藥分兩，入黃同研，木灰則從後增入。凡硝既焙之後，經久潮性復生。使用巨泡，多從臨期裝載也。

——明宋应星《天工开物·佳兵第十五卷·硝石》

# 279.【齐】qí

"齐"字的现代常用义有：1．整齐，如"参差不齐"。2．跟某物一般平，如"河水齐腰深"。3．同时，同样，如"百花齐放"。4．全，完全，如"代表都到齐了"。

"齐"对应的繁体字是"齊"。"齐"是"齊"的草书楷化字形。简化时，用"齐"代替"齊"。"齐"可用作简化偏旁。

# ［齊］qí

《说文解字·齐部》：“齊，禾麥吐穗上平也。”象形字，象禾麦吐穗整齐一致的样子，以此表示整齐、齐平，如《白虎通·礼乐》：“行列得正焉，進退得齊焉。”引申指相同、一致等义，如《荀子·议兵》：“民齊者強，民不齊者弱。”又为古诸侯国名，西周封吕尚于齐，国都营丘，在今山东。

## ［类推简化字］

侪/儕（chái）

跻/躋（jī）　　齑/齏（jī）　　挤/擠（jǐ）　　剂/劑（jì）

济/濟（jì、jǐ）　　霁/霽（jì）　　鲚/鱭（jì）　　荠/薺（qí、jì）

脐/臍（qí）　　蛴/蠐（qí）

## 【古诗文选读】

大學之道，在明明德，在親民，在止於至善。知止而後有定，定而後能靜，靜而後能安，安而後能慮，慮而後能得。物有本末，事有終始，知所先後，則近道矣。古之欲明明德於天下者，先治其國；欲治其國者，先齊其家；欲齊其家者，先修其身；欲修其身者，先正其心；欲正其心者，先誠其意；欲誠其意者，先致其知，致知在格物。物格而後知至，知至而後意誠，意誠而後心正，心正而後身修，身修而後家齊，家齊而後國治，國治而後天下平。

——《礼记·大学》

# 280. 【启】qǐ

"启"字的现代常用义有：1. 打开，如"难以启齿"。2. 开导，如"启蒙"。3. 开始，如"承上启下"。4. 陈述，如"启奏"。

"启"对应的字是"启"和"啓"。"启"是"啓"的古字。简化时，用"启"代替"啓"。

## （一）[启] qǐ

《说文解字·口部》："启，開也。从戶从口。"会意字，本义指打开。段玉裁注："後人用啟字，訓開，乃廢启不行矣。"张舜徽约注："今經傳中，惟《爾雅·釋天》'明星謂之启明'，其字作'启'，餘皆通用啟字。"

## （二）[啓] qǐ

《说文解字·攴部》："啟，教也。从攴，启聲。"形声字，本义指教导、启发，如《论语·述而》："子曰：'不憤不啓，不悱不發。'"引申指开始等义，如北齐颜之推《颜氏家训·慕贤》："羣小不得行志，同力遷之；既代之後，公私擾亂，周師一舉，此鎮先平。齊亡之迹，启於是矣。""啓"另有异体字作"啟"和"唘"。

## 【古诗文选读】

王文度弟阿智，惡乃不翅，當年長而無人與婚。孫興公有一女，亦僻錯，又無嫁娶理。因詣文度，求見阿智。既見，便陽言："此定可，殊不如人所傳，那得至今未有婚處？我有一女，乃不惡，但吾寒士，不宜與卿計，欲令阿智娶之。"文度欣然而啟藍田云："興公向來，忽言欲與阿智婚。"藍田驚喜。既成婚，女之頑囂，欲過阿智。方知興公之詐。

——南朝宋刘义庆《世说新语·假谲》

# 281.【岂】qǐ

"岂"字的现代常用用法为副词，表示反诘、如"岂有此理"。

"岂"对应的繁体字是"豈"。"岂"是"豈"的草书楷化字形。简化时，用"岂"代替"豈"。"岂"可用作简化偏旁。

[豈] kǎi、qǐ

1. kǎi。《说文解字·豈部》："豈，還師振旅樂也。一曰欲也，登也。从豆，微省聲。"本义为军队得胜归来所奏的乐曲，是"凯（凯）"的本字，古常写作"愷"，如《周礼·春官·大司乐》："王師大獻，則令奏愷樂。"

2. qǐ。副词，表示反诘、猜测，如《诗经·郑风·褰裳》："子不我思，豈無他人？"

[类推简化字]

皑/皚（ái）　觊/覬（jì）　剀/剴（kǎi）　凯/凱（kǎi）

垲/塏（kǎi）　闿/闓（kǎi）　恺/愷（kǎi）　铠/鎧（kǎi）

桤/榿（qī）　硙/磑（wèi、wéi）

## 【古诗文选读】

豈曰無衣？與子同袍。王于興師，修我戈矛。與子同仇！
豈曰無衣？與子同澤。王于興師，修我矛戟。與子偕作！
豈曰無衣？與子同裳。王于興師，修我甲兵。與子偕行！

——《诗经·秦风·无衣》

# 282. 【气】qì

"气"字的现代常用义有：1. 气体，空气，如"煤气"。2. 气息，呼吸，如"上气不接下气"。3. 自然界寒、暖、阴、晴等现象，如"天气"。4. 鼻子闻到的味儿，如"香气"。5. 人的精神状态，如"朝气"。6. 作风，习气，如"书生气"。7. 怒或使人发怒，如"生气"。8. 欺压，如"受气"。9. 中医指能使人体器官正常发挥功能的原动力，如"元气"。10. 中医指某种症象，如"脚气"。

"气"对应的字是"气"和"氣"。"气"是"氣"的古字。简化时，用"气"代替"氣"。"气"可用作简化偏旁。

## （一）［气］qì

《说文解字·气部》："气，雲气也。"象形字，本义为云气，后音义并入"氣"。

## （二）［氣］xì、qì

1. xì。《说文解字·米部》："氣，饋客芻米也。从米，气聲。"形声字，本义为赠送人粮食，因"氣"字被借用来表示云气，本义另加义符"食"写作"餼"。

2. qì。假借表示云气，如晋王羲之《兰亭集序》："是日也，天朗氣清，惠風和暢。"后"气"废而不用，"氣"成为表云气的正字。

[类推简化字]

忾/愾（kài）　饩/餼（xì）

【古诗文选读】

八月湖水平，涵虚混太清。氣蒸雲夢澤，波撼岳陽城。欲濟無舟楫，端居恥聖明。坐觀垂釣者，空有羨魚情。

——唐孟浩然《临洞庭湖赠张丞相》

# 283.【签】qiān

"签"字的现代常用义有：1. 亲自写上姓名或画上符号，表示负责，如"签字画押"。2. 简要地写出意见，如"签注"。3. 用竹木等物做成的细棍或片状物，如"牙签儿"。4. 作标志用的小条儿、片状物，如"标签"。5. 用来占卜、赌博的细长竹片或木棍，如"求签"。

"签"对应的繁体字是"籤"和"簽"。"簽"的下部"僉"草书楷化作"佥"。"籤"和"簽"音同义近。简化时，用"签"代替"籤"和"簽"。

（一）[簽] qiān

《篇海类编·花木类·竹部》："簽，簽書文字也。"从竹僉声，形声字，本义为署名或题写文字以为标识，如宋苏轼《乞罢详定役法札子》："臣既不同，决難隨衆簽書。"引申指简要地注出意见等义，如宋司马光《乞降臣民奏状札子》："即乞依臣前奏，降付三省，委執政官分取看詳，擇其可取者用黃紙簽出。""簽"字一般用作动词。

### （二）［籤］qiān

《说文解字·竹部》："籤，驗也。一曰銳也，貫也。从竹，韱聲。"徐锴《系传》："韱出其處爲驗也。"形声字，本义指竹片或纸片上写有文字符号的一种标识，如《新唐书·儒学传中·马怀素》："是時，文籍盈漫，皆盆朽蠧斷，籤勝紛舛。"引申指书签等义，如南朝宋刘义庆《世说新语·文学》："殷中軍讀《小品》，下二百籤，皆是精微，世之幽滯。嘗欲與支道林辯之，竟不得。""籤"字一般用作名词。

## 【古诗文选读】

予家有閻博陵畫唐秦府十八學士，各有真贊，亦唐人書，多與舊史不同。姚柬，字思廉，舊史乃姚思廉字簡之。蘇臺、陸元明、薛莊，《唐書》皆以字爲名。李玄道、蓋文達、于志寧、許敬宗、劉孝孫、蔡允恭，《唐書》皆不書字。房玄齡字喬年，《唐書》乃"房喬字玄齡"。孔穎達字穎達，《唐書》字仲達。蘇典籤名從日從九，《唐書》乃從"日"從"助"。許敬宗、薛莊官皆直記室，《唐書》乃攝記室。蓋《唐書》成於後人之手，所傳容有謁謬，此乃當時所記也。以舊史考之，魏鄭公對太宗云："目如懸鈴者佳。"則玄齡果名，非字也。然蘇世長，太宗召對玄武門，問云："卿何名長意短？"後乃爲學士，似爲學士時方更名耳。

——宋沈括《梦溪笔谈·辨证》

# 284. 【千】qiān

"千"字的现代常用义有：1. 数目，十个一百，如"成百上千"。2. 表示多，如"气象万千"。3. 用作"秋千"，一种用来运动或游戏的器具，如"荡秋千"。

"千"对应的字是"千"和"鞦"。简化时，用"千"代替"鞦"。

## （一）［千］qiān

《说文解字·十部》："千，十百也。从十从人。"会意字，本义指数目，十百为千，如《尚书·泰誓上》："予有臣三千，惟一心。"大写作"仟"。引申表示多等义，如五代孙光宪《临江仙》词："杳杳征輪何處去，離愁別恨千般。"

## （二）［鞦］qiān

《广韵·仙韵》："鞦，鞦韆，繩戲。"从革遷（qiān）声，形声字，用作"鞦韆"，今作"秋千"，如唐杜甫《清明》诗之二："十年蹴踘將雛遠，萬里鞦韆習俗同。"

## 【古诗文选读】

南郡龐士元聞司馬德操在潁川，故二千里候之。至，遇德操采桑，士元從車中謂曰："吾聞丈夫處世，當帶金佩紫，焉有屈洪流之量，而執絲婦之事？"德操曰："子且下車。子適知邪徑之速，不慮失道之迷。昔伯成耦耕，不慕諸侯之榮；原憲桑樞，不易有官之宅。何有坐則華屋，行則肥馬，侍女數十，然後爲奇？

此乃許、父所以慷慨，夷、齊所以長歎。雖有竊秦之爵，千駟之
富，不足貴也。"士元曰："僕生出邊垂，寡見大義，若不一叩洪
鍾，伐雷鼓，則不識其音響也！"

——南朝宋刘义庆《世说新语·言语》

# 285. 【牵】qiān

"牵"字的现代常用义有：1. 拉，引领向前，如"顺手牵
羊"；2 关连，带累，如"牵强附会"；3 挂念，如"魂牵梦绕"。

"牵"对应的繁体字是"牽"。简化时，把"牽"的"玄"部
改为"大"，写成"牵"。

[牽] qiān

《说文解字·牛部》："牽，引前也。从牛，象引牛之縻也。
玄聲。"形声字，本义是拉着向前，如《孟子·梁惠王上》："有
牽牛而過堂下者。"后引申指牵累等义，如晋陆机《拟东城一何
高》诗："曷爲牽世務，中心若有違。"

## 【古诗文选读】

皎皎牽牛河漢女，盈盈臨水無由語。望斷碧雲空日暮，無尋
處，夢回芳草生春浦。

鳥散餘花紛似雨，汀洲蘋老香風度。明月多情來照戶，但攬
取，清光長送人歸去。

——宋苏轼《渔家傲·七夕》

# 286.【迁】qiān

"迁"字的现代常用义有：1. 另换地点，如"搬迁"。2. 变动，改变，如"事过境迁"。

"迁"对应的繁体字是"遷"。"迁"本为"遷"的俗字。简化时，用"迁"代替"遷"。"迁"可用作简化偏旁。

［遷］qiān

《说文解字·辵部》："遷，登也。从辵，䙴聲。"形声字，本义为向上移动，如《诗经·小雅·伐木》："出自幽谷，遷于喬木。"引申指徙居、移换所在地等义，如唐杜甫《移居夔州作》："伏枕雲安縣，遷居白帝城。"

［类推简化字］

跹/躚（xiān）

## 【古诗文选读】

古者天子一畿，諸侯一同，各守其分，不得相侵。有不行王道者，暴虐萬民，爭地侵壤，亂政犯禁，召之不至，令之不行，禁之不止，誨之不變，乃舉兵而伐之，戮其君，易其黨，封其墓，纇其社，卜其子孫以代之。晚世務廣地侵壤，并兼無已，舉不義之兵，伐無罪之國，殺不辜之民，絕先聖之後。大國出攻，小國城守，驅人之牛馬，偀人之子女，毀人之宗廟，遷人之重寶。血流千里，暴骸滿野，以贍貪主之欲，非兵之所爲生也。故兵者，所以討暴，非所以爲暴也。樂者，所以致和，非所以爲淫也。喪者，所以盡哀，非所以爲僞也。故事親有道矣，而愛爲務；朝廷有容矣，而敬爲上；處喪有禮矣，而哀爲主；用兵有術矣，而義爲本。本立而道行，本傷而道廢。

——汉刘安《淮南子·本经》

## 287.【佥】qiān

“佥”字现代已不常用，仅保留其古义全、都。

“佥”对应的繁体字是“僉”。“佥”是“僉”的草书楷化字形。简化时，用“佥”代替“僉”。“佥”可用作简化偏旁。

［僉］qiān

《说文解字·亼部》：“僉，皆也。从亼、从吅、从从。”亼（jí），古同集；吅（xuān），古同喧。僉，会意字，指众人同时说话，本义为皆、都，如《书·尧典》：“僉曰：‘於，鲧哉！’”引申指众人，如唐白居易《除裴垍中书侍郎同平章事制》：“宜登中樞，以副僉望。”

**［类推简化字］**

俭/儉（jiǎn） 捡/撿（jiǎn） 检/檢（jiǎn）
睑/瞼（jiǎn） 剑/劍（jiàn）
敛/斂（liǎn） 脸/臉（liǎn） 裣/襝（liǎn）
蔹/蘞（liǎn） 殓/殮（liàn） 潋/瀲（liàn）
签/簽（qiān）
险/險（xiǎn） 猃/獫（xiǎn）
验/驗（yàn）

## 【古诗文选读】

赵客缦胡缨，吴钩霜雪明。银鞍照白马，飒沓如流星。十步
杀一人，千里不留行。事了拂衣去，深藏身與名。閑過信陵飲，
脫<u>劍</u>膝前横。將炙啖朱亥，持觴勸侯嬴。三杯吐然諾，五岳倒爲
輕。眼花耳熱後，意氣素霓生。救趙揮金槌，邯鄲先震驚。千秋
二壯士，烜赫大梁城。縱死俠骨香，不慚世上英。誰能書閣下，
白首太玄經。

——唐李白《俠客行》

# 288. 【纤】qiàn、xiān

"纤"字的现代常用义有：1. qiàn。拉船的绳子，如"拉
纤"。2. xiān。细小，如"纤尘"。

"纤"对应的繁体字是"纖"和"縴"。"纖"表细微，"縴"
指牵牲口的绳子。简化时，形旁"糹"类推简化为"纟"，声旁
"韱"和"牽"用"千"代替，简作"纤"。

## （一）［縴］qiàn

从糸从牵，牵兼表声，形声兼会意字。本是牵牲口的绳索，
如唐刘禹锡《观市》："馬牛有縴，私屬有閑。"后常指拉船的绳
子，如清俞樾《纤夫行》："頑青鈍碧起迎面，高可千盤寬一綫。
輿丁欲上愁遷延，乃仿船家例用縴。"

## （二）［纖］xiān

《说文解字·糸部》："纖，细也。从糸，韱聲。"形声字，本

348

义表示物体细微，如《战国策·齐策四》："孟尝君爲相數十年，無纖介之禍者，馮諼之計也。"引申指艺术风格上的细巧柔弱等义，如唐窦臮《述书赋下》："文過於質曰纖。"

## 【古诗文选读】

龍門謝中條者，佻達無行。三十餘喪妻，遺二子一女，晨夕啼號，縈累甚苦。謀聘繼室，低昂未就。暫催傭嫗撫子女。一日，翔步山途，忽一婦人出其後。待以窺覘，是好女子，年二十許。心悅之，戲曰："娘子獨行，不畏怖耶?"婦走不對。又曰："娘子纖步，山徑殊難。"婦仍不顧，謝四望無人。近身側，遽挈其腕。曳入幽谷，將以強合。婦怒呼曰："何處強人，橫來相侵!"謝牽挽而行，更不休止，婦步履趻踔，困窘無計，乃曰："燕婉之求，乃若此耶? 緩我，當相就耳。"謝從之。偕入靜壑，野合既已，遂相欣愛。

——清蒲松龄《聊斋志异·黎氏》

# 289.【乔】qiáo

"乔"字的现代常用义有：1. 高，如"乔木"。2. 作假，装，如"乔装"。

"乔"对应的繁体字是"喬"。"乔"是"喬"的草书楷化字形。简化时，用"乔"代替"喬"。"乔"可用作简化偏旁。

## ［喬］qiáo

《说文解字·夭部》："喬，高而曲也。从夭，从高省。"会意字，常指树木高大，如《诗经·周南·汉广》："南有喬木，不可休思。"引申指假装等义，如《红楼梦》第八十回："寶蟾又喬裝躲閃，連忙縮手。"

[类推简化字]

娇/嬌（jiāo）　　骄/驕（jiāo）　　挢/撟（jiǎo）

矫/矯（jiáo、jiǎo）　　轿/轎（jiào）

侨/僑（qiáo）　　荞/蕎（qiáo）　　峤/嶠（qiáo、jiào）

桥/橋（qiáo）　　硚/礄（qiáo）　　鞒/鞽（qiáo）

【古诗文选读】

太上貴德，其次務施報。禮尚往來，往而不來，非禮也；來而不往，亦非禮也。人有禮則安，無禮則危。故曰：禮者不可不學也。夫禮者，自卑而尊人。雖負販者，必有尊也，而況富貴乎？富貴而知好禮，則不驕不淫；貧賤而知好禮，則志不懾。

——《礼记·曲礼上》

# 290.【窍】qiào

"窍"字的现代常用义有：1. 洞，孔穴，如"一窍不通"。2. 比喻问题的关键，如"诀窍"。

"窍"对应的繁体字是"竅"。简化时，将"竅"的声旁"敫"改换为"巧"，写成"窍"。

[竅] qiào

《说文解字·穴部》："竅，空也。从穴，敫（jiǎo）聲。"形声字，本义指洞、孔穴，如《庄子·齐物论》："夫大塊噫氣，其名爲風，是唯無作，作則萬竅怒呺。"引申指眼耳口鼻等器官的孔，如唐韓愈《故太學博士李君墓誌銘》："工部既食水銀得病，自説若有燒鐵杖自顛貫其下者，摧而爲火，射竅節以出，狂痛號呼乞絶。"

## 【古诗文选读】

南海之帝爲儵，北海之帝爲忽，中央之帝爲渾沌。儵與忽時相與遇於渾沌之地，渾沌待之甚善。儵與忽謀報渾沌之德，曰："人皆有七竅以視聽食息，此獨無有，嘗試鑿之。"日鑿一竅，七日而渾沌死。

——《庄子·应帝王》

# 291. 【窃】qiè

"窃"字的现代常用义有：1. 偷盗，如"行窃"。2. 私自，暗中，如"窃听"。3. 旧时谦辞，指自己，如"窃以为"。

"窃"对应的繁体字是"竊"。简化时，保留"竊"的上部偏旁"穴"，另加声旁"切"，简化为"窃"。

### [竊] qiè

《说文解字·米部》作"竊"："竊，盗自中出曰竊。从穴从米，卨、廿皆聲。"形声字，本义指老鼠穿穴咬物盗米，引申指偷窃等义，如《庄子·胠箧》："彼竊鉤者誅，竊國者爲諸侯。"又用作谦词，指私下、私自等义，如《战国策·赵策四》："老臣病足，曾不能疾走，不得見久矣，竊自恕，恐太后玉體之有所郄也，故願望見。"

## 【古诗文选读】

晋侯赏從亡者，介之推不言祿，祿亦弗及，推曰："獻公之子九人，唯君在矣。惠、懷無親，外內棄之。天未絕晉，必將有主。主晉祀者，非君而誰？天實置之，而二三子以爲己力，不亦誣乎？竊人之財，猶謂之盜，況貪天之功以爲己力乎？下義其罪，上賞其奸，上下相蒙，難與處矣！"其母曰："盍亦求之，以死誰懟？"對曰："尤而效之，罪又甚焉，且出怨言，不食其食。"其母曰："亦使知之，若何？"對曰："言，身之文也。身將隱，焉用文之？是求顯也。"其母曰："能如是乎？與女偕隱。"遂隱而死。晉侯求之，不獲，以綿上爲之田，曰："以志吾過，且旌善人。"

——《左传·僖公二十四年》

# 292. 【亲】qīn、qìng

"亲"字的现代常用义有：1. qīn。①有血统或夫妻关系的，特指父母，如"母亲"；②婚姻，如"定亲"；③特指新妇，如"娶亲"；④关系近，感情好，如"亲密"；⑤本身的，自己的，如"亲手"；⑥用嘴唇接触，表示亲热、喜爱，如"亲嘴"。2. qìng。〔亲家〕夫妻双方的父母彼此之间的称呼。

"亲"对应的繁体字是"親"。简化时，去掉"親"的形旁"見"，简作"亲"。"亲"可用作简化偏旁。

〔親〕qīn、qìng

1. qīn。《说文解字·见部》："親，至也。从見，亲（zhēn）

聲。"段玉裁注:"李斯刻石文作親,左省一畫。"形声字,本义为感情深厚、关系密切,如《吕氏春秋·贵信》:"交友不信,则離散鬱怨,不能相親。"引申指父母等义,如《礼记·奔丧》:"始聞親喪。"

2. qìng。特指儿女结为婚配的两家的亲戚关系,如《新唐书·萧嵩传》:"子衡尚新昌公主,嵩妻入謁,帝呼爲親家。"

## ［类推简化字］

榇/櫬（chèn）

## 【古诗文选读】

人之所以爲人者,何已也?曰:以其有辨也。飢而欲食,寒而欲煖,勞而欲息,好利而惡害,是人之所生而有也,是無待而然者也,是禹桀之所同也。然則人之所以爲人者,非特以二足而無毛也,以其有辨也。今夫狌狌形笑,亦二足而毛也,然而君子啜其羹,食其胾。故人之所以爲人者,非特以其二足而無毛也,以其有辨也。夫禽獸有父子,而無父子之親,有牝牡而無男女之別。故人道莫不有辨。

——《荀子·非相》

# 293.【寝】qǐn

"寝"字的现代常用义有:1. 睡觉,如"废寝忘食"。2. 睡觉的地方,如"寿终正寝"。3. 帝王的陵墓,如"陵寝"。

"寝"对应的繁体字是"寢"。简化时,"寢"的下部左位部件"爿"简作"丬",写成"寝"。

［寝］qǐn

《说文解字·寱部》作"寱"："寱，病卧也，从寱省，㝱省声。"形声字，后写作"寝"，本义指躺着睡觉，如《论语·卫灵公》："吾尝終日不食，終夜不寝。"引申指止息、废置等义，如《商君书·开塞》："一國行之，境内獨治；二國行之，兵則少寝；天下行之，至德復立。"

### 【古诗文选读】

伯高死於衞，赴於孔子。孔子曰："吾惡乎哭諸？兄弟，吾哭諸廟；父之友，吾哭諸廟門之外；師，吾哭諸寝；朋友，吾哭諸寝門之外；所知，吾哭諸野。於野則已疏，於寝則已重。夫由賜也見我，吾哭諸賜氏。"遂命子貢爲之主，曰："爲爾哭也來者，拜之；知伯高而來者，勿拜也。"

——《礼记·檀弓上》

# 294. 【庆】qìng

"庆"字的现代常用义有：1. 祝贺，如"普天同庆"。2. 值得祝贺的事情或纪念日，如"国庆"。3. 吉祥，幸福，如"喜庆"。

"庆"对应的繁体字是"慶"。简化时，"慶"的右下部用符号"大"代替，简作"庆"。

［慶］qìng

《说文解字·心部》："慶，行賀人也。从心从夂。吉禮以鹿皮爲贄，故从鹿省。"会意字，本义是祝贺，如《周礼·春官·大宗伯》："以賀慶之禮，親異姓之國。"引申指赏赐、褒美等义，如《诗经·小雅·楚茨》："孝孫有慶。"

## 【古诗文选读】

昔外國節法慶之日，一切婦女盡持優缽羅華以爲鬘飾。有一貧人，其婦語言："爾若能得優缽羅華來用與我，爲爾作妻；若不能得，我捨爾去。"其夫先來常善作鴛鴦之鳴，即入王池，作鴛鴦鳴，偷優缽羅華。時守池者而作是問："池中者誰？"而此貧人失口，答言："我是鴛鴦。"守者捉得，將詣王所，而於中道復更和聲作鴛鴦鳴。守池者言："爾先不作，今作何益！"世間愚人，亦復如是。終身殘害，作衆惡業，不習心行，使令調善。臨命終時，方言："今我欲得修善。"獄卒將去付閻羅王，雖欲修善，亦無所及已。如彼愚人欲到王所作鴛鴦鳴。

——北齐求那毗地译《百喻经·贫人能作鸳鸯鸣喻》

# 295.【琼】qióng

"琼"字的现代常用义有：1. 美玉，如"琼瑶"。2. 比喻美、精美，如"琼楼玉宇"。3. （Qióng）海南岛的别称，如"琼州海峡"。

"琼"对应的繁体字是"瓊"。简化时，将声旁"夐"换作"京"，简作"琼"。

［瓊］qióng

《说文解字·玉部》："瓊，赤玉也。从玉，夐聲。"形声字，本义指美玉，如《诗经·卫风·木瓜》："投我以木瓜，報之以瓊琚。"比喻色泽晶莹如琼之物，如前蜀毛文锡《赞浦子》："宋玉《高唐》意，裁瓊欲赠君。"

## 【古诗文选读】

寂寂花時閉院門，美人相并立瓊軒。含情欲說宮中事，鸚鵡前頭不敢言。

——唐朱庆馀《宫词》

# 296.【穷】qióng

"穷"字的现代常用义有：1. 缺乏财物，跟"富"相对，如"穷苦"。2. 终了，尽头，如"其乐无穷"。3. 极端，如"穷凶极恶"。4. 彻底，彻底追究，如"穷追猛打"。

"穷"对应的繁体字是"窮"。简化时，将"窮"下的"躬"用符号"力"替换，简作"穷"。"穷"可用作简化偏旁。

### ［窮］qióng

《说文解字·穴部》作"窮"："窮，極也。从穴，躳聲。"躳，古同躬。形声字，本义为达到尽头、达到极限，如《尚书·微子之命》："作賓于王家，與國咸休，永世無窮。"到极点则无路可走，引申指受困不得志，与"通""达"相对，如《后汉书·马援传》："丈夫爲志，窮且益堅，老當益壯。"又引申指贫困，如《荀子·大略》："多有之者富，少有之者貧，至無有者窮。"

[类推简化字]

莬/藭（qióng）

【古诗文选读】

鲁人身善織屨，妻善織縞，而欲徙於越。或謂之曰："子必窮矣。"鲁人曰："何也?"曰："屨爲履之也，而越人跣行；縞爲冠之也，而越人被髮。以子之所長，遊於不用之國，欲使無窮，其可得乎?"

——《韩非子·说林上》

# 297.【秋】qiū

"秋"字的现代常用义有：1. 秋季，如"秋高气爽"。2. 庄稼成熟的时期，如"麦秋"。3. 年，如"千秋万代"。4. 指一段时期（多是不好的），如"多事之秋"。5. 用作"秋千"，一种用来运动或游戏的器具，如"荡秋千"。6.（Qiū）姓。

"秋"对应字是"秋"和"鞦"。简化时，用"秋"代替"鞦"。

## （一）[秋] qiū

《说文解字·禾部》："秋，禾榖孰也。从禾，燋省聲。"形声字，本义是指庄稼成熟而有收获，如《尚书·商书·盘庚上》："若農服田力穡，乃亦有秋。"引申指秋季等义，如《诗经·卫风·氓》："將子無怒，秋以爲期。""秋"有异体字作"秌""穐"。

（二）［鞦］qiū

《玉篇·革部》：“鞦，車鞦也。从革秋聲，亦作䩺。”形声字，本指络在牲口股后的皮带，如南朝宋刘义庆《世说新语·政事》：“閣東有大牛，和嶠鞦，裴楷䩺，王濟剔嬲不得休。”后常用作“鞦韆”，《玉篇·革部》：“鞦，鞦韆，繩戲也。”如宋苏轼《寒食夜》诗：“漏聲透入碧窗紗，人静鞦韆影半斜。”今作“秋千”。

## 【古诗文选读】

秋水時至，百川灌河，涇流之大，兩涘渚崖之間，不辯牛馬。於是焉河伯欣然自喜，以天下之美爲盡在己。順流而東行，至於北海，東面而視，不見水端。於是焉河伯始旋其面目，望洋向若而嘆曰：“野語有之曰‘聞道百以爲莫己若者’，我之謂也。且夫我嘗聞少仲尼之聞而輕伯夷之義者，始吾弗信；今我睹子之難窮也。吾非至於子之門則殆矣，吾長見笑於大方之家。”

——《庄子·秋水》

# 298. 【曲】qū、qǔ

“曲”字的现代常用义有：1. qū。①弯，与“直”相对，如“曲径通幽”；②弯曲的地方，如“河曲”；③偏僻的地方，如“乡曲”；④不合理，不公正，如“是非曲直”；⑤（Qū）姓；⑥能引起发酵的块状物，用来酿酒或做酱，如“酒曲”。2. qǔ。①歌，能唱的文辞，如“戏曲”；②歌的乐调，如“谱曲”；③元代盛行的一种韵文体裁，如“元曲”。

"曲"对应的字是"曲"和"麯"。简化时，用"曲"代替"麯"。

## （一）［曲］qū、qǔ

1. qū。《说文解字·曲部》："曲，象器曲受物之形。或說曲，蠶薄也。"象形字，本义指弯曲，如《荀子·劝学》："其曲中規。"引申指弯曲的地方等义，如《诗经·魏风·汾沮洳》："彼汾一曲，言采其藚。"又作姓。

2. qǔ。《玉篇·曲部》："曲，章也。"指乐曲、歌谱，如《国语·周语上》："使公卿至於列士獻詩，瞽獻曲，史獻書。"又用作量词，用于歌曲或乐曲，如《魏书·乐志》："太武皇帝破平統萬，得古雅樂一部，正聲歌五十曲。"

## （二）［麯］qū

《说文解字·米部》作"籟"："籟，酒母也。从米，籟省聲。"另有异体字作"麹"[①]，段玉裁注："作麹或以米，或以麥。故其字或从米，或从麥。"形声字，本义指造酒的酒母，如北魏贾思勰《齐民要术·笨麹并酒》："作春酒法：治麹欲净，到麹欲细，曝麹欲乾。"引申指酒，如唐元稹《解秋》诗之六："親烹園内葵，憑買家家麯。"

## 【古诗文选读】

曲则全，枉则正，窪则盈，弊则新，少则得，多则或。是以聖人抱一爲天下式。不自見故明，不自是故彰，不自伐故有功，不自矜故長。夫惟不爭，故天下莫能與之爭。古之所謂曲则全，

---

① 《通用规范汉字表》确认"麹"的类推简化字"麹"为规范字，可用于姓氏人名。

岂虚语？故成全而归之。

——《老子》第二十二章

# 299.【区】qū、ōu

"区"字的现代常用义有：1. qū。①分别，如"区别"；②地域，如"山区"；③行政区划单位，如"朝阳区"。2. Ōu。姓。

"区"对应的繁体字是"區"。简化时，用符号"㐅"替换原部件"品"，简作"区"。"区"可用作简化偏旁。

[區] qū、ōu

1. qū。《说文解字·匸部》："區，踦區，藏匿也。从品在匸中。品，衆也。"会意字，从"匸（xì）"表示有所隐藏，从"品"表示众人，会奴隶逃亡藏匿之意。本义为藏匿或藏匿处，如《左传·昭公七年》："吾先君文王作僕區之法。"引申指划分、区别等义，如《后汉书·党锢传赞》："物性既區，嗜恶从形。"

2. ōu。古代的一种瓦制容器，如《左传·昭公三年》："齊舊四量：豆、區、釜、鐘。"又作姓。后写作"甌（瓯）"。

[类推简化字]

抠/摳（kōu）　眍/瞘（kōu）

奁/奩（lián）

讴/謳（ōu）　沤/漚（ōu、òu）　瓯/甌（ōu）

欧/歐（ōu）　殴/毆（ōu）　鸥/鷗（ōu）　呕/嘔（ǒu）

怄/慪（òu）

岖/嶇（qū）　　驱/驅（qū）　　躯/軀（qū）

枢/樞（shū）

伛/傴（yǔ）　　妪/嫗（yù）

## 【古诗文选读】

車轔轔，馬蕭蕭，行人弓箭各在腰。耶娘妻子走相送，塵埃不見咸陽橋。牽衣頓足攔道哭，哭聲直上干雲霄。道旁過者問行人，行人但云點行頻。或從十五北防河，便至四十西營田。去時里正與裹頭，歸來頭白還戍邊。邊庭流血成海水，武皇開邊意未已。君不聞漢家山東二百州，千村萬落生荊杞。縱有健婦把鋤犁，禾生隴畝無東西。況復秦兵耐苦戰，被驅不異犬與雞。長者雖有問，役夫敢申恨。且如今年冬，未休關西卒。縣官急索租，租稅從何出？信知生男惡，反是生女好。生女猶得嫁比鄰，生男埋沒隨百草。君不見青海頭，古來白骨無人收。新鬼煩冤舊鬼哭，天陰雨濕聲啾啾。

——唐杜甫《兵车行》

# 300.【权】quán

"权"字的现代常用义有：1. 权力，如"权限"。2. 权利，如"版权"。3. 变通，不依常规，如"权变"。4. 衡量，估计，如"权衡"。5. 姑且，如"权当是锻炼"。

"权"对应的繁体字是"權"。简化时，将"權"的声旁"雚"替换为符号"又"，简作"权"。

［權］quán

《说文解字·曲部》："權，黃華木，从木，蘿聲。"形声字，本义指树名，此义文献中未见用例，古籍中用的都是它的假借义。《礼记·月令》："正權概。"此指秤锤。也作动词指称重，引申指衡量和权力等义，如《论语·尧曰》："謹權量、審法度、脩廢官，四方之政行焉。"

## 【古诗文选读】

君子知夫不全不粹之不足以爲美也，故誦數以貫之，思索以通之，爲其人以處之，除其害者以持養之。使目非是無欲見也，使耳非是無欲聞也，使口非是無欲言也，使心非是無欲慮也。及至其致好之也，目好之五色，耳好之五聲，口好之五味，心利之有天下。是故權利不能傾也，群衆不能移也，天下不能蕩也。生乎由是，死乎由是，夫是之謂德操。德操然後能定，能定然後能應。能定能應，夫是之謂成人。天見其明，地見其光，君子貴其全也。

——《荀子·劝学》

# 301. 【劝】quàn

"劝"字的现代常用义有：1. 说服，如"好言相劝"。2. 勉励，如"惩恶劝善"。

"劝"对应的繁体字是"勸"。"勸"的声旁"蘿"替换为符号"又"，简作"劝"。

［勸］quàn

《说文解字·力部》："勸，勉也。从力，雚聲。"形声字，本义指奖勉、鼓励，如《国语·越语上》："國人皆勸，父勉其子，兄勉其弟，婦勉其夫。"引申指劝导、劝说等义，如唐王维《送元二使安西》："勸君更盡一杯酒，西出陽關無故人。"

## 【古诗文选读】

天可度，地可量，唯有人心不可防。但見丹誠赤如血，誰知僞言巧似簧。勸君掩鼻君莫掩，使君夫婦爲參商。勸君掇蜂君莫掇，使君父子成豺狼。海底魚兮天上鳥，高可射兮深可釣，唯有人心相對時，咫尺之間不能料。君不見李義府之輩笑欣欣，笑中有刀潛殺人。陰陽神變皆可測，不測人間笑是瞋。

——唐白居易《天可度》

# 302. 【确】què

"确"字的现代常用义有：1. 符合事实，如"千真万确"。2. 的确，如"确有其事"。3. 坚固，如"确信"。

"确"对应的字是"确"和"確"。"確"与"确"音同义近，文献中常通用。简化时，用"确"代替"確"。

［确］què

《说文解字·石部》："确，礊（kè）石也。从石，角聲。"形声字。本义指石多土薄，如《韩诗外传》卷三："故豐膏不獨樂，磽确不獨苦。"引申指坚硬等义，如《淮南子·人间》："有寑丘者，其地确石而名醜，荆人鬼，越人機，人莫之利也。"又指真实、准确等义，如《后汉书·崔寔传》："論當世便事數十條……指切時要，言辯而确。"

[確] què

《玉篇·石部》："確，堅固也。"从石，隺（què）声，形声字。本义为坚定、坚决，如晋袁宏《三国名臣序赞》："堂堂孔明，基宇宏邈……初九龍盤，雅志彌確。"又指真实、准确等义，如《新唐书·卢从愿传》："數充校考使，升退詳確。""確"另有异体字作"碻"和"塙"。

## 【古诗文选读】

【《爾雅》曰："葴，馬藍。"注曰："今大葉冬藍也。"《廣志》曰："有木藍。"今世有茇赭藍也。】藍地欲得良，三遍細耕。三月中，浸子令芽生，乃畦種之。治畦下水，一同葵法。藍三葉，澆之；【晨夜再澆之。】薅治令淨。五月中，新雨後，即接濕樓構拔栽之。【《夏小正》曰："五月浴灌藍蓼。"】三莖作一科，相去八寸。【栽時，宜併功急手，無令地燥也。】白背即急鋤，【栽時既濕，白背不急鋤，則堅確也。】五遍爲良。七月中，作坑，令受百許束；作麥稈泥泥之，令深五寸，以苫蔽四壁。刈藍倒豎於坑中，下水，以木石鎮壓令没。熱時一宿，冷時再宿，漉去荄，內汁於甕中。率：十石甕，著石灰一斗五升，急手抨之。一食頃止，澄清，瀉去水，別作小坑，貯藍澱著坑中；候如強粥，還出甕中盛之，藍澱成矣。種藍十畝，敵谷田一頃。能自染青者，其利又倍矣。崔寔曰："榆莢落時，可種藍。五月，可刈藍。六月，可種冬藍。"【冬藍，木藍也，八月用染也。】

——北魏賈思勰《齐民要术·种蓝》

# 303.【让】ràng

"让"字的现代常用义有：1. 把方便或好处给别人，如"谦让"。2. 索取一定代价，把财物所有权给别人，如"转让"。3. 请人接受招待，如"让茶"。4. 许，使，如"不让他来"。5. 被，如"鱼让猫吃了"。

"让"对应的繁体字是"讓"。简化时，"讓"字形旁"言"类推简化为"讠"，声旁"襄"换作"上"，简作"让"。

[讓] ràng

《说文解字·言部》："讓，相責讓，从言，襄聲。"形声字，本义是责备、责问，如《左传·桓公八年》："夏，楚子合諸侯于沈鹿。黄隨不會。使蔿章讓黄。"引申指谦让、推辞等义，如《楚辞·九章·怀沙》："知死不可讓，願勿愛兮。"

## 【古诗文选读】

子禽問於子貢曰："夫子至於是邦也，必聞其政。求之與？抑與之與？"子貢曰："夫子溫良恭儉讓以得之。夫子之求之也，其諸異乎人之求之與！"

——《论语·学而》

# 304.【扰】rǎo

"扰"字的现代常用义有：1. 打搅，如"干扰"。2. 纷乱，如"纷扰"。

"扰"对应的繁体字是"擾"。"擾"字声旁"憂"换成同音的"尤"，简化成"扰"。

[擾] rǎo

《说文解字·手部》作"擾"："擾，煩也。从手，夒（náo）聲。"后作"擾"，从扌憂声，形声字，本义是扰乱、打乱，如《史记·太史公自序》："秦失其道，豪桀並擾。"引申指侵扰等义，如南朝梁任昉《奏弹曹景宗》："竊尋獯獫侵軼，暫擾疆陲，王師薄伐，所向風靡。"

## 【古诗文选读】

公孫瓚使豫守東州令，瓚將王門叛瓚，爲袁紹將萬餘人來攻。衆懼欲降。豫登城謂門曰："卿爲公孫所厚而去，意有所不得已也；今還作賊，乃知卿亂人耳。夫挈瓶之智，守不假器，吾既受之矣；何不急攻乎？"門慚而退。瓚雖知豫有權謀而不能任也。瓚敗而鮮于輔爲國人所推，行太守事，素善豫，以爲長史。時雄傑並起，輔莫知所從。豫謂輔曰："終能定天下者，必曹氏也。宜速歸命，無後禍期。"輔從其計，用受封寵。太祖召豫爲丞相軍謀掾，除潁陰、朗陵令，遷弋陽太守，所在有治。鄢陵侯彰征代郡，以豫爲相。軍次易北，虜伏騎擊之，軍人擾亂，莫知所爲。豫因地形，回車結圜陳，弓弩持滿於內，疑兵塞其隙。胡不能進，散去。追擊，大破之，遂前平代，皆豫策也。

——《三国志·魏志·田豫传》

# 305．【热】rè

"热"字的现代常用义有：1．温度高，跟"冷"相对，如"炎热"。2．加热，如"热一下菜"。3．情意深，如"亲热"。4．衷心羡慕，如"眼热"。5．受人欢迎，如"热门专业"。6．指某种事物风行，形成潮流，如"炒股热"。7．热能，如"地热"。

"热"对应的繁体字是"熱"。简化时，将"熱"字左上部的"坴"改为"扌"，写成"热"。

［熱］rè

《说文解字·火部》："熱，溫也。从火，執聲。"形声字，本义是温度高，如《孟子·梁惠王下》："如水益深，如火益熱。"引申为加热，如《庄子·齐物论》："至人，神矣！大澤焚而不能熱，河漢冱而不能寒，疾雷破山，風振海而不能驚。"又引申指喧闹、热闹等义，如唐白居易《雪中晏起偶咏所怀》："君不見南山悠悠多白雲，又不見西京浩浩唯紅塵，紅塵鬧熱白雲冷，好於冷熱中間安置身。"

## 【古诗文选读】

昔有一人從北天竺至南天竺。住止既久，即聘其女共爲夫婦。時婦爲夫造設飲食，夫得急吞，不避其熱。婦時怪之，語其夫言："此中無賊劫奪人者，有何急事，忽忽乃爾，不安徐食？"夫答婦言："有好密事，不得語汝。"婦聞其言，謂有異法，慇懃問之。良久乃答："我祖父已來，法常速食。我今效之，是故疾耳。"世間凡人亦復如是。不達正理，不知善惡，作諸邪行，不以爲恥，而云我祖父已來，作如是法。至死受行，終不捨離。如彼愚人，習其速食，以爲好法。

——北齐求那毗地译《百喻经·效其祖先急速食喻》

# 306. 【认】rèn

"认"字的现代常用义有：1. 分辨，识别，如"认字"。2. 承认，表示同意，如"认可"。3. 跟本来没有关系的人建立某种关系，如"认贼作父"。

"认"对应的繁体字是"認"。简化时，将"言"类推简化为"讠"，"忍"改换为"人"，简作"认"。

[認] rèn

《玉篇·言部》："認，識認也。"从言，忍声，形声字。本义是认识、辨别，如《后汉书·卓茂传》："時嘗出行，有人認其馬，解與之。"后引申为承认等义，如《周书·宇文测传》："州縣擒盗，并物俱獲。測恐此盗坐之以死，乃不認焉。"

## 【古诗文选读】

昔有一人，形容端正，智慧具足，復多錢財，舉世人間無不稱嘆。時有愚人，見其如此，便言我兄。所以爾者，彼有錢財，須者則用之，是故爲兄。見其還債，言非我兄。傍人語言："汝是愚人，云何須財名他爲兄；及其債時，復言非兄?"愚人答言："我以欲得彼之錢財，認之爲兄，實非是兄。若其債時，則稱非兄。"人聞此語，無不笑之。

——北齐求那毗地译《百喻经·认人为兄喻》

# 307. 【洒】sǎ

"洒"字的现代常用义有：1. 把水散布在地上，如"洒水"。2. 东西散落在地上，如"洒落"。

"洒"对应的字是"洒"和"灑"。"洒"常通"灑"。简化时，用"洒"代替"灑"。

## （一）［灑］sǎ

《说文解字·水部》："灑，汛也，从水，麗聲。"形声字，本义是把水泼散开来，如《管子·弟子职》："凡拚之道，實水于盤，攘臂袂及肘，堂上則播灑，室中握手。"引申为投、甩开等义，如宋赵彦卫《云麓漫钞》卷一："我淵聖皇帝居東宮，日親灑宸翰，畫唐十八學士并書姓名序贊以賜宮僚張公叔夜。"

## （二）［洒］sǎ、xǐ、cuǐ

1. sǎ。在地面上淋水，如《诗经·唐风·山有枢》："子有廷内，弗洒弗掃。"引申为散落等义，如《礼记·内则》："屑桂與薑，以洒諸上而鹽之。"又用为宋元时关西方言中男性的自称代词，犹"咱"。常用作"洒家"，如《水浒传》第三回："魯達回頭道：'茶錢洒家自還你。'""洒家"在传统曲艺节目中常读"shuāi 家"。

2. xǐ。"洗"的古字，今作"洗"。义为洗涤、洗雪，如《孟子·梁惠王上》："寡人恥之，願比死者壹洒之，如之何则可?"

3. cuǐ。高峻貌。《诗经·邶风·新台》:"新臺有洒,河水浼浼。"

## 【古诗文选读】

權於武昌,臨釣臺,飲酒大醉。權使人以水灑群臣曰:"今日酣飲,惟醉墮臺中,乃當止耳。"昭正色不言,出外車中坐。權遣人呼昭還,謂曰:"爲共作樂耳,公何爲怒乎?"昭對曰:"昔紂爲糟丘酒池長夜之飲,當時亦以爲樂,不以爲惡也。"權默然,有慚色,遂罷酒。

——《三国志·吴志·张昭传》

# 308.【伞】sǎn

"伞"字的现代常用义有:1. 挡雨或遮太阳的用具,可张可收,如"雨伞"。2. 像伞的东西,如"降落伞"。

"伞"对应的繁体字是"傘"。简化时,把"傘"的四个"人"字改为一点一撇,简作"伞"。

## [傘] sǎn

象形字。上半部分"人"为撑开伞的样子,下半部分是伞的支架。本义为车盖,如《魏书·裴良传》:"時有五城郡山胡馮宜都、賀悅回城等以妖妄惑眾,假稱帝號,服素衣,持白傘白幡,率諸逆眾,於雲臺郊抗拒王師。"后指可以张合的挡雨或遮阳的用具,如宋杨万里《脱归遇雨》:"略略煙痕草許低,初初雨影傘先知。""傘"另有异体字作"繖",如《晋书·王雅传》:"將拜,遇雨，請以繳入。"

## 【古诗文选读】

出行執傘，形儀可愛。即是依教齊整著上衣也。其傘可用竹織之，薄如竹簟，一重便得，大小隨情，寬二三尺。頂中複作，擬施其柄。其柄長短，量如蓋闊。或可薄拂以漆，或可繼葦爲之。或如藤帽之流，夾紙亦成牢矣。神州雖不先行，爲之亦是其要。驟雨則不霑衣服，赫熱則實可招涼。既依律而益身，擎之固亦無損。

——唐义净《南海寄归内法传》卷二

# 309. 【丧】 sàng、sāng

"丧"字的现代常用义有：1. sàng。①丢掉，失去，如"玩物丧志"；②情绪低落，如"灰心丧气"。2. sāng。跟死了人有关的事，如"丧事"。

"丧"对应的繁体字是"喪"。简化时，将两个部件"口"字改为一点一撇，简作"丧"。

[喪] sàng、sāng

1. sàng。《说文解字·哭部》："喪，亾也。从哭从亾，會意。亾亦聲。"会意字，本义是逃亡的意思，如《礼记·檀弓下》："雖吾子儼然在憂服之中，喪亦不可久也，時亦不可失也。"引申为失去、灭亡、死亡等义，如《易·坤》："西南得朋，東北喪朋。"《孟子·梁惠王上》："西喪地於秦七百里，南辱於楚。"

2. sāng。本意为丧礼，是丧（sàng）"死亡"义的进一步引申，如《论语·阳货》："三年之丧，期已久矣。"后泛指与人死亡有关的各种事情，如《周礼·地官·牛人》："丧事共其奠牛。"

"丧"另有异体字作"丧"。

## 【古诗文选读】

阮步兵丧母，裴令公往弔之。阮方醉，散髮坐床，箕踞不哭。裴至，下席於地，哭，弔唁畢便去。或問裴："凡弔，主人哭，客乃爲禮。阮既不哭，君何爲哭?"裴曰："阮方外之人，故不崇禮制。我輩俗中人，故以儀軌自居。"時人歎爲兩得其中。

——南朝宋刘义庆《世说新语·任诞》

# 310.【扫】sǎo、sào

"扫"字的现代常用义有：1. sǎo。①用笤帚等除去尘土，如"大扫除"；②像扫一样的动作，如"扫盲"。2. sào。扫帚，一种用竹枝等材料做的扫地工具。

"扫"对应的繁体字是"掃"。简化时，把"掃"右下部去掉，写成"扫"字。

［掃］sǎo、sào

1. sǎo。《玉篇·手部》："掃，除也。"从扌从帚，会意字，本义是用扫帚扫除污秽之物，如唐韩愈《竹径》："無塵從不掃，有鳥莫令彈。"引申为祭扫等义，如唐白居易《天坛峰下赠杜录事》："他日藥成分一粒，與君先去掃天壇。"

2. sào。扫帚，以竹枝等扎成的扫地用具，如《南齐书·

刘休传》：“令休於宅後開小店，使王氏親賣掃箒皂莢以辱之。”

“掃”另有异体字作“埽”。

## 【古诗文选读】

陳蕃字仲舉，汝南平輿人也。祖河東太守。蕃年十五，嘗閑處一室，而庭宇蕪穢。父友同郡薛勤來候之，謂蕃曰：“孺子何不洒掃以待賓客?”蕃曰：“大丈夫處世，當掃除天下，安事一室乎!”勤知其有清世志，甚奇之。

——《后汉书·陈蕃传》

# 311.【涩】sè

“涩”字的现代常用义有：1. 不顺溜，不光滑，如“干涩”。2. 一种使舌头感到麻木干燥的味道，如“苦涩”。3. 行文生硬，难以读懂，如“晦涩”。

“涩”对应的繁体字是“澀”。简化时，删减“澀”的部件，写作“涩”。

［澀］sè

“澀”的篆文由上下各两个“止”组成，会意字，表示上下两只脚互相顶着，意为不顺滑。隶变时上边的“止”写成“刃”，写作“澁”。《说文解字·止部》：“澀，不滑也。”后又加上水旁写作“澀”，如唐王建《当窗织》：“水寒手澀絲脆斷，續來續去心腸爛。”引申为苦涩、晦涩等义，如唐李咸用《和吴处士题村叟壁》：“秋果櫨梨澀，晨羞筍蕨鮮。”

“澀”另有异体字作“歮”“澁”“濇”“潘”等。

## 【古诗文选读】

蝜蝂者，善负小虫也。行遇物，辄持取，卬其首负之。背愈重，虽困剧不止也。其背甚涩，物积因不散，卒踬仆不能起。人或怜之，为去其负。苟能行，又持取如故。又好上高，极其力不已，至坠地死。

今世之嗜取者，遇货不避，以厚其室，不知为己累也，唯恐其不积。及其怠而踬也，黜弃之，迁徙之，亦以病矣。苟能起，又不艾。日思高其位，大其禄，而贪取滋甚，以近於危坠，观前之死亡不知戒。虽其形魁然大者也，其名人也，而智则小虫也，亦足哀夫！

——唐柳宗元《蝜蝂传》

# 312. 【啬】sè

"啬"字的现代常用义为小气、过分爱惜自己的财物，如"吝啬"。

"啬"对应的繁体字是"嗇"。简化时，用一点和一撇代替"嗇"字上部的两个"人"字，简作"啬"。"啬"可用作简化偏旁。

## ［嗇］sè

《说文解字·嗇部》："嗇，爱濇也。从來从㐭。""濇"，古同"涩"；从"來"表示小麦；"㐭"，古廪字。甲骨文字形实从田，田上象谷物成熟穗下垂之形。会意字，本义为收获谷物，是"穑"的古文。由收获庄稼引申为节省、节俭，如《韩非子·解老》：“聖人之用神也靜，靜則少費，少費之謂嗇。”又引申为吝嗇，如《战国策·韩策一》：“仲嗇於財。”

## ［类推简化字］

穑/穡（sè）　墙/墻（qiáng）　嫱/嬙（qiáng）

樯/檣（qiáng）　蔷/薔（qiáng）

## 【古诗文选读】

花褪殘紅青杏小。燕子飛時，綠水人家繞。枝上柳綿吹又少，天涯何處無芳草。

牆裏鞦韆牆外道。牆外行人，牆裏佳人笑。笑漸不聞聲漸悄，多情卻被無情惱。

——宋苏轼《蝶恋花》

# 313.【杀】shā

“杀”字的现代常用义有：1. 使人或动物失去生命，如“杀虫”。2. 搏斗，如“厮杀”。3. 消减，如“杀价”。4. 用在某些动词后面，表示程度深，如“气杀”。

“杀”对应的繁体字是“殺”。“杀”为“殺”的古字。简化时，用“杀”代替“殺”。“杀”可用作简化偏旁。

## ［殺］shā

《说文解字·杀部》：“殺，戮也。从殳，杀聲。”形声字，本义为杀死、致死，如《论语·卫灵公》：“志士仁人，無求生以害仁，有殺身以成仁。”又作副词，用在谓语后，表示程度深，如唐李白《陪侍郎叔游洞庭醉后三首》之三："巴陵無限酒，醉殺洞庭秋。"这个意义常写作"煞"。

## ［类推简化字］

铩/鎩（shā）

## 【古诗文选读】

昔者曾子處費，費人有與曾子同名族者而殺人，人告曾子母曰："曾參殺人。"曾子之母曰："吾子不殺人。"織自若。有頃焉，人又曰："曾參殺人。"其母尚織自若也。頃之，一人又告之曰："曾參殺人。"其母懼，投杼踰墙而走。夫以曾參之賢，與母之信也，而三人疑之，則慈母不能信也。

——《战国策·秦策二·秦武王谓甘茂》

# 314. 【晒】shài

"晒"字的现代常用义有：1. 阳光照射，如"风吹日晒"。2. 展示，如"晒工资"。

"晒"对应的繁体字是"曬"。"晒"为"曬"的异体字。简化时，用"晒"代替"曬"。

### ［曬］shài

《说文解字·日部》："曬，暴也。从日，麗聲。"形声字，本义是把东西放在太阳底下晒干，如南朝宋刘义庆《世说新语·简傲》："乃沐頭散髮而出，亦不坐，仍據胡牀，在中庭曬頭。"引申指放射、照耀等义，如《汉书·中山靖王刘胜传》："白日曬光，幽隱皆照；明月曜夜，蝨蝨宵見。”

## 【古诗文选读】

肉醬法：牛、羊、麞、鹿、兔肉皆得作。取良殺新肉，去脂，細剉。【陳肉乾者不任用。合脂，令醬膩。】曬麴令燥，熟搗絹篩。大率：肉一斗，麴末五升，白鹽二升半，黄蒸一升。【曝乾，熟擣，絹簁。】盤上和令均調，內甕子中。【有骨者，和訖先擣，然後盛之。骨多髓，既肥膩，醬亦然也。】泥封日曝。寒月作之，宜埋之於黍穰積中。二七日，開看；醬出，無麴氣，便熟矣。買新殺雉，煮之令極爛，肉銷盡，去骨取汁。待冷，解醬。【雞汁亦得。勿作陳肉，令醬苦膩。無雞雉，好酒解之。還着日中。】

——北魏贾思勰《齐民要术·作酱等法》

# 315.【伤】shāng

“伤”字的现代常用义有：1. 身体遭到破坏、受损的地方，如“遍体鳞伤”。2. 损坏，伤害，如“伤风败俗”。3. 因受寒或受热而得病，如“伤寒”。4. 因过度而感到厌烦，如“吃肉吃伤了”。5. 悲哀，如“伤心”。

“伤”对应的繁体字是“傷”。简化时，“傷”右下部件“昜”(yáng) 用符号“力”替换，简化为“伤”。

## ［傷］shāng

《说文解字·人部》：“傷，創也。从人，𥏫省聲。”形声字，本义是创伤，如《左传·襄公十七年》：“以杙抉其傷而死。”引申指伤害、损害等义，如《论语·乡党》："厩焚，子退朝曰：'伤人乎？'不問馬。"

## 【古诗文选读】

吴興人章苟者，五月中，於田中耕，以飯置菰裏，每晚取食，飯亦已盡。如此非一。後伺之，見一大蛇偷食。苟遂以鍬斫之，蛇便走去。苟逐之，至一坂有穴，便入穴，但聞啼聲云："斫傷我某甲。"或言："當何如？"或云："付雷公，令霹靂殺奴。"須臾，雲雨冥合，霹靂覆苟上。苟乃跳梁大罵曰："天使！我貧窮，展力耕懇！蛇來偷食，罪當在蛇，反更霹靂我耶？乃無知雷公也！雷公若來，吾當以鍬斫汝腹。"須臾，云雨漸散，轉霹靂向蛇穴中。蛇死者數十。

——晋陶渊明《搜神后记》卷十"斫雷公"

# 316. 【舍】shě、shè

"舍"字的现代常用义有：1. shě。①放弃，如"四舍五入"；②把财物送给出家人或者穷人，如"施舍"。2. shè。①居住的房子，如"宿舍"；②养家畜的圈，如"牛舍"；③谦辞，用于对别人称自己的家或者比自己年纪小或辈分低的亲属，如"舍弟"；④量词，古代行军三十里为一舍，如"退避三舍"。

"舍"对应的字是"舍"和"捨"。"舍"是"捨"的古字。简化时，用"舍"代替"捨"。

（一）［舍］shě、shè

1. shě。本义是舍弃、放弃，如《荀子·劝学》："锲而不舍，金石可镂。"引申指施舍，如《京本通俗小说·错斩崔宁》："將這一半家私舍入尼姑庵中。"

2. shè。《说文解字·亼部》："舍，市居曰舍。从亼中，象屋也。口象築也。"象形字，本义是高级房舍，即客馆的意思，如《周礼·天官·掌舍》："掌舍掌王之會同之舍。"后泛指房屋，如《后汉书·孔融传》："女年七歲，男年九歲，以其幼弱得全，寄它舍。"引申指居住、住宿等义，如《礼记·檀弓上》："舍於子夏氏。"

（二）［捨］shě

《说文解字·手部》："捨，释也。"从扌，舍声，形声字，是"舍"（shě）的后起字，表示舍弃、施舍的意思，如晋陶渊明《桃花源记》："山有小口，髣髴若有光，便捨船從口入。"

## 【古诗文选读】

昔有一獼猴持一把豆，誤落一豆在地，便捨手中豆，欲覓其一。未得一豆，先所捨者雞鴨食盡。凡夫出家亦復如是。初毀一戒，而不能悔。以不悔故，放逸滋蔓，一切都捨。如彼獼猴，失其一豆，一切都棄。

——北齐求那毗地译《百喻经·猕猴把豆喻》

# 317. 【沈】shěn

"沈"字的现代常用义有：1. 沈阳，辽宁省省会。2.（Shěn）姓。

"沈"对应的字是"沈"和"瀋"。简化时，用"沈"代替

"瀋"。

## （一）［沈］chén、shěn

1. chén。从氵冘声，形声字，本义为沉没，如《诗经·小雅·菁菁者莪》："汎汎楊舟，載沈載浮。"后该音义的"沈"写作"沉"字。

2. shěn。西周诸侯国名，故址在今河南平舆北，公元前506年为蔡所灭。《左传·文公三年》："叔孫得臣會晉人、宋人、陳人、衛人、鄭人伐沈。沈潰。"又用作姓，《通志·氏族略二》："沈氏，妘姓，子爵。"又通"瀋"字。

## （二）［瀋］shěn

《说文解字·水部》："瀋，汁也。"从氵審声，形声字，本义是汁液的意思，如《左传·哀公三年》："無備而官辦者，猶拾瀋也。"又指河名，在今辽宁省沈阳市南。源出市东，下流入浑河，又名五里河、小沈河，今沈阳市即因此得名。今用作辽宁省沈阳市的简称。

## 【古诗文选读】

時繆已僵臥三日，家人謂其醉死，而鼻氣隱隱如懸絲。是日蘇，大嘔，嘔出黑瀋數斗，臭不可聞。吐已，汗濕裍褥，身始涼爽。告家人以異。旋覺刺處痛腫，隔夜成瘡，猶幸不成潰腐。十日漸能杖行。家人共乞償冥負，繆計所費，非數金不能辦，頗生吝惜，曰："曩或醉夢之幻境耳。縱其不然，伊以私釋我，何敢復使冥主知？"家人勸之，不聽。然心惕惕然，不敢復縱飲。里黨咸喜其進德，稍稍與共酌。年餘，冥報漸忘，志漸肆，故狀漸萌。一日，飲於子姓之家，又罵座，主人擯斥出，闔戶徑去。繆噪逾時，其子方知，將扶而歸。入室，面壁長跪，自投無數，曰："便償爾負！便償爾負！"言已仆地，視之氣已絕矣。

——清蒲松龄《聊斋志异·酒狂》

# 318. 【审】shěn

"审"字的现代常用义有：1. 详细，周密，如"审慎"。2. 审查，如"审阅"。3. 审讯，如"审判"。4. 知道，如"审悉"。5. 的确，果然，如"审如其言"。

"审"对应的繁体字是"審"。简化时，将"番"改为"申"，简作"审"。"审"可用作简化偏旁。

[審] shěn

《说文解字·采部》作"宷"："宷，悉也，知宷諦也。从宀从采。審，篆文宷从番。"会意字，本义为详知，如《史记·礼书》："君子審理，则不可欺以詐僞。"引申为清楚、明白等义，如《公孙龙子·白马论》："是白馬之非馬，審矣。"

[类推简化字]

谉/讅（shěn）　婶/嬸（shěn）

## 【古诗文选读】

世俗所患，患言事增其實；著文垂辭，辭出溢其真，稱美過其善，進惡没其罪。何則？俗人好奇。不奇，言不用也。故譽人不增其美，則聞者不快其意；毀人不益其惡，則聽者不愜於心。聞一增以爲十，見百益以爲千。使夫純樸之事，十剖百判；審然之語，千反萬畔。墨子哭於練絲，楊子哭於歧道，蓋傷失本，悲離其實也。蜚流之言，百傳之語，出小人之口，馳閭巷之間，其猶是也。諸子之文，筆墨之疏，大賢所著，妙思所集，宜如其實，猶或增之；儻經藝之言如其實乎？言審莫過聖人，經藝萬世不易，猶或出溢增過其實。增過其實皆有事爲，不妄亂誤以少爲多也。然而必論之者，方言經藝之增與傳語異也。經增非一，略舉較著，令悗惑之人，觀覽采擇，得以開心通意，曉解覺悟。

——汉王充《论衡·艺增篇》

# 319.【声】shēng

　　"声"字的现代常用义有：1. 声音，如"欢声笑语"。2. 发出声音，如"不声不响"。3. 名誉，如"声望"。4. 汉语音节的声母，如"双声叠韵"。5. 汉语音节的声调，如"入声"。6. 量词，如"长叹一声"。

　　"声"对应的繁体字是"聲"。简化时，删减"聲"的部件"耳"和"殳"，写成"声"字。

　　[聲] shēng

　　《说文解字·耳部》："聲，音也。"从耳殸（qìng）声，殸兼表义，形声兼会意字，本义指声音，如《诗经·齐风·鸡鸣》："匪鸡则鸣，苍蝇之聲。"引申指音乐、诗歌等义，如《论语·阳货》："恶紫之夺朱也，恶郑聲之乱雅樂也。"

## 【古诗文选读】

　　上士闻道，勤而行之；中士闻道，若存若亡；下士闻道，大笑之，不笑不足以爲道。故建言有之：明道若昧，进道若退，夷道若纇。上德若谷，大白若辱，廣德若不足，建德若偷，質真若渝，大方無隅，大器晚成，大音希聲，大象無形。道隱無名。夫唯道，善貸且善。

——《老子》第四十一章

# 320.【胜】shèng

"胜"字的现代常用义有：1. 赢，胜利，如"百战百胜"。2. 打败（对方），如"以弱胜强"。3. 超过，占优势，如"事实胜于雄辩"。4. 优美的，如"胜景"。5. 能承担，能承受（旧读 shēng），如"不胜其烦"。6. 尽（旧读 shēng），如"美不胜收"。

"胜"对应的字是"勝"和"胜"。简化时，用"胜"代替"勝"。

## （一）[胜] xīng、shēng

1. xīng。《说文解字·肉部》："胜，犬膏臭（xiù）也。从肉，生聲。一曰不孰也。"段玉裁注："今經典'膏胜''胜肉'字通用腥爲之，而胜廢矣。"形声字，同"腥"，如宋罗泌《路史·遂人氏》："乃教民取火，以灼以炳，以熟臊胜。"

2. shēng。一种有机化合物，"肽"的旧称。

## （二）[勝] shèng

《说文解字·力部》："勝，任也。"从力，朕声，形声字，本义是胜任，如《诗经·商颂·玄鸟》："武丁孙子，武王靡不勝。"又指尽，如《孟子·梁惠王上》："不違農時，穀不可勝食也。"

以上二义旧读 shēng。由胜任引申为战胜、胜利等义，如《管子·七法》："不能彊其兵者，而能必勝敵國者，未之有也。"

## 【古诗文选读】

夏后伯啓與有扈戰於甘澤而不勝，六卿請復之，夏后伯啓曰："不可。吾地不淺，吾民不寡，戰而不勝，是吾德薄而教不善也。"於是乎處不重席，食不貳味，琴瑟不張，鍾鼓不修，子女不飭，親親長長，尊賢使能，期年而有扈氏服。故欲勝人者必先自勝，欲論人者必先自論，欲知人者必先自知。《詩》曰："執轡如組。"孔子曰："審此言也，可以爲天下。"子貢曰："何其躁也?"孔子曰："非謂其躁也，謂其爲之於此，而成文於彼也。"聖人組修其身，而成文於天下矣。故子華子曰："丘陵成而穴者安矣，大水深淵成而魚鱉安矣，松柏成而塗之人已蔭矣。"

——《呂氏春秋·先己》

# 321.【圣】shèng

"圣"字的现代常用义有：1. 最崇高的，最有智慧的，如"圣地"。2. 称学问、技术有特殊成就的人，如"棋圣"。3. 旧时尊称帝王，如"圣旨"。

"圣"对应的字是"圣"和"聖"。简化时，用"圣"代替"聖"。"圣"可用作简化偏旁。

[圣] kū

《说文解字·土部》："圣，汝穎之間，謂致力於地曰圣。从土从又。"会意字，本义为挖掘，如清施补华《别弟文》："吾負母而逃，圣野菜充飢。"该字义久已不用。"聖"的古俗字与此字同形。

## ［聖］shèng

《说文解字·耳部》："聖，通也。从耳，呈聲。"形声字，本义指听觉灵敏，引申指明达事理、无所不通，如《尚书·大禹谟》："乃聖乃神，乃武乃文。"又引申指具有完美德行和智慧的人，如《孟子·万章下》："伯夷，聖之清者也；伊尹，聖之任者也；柳下惠，聖之和者也；孔子，聖之時者也。"

## ［类推简化字］

柽/檉（chēng）　蛏/蟶（chēng）

## 【古诗文选读】

孔子適楚，楚狂接輿遊其門曰："鳳兮！鳳兮！何如德之衰也！來世不可待，往世不可追也。天下有道，聖人成焉；天下無道，聖人生焉。方今之時，僅免刑焉。福輕乎羽，莫之知載；禍重乎地，莫之知避。已乎！已乎！臨人以德！殆乎！殆乎！畫地而趨！迷陽！迷陽！無傷吾行！吾行卻曲，無傷吾足！"

——《庄子·人间世》

# 322.【湿】shī

"湿"字的现代常用义指沾了水或是含的水分多，与"干"相对，如"湿漉漉"。

"湿"对应的繁体字是"濕"和"溼"。汉隶"溼"多写作

"濕","湿"是"濕"的草书楷化字形。简化时，用"湿"代替"濕"和"溼"。

## （一）［濕］tà、shī

1. tà。《说文解字·水部》："濕，水。出東郡東武陽，入海。从水㬎（xiǎn）聲。桑欽云：出平原高唐。"形声字，河名。《后汉书·郡国志四》："平原郡……高唐濕水出。"后写作"漯"（tà）字。

2. shī。汉隶"溼"多写作"濕"，与作水名讲的"濕"同形，如《易·乾》："水流濕，火就燥。"今将"濕"作为"湿"对应的繁体字。

## （二）［溼］shī

《说文解字·水部》："溼，幽溼也。从水；一，所以覆也，覆而有土，故溼也。㬎省聲。"本义为低下潮湿。汉隶"溼"多写作"濕"，与作水名讲的"濕"同形，如《史记·刺客列传》索隐："濡，潤也。人性溼潤則能含忍，故云'濡忍'也。若勇躁則必輕死也。"今以"溼"为"濕"的异体字。

## 【古诗文选读】

丁前溪，諸城人，富有錢穀。遊俠好義，慕郭解之爲人。御史行臺按訪之。丁亡去，至安丘，遇雨。避身逆旅。雨日中不止。有少年來，館穀豐隆。既而昏暮，止宿其家，菽豆飼畜，給食周至。問其姓字，少年云："主人楊姓，我其內姪也。主人好交遊，適他出，家惟娘子在。貧不能厚客給，幸能垂諒。"問："主人何業？"則家無貲產，惟日設博場，以謀升斗。次日，雨仍不止，供給弗懈。至暮，剉芻，芻束濕，頗極參差。丁怪之。少年曰："實告客，家貧無以飼畜，適娘子撤屋上茅耳。"丁益異之，謂其意在得直。天明，付之金，不受；強付少年持入。俄出，仍以反客，云："娘子言：我非業此獵食者。主人在外，嘗數日不攜一錢，客至吾家，何遽索償乎？"丁嘆贊而別。囑曰："我諸城丁某，主人歸，宜告之。暇幸見顧。"數年無耗。值歲大饑，楊困甚，無所爲計，妻漫勸詣丁，從之。至諸城，通姓名於門者。丁茫不憶，申言始憶之。哂而出，揖客入。見其衣敝踵決，居之溫室，設筵相款，寵禮異常。明日，爲製冠服，表裡溫暖。楊義之，而內顧增慚，褊心不能無少望，居數日，殊不言贈別。楊意甚急，告丁曰："顧不敢隱，僕來時米不滿升。今過蒙推解，固樂之，妻子如何矣！"丁曰："是無煩慮，已代經紀矣。幸舒意少留，當助資斧。"走伻招諸博徒，使楊坐而乞頭，終夜得百金，乃送之還。歸見室人，衣履鮮整，小婢侍焉。驚問之，妻言："自若去後，次日即有車徒齎送布帛菽粟，堆積滿屋，云是丁客所贈。又婢十指，爲妾驅使。"楊感不自已。由此小康，不屑舊業矣。異史氏曰："貧而好客，飲博浮蕩者優爲之；最異者，獨其妻耳。受之施而不報，豈人也哉？然一飯之德不忘，丁其有焉。"

——清蒲松齡《聊齋志異·丁前溪》

# 323. 【师】shī

"师"字的现代常用义有：1. 老师，如"师父"。2. 由师徒关系而产生的，如"师兄"。3. 掌握专门学术或技能的人，如"工程师"。4. 仿效，如"师法"。5. 军队，如"百万雄师"。6. 军队的编制单位，是团的上一级，如"师长"。

"师"对应的繁体字是"師"。"師"是"師"字的草书楷化字形。简化时，用"师"代替"師"。"师"可用作简化偏旁。

[師] shī

《说文解字·帀部》："師，二千五百人爲師。从帀从𠂤。"会意字，"帀（zā）"表环绕，"𠂤（duī）"表聚堆，本义为军队的一种编制，如《周礼·地官·小司徒》："五人爲伍，五伍爲兩，四兩爲卒，五卒爲旅，五旅爲師，五師爲君。"转指师氏，周代教民的官。引申指老师等义，如《论语·述而》："三人行，必有我師焉。"

[类推简化字]

筛/篩（shāi）　浉/溮（shī）　狮/獅（shī）　蛳/螄（sī）

## 【古诗文选读】

古之學者必有師。師者，所以傳道授業解惑也。人非生而知之者，孰能無惑？惑而不從師，其爲惑也，終不解矣。生乎吾前，其聞道也，固先乎吾，吾從而師之。生乎吾後，其聞道也，亦先乎吾，吾從而師之。吾師道也，夫庸知其年之先後生於吾乎！是故無貴無賤、無長無少，道之所存，師之所存也。嗟乎！師道之不傳也久矣，欲人之無惑也難矣。古之聖人，其出人也遠矣，猶且從師而問焉；今之衆人，其下聖人也亦遠矣，而恥學於師。是故聖益聖，愚益愚，聖人之所以爲聖，愚人之所以爲愚，其皆出於此乎！

——唐韩愈《师说》

# 324. 【时】shí

"时"字的现代常用义有：1. 时间，如"时不我待"。2. 时间的一段，如"古时"。3. 时机，如"时来运转"。4. 规定的时间，如"准时"。5. 现在的，当时的，如"时髦"。6. 时常，常常，如"时时"。7. 有时候，如"时好时坏"。8. 量词，时间单位，如"时速"。

"时"对应的繁体字是"時"。"时"是"時"的草书楷化字形。简化时，用"时"代替"時"。"时"可用作简化偏旁。

［時］shí

《说文解字·日部》："時，四时也。从日，寺聲。"形声字，另有异体字"旹"，从日、从之，是会意兼形声字，会日月运行以成四时之意。本义为时令、季节，如汉王充《论衡·谰时》："積日爲月，積月爲時，積時爲歲。"引申指光阴、岁月等义，如《吕氏春秋·首时》："天不再與，時不久留。"

［类推简化字］

埘/塒（shí）　鰣/鰣（shí）　莳/蒔（shì）

## 【古诗文选读】

明月皎夜光，促織鳴東壁。玉衡指孟冬，衆星何歷歷。白露沾野草，時節忽復易。秋蟬鳴樹間，玄鳥逝安適。昔我同門友，高舉振六翮。不念攜手好，棄我如遺跡。南箕北有斗，牽牛不負轭。良无盘石固，虚名复何益？

——汉《古诗十九首·明月皎夜光》

# 325.【实】shí

"实"字的现代常用义有：1. 充满，如"实心球"。2. 真，真诚，如"真心实意"。3. 客观存在的情况，如"实事求是"。4. 的确，如"实不相瞒"。5. 种子，果子，如"春华秋实"。

"实"对应的繁体字是"實"和"寔"。根据"實"部件"貫"的草书字形，新造"实"字。简化时，用"实"代替"實"和"寔"。

## （一）［實］shí

《说文解字·宀部》："實，富也。从宀从貫。貫，货贝也。"会意字，本义指富足、富有，如《国语·越语下》："田野开阔，府倉實，民衆殷。"引申指果实、子实等义，如《诗经·周南·桃夭》："桃之夭夭，有蕡其實。"

## （二）［寔］shí

《说文解字·宀部》："寔，止也。从宀，是聲。"朱骏声《说文通训定声·解部》："寔，假借为實。"《正字通·宀部》："寔，与實通。"如《诗经·召南·小星》："肅肅宵征，夙夜在公，寔命不同。"

## 【古诗文选读】

不上賢，使民不爭；不貴難得之貨，使民不爲盜；不見可欲，使心不亂。聖人治：虛其心，實其腹，弱其志，強其骨。常使民无知无欲，使知者不敢爲，則无不治。

——《老子》第三章

# 326. 【适】shì、kuò

"适"字的现代常用义有：1. shì。①切合，相合，如"削足适履"；②舒服，如"身体不适"；③刚巧，如"适得其反"；④刚才，方才，如"适才"；⑤往，归向，如"无所适从"；⑥旧称女子出嫁，如"适人"。2. kuò，多用于人名，如"南宫适"。

"适"对应的字是"适"和"適"。简化时，用"适"代替"適"。

## （一）［适］kuò

字本作"逜"，《说文解字·辵部》："逜，疾也。从辵，昏（kuò）聲。"形声字，隶变后作"适"，本义为疾速，后多用于人名，如南宫适、洪适。"适"（shì）今用作"適"的简化字，为了区别，又以"逜"为"适"（kuò）的正体。

## （二）［適］shì

《说文解字·辵部》："適，之也。从辵，啻（chì）聲。"形声字，本义是往、到，如《楚辞·离骚》："心猶豫而狐疑兮，欲自適而不可。"引申指适合、符合等义，如《商君书·画策》："由此觀之，神農非高於黃帝也，然其名尊者，以適於時也。"

**【古诗文选读】**

李冰爲蜀郡守，有蛟歲暴，漂墊相望。冰乃入水戮蛟。已爲牛形，江神龍躍，冰不勝。及出，選卒之勇者數百，持彊弓大箭，約曰：“吾前者爲牛，今江神必亦爲牛矣。我以太白練自束以辨，汝當殺其無記者。”遂吼呼而入。須臾雷風大起，天地一色。稍定，有二牛鬭於上。公練甚長白，武士乃齊射其神，遂斃。從此蜀人不復爲水所病。至今大浪衝濤，欲及公之祠，皆瀰瀰而去。故春冬設有鬭牛之戲，未必不由此也。祠南數千家，邊江低坯，雖甚秋潦，亦不移。<u>適有石牛在廟庭下。</u>唐大和五年，洪水驚潰。冰神爲龍，復與龍鬭於灌口，猶以白練爲誌，水遂漂下。左綿、梓、潼，皆浮川溢峽，傷數十郡。唯西蜀無害。

——《太平廣记》卷二九一引《成都记·李冰》

# 327.【势】shì

“势”字的现代常用义有：1．权力，威力，如“仗势欺人”。2．形势，情势，如“攻势”。3．姿态，如“姿势”。4．雄性生殖器，如“割势”。

“势”对应的繁体字是“勢”。简化时，根据“勢”字上部左位的草书楷化字形，简作“势”字。

［**勢**］shì

“勢”原作“埶”，为“藝”（艺）的初文，后来被借用来表示权势的势，如《荀子·正名》：“不睹贵者之權埶。”后加“力”旁写作“勢”字。《说文解字·力部》新附：“勢，盛力，權也。”

从力執声，形声字，本义指大的力量，如唐韩愈《与凤翔邢尚书书》："布衣之士，身居穷約，不借势于王公大人，則無以成其志。"引申指男性生殖器等义，如清蒲松龄《聊斋志异·铁布衫法》："又出其勢，即石上，以木椎力擊之，無少損。"

## 【古诗文选读】

　　張儀既出，未去，聞蘇秦死，乃說楚王曰："秦地半天下，兵敵四國，被險帶河，四塞以爲固。虎賁之士百餘萬，車千乘，騎萬匹，積粟如丘山。法令既明，士卒安難樂死，主明以嚴，將智以武，雖無出甲，席捲常山之險，必折天下之脊，天下有後服者先亡。且夫爲從者，無以異於驅群羊而攻猛虎，虎之與羊不格明矣。今王不與猛虎而與群羊，臣竊以爲大王之計過也。凡天下彊國，非秦而楚，非楚而秦，兩國交爭，其勢不兩立。大王不與秦，秦下甲據宜陽，韓之上地不通。下河東，取成皋，韓必入臣，梁則從風而動。秦攻楚之西，韓、梁攻其北，社稷安得毋危?"

——《史记·张仪列传》

# 328. 【寿】shòu

　　"寿"字的现代常用义有：1. 活得岁数大，如"人寿年丰"。2. 年岁，生命，如"长寿"。3. 寿辰，生日，如"祝寿"。4. 婉辞，装殓死人的，如"寿材"。

　　"寿"对应的繁体字是"壽"。"寿"是"壽"的草书楷化字形。简化时，用"寿"代替"壽"。"寿"可用作简化偏旁。

［**壽**］shòu

《说文解字·老部》："壽，久也。从老省，弓（chóu）聲。"形声字，金文为从老省、从弓。"弓"表示耕耙过的田地的纹路，像老人脸上的皱纹。本义为年纪老，如《尚书·洪范》："五福：一曰壽，二曰富，三曰康寧，四曰攸好德，五曰考終命。"引申指长久等义，如《庄子·人间世》："是木材不用也，無所可用，故能若是之壽。"

［**类推简化字**］

俦/儔（chóu）　畴/疇（chóu）　筹/籌（chóu）

踌/躊（chóu）　祷/禱（dǎo）　涛/濤（tāo）

焘/燾（tāo、dào）　铸/鑄（zhù）

【**古诗文选读**】

神龜雖壽，猷有竟時。騰蛇乘霧，終爲土灰。老驥伏櫪，志在千里；烈士暮年，壯心不已。盈縮之期，不但在天；養怡之福，可得永年。幸甚至哉！歌以詠志。

——三国魏曹操《龟虽寿》

# 329.【**兽**】shòu

"兽"字的现代常用义有：1. 一般指有四条腿、全身生毛的哺乳动物，如"珍禽异兽"。2. 形容野蛮、下流的，如"兽性"。

"兽"对应的繁体字是"獸"。简化时，将"獸"字右部删减，左上部符号改为"丷"，简作"兽"字。

## ［獸］shòu

《说文解字·嘼部》："獸，守備者。从嘼（chù）从犬。"会意字，本义是打猎，是"狩"的本字，如《诗经·小雅·车攻》："建旐設旄，搏獸于敖。"引申指野兽等义，如《周礼·天官·庖人》："庖人掌共六畜、六獸、六禽、辨其名物。"

### 【古诗文选读】

颜淵東之齊，孔子有憂色。子貢下席而問曰："小子敢問，回東之齊，夫子有憂色，何邪？"孔子曰："善哉汝問！昔者管子有言，丘甚善之，曰：'褚小者不可以懷大，綆短者不可以汲深。'夫若是者，以爲命有所成而形有所適也，夫不可損益。吾恐回與齊侯言堯舜黄帝之道，而重以燧人神農之言。彼將内求於己而不得，不得則惑，人惑則死。且女獨不聞邪？昔者海鳥止於魯郊，魯侯御而觴之於廟，奏九韶以爲樂，具太牢以爲膳。鳥乃眩視憂悲，不敢食一臠，不敢飲一杯，三日而死。此以己養養鳥也，非以鳥養養鳥也。夫以鳥養養鳥者，宜栖之深林，遊之壇陸，浮之江湖，食之鰌鰍，隨行列而止，委蛇而處。彼唯人言之惡聞，奚以夫譊譊爲乎！咸池九韶之樂，張之洞庭之野，鳥聞之而飛，獸聞之而走，魚聞之而下入，人卒聞之，相與還而觀之。魚處水而生，人處水而死，彼必相與異，其好惡故異也。故先聖不一其能，不同其事，名止於實，義設於適，是之謂條達而福持。"

——《庄子·至乐》

# 330.【书】shū

"书"字的现代常用义有：1. 成本的著作，如"四书五经"。2. 信，如"家书"。3. 文件，如"申请书"。4. 写字，如"书写"。

"书"对应的繁体字是"書"。"书"是"書"的草书楷化字形。简化时，用"书"代替"書"。

［書］shū

《说文解字·聿部》："書，箸也。从聿（yù），者聲。"形声字，本义是书写、记载，如《易·系辞上》："書不盡言，言不盡意。"引申指书籍、著作等义，如《论语·先进》："何必讀書，然後爲學?"

## 【古诗文选读】

孟子謂萬章曰："一鄉之善士，斯友一鄉之善士；一國之善士，斯友一國之善士；天下之善士，斯友天下之善士。以友天下之善士爲未足，又尚論古之人。頌其詩，讀其書，不知其人，可乎？是以論其世也。是尚友也。"

——《孟子·万章下》

# 331. 【属】shǔ、zhǔ

"属"字的现代常用义有：1. shǔ。①同一家族的成员，如"家属"；②类别，如"金属"；③生物的分类单位之一，如"梨属"；④有管辖关系，也指有管辖关系的人或单位，如"下属"；⑤归类，如"归属"；⑥为某人或某方所有，如"胜利终属于甲队"；⑦是，如"查明属实"；⑧用属相记生年，如"属龙"。2. zhǔ。①连缀，如"前后相属"；②指意念集中在一点，如"属望"。

"属"对应的繁体字是"屬"。"属"是"屬"的俗字。简化时，用"属"代替"屬"。"属"可用作简化偏旁。

[屬] zhǔ、shǔ

1. zhǔ。《说文解字·尾部》："屬，连也。从尾，蜀声。"形声字，从"尾"，表尾巴与身体相连之义，本义为连接、连续，《广雅·释诂二》："屬，续也。"引申为跟随等义，如《史记·项羽本纪》："項王渡淮，騎能屬者，百餘人耳。"

2. shǔ。由连接、连续引申指有血缘关系的亲属，如《孟子·离娄下》："夫章子豈不欲有夫妻子母之屬哉？"又引申为种类、类别等义，如《庄子·人间世》："夫柤梨橘柚果蓏之屬，實熟則剝。"

[类推简化字]

嘱/囑（zhǔ）　瞩/矚（zhǔ）

**【古诗文选读】**

孔子在宋，見桓魋自爲石槨，三年而不成，工匠皆病。夫子愀然曰："若是其靡也，死不如速朽之愈。"冉子僕曰："禮，凶事不豫，此何謂也乎？"夫子曰："既死而議謚，謚定而卜葬，既葬而立廟，皆臣子之事，非所豫<u>屬</u>也，況自爲之哉！"南宮敬叔以富得罪於定公，奔衛。衛侯請復之。載其寶以朝。夫子聞之，曰："若是其貨也，喪不若速貧之愈。"子游侍，曰："敢問何謂如此？"孔子曰："富而不好禮，殃也。敬叔以富喪矣，而又弗改，吾懼其將有後患也。"敬叔聞之，驟如孔氏，而後循禮施散焉。

——《孔子家语·曲礼子贡问》

# 332. 【术】shù、zhú

"术"字的现代常用义有：1. shù。①技艺，学问，如"艺术"；②方法，策略，如"战术"。2. zhú。植物名，如"苍术""白术"。

"术"对应的字是"术"和"術"。简化时，用"术"字代替"術"字。

## （一）［術］shù

《说文解字·行部》："術，邑中道也。从行，术聲。"形声字，本义指道路，如《汉书·燕刺王刘旦传》："王自歌曰：'歸空城兮，狗不吠，雞不鳴，橫術何廣廣兮，固知國中之無人！'"引申指技艺、业术等义，如《孟子·公孙丑上》："矢人惟恐不傷人，函人惟恐傷人，巫匠亦然，故術不可不慎也。"

## （二）〔朮〕zhú

字又作"秫"。《尔雅·释草》："秫，山薊。"草名，有白术、苍术等数种，根茎可入药，如三国魏嵇康《与山巨源绝交书》："又聞道士遺言，餌朮黃精，令人久壽，意甚信之。"

### 【古诗文选读】

襄公如楚，及漢，聞康王卒，欲還。叔仲昭伯曰："君之來也，非爲一人也，爲其名與其眾也。今王死，其名未改，其眾未敗，何爲還？"諸大夫皆欲還。子服惠伯曰："不知所爲，姑從君乎！"叔仲曰："子之來也，非欲安身也，爲國家之利也，故不憚勤遠而聽於楚；非義楚也，畏其名與眾也。夫義人者，固慶其喜而弔其憂，況畏而服焉？聞畏而往，聞喪而還，苟羋姓實嗣，其誰代之任喪？王太子又長矣，執政未改，予爲先君來，死而去之，其誰曰不如先君？將爲喪舉，聞喪而還，其誰曰非侮也？事其君而任其政，其誰由已貳？求說其侮，而亟於前之人，其讎不滋大乎？說侮不懦，執政不貳，帥大讎以憚小國，其誰云待之？若從君而走患，則不如違君以避難。且夫君子計成而後行，二三子計乎？有禦楚之<u>術</u>而有守國之備，則可也；若未有，不如往也。"乃遂行。

——《国语·鲁语下》

# 333. 【树】shù

"树"字的现代常用义有：1. 木本植物的通称，如"树叶"。

2. 种植，栽培，如"十年树木，百年树人"。3. 立，建立，如"树碑立传"。

"树"对应的繁体字是"樹"。简化时，将"樹"字中部用符号"又"代替，简作"树"。

［樹］shù

《说文解字·木部》："樹，生植之總名。从木，尌（shù）聲。"形声兼会意字，"尌"兼表义，《说文解字·壴部》："尌，立也。"段玉裁注："與人部侸音义同，今字通用樹爲之，樹行而尌廢矣。"本义指种树、种植，如《诗经·小雅·巧言》："荏染柔木，君子樹之。"引申指木本植物的通称，如唐高适《送白少府送兵之陇右》："軍容隨赤羽，樹色引青袍。"

## 【古诗文选读】

春江潮水連海平，海上明月共潮生。灩灩隨波千萬里，何處春江無月明。江流宛轉繞芳甸，月照花林皆似霰。空裏流霜不覺飛，汀上白沙看不見。江天一色無纖塵，皎皎空中孤月輪。江畔何人初見月，江月何年初照人。人生代代無窮已，江月年年望相似。不知江月待何人，但見長江送流水。白雲一片去悠悠，青楓浦上不勝愁。誰家今夜扁舟子，何處相思明月樓。可憐樓上月徘徊，應照離人妝鏡臺。玉戶簾中卷不去，擣衣砧上拂還來。此時相望不相聞，願逐月華流照君。鴻雁長飛光不度，魚龍潛躍水成文。昨夜閑潭夢落花，可憐春半不還家。江水流春去欲盡，江潭落月復西斜。斜月沉沉藏海霧，碣石瀟湘無限路。不知乘月幾人歸，落月搖情滿江<u>樹</u>。

——唐张若虚《春江花月夜》

400

# 334.【帅】shuài

"帅"字的现代常用义有：1. 军队中最高一级的指挥官，如"元帅"。2. 英俊，潇洒，如"帅气"。

"帅"对应的繁体字是"帥"。简化时，根据"帥"字左部的草书楷化字形，简化为"帅"字。

[帥] shuài

《说文解字·巾部》："帥，佩巾也。从巾自。"会意字，本指佩巾，后指将帅，如《左传·宣公十二年》："命爲軍帥，而卒以非天，唯羣子能，我弗爲也。"引申指起主导作用的人或事物，如《孟子·公孙丑上》："夫志，氣之帥也。"

## 【古诗文选读】

君王奕世，惟刹帝利。弒篡時起，異姓稱尊。國之戰士，驍雄畢選，子父傳業，遂窮兵術。居則宮廬周衛，征則奮旅前鋒。凡有四兵：步馬車象。象則被以堅甲，牙施利距，一將安乘，授其節度，兩卒左右，爲之駕馭。車乃駕以駟馬，兵帥居其乘，列卒周衛，扶輪挾轂。馬軍散禦，逐北奔命。步軍輕捍，敢勇充選，負大楯，執長戟，或持刀劍，前奮行陣。凡諸戎器，莫不鋒銳，所謂矛楯弓矢、刀劍鉞斧、戈殳長稍輪索之屬，皆世習矣。

——唐玄奘、辩机《大唐西域记》卷第二

# 335. 【双】shuāng

"双"字的现代常用义有：1. 两个，一对，跟"单"相对，如"成双成对"。2. 量词，用于成对的东西，如"一双鞋"。3. 偶数的，如"双数"。4. 加倍的，如"双份"。

"双"对应的繁体字是"雙"。"双"是"雙"的俗字。简化时，用"双"代替"雙"。"双"可用作简化偏旁。

［雙］shuāng

《说文解字·隹部》："雙，隹二枚也。从隹，又持之。""隹"(zhuī)，鸟的意思。字形表示手持二鸟，会意字，本义为禽鸟两只，如《左传·襄公二十八年》："公日膳雙雞。"引申指量词，用于成对的东西等义，如《国语·晋语二》："黄金四十鎰，白玉之珩六雙。"

［类推简化字］

㪇/攫（sǒng）

## 【古诗文选读】

齊湣王二十五年，復卒使孟嘗君入秦，昭王即以孟嘗君爲秦相。人或說秦昭王曰："孟嘗君賢，而又齊族也，今相秦，必先齊而後秦，秦其危矣。"於是秦昭王乃止。囚孟嘗君，謀欲殺之。孟嘗君使人抵昭王幸姬求解。幸姬曰："妾願得君狐白裘。"此時孟嘗君有一狐白裘，直千金，天下無雙，入秦獻之昭王，更無他裘。孟嘗君患之，遍問客，莫能對。最下坐有能爲狗盜者，曰：

"臣能得狐白裘。"乃夜爲狗，以入秦宫臧中，取所獻狐白裘至，以獻秦王幸姬。幸姬爲言昭王，昭王釋孟嘗君。孟嘗君得出，即馳去，更封傳，變名姓以出關。夜半至函谷關。秦昭王後悔出孟嘗君，求之已去，即使人馳傳逐之。孟嘗君至關，關法雞鳴而出客，孟嘗君恐追至，客之居下坐者有能爲雞鳴，而雞齊鳴，遂發傳出。出如食頃，秦追果至關，已後孟嘗君出，乃還。始孟嘗君列此二人於賓客，賓客盡羞之，及孟嘗君有秦難，卒此二人拔之。自是之後，客皆服。

——《史记·孟尝君列传》

# 336. 【松】sōng

"松"字的现代常用义有：1. 树名，常绿乔木，如"迎客松"。2. 稀疏，不紧密，如"松散"。3. 不紧张，不严格，如"宽松"。4. 解开，放开，如"松绑"。5. 用瘦肉做成的茸毛状或碎末状的食品，如"肉松"。

"松"对应的字是"松"和"鬆"。简化时，用"松"代替"鬆"。

## （一）［松］sōng

《说文解字·木部》："松，木也。从木，公聲。"形声字，本义为松树，如《论语·子罕》："歲寒，然後知松柏之後雕也。"引申指长寿的象征，如宋晏殊《拂霓裳》："今朝祝壽，祝壽數，比松椿。"

（二）［鬆］sōng

《玉篇·髟部》：“鬆，亂髮皃。”从髟（biāo）松声，形声字，本义为头发散乱，如唐韩偓《昼寝》：“煩襟乍觸冰壺冷，倦枕徐敧寶髻鬆。”引申指疏松、松散等义，如唐王建《宫词》之四二：“蜂鬚蟬翅薄鬆鬆，浮動搔頭似有風。”

## 【古诗文选读】

運生會歸盡，終古謂之然。世間有松喬，於今定何聞。故老贈余酒，乃言飲得仙；試酌百情遠，重觴忽忘天。天豈去此哉，任真無所先。雲鶴有奇翼，八表須臾還。自我抱茲獨，僶俛四十年。形骸久已化，心在復何言。

——晋陶渊明《连雨独饮》

# 337. 【苏】sū

“苏”字的现代常用义有：1. 植物名，如“紫苏”。2. 假死以后又活过来，如“死而复苏”。3. 指江苏或江苏苏州，如“苏绣”。4. 外来词“苏维埃”的简称，如“苏区”。5. 用作“噜苏”。6.（Sū）姓。

“苏”对应的繁体字是“蘇”和“囌”。“蘇”字下部用符号代替，写作“苏”。简化时，用“苏”代替“蘇”和“囌”。

（一）［蘇］sū

《说文解字·艸部》：“蘇，桂荏也。”从艸穌声，形声字，本义指药用植物桂荏，即紫苏，如汉张衡《南都赋》：“蘇、蒁、紫薑，拂徹羶腥。"又用作江苏或江苏苏州的简称。"蘇"有异体字作"蘓"。后用作"穌"和"甦"的假借字，表示苏醒、复活义，如《左传·宣公八年》："晉人獲秦諜，殺諸絳市，六日而蘇。"引申为睡醒等义，如唐杜荀鶴《早发》："東窗未明塵夢蘇，呼童結束登征途。"

（二）［嚇］sū

形声字，从口蘇声，用作"嚕嚇"，是"啰嗦"的变体，指言语絮叨。如《景德传灯录·大梵圆和尚》："問：'水陸不涉者，師還接否？'師曰：'嚇嚕嚇嚕。'"

**【古诗文选读】**

蘇州至昆山縣凡六十里，皆淺水無陸途，民頗病涉。久欲爲長堤，但蘇州皆澤國，無處求土。嘉祐中，人有獻計，就水中以蘧蒢芻稾爲牆，栽兩行，相去三尺。去牆六丈又爲一牆，亦如此。漉水中淤泥實蘧蒢中，候乾，則以水車汱去兩牆之間舊水，牆間六丈皆土，留其半以爲堤腳，掘其半爲渠，取土以爲堤。每三四里則爲一橋，以通南北之水。不日堤成，至今爲利。

——宋沈括《梦溪笔谈·权智》

# 338.【肃】sù

"肃"字的现代常用义有：1. 恭敬，如"肃立"。2. 认真，如"严肃"。3. 清除，如"肃清"。

"肃"对应的繁体字是"肅"。"肃"是"肅"的草书楷化字形。简化时，用"肃"代替"肅"。"肃"可用作简化偏旁。

［肅］sù

《说文解字·聿部》："肅，持事振敬也。从聿（niè）在　（yuān）上，戰戰兢兢也。"会意字，本义为恭敬、谨慎，如《左传·僖公二十三年》："其從者肅而寬，忠而能力。"引申指庄重、威严等义，如唐杜甫《咏怀古迹五首》之五："諸葛大名垂宇宙，忠臣遺像肅清高。"

［**类推简化字**］

萧/蕭（xiāo）　　箫/簫（xiāo）　　潇/瀟（xiāo）
螨/蟎（xiāo）　　啸/嘯（xiào）

**【古诗文选读】**

莫聽穿林打葉聲，何妨吟嘯且徐行。竹杖芒鞋輕勝馬，誰怕？一蓑煙雨任平生。

料峭春風吹酒醒，微冷，山頭斜照卻相迎。回首向來瀟瑟處，歸去，也無風雨也無晴。

——宋苏轼《定风波》

# 339.【虽】suī

"虽"字的现代常用义有：1. 虽然，如"话虽难听"。2. 即使，如"虽败犹荣"。

"虽"对应的繁体字是"雖"。简化时，去掉"雖"字的"隹"旁，简作"虽"字。

［雖］suī

《说文解字·虫部》："雖，似蜥蜴而大。从虫，唯聲。"形声字，本指一种类似大蜥蜴的动物，清桂馥《札僕·乡里旧闻·虽》："曩者濟南苦旱，禱雨師求水蜥易，得之薖塘中，其蟲身有花斑。案：即雖也。"借用作为连词，表虽然等义，如《尚书·召诰》："嗚呼，有王雖小，元子哉。"

## 【古诗文选读】

妖怪者，蓋精氣之依物者也。氣亂於中，物變於外，形神氣質，表裏之用也。本於五行，通於五事，雖消息升降，化動萬端，其於休咎之徵，皆可得域而論矣。夏桀之時，厲山亡，秦始皇之時，三山亡，周顯王三十二年，宋大邱社亡，漢昭帝之末，陳留昌邑社亡。京房《易傳》曰："山默然自移，天下兵亂，社稷亡也。"故會稽山陰琅邪中有怪山，世傳本琅邪東武海中山也，時天夜，風雨晦冥，旦而見武山在焉，百姓怪之，因名曰怪山，時東武縣山，亦一夕自亡去，識其形者，乃知其移來。

——晋干宝《搜神记》卷六

# 340. 【随】suí

"随"字的现代常用义有：1. 跟着，如"随机应变"。2. 顺从，如"入乡随俗"。3. 任凭，如"随便"。4. 顺便，如"随手关门"。5. 像，如"他长得随他父亲"。

"随"对应的繁体字是"隨"。"随"是"隨"的俗字。简化时，用"随"代替"隨"。

［**隨**］suí

《说文解字·辵部》：“隨，从也。从辵，隋省聲。”形声字，本义指跟从，如《老子》第二章：“音聲相和，前後相隨。”引申指听任、任凭等义，如《韩非子·喻老》：“夫物有常容，因乘以導之，因隨物之容。”

## 【古诗文选读】

樂羊爲魏將而攻中山，其子在中山，中山之君烹其子而遺之羹，樂羊坐於幕下而啜之，盡一杯。文侯謂堵師贊曰：“樂羊以我故而食其子之肉。”答曰：“其子而食之，且誰不食？”樂羊罷中山，文侯賞其功而疑其心。孟孫獵得麑，使秦西巴持之歸，其母隨之而啼，秦西巴弗忍而與之，孟孫適至而求麑，答曰：“余弗忍而與其母。”孟孫大怒，逐之，居三月，復召以爲其子傅，其御曰：“曩將罪之，今召以爲子傅何也？”孟孫曰：“夫不忍麑，又且忍吾子乎？”故曰：“巧詐不如拙誠。”樂羊以有功見疑，秦西巴以有罪益信。

————《韩非子·说林上》

# 341. 【岁】suì

“岁”字的现代常用义有：1. 年，如“岁月”。2. 量词，一年为一岁，如“周岁”。3. 年成，如“丰岁”。

“岁”对应的繁体字是“歲”。“歲”有俗字作“歳”。简化时，将“歲”上的“止”改成“山”，写成“岁”。“岁”可用作简化偏旁。

［歲］suì

《说文解字·步部》："歲，木星也。越歷二十八宿，宣徧陰陽，十二月一次。从步，戌聲。"形声字，本义为木星，如《国语·周语下》："昔武王伐殷，歲在鶉火。"引申指光阴、年月等义，如《论语·阳货》："日月逝矣，歲不我與。""止"和"山"形近，容易相混，故"歲"古代有异体字作"崴"。

［类推简化字］

刿/劌（guì）　秽/穢（huì）　哕/噦（yuě）

## 【古诗文选读】

梁惠王曰："寡人之於國也，盡心焉耳矣。河内兇，則移其民於河東，移其粟於河内；河東兇亦然。察鄰國之政，無如寡人之用心者。鄰國之民不加少，寡人之民不加多，何也?"孟子對曰："王好戰，請以戰喻。填然鼓之，兵刃既接，棄甲曳兵而走，或百步而後止，或五十步而後止。以五十步笑百步，則何如?"曰："不可，直不百步耳，是亦走也。"曰："王如知此，則無望民之多於鄰國也。不違農時，穀不可勝食也；數罟不入洿池，魚鱉不可勝食也。斧斤以時入山林，材木不可勝用也。穀與魚鱉不可勝食，材木不可勝用，是使民養生喪死無憾也。養生喪死無憾，王道之始也。五畝之宅，樹之以桑，五十者可以衣帛矣！雞豚狗彘之畜，無失其時，七十者可以食肉矣！百畝之田，勿奪其時，數口之家可以無飢矣！謹庠序之教，申之以孝悌之義，頒白者不負戴於道路矣。七十者衣帛食肉，黎民不飢不寒，然而不王者，未之有也。狗彘食人食而不知檢；塗有餓莩而不知發。人死，則曰'非我也，<u>歲</u>也'，是何異於刺人而殺之，曰'非我也，兵也'。王無罪<u>歲</u>，斯天下之民至焉。"

——《孟子·梁惠王上》

409

# 342.【孙】sūn

"孙"字的现代常用义有：1. 儿子的儿子，如"子孙"。2. 孙子以后的各代，如"玄孙"。3. 跟孙子同辈的亲属，如"外孙"。4.（Sūn）姓。

"孙"对应的繁体字是"孫"。"孙"是"孫"的草书楷化字形。简化时，用"孙"代替"孫"。"孙"可用作简化偏旁。

[孫] sūn

《说文解字·系部》："孫，子之子曰孫。从子从系。系，續也。"会意字，甲骨文从子从糸（表连续），会子与子连续之意，篆文将"糸"变为"系"。本义为儿子的儿子，如《诗经·鲁颂·闵宫》："后稷之孫，實維大王。"引申指再生的或挛生的植物，如宋王炎《即事六绝》之一："孫竹新添綠玉枝，稚禽學習繞簷飛。"

[类推简化字]

荪/蓀（sūn）　狲/猻（sūn）　逊/遜（xùn）

## 【古诗文选读】

暮投石壕村，有吏夜捉人。老翁踰牆走，老婦出門看。吏呼一何怒，婦啼一何苦。聽婦前致詞，三男鄴城戍。一男附書至，二男新戰死。存者且偷生，死者長已矣。室中更無人，惟有乳下孫。有孫母未去，出入無完裙。老嫗力雖衰，請從吏夜歸。急應河陽役，猶得備晨炊。夜久語聲絕，如聞泣幽咽。天明登前途，

410

獨與老翁別。

——唐杜甫《石壕吏》

# 343 【台】 tái、tāi

"台"字的现代常用义有：1. tái。①高而平的建筑物，如
"楼阁亭台"；②敬辞，如"兄台"；③量词，用于整场演出的节
目或机器、仪器等，如"一台戏""一台电脑"；④桌子，案子，
如"写字台"；⑤台湾省的简称，如"台商"；⑥发生在海洋上的
一种热带风暴，如"十二级台风"。2. tāi。用于地名，如"天
台山""台州"，均在浙江省。

"台"对应的字是"台""臺""檯"和"颱"。简化时，用
"台"代替"臺""檯"和"颱"。

## （一）［台］ yí、tāi、tái

1. yí。"台"甲骨文是胎儿的倒形，表示怀胎。后金文另加
义符口，象征胞衣，会意字，隶变后楷书写作台。本义为怀胎，
是"胎"的本字。后用作第一人称代词我，如《尚书·汤誓》：
"非台小子，敢行稱亂。"《后汉书·班固传》："今其如台而獨闕
也！"后又用作表喜悦、愉快等义，后写作"怡"，如《史记·太
史公自序》："唐堯遜位，虞舜不台。"又用作姓，《通志·氏族
四》："台氏，亦作怡，本墨台氏，避事改焉。"

2. tāi。用于地名、山名，如台州、天台山，均在浙江省。

3. tái。《集韵·咍韵》："台，三台，星名。"三台属大熊星
座，常用来比喻三公，如《后汉书·孝安帝纪论》："遂復計金授
官，移民逃寇，推咎台衡，以答天眚。"后用作敬辞，用于称呼

411

对方或跟对方有关的行为，如宋欧阳修《与程文简公书》："某顿首，伏承台诲，欲使撰述先公神道碑，岂胜愧恐！"

### （二）［臺］tái

《说文解字·至部》："臺，觀，四方而高者。从至从之，从高省。與室屋同意。"会意字，本义指高而上平的方形建筑物，供观察眺望用，如《国语·楚语上》："故先王之爲臺榭也，榭不過講軍實，臺不過望氛祥。故榭度於大卒之居，臺度於臨觀之高。"又用作单位名、机构名，如"天文臺"，又作量词，如"一臺電腦"。又用作台湾省的简称，如"臺胞"。

### （三）［檯］tái

"臺"字的后起字，指桌子或类似桌子的器物，如明文秉《烈皇小识》卷二："一日，上御講筵，足加于檯楞上，意有惰容。"

### （四）［颱］tái

台风。清王士禛《香祖笔记》卷二："臺灣風信與他海殊異，風大而烈者爲颶，又甚者爲颱。颶倏發倏止，颱常連日夜不止。正、二、三、四月發者爲颶，五、六、七、八月發者爲颱。"

### 【古诗文选读】

梁王魏嬰觴諸侯于范臺。酒酣，請魯君舉觴。魯君興，避席擇言曰："昔者，帝女令儀狄作酒而美，進之禹，禹飲而甘之，遂疏儀狄，絕旨酒，曰：'後世必有以酒亡其國者。'齊桓公夜半不嗛，易牙乃煎敖燔炙，和調五味而進之，桓公食之而飽，至旦不覺，曰：'後世必有以味亡其國者。'晉文公得南之威，三日不聽朝，遂推南之威而遠之，曰：'後世必有以色亡其國者。楚王

412

登強臺而望崩山，左江而右湖，以臨彷徨，其樂忘死，遂盟強臺而弗登，曰：'後世必有以高臺陂池亡其國者。'今主君之尊，儀狄之酒也；主君之味，易牙之調也；左白臺而右閭須，南威之美也；前夾林而後蘭臺，強臺之樂也。有一於此，足以亡其國。今主君兼此四者，可無戒與！"梁王稱善相屬。

——《战国策·魏策二·梁王魏婴觞诸侯于范台》

# 344 【态】 tài

"态"字的现代常用义是形状、样子，如"液态""情态"。

"态"对应的繁体字是"態"。简化时，将"態"的声旁"能"换成"太"字，写成"态"。

## ［態］ tài

《说文解字·心部》："態，意也。从心从能。"会意字，义为姿态、情态，如《楚辞·离骚》："寧溘死以流亡兮，余不忍爲此態也。"又如唐孙鲂《看牡丹》诗之一："北方有態須傾國，西子能言亦喪家。"

## 【古诗文选读】

吾見世中文學之士，品藻古今，若指諸掌，及有試用，多無所堪。居承平之世，不知有喪亂之禍；處廟堂之下，不知有戰陳之急；保俸祿之資，不知有耕稼之苦；肆吏民之上，不知有勞役之勤，故難可以應世經務也。晉朝南渡，優借士族；故江南冠帶，有才幹者，擢爲令僕已下尚書郎中書舍人已上，典掌機要。其餘文義之士，多迂誕浮華，不涉世務；纖微過失，又惜行捶楚，所以處於清高，蓋護其短也。至於臺閣令史，主書監帥，諸王籤省，並曉習吏用，濟辦時須，縱有小人之<u>態</u>，皆可鞭杖肅督，故多見委使，蓋用其長也。人每不自量，舉世怨梁武帝父子愛小人而疏士大夫，此亦眼不能見其睫耳。

——北齐颜之推《颜氏家训·涉务》

# 345. 【坛】tán

"坛"字的现代常用义有：1. 古代举行大典用的高台，如"天坛"。2. 用土堆成的平台，多用来种花，如"花坛"。3. 指文艺界、体育界或其中某个专业群体，如"文坛"。4. 发表言论的场所，如"论坛"。5. 一种口小肚大的陶器，如"泡菜坛"。

"坛"对应的繁体字是"壇"和"罈"。"罈"有异体字作"墰"，简化时，将"墰"的声旁"曇"上部"日"删减，下部"雲"类推简化为"云"，写作"坛"。"壇""罈"同音，也简作"坛"。

## （一）［壇］tán

《说文解字·土部》："壇，祭場也。"从土，亶声，形声字，本义为祭祀时的高台，如《尚书·金縢》："公乃自以爲功，爲三壇同墠。爲壇於南方北面，周公立焉。"引申指垒土种花之所，如"花壇"。

## （二）［罈］tán

从缶，曇声，形声字，本指一种口小肚大的陶器，后泛指石、瓦制成的容器，如《儒林外史》第三一回："就叫燒許多紅炭，堆在桂花樹邊，把酒罈頓在炭上。"又用作量词，如《儒林外史》第四回："恰好江南張王送了他一罈小菜，當面打開看，都是些瓜子金。"

"墰"和"罈"是"罈"的异体字。《玉篇·土部》："墰，甋屬。"如唐许浑《夜归驿楼》："窗下覆棋残局在，橘邊沽酒半墰空。"又如宋庄季裕《鸡肋编》卷下："李文定公族孝博之子倢，字全夫，喜食糟蟹，自造一大墰，凡數百枚。"

## 【古诗文选读】

董侍讀默庵家，爲狐所擾，瓦礫磚石，忽如雹落，家人相率奔匿，待其間歇，乃敢出操作。公患之，假作庭孫司馬第移避之。而狐擾猶故。一日，朝中待漏，適言其異。大臣或言，關東道士焦螟，居內城，總持敕勒之術，頗有效。公造廬而請之。道士朱書符，使歸黏壁上。狐竟不懼，拋擲有加焉。公復告道士。道士怒，親詣公家，築壇作法。俄見一巨狐伏壇下。家人受虐已久，啣恨綦深，一婢近擊之。婢忽仆地氣絕。道士曰："此物猖獗，我尚不能遽服之，女子何輕犯爾爾。"既而曰："可借鞫狐詞亦得。"戟指咒移時，婢忽起，長跪。道士詰其里居。婢作狐言："我西域產，入都者一十八輩。"道士曰："輦轂下，何容爾輩久居？可速去！"狐不答。道士擊案怒曰："汝欲梗吾令耶？若再遷延，法不汝宥！"狐乃戚怖作色，願謹奉教。道士又速之。婢又仆絕，良久始甦。俄見白塊四五團，滾滾如毬，附簷際而行，次第追逐，頃刻俱去。由是遂安。

——清蒲松龄《聊斋志异·焦螟》

# 346. 【叹】tàn

"叹"字的现代常用义有：1. 叹气，如"长吁短叹"。2. 赞叹，如"叹为观止"。3. 吟咏，如"一唱三叹"。

"叹"对应的繁体字是"嘆"和"歎"。简化时，"嘆"字右部用符号"又"代替，简为"叹"。"歎"和"嘆"二字通用，也简作"叹"。

### ［嘆］tàn

《说文解字·口部》："嘆，吞歎也。从口歎省聲。一曰太息也。"形声字，本义是叹气，如《诗经·王风·中谷有蓷》："有女仳離，嘅其嘆矣！"引申指赞叹、赞美，如汉孔融《论盛孝章书》："孝章要爲有天下大名，九牧之人，所共稱嘆。"

### ［歎］tàn

《说文解字·欠部》："歎，吟也。从欠，鸛省聲。"形声字，本义指吟咏，如汉王褒《四子讲德论》："有二人焉，乘輅而歌，倚輢而聽之，詠歎中雅，轉運中律。"引申指和唱等义，如《荀子·礼论》："《清廟》之歌，一唱而三歎也。"又用作赞美，此义上与"嘆"通用，如《礼记·郊特牲》："賓入大門而奏《肆夏》……卒爵而樂闋，孔子屢歎之。"

## 【古诗文选读】

溫伯雪子適齊，舍於魯。魯人有請見之者，溫伯雪子曰："不可。吾聞中國之君子，明乎禮義而陋於知人心，吾不欲見

也。"至於齊，反，舍於魯，是人也又請見。溫伯雪子曰："往也
蘄見我，今也又蘄見我，是必有以振我也。"出而見客，入而<u>嘆</u>。
明日見客，又入而<u>嘆</u>。其僕曰："每見之客也，必入而<u>嘆</u>，何
耶?"曰："吾固告子矣：'中國之民，明乎禮義而陋乎知人心。'
昔之見我者，進退，一成規，一成矩；從容，一若龍，一若虎。
其諫我也似子，其道我也似父，是以<u>嘆</u>也。"仲尼見之而不言。
子路曰："吾子欲見溫伯雪子久矣，見之而不言，何邪?"仲尼
曰："若夫人者，目擊而道存矣，亦不可以容聲矣。"

——《庄子·田子方》

# 347. 【誊】 téng

"誊"字的现代常用义为照原稿抄写，如"誊写"。

"誊"对应的繁体字是"謄"。简化时，将"謄"字左部删
减，写作"誊"。

## ［謄］téng

《说文解字·言部》："迻（yí）書也。从言，朕聲。"段玉裁
注："今人猶謂謄寫。"形声字，义为抄写、过录，如宋黄庭坚
《跋自临东坡〈和陶渊明〉诗》："此書既以遺荆州李翹叟，既而
亡其本，復從翹叟借來未謄本，輒爲役夫田清盜去。"

## 【古诗文选读】

及玄宗避羯胡之亂，西幸蜀。既至蜀，夢一叟鬚鬢盡白，衣
黄襦，再拜於前，已而奏曰："臣孫思邈也，廬於峨嵋山有年矣。
今聞鑾駕幸成都，臣故候謁。"玄宗曰："我熟識先生名久矣。今

先生不遠而至，亦將有所求乎？"思邈對曰："臣隱居雲泉，好餌金石藥，聞此地出雄黃，願以八十兩爲賜。脫遂臣請，幸降使齎至峨嵋山。"玄宗諾之，悸然而寤。即詔寺臣陳忠盛挈雄黃八十兩，往峨嵋宣賜思邈。忠盛既奉詔，入峨嵋，至屏風嶺，見一叟貌甚俊古，衣黃襦，立於嶺下。謂忠盛曰："汝非天子使乎？我即孫思邈也。"忠盛曰："上命以雄黃賜先生。"其叟僂而受。既而曰："吾蒙天子賜雄黃，今有表謝，屬山居無翰墨，天使命筆札傳寫以進也。"忠盛即召吏執牘染翰。叟指一石曰："表本在石上。君可錄焉。"忠盛目其石，果有硃字百餘，實表本也。遂謄寫其字，寫畢。視其叟與石，俱亡見矣。於是具以其事聞於玄宗，玄宗因問忠盛，叟之貌與夢者果同，由是益奇之。自是或隱或見。咸通末，山下民家，有兒十餘歲，不食葷血，父母以其好善，使於白水僧院爲童子。忽有遊客稱孫處士，周遊院中訖，袖中出湯末以授童子，曰："爲我如茶法煎來。"處士呷少許，以餘湯與之，覺湯極美，願賜一碗。處士曰："此湯爲汝來耳。"即以末方寸匕，更令煎喫，因與同侶話之，出門，處士已去矣。童子亦乘空而飛，衆方驚異。顧視煎湯銚子，已成金矣。其後亦時有人見思邈者。

——《太平广记》卷二一引《仙传拾遗·孙思邈》

# 348.【体】tǐ、tī

"体"字的现代常用义有：1. tǐ。①人、动物的全身，如"体无完肤"；②事物的本身或全部，如"物体"；③形式，规格，如"字体"；④作品体裁，如"文体"；⑤亲身，如"身体力行"。2. tī。用作"体己"（也作"梯己"），①家庭个人成员的积蓄，如"体己钱";②亲近的,如"体己人"。

"体"对应的字是"体"和"體"。简化时,用"体"代替"體"。

## (一)〔体〕bèn

从亻本声,形声字,义同"笨",如《资治通鉴·唐懿宗咸通十二年》:"葬文懿公主……赐酒百斛,饼饊四十橐驼,以饲体夫。"简化字"体",从人从本,会意字,与"体"(bèn)同形。

## (二)〔體〕tǐ、tī

1. tǐ。《说文解字·骨部》:"體,緫十二屬也。从骨,豐聲。"形声字,本义是指身体,如《孟子·梁惠王上》:"爲肥甘不足於口與?輕煖不足於體與?"引申指肢体等义,如《诗经·鄘风·相鼠》:"相鼠有體,人而無禮。"

2. tī。用作"體己",也作"梯己",指亲近的、贴心的人,如曹禺《北京人》第二幕:"父母不在,也没有人做主,孤孤單單,没有一個體己的人。"又指家庭成员中个人私存的财物,泛指私人积蓄,如《红楼梦》第十六回:"知道奶奶有了體己,他還不大着膽子花麽?"引申指私下、表示亲密或不公开的,如《红楼梦》第四一回:"寶玉便輕輕走進來,笑道:'你們喫體己茶呢!'"

## 【古诗文选读】

子路從而後,遇丈人,以杖荷蓧。子路問曰:"子見夫子乎?"丈人曰:"四體不勤,五穀不分,孰爲夫子?"植其杖而芸。子路拱而立。止子路宿,殺雞爲黍而食之。見其二子焉。明日,子路行以告。子曰:"隱者也。"使子路反見之。至,則行矣。子路曰:"不仕無義。長幼之節,不可廢也;君臣之義,如之何其廢之？欲潔其身，而亂大倫。君子之仕也，行其義也。道之不行，已知之矣。"

——《论语·微子》

# 349.【条】tiáo

"条"字的现代常用义有：1. 植物的细长枝儿，如"柳条儿"。2. 狭长的东西，如"面条儿"。3. 细长的形状，如"条纹"。4. 项目，分项目，如"条例"。5. 条理，秩序，如"井井有条"。6. 量词，如"一条河"。

"条"对应的繁体字是"條"。"条"是"條"的俗字。简化时，用"条"代替"條"。"条"可用作简化偏旁。

## ［條］tiáo

《说文解字·木部》："條，小枝也。从木，攸聲。"形声字，本义为细小的枝条，如汉王褒《九怀·蓄英》："秋風兮蕭蕭，舒芳兮振條。"引申指条令、条款等义，如《战国策·秦策一》："科條既備，民多偽態。"

## ［类推简化字］

涤/滌（dí）　绦/縧（tāo）　鲦/鰷（tiáo）

## 【古诗文选读】

楊柳多短枝，短枝多別離。贈遠累攀折，柔條安得垂。青春有定節，離別無定時。但恐人別促，不怨來遲遲。莫言短枝條，中有長相思。朱顏與綠楊，并在別離期。樓上春風過，風前楊柳歌。枝疏緣別苦，曲怨爲年多。花驚燕地雪，葉映楚池波。誰堪別離此，征戍在交河。

——唐孟郊《折杨柳》

# 350.【籴】tiào

"籴"字的现代常用义为卖粮食，如"籴米"。

"籴"对应的繁体字是"糶"。简化时，将"糶"右部部件删减，写作"从出从米"的"籴"字。

［糶］tiào

《说文解字·出部》："糶，出穀也。从出从糴，糴亦聲。"形声兼会意字，义为卖出谷物，如《管子·轻重丁》："齊西水潦而民飢，齊東豐庸而糶賤。"

## 【古诗文选读】

二月賣新絲，五月糶新穀。醫得眼前瘡，剜卻心頭肉。我願君王心，化作光明燭。不照綺羅筵，祇照逃亡屋。

——唐聂夷中《咏田家》

# 351.【铁】tiě

"铁"字的现代常用义有：1. 金属名，如"铁锅"。2. 形容坚硬、坚强，如"铁骨柔情"。3. 形容精锐或强暴，如"铁蹄"。

　　"铁"对应的繁体字是"鐵"。"鐵"有异体字作"銕"。简化时，将"銕"的左部部件"釒"类推简化为"钅"，写成"铁"字。

## ［鐵］tiě

　　《说文解字·金部》作"鐵"："鐵，黑金也。从金，戴（zhì）聲。"形声字，本义指金属铁，如《史记·货殖列传》："龍門、碣石北多馬、牛、羊、旃裘、筋角；銅、鐵則千里往往山出棊置：此其大較也。"引申指比喻坚强刚劲等义，如唐戎昱《从军行》："半酣秋風起，鐵騎門前嘶。"

## 【古诗文选读】

　　凡釜儲水受火，日用司命繫焉。鑄用生鐵或廢鑄鐵器爲質。大小無定式，常用者徑口二尺爲率，厚約二分。小者徑口半之，厚薄不減。其模内外爲兩層，先塑其内，俟久日乾燥，合釜形分寸于上，然後塑外層蓋模。此塑匠最精，差之毫釐則無用。模既成就乾燥，然後泥捏冶爐，其中如釜，受生鐵于中，其爐背透管通風，爐面捏嘴出鐵。一爐所化約十釜、二十釜之料。鐵化如水，以泥固純鐵柄杓從嘴受注。一杓約一釜之料，傾注模底孔内，不俟冷定即揭開蓋模，看視鏏綻未周之處。此時釜身尚通紅未黑，有不到處即澆少許于上。補完，打濕草片按平，若無痕跡。凡生鐵初鑄釜，補綻者甚多，唯廢破釜鐵熔鑄，則無復隙漏。凡釜既成後，試法以輕杖敲之，響聲如木者佳，聲有差響則鐵質未熟之故，他日易爲損壞。海内叢林大處，鑄有千僧鍋者，煮糜受米二石，此真癡物也。

——明宋应星《天工开物·冶铸第八卷·釜》

# 352.【听】tīng

"听"字的现代常用义有：1. 用耳朵接受声音，如"听而不闻"。2. 顺从，接受别人的意见，如"言听计从"。3. 任凭，随，如"听便"。4. 治理，判断，如"垂帘听政"。5. 量词，如"一听奶粉"。

"听"对应的字是"听"和"聽"。简化时，用"听"代替"聽"。

## （一）［听］yǐn

《说文解字·口部》："听，笑皃也。从口，斤聲。"形声字，形容笑的样子，如《史记·司马相如列传上》："無是公听然而笑。"

## （二）［聽］tīng

《说文解字·耳部》："聽，聆也。从耳、悳，壬聲。"会意兼形声字，本义是用耳朵接受声音，如《论语·公冶长》："聽其言而觀其行。"引申指听从、接受等义，如《战国策·秦策二》："甘茂至魏，謂向壽：'子歸告王曰：魏聽臣矣，然願王勿攻也。'"

## 【古诗文选读】

莊子送葬，過惠子之墓，顧謂從者曰："郢人堊漫其鼻端若蠅翼，使匠石斲之。匠石運斤成風，聽而斲之，盡堊而鼻不傷，郢人立不失容。宋元君聞之，召匠石曰：'嘗試爲寡人爲之。'匠石曰：'臣则尝能斲之。虽然，臣之質死久矣！'自夫子之死也，吾無以爲質矣，吾無與言之矣！"

——《庄子·徐无鬼》

# 353. 【厅】tīng

"厅"字的现代常用义有：1. 聚会或招待客人用的大房间，如"餐厅"。2. 政府机关办事单位，如"办公厅"。

"厅"对应的繁体字是"廳"。简化时，将"廳"的声旁"聽"改换为笔画少的"丁"，将形旁"广"改作"厂"，简作"厅"。

### ［廳］tīng

"廳"，从广聽声，"聽"兼表义，形声兼会意字。《集韵·青韵》："廳，古者治官處謂之聽事，後語省直曰聽，故加广。"《资治通鉴·晋愍帝建兴二年》："勒升其聽事，浚乃走出堂皇，勒衆執之。"本义是指官署中听事问案之处，如南朝梁任昉《到大司马记室笺》："謹詣廳奉白牋謝聞。"引申指私人会客、宴会、行礼用的大房间，如宋李格非《洛阳名园记·环溪》："涼榭錦廳，其下可坐數百人。"

## 【古诗文选读】

頃有仕人爲畿尉，常任賊曹。有一賊繫械，獄未具。此官獨坐廳上，忽告曰："某非賊，頗非常輩。公若脫我之罪，奉報有日。"此公視狀貌不群，詞采挺拔。意已許之，佯爲不諾。夜後，密呼獄吏放之，仍令獄卒逃竄。既明，獄中失囚，獄吏又走，府司谴罚而已。後官满，數年客遊，亦甚羁旅。至一縣，忽聞縣令與所放囚姓名同。往谒之，令通姓字。此宰驚懼，遂出迎拜，即所放者也。因留廳中，與對榻而寝。歡洽旬餘，其宰不入宅。忽一日歸宅。此客遂如厕。厕與令宅，唯隔一牆。客於厕室，聞宰妻問曰："公有何客，經于十日不入？"宰曰："某得此人大恩，性命昔在他手，乃至今日，未知何報？"妻曰："公豈不聞，大恩不報，何不看時機爲？令不語。久之乃曰："君言是矣。"此客聞已，歸告奴僕，乘馬便走，衣服悉棄於廳中。至夜，已行五六十里，出縣界，止宿村店。僕從但怪奔走，不知何故。此人歇定，乃言此賊負心之狀。言訖吁嗟。奴僕悉涕泣之次，忽床下一人，持匕首出立。此客大懼。乃曰："我義士也，宰使我來取君頭，適聞說，方知此宰負心。不然，枉殺賢士。吾義不捨此人也。公且勿睡，少頃，與君取此宰頭，以雪公冤。"此人怕懼愧謝，此客持劍出門如飛。二更已至，呼曰："賊首至。"命火觀之，乃令頭也。劍客辭訣，不知所之。

——《太平广记》卷一九五引《原化记·义侠》

# 354.【头】tóu

"头"字的现代常用义有：1. 脑袋，如"头痛"。2. 事情的起点或终点，如"开头"。3. 物体的顶端或末端，如"山头"。4. 以前，如"头两年"。5. 次序在最前，如"头一行"。6. 为首的人，如"头目"。7. 方面，如"两头为难"。8. 量词，如"一头牛"。9. 用作名词词尾，如"木头"。10. 方位词词尾，如"前头"。

"头"对应的繁体字是"頭"。"头"是"頭"的草书楷化字形。简化时，用"头"代替"頭"。

［**頭**］tóu

《说文解字·页部》："頭，首也。从頁，豆聲。"形声字，本义指脑袋，如《左传·襄公十九年》："荀偃瘅疽，生瘍於頭。"引申指头发等义，如《庄子·说剑》："吾王所見劍士，皆蓬頭突鬢垂冠，曼胡之纓，短後之衣，瞋目而語難。"

## 【古诗文选读】

從此東南行十八由延，有國名僧迦施。佛上忉利天三月爲母說法來下處。佛上忉利天，以神通力，都不使諸弟子知。未滿七日，乃放神足。阿那律以天眼遙見世尊，即語尊者大目連："汝可往問訊世尊。"目連即往，頭面禮足，共相問訊。問訊已，佛語目連："吾却後七日，當下閻浮提。"目連既還，于時八國大王及諸臣民，不見佛久，咸皆渴仰，雲集此國，以待世尊。時優鉢羅比丘尼即自心念："今日國王臣民皆當迎佛。我是女人，何由得先見佛？"即以神足化作轉輪聖王，最前禮佛。佛從忉利天上來向下，下時化作三道寶階。佛在中道七寶階上行。梵天王亦化作白銀階，在右邊執白拂而侍。天帝釋化作紫金階，在左邊執七寶蓋而侍。諸天無數，從佛下。佛既下，三階俱没於地，餘有七級現。後阿育王欲知其根際，遣人掘看。下至黄泉，根猶不盡。王益信敬，即於階上起精舍，當中階作丈六立像。精舍後立石柱，高三十肘，上作師子。柱內四邊有佛像。內外映徹，淨若琉璃。有外道論師與沙門諍此住處。時沙門理屈，於是共立誓言："此處若是沙門住處者，今當有靈驗。"作是言已，柱頭師子乃大鳴吼見證。於是外道懼怖，心伏而退。佛以受天食三月故，身作天香，不同世人。即便浴身。後人於此處起浴室。浴室猶在。優鉢羅比丘尼初禮佛處，今亦起塔。佛在世時，有剪髮爪作塔。及過去三佛并釋迦文佛坐處經行處，及作諸佛形像處，盡有塔。今悉在。

——晋法显《法显传·僧迦施国》

# 355.【图】tú

"图"字的现代常用义有：1. 用绘画表现出来的形象，如"看图识字"。2. 画，如"画影图形"。3. 计谋，计划，如"宏图大业"。4. 谋取，希望得到，如"唯利是图"。

"图"对应的繁体字是"圖"。简化时，"圖"字中部用"冬"代替，简化为"图"字。

［圖］tú

《说文解字·囗部》："圖，畫計難也。从囗从啚。啚，難意也。"会意字，义指地图，如《周礼·夏官·职方氏》："職方氏掌天下之圖。"引申指绘画、描绘等义，如《左传·宣公三年》："昔夏之方有德也，遠方圖物。"

## 【古诗文选读】

初六日，風怒起，滴水皆冰。風止日出，如火珠湧吐翠葉中。循山半西南行，四里，逾嶺，始望南臺在前。再上爲燈寺，由此路漸峻。十里，登南臺絕頂，有文殊舍利塔。北面諸臺環列，惟東南、西南少有隙地。正南，古南臺在其下，遠則盂縣諸山屏峙，而東與龍泉崢嶸接勢。從臺右道而下，途甚夷，可騎。循西嶺西北行十五里，爲金閣嶺。又循山左西北下，五里，抵清涼石。寺宇幽麗，高下如圖畫。有石爲芝形，縱橫各九步，上可立四百人，面平而下銳，屬於下石者無幾。從西北歷棧拾級而上，十二里，抵馬跑泉。泉在路隅山窩間，石隙僅容半蹄，水從中溢出，窩亦平敞可寺，而馬跑寺反在泉側一里外。又平下八里，宿於獅子窠。

——明徐弘祖《徐霞客游记·游五台山日记》

# 356.【涂】tú

"涂"字的现代常用义有：1. 使颜色、油漆等附着在物体上，如"涂脂抹粉"。2. 用笔等抹上或抹去，如"乱涂乱画"。3. 泥泞，如"生灵涂炭"。

"涂"对应的字是"涂"和"塗"。"涂"是"塗"的古字。简化时，用"涂"代替"塗"。

## （一）［涂］tú

《说文解字·水部》："涂，水。从水，余聲。"形声字，本义为水名，即今云南境内之牛栏江，北魏郦道元《水经注》："榆次縣，故涂水鄉，晋大夫智徐吾之邑也。"引申指道路等义，如《周礼·地官·遂人》："百夫有洫，洫上有涂。"

## （二）［塗］tú

《说文解字·土部》新附："塗，泥也。从土，涂聲。"形声字，本义指泥土，如《易·睽》："睽孤見豕負塗，載鬼一車。"引申指涂抹，如《尚书·梓材》："若作室家，既勤垣墉，惟其塗墍茨。"

## 【古诗文选读】

　　豫讓者，晉人也，故嘗事范氏及中行氏，而無所知名。去而事智伯，智伯甚尊寵之。及智伯伐趙襄子，趙襄子與韓、魏合謀滅智伯，滅智伯之後而三分其地。趙襄子最怨智伯，漆其頭以爲飲器。豫讓遁逃山中，曰："嗟乎！士爲知己者死，女爲說己者容。今智伯知我，我必爲報讎而死，以報智伯，則吾魂魄不愧矣。"乃變名姓爲刑人，入宮塗廁，中挾匕首，欲以刺襄子。襄子如廁，心動，執問塗廁之刑人，則豫讓，內持刀兵，曰："欲爲智伯報仇！"左右欲誅之。襄子曰："彼義人也，吾謹避之耳。且智伯亡無後，而其臣欲爲報仇，此天下之賢人也。"卒醳去之。

——《史记·刺客列传》

# 357. 【团】tuán

　　"团"字的现代常用义有：1. 圆形，如"团扇"。2. 结成球形的东西，如"纸团"。3. 米或面粉等做成球形的食品，如"面团"。4. 把东西揉成球形，如"团泥球"。5. 会合在一起，如"团聚"。6. 工作或活动的集体组织，如"文工团"。7. 特指共产主义青年团，如"团员"。8. 军队的编制单位，是营的上一级，如"团长"。9. 量词，用于成团的东西或抽象的事物，如"一团糟"。

　　"团"对应的繁体字是"團"和"糰"。"團"的声旁"專"用符号"才"代替，写成"团"。简化时，用"团"代替"團"和"糰"。

（一）［團］tuán

《说文解字·囗部》："團，圜也。从囗，專聲。"形声字，本义为圆形的，如南朝梁吴均《八公山赋》："桂皎月而長團，雲望空而自布。"引申指聚集、会合等义，如《明史·张赫传》："團義兵以捍鄉里。"

（二）［糰］tuán

《玉篇·米部》："糰，糰糭。"从米團声，形声字，本义指米或粉制成的球形食品，如唐白居易《寒食日过枣团店》："寒食棗糰店，春低楊柳枝。"

## 【古诗文选读】

餅炙：用生魚；白魚最好，鮎、鱧不中用。下魚片離脊肋，仰柵几上，手按大頭，以鈍刀向尾割取肉，至皮即止。淨洗。白中熟舂之。勿令蒜氣。與薑、椒、橘皮、鹽、豉，和。以竹木作圓範，格四寸，面油塗。絹藉之，絹從格上下以裝之，按令均平，手捉絹，倒餅膏油中煎之。出鐺，及熱置椑上；盌子底按之令拗。將奠，翻仰之。若盌子奠，仰與盌子相應。又云：用白肉生魚，等分，細斫，熬，和如上，手團作餅，膏油煎，如作雞子餅。十字解，奠之；還令相就如全奠。小者，二寸半，奠二。葱、胡芹，生物不得用，用則斑；可增。衆物若是，先停此；若無，亦可用此物助諸物。

——北魏贾思勰《齐民要术·炙法》

# 358.【椭】tuǒ

“椭”字的现代常用义为长圆形，如“椭圆”。

“椭”对应的繁体字是“橢”。简化时，把“橢”字右部的“左”和“月”改为“有”，简作“椭”。

［**橢**］tuǒ

《说文解字·木部》：“橢，車笭中橢橢器也。从木，隋聲。”形声字，本义指古代车里的一种狭长形容器，如汉刘安《淮南子·修务》：“今夫救火者，汲水而趍之，或以甕瓴，或以盆盂，其方員鋭橢不同，盛水各異，其於滅火，鈞也。”引申指长圆形的容器，如汉史游《急就篇》卷三：“橢杅槃案桮閜盌。”

## 【古诗文选读】

其後秦將起兵伐魏，司馬庾諫曰：“段干木賢者，其君禮之，天下莫不知，諸侯莫不聞。舉兵伐之，無乃妨於義乎！”於是秦乃偃兵，輟不攻魏。夫墨子跌蹏而趍千里，以存楚、宋；段干木闔門不出，以安秦、魏；夫行與止也，其勢相反，而皆可以存國，此所謂異路而同歸者也。今夫救火者，汲水而趍之，或以甕瓴，或以盆盂，其方員鋭橢不同，盛水各異，其於滅火，鈞也。故秦、楚、燕、魏之謌也，異轉而皆樂，九夷八狄之哭也，殊聲而皆悲，一也。

——汉刘安《淮南子·修务》

# 359. 【洼】wā

"洼"字的现代常用义有：1. 凹陷的地方，如"水洼"。2. 低凹，深陷，如"洼地"。

"洼"对应的字是"洼"和"窪"。简化时，用"洼"代替"窪"。

## （一）［洼］wā

《说文解字·水部》："洼，深池也。从水，圭聲。"形声字，本义指深池，如《庄子·齐物论》："山陵之畏佳，大木百圍之竅穴，似鼻，似口，似耳，似枅，似圈，似臼，似洼者，似污者。"引申指低凹等义，如唐柳宗元《始得西山宴游记》："其高下之勢，岈然洼然，若垤若穴，尺寸千里，攢蹙累積，莫得遯隱。"

## （二）［窪］wā

《玉篇·穴部》："窪，深皃。"从穴洼声，形声字，本义为低陷、凹下，如《老子》第二十二章："枉則直，窪則盈。"引申指小水坑等义，如北齐刘昼《新论·妄瑕》："牛蹄之窪，不生魴魚。"

## 【古诗文选读】

予以夜臥發熱，平明乃起。問知由墊江而東北十里，有龍洞甚奇，余所慕而至者，而不意即在此也。乃寄行囊於旅店，遂由小徑東北行。四里，出大道，則臨武北向桂陽州路也。遵行一里，有溪自北而南，益發於東山之下者。名斜江。渡橋，即上揸冈嶺。越嶺，路轉純北，復從小徑西北入山，共五里而抵石門蔣氏。有山兀立，蔣氏居後洞，在山半翠微間。洞門東南向，一入即見百柱千門，懸列其中，俯窣而下，則洞之外層也。從其左而上，穿列柱而入，衆柱分列，復迴環成洞，玲瓏宛轉，如曲房邃閣，列戶分窗，無不透明聚隙，八窗掩映。從來所歷諸洞，有此屈折者，無此明爽，有此宏麗者，無此玲瓏，即此已足壓倒衆奇矣。

——明徐弘祖《徐霞客游记·楚游日记》

# 360. 【袜】wà

"袜"字的现代常用义为袜子。

"袜"对应的繁体字是"襪"。简化时，把"襪"的声旁"蔑"改为"末"，简作"袜"。

## ［襪］wà

《说文解字·韦部》作"韈"："韈，足衣也。从韦，蔑聲。"《释名·释衣服》："襪，末也，在脚末也。"形声字，义为袜子，如汉张衡《南都赋》："脩袖繚繞而滿庭，羅襪蹁躚而容與。"

## 【古诗文选读】

於是洛靈感焉，徙倚彷徨。神光離合，乍陰乍陽。竦輕軀以鶴立，若將飛而未翔。踐椒塗之郁烈，步蘅薄而流芳。超長吟以永慕兮，聲哀厲而彌長。爾乃衆靈雜遝，命儔嘯侶。或戲清流，或翔神渚。或采明珠，或拾翠羽。從南湘之二妃，攜漢濱之遊女。歎匏瓜之無匹兮，詠牽牛之獨處。揚輕袿之猗靡兮，翳修袖以延伫。體迅飛鳧，飄忽若神。陵波微步，羅襪生塵。動無常則，若危若安。進止難期，若往若還。轉盼流精，光潤玉顏。含辭未吐，氣若幽蘭。華容婀娜，令我忘餐。

——三国魏曹植《洛神赋》

# 361.【万】wàn、Mò

"万"字的现代常用义有：1. wàn。①数目，十个一千，引申为表示极多，如"万物"；②极，很，如"万难"；③（Wàn）姓。2. mò。万俟（Mòqí），复姓。

"万"对应的字是"萬"和"万"。简化时，用"万"代替"萬"。"万"可用作简化偏旁。

## ［萬］wàn

《说文解字·内部》："萬，蟲也。从厹，象形。"甲骨文象蝎子形，象形字，本义为蝎子，是蠆（虿）的本字。假借为数词，表示十个一千，如《孟子·滕文公上》："夫物之不齐，物之情也；或相倍蓰，或相什百，或相千萬。"引申表示极、绝对等义，如《汉书·黥布传》："我之取天下，可以萬全。"

## ［万］Mò

复姓用字，用作"万俟"，如《通志·氏族略五》："万俟氏，後魏獻帝季弟之后。"古代"万"已经用作"萬"的俗字。

## ［类推简化字］

虿/蠆（chài）　趸/躉（dǔn）　厉/厲（lì）　励/勵（lì）

434

疠/癘（lì）　　砺/礪（lì）　　蛎/蠣（lì）　　粝/糲（lì）

迈/邁（mài）

## 【古诗文选读】

　　孟子見梁惠王，王曰："叟！不遠千里而來，亦將有以利吾國乎？"孟子對曰："王何必曰利？亦有仁義而已矣。王曰何以利吾國，大夫曰何以利吾家，士庶人曰何以利吾身。上下交征利，而國危矣。萬乘之國，弑其君者，必千乘之家；千乘之國，弑其君者，必百乘之家。萬取千焉，千取百焉，不爲不多矣。苟爲後義而先利，不奪不饜，未有仁而遺其親者也，未有義而後其君者也。王亦曰仁義而已矣，何必曰利？"

——《孟子·梁惠王上》

# 362.【网】wǎng

　　"网"字的现代常用义有：1. 用绳线等结成的捕鱼捉鸟的器具，如"网罗"。2. 用网捕捉，如"网鸟"。3. 像网的东西，如"铁丝网"。4. 像网样的组织或系统，如"互联网"。

　　"网"对应的字是"网"和"網"。"网"是"網"的古字，简化时，用"网"代替"網"。

## （一）〔网〕wǎng

　　《说文解字·网部》："网，庖犧所結繩以漁。从冂，下象网交文。"象形字，本义指用绳线等编织成的渔猎器具。后都写作"網"字。

## （二）［網］wǎng

《玉篇·糸部》："網，羅也。"从糸罔声，形声字，本义为用绳线等结成的捕鱼或捉鸟兽的用具，如《诗经·邶风·新台》："魚網之設，鴻則離之。"引申指周密的组织或系统等义，如《老子》第七十三章："天網恢恢，疏而不失。"

## 【古诗文选读】

夫地利勝天時，巧舉勝地利，勢勝人，故任天者可迷也，任地者可束也，任時者可迫也，任人者可惑也。夫仁勇信廉，人之美才也，然勇者可誘也，仁者可奪也，信者易欺也，廉者易謀也。將衆者，有一見焉，則爲人禽矣。由此觀之，則兵以道理制勝，而不以人才之賢，亦自明矣。是故爲麋鹿者則可以置罘設也，爲魚鱉者則可以<u>網</u>罟取也，爲鴻鵠者則可以矰繳加也，唯無形者無可奈也。是故聖人藏於無原，故其情不可得而觀；運於無形，故其陳不可得而經。無法無儀，來而爲之宜；無名無狀，變而爲之象。深哉睭睭，遠哉悠悠，且冬且夏，且春且秋，上窮至高之末，下測至深之底，變化消息，無所凝滯，建心乎窈冥之野，而藏志乎九旋之淵，雖有明目，孰能窺其情！兵之所隱議者天道也，所圖畫者地形也，所明言者人事也，所以決勝者鈴勢也。故上將之用兵也，上得天道，下得地利，中得人心，乃行之以機，發之以勢，是以無破軍敗兵。

——汉刘安《淮南子·兵略》

# 363. 【为】wéi、wèi

"为"字的现代常用义有：1. wéi。①做，行，如"事在人为"；②做，当，如"拜他为师"；③成为，变成，如"一分为二"；④是，如"十二个为一打"；⑤被，如"为人所笑"；⑥附于单音形容词后，构成表示程度、范围的副词，如"大为增色"；⑦附于表程度的单音副词后，加强语气，如"极为重要"。2. wèi。①介词，表示行为的对象，如"为人民服务"；②介词，表示原因、目的，如"为了美好的明天而努力"；③介词，对，向，如"且为诸君言之"。

"为"对应的繁体字是"爲"。"为"是"爲"的草书楷化字形。简化时，直接用"为"代替"爲"。"为"可用作简化偏旁。

[爲] wéi、wèi

1. wéi。《说文解字·爪部》："爲，母猴也。其爲禽好爪。爪，母猴象也。下腹爲母猴形。"甲骨文、金文"爲"像手牵大象形，表示让大象帮助劳作。会意字，本义指做、干，如《论语·为政》："見義不爲，無勇也。""爲"是一个意义广泛的动词，根据上下文，可表多种意义。

2. wèi。由本义虚化为介词，表示原因，相当于因、由于，如《荀子·天论》："天行有常，不爲堯存，不爲桀亡。"也表示对象，相当于替、给，如唐杜甫《客至》："花徑不曾緣客掃，蓬門今始爲君開。"

"爲"有异体字作"為"。

［类推简化字］

妫/媯（guǐ）　沩/潙（wéi）　伪/偽（wěi）

## 【古诗文选读】

對酒當歌，人生幾何？譬如朝露，去日苦多。慨當以慷，憂思難忘。何以解憂？唯有杜康。青青子衿，悠悠我心。但爲君故，沉吟至今。呦呦鹿鳴，食野之蘋。我有嘉賓，鼓瑟吹笙。明明如月，何時可掇？憂從中來，不可斷絕。越陌度阡，枉用相存。契闊談讌，心念舊恩。月明星稀，烏鵲南飛，繞樹三匝，何枝可依？山不厭高，海不厭深。周公吐哺，天下歸心。

——三国魏曹操《短歌行》

# 364.【韦】wéi

"韦"字现代的常用义有：1.（Wéi）姓。2.皮革，指经过熟制的柔皮，如"韦编三绝"。

"韦"对应的繁体字是"韋"。"韦"是"韋"的草书楷化字形。简化时，用"韦"代替"韋"。"韦"可用作简化偏旁。

［韋］wéi

《说文解字·韦部》："韋，相背也。从舛，口聲。獸皮之韋可以束，枉戾相韋背，故借以爲皮韋。"甲骨文从口（表示城邑）从二足，也有从三足或四足的，会众人环绕城池之意。本义为环绕，是"圍"和"衛"的本字，守城者环绕城邑为"衛"，攻城者环绕城邑为"圍"。皮革柔韧可以环绕包裹物品，故借用来表示熟皮革，如《史记·孔子世家》："讀《易》，韋編三絕。"

## ［类推简化字］

韍/韍（fú）

韩/韓（hán）　讳/諱（huì）

韧/韌（rèn）

韬/韜（tāo）

违/違（wéi）　围/圍（wéi）　帏/幃（wéi）

闱/闈（wéi）　涠/潿（wéi）　伟/偉（wěi）　苇/葦（wěi）

纬/緯（wěi）　玮/瑋（wěi）　炜/煒（wěi）　韪/韙（wěi）

袆/褘（yī）　韫/韞（yùn）

## 【古诗文选读】

古人之觀於天地、山川、草木、蟲魚、鳥獸，往往有得，以其求思之深，而無不在也。夫夷以近，則遊者衆；險以遠，則至者少。而世之奇偉瑰怪非常之觀，常在於險遠而人之所罕至焉，故非有志者不能至也。有志矣，不隨以止也，然力不足者，亦不能至也。有志與力，而又不隨以怠，至於幽暗昏惑而無物以相之，亦不能至也。然力足以至焉，於人爲可譏，而在己爲有悔。盡吾志也而不能至者，可以無悔矣，其孰能譏之乎？

——宋王安石《游褒禅山记》

# 365.【卫】wèi

"卫"字的现代常用义有：1. 保护，防护，如"保卫"。2. 防护人员，如"警卫"。3. 明代驻兵的地点，如"天津卫"。4.

周代诸侯国名，在今河南省北部和河北省南部一带。

"卫"对应的繁体字是"衛"。简化时，把"衛"字整体用符号代替，简作"卫"。

[衛] wèi

《说文解字·行部》作"衞"："衞，宿衞也。从韋、帀，从行。行，列衞也。"会意字，本义是护卫、保护，如《国语·齐语》："築五鹿、中牟、蓋與、牡丘，以衞諸夏之地。"引申指卫士、警卫，如《尚书·康王之诰》："一二臣衞，敢執壤奠。"

## 【古诗文选读】

左師公曰："老臣賤息舒祺，最少，不肖。而臣衰，竊愛憐之。願令得補黑衣之數，以衞王官，没死以聞。"太后曰："敬諾。年幾何矣？"對曰："十五歲矣。雖少，願及未填溝壑而託之。"太后曰："丈夫亦愛憐其少子乎？"對曰："甚於婦人。"太后笑曰："婦人異甚。"對曰："老臣竊以爲媪之愛燕后賢於長安君。"曰："君過矣，不若長安君之甚。"左師公曰："父母之愛子，則爲之計深遠。媪之送燕后也，持其踵爲之泣，念悲其遠也，亦哀之矣。已行，非弗思也，祭祀必祝之，祝曰：'必勿使反。'豈非計久長，有子孫相繼爲王也哉？"太后曰："然。"左師公曰："今三世以前，至于趙之爲趙，趙主之子孫侯者，其繼有在者乎？"曰："無有。"曰："微獨趙，諸侯有在者乎？"曰："老婦不聞也。""此其近者禍及身，遠者及其子孫。豈人主之子孫則必不善哉？位尊而無功，奉厚而無勞，而挾重器多也。今媪尊長安君之位，而封之以膏腴之地，多予之重器，而不及今令有功於國。一旦山陵崩，長安君何以自託於趙？老臣以媪爲長安君計短也，故以爲其愛不若燕后。"太后曰："諾，恣君之所使之。"

——《战国策·赵策四·赵太后新用事》

# 366. 【稳】wěn

"稳"字的现代常用义有：1. 稳固，安定，如"站稳"。2. 使稳定，如"稳住局势"。3. 准确，可靠，如"十拿九稳"。

"稳"对应的繁体字是"穩"。简化时，把"穩"的右偏旁改为"急"，简作"稳"。

[穩] wěn

《说文解字·禾部》新附："穩，蹂穀聚也。一曰安也。从禾，隱省。古通用安隱。"形声兼会意字，本义为捣谷时扬弃秕糠留下一堆谷实，如《广韵·混韵》："隱，持穀聚。"也指平稳、安定，如《晋书·顾恺之传》："行人安穩，布帆無恙。"引申指妥帖等义，如唐杜甫《长吟》："賦詩新句穩，不覺自長吟。"

## 【古诗文选读】

楊戩在傍見殷郊祭番天印、搖落魂鐘，恐傷了子牙，不當穩便，忙鳴金收回隊伍。子牙忙令軍士進城，坐在殿上納悶。楊戩上殿奏曰："師叔，如今又是一場古怪事出來！"子牙曰："有甚古怪？"楊戩曰："弟子看殷郊打哪吒的是番天印：此寶乃廣成子師伯的，如何反把于殷郊？"子牙曰"難道廣成子使他來伐我？"楊戩曰："殷洪之故事，師叔獨忘之乎？"子牙方悟。

——《封神演义》第六十三回

# 367. 【乌】wū、wù

"乌"字的现代常用义有：1. wū。①乌鸦，鸟名；②黑色，如"乌云"；③（Wū）姓。2. wù。乌拉（wù lɑ），同"靰鞡"，东北地区冬天穿的一种用皮革做的鞋，里面垫着乌拉草。

"乌"对应的繁体字是"烏"。"乌"是"烏"的草书楷化字形。简化时，用"乌"代替"烏"。"乌"可用作简化偏旁。

[烏] wū、wù

1. wū。《说文解字·烏部》："烏，孝鳥也。象形。""烏"和"鳥"字形不同，乌鸦因为颜色全黑，眼珠不明显，所以字形中也没有眼睛。象形字，本义为乌鸦，如《诗经·邶风·北风》："莫赤匪狐，莫黑匪烏。"乌鸦羽毛为黑色，故转指黑色，如唐刘禹锡《金陵五题·乌衣巷》："朱雀橋邊野草花，烏衣巷口夕陽斜。"

2. wù。乌拉，满语音译词，特指乌拉草。

[类推简化字]

邬/鄔（wū）　呜/嗚（wū）　钨/鎢（wū）
坞/塢、隖（wù）

## 【古诗文选读】

伏惟聖朝以孝治天下，凡在故老，猶蒙矜育，況臣孤苦，特爲尤甚。且臣少仕僞朝，歷職郎署，本圖宦達，不矜名節。今臣亡國賤俘，至微至陋，過蒙拔擢，寵命優渥，豈敢盤桓，有所希冀。但以劉日薄西山，氣息奄奄，人命危淺，朝不慮夕。臣無祖母，無以至今日；祖母無臣，無以終餘年。母孫二人更相爲命，是以區區不能廢遠。臣密今年四十有四，祖母劉今年九十有六，是臣盡節於陛下之日長，報養劉之日短也。烏鳥私情，願乞終養。臣之辛苦，非獨蜀之人士及二州牧伯所見明知，皇天后土，實所共鑒。願陛下矜愍愚誠，聽臣微志。庶劉僥倖保卒餘年。臣生當隕首，死當結草。臣不勝犬馬怖懼之情，謹拜表以聞。

——晋李密《陈情表》

# 368.【无】wú

"无"字的现代常用义有：1. 没有，跟"有"相对，如"从无到有"。2. 不，如"无妨"。

"无"对应的繁体字是"無"。"无"字由来已久，许慎在《说文解字》以"无"为"無"的奇字①。"無"和"无"古代通用，"無"是正体字，"无"作为俗体也被广泛使用。简化时，用"无"代替"無"。"无"可用作简化偏旁。

［無］wú

《说文解字·亡部》："無，亡也。从亡，無聲。"所释为假借义。甲骨文"無"字象人手里拿着牛尾之类的舞具跳舞的样子，是象形字，本义为跳舞，是"舞"的本字。借用来表示没有，如《老子》第二章："故有無相生，難易相成，長短相形，高下相傾，音聲相和，前後相隨。"后词义虚化，用作否定副词，相当

---

① 奇字：指汉代仍然使用的战国时期出现的形体奇异的文字。

于"不",如《论语·学而》："君子食無求飽，居無求安，敏於事而慎於言，就有道而正焉，可謂好學也已。"

### ［类推简化字］

抚/撫（fǔ）　　吥/嘸（fǔ、ḿ）　　芜/蕪（wú）

庑/廡（wǔ）　　怃/憮（wǔ）　　妩/嫵、斌（wǔ）

### 【古诗文选读】

山不在高，有仙則名。水不在深，有龍則靈。斯是陋室，惟吾德馨。苔痕上階綠，草色入簾青。談笑有鴻儒，往來無白丁。可以調素琴，閱《金經》。無絲竹之亂耳，無案牘之勞形。南陽諸葛廬，西蜀子雲亭。孔子云："何陋之有！"

——唐刘禹锡《陋室铭》

# 369.【务】wù

"务"字的现代常用义有：1. 事情，如"公务"。2. 从事，致力，如"务农"。3. 追求，如"务实"。4. 必须，一定，如"除恶务尽"。

"务"对应的繁体字是"務"。简化时，将"務"字左部形旁删减，简作"务"。

### ［務］wù

《说文解字·力部》："務，趣也。从力，敄聲。"形声兼会意字，本义为勉力从事、致力，如《论语·学而》："君子務本。"引申指必须、一定等义，如《尚书·泰誓》："樹德務滋，除恶務本。"

## 【古诗文选读】

有子曰："其爲人也孝弟而好犯上者，鲜矣！不好犯上，而好作亂者，未之有也。君子<u>務</u>本，本立而道生。孝弟也者，其爲仁之本與！"

——《论语·学而》

# 370.【雾】wù

"雾"字的现代常用义有：1. 接近地面的水蒸气遇冷凝结后飘浮在空气中的小水点，如"大雾"。2. 像雾的东西，如"雾状物"。

"雾"对应的繁体字是"霧"。简化时，删减"霧"字下部左位构件"矛"，简作"雾"。

[霧] wù

《说文解字·雨部》作"霚"："霚，地氣發，天不應。从雨，敄聲。"后作"霧"。形声字，本义是空气中的微小水滴，如《管子·度地》："風、霧、雹、霜，一害也。"引申比喻轻细之物等义，如前蜀李珣《女冠子》："玉堂虚，細霧垂珠珮，輕煙曳翠裾。"

## 【古诗文选读】

子桑戶、孟子反、子琴張三人相與友。曰："孰能相與於無相與，相爲於無相爲？孰能登天遊<u>霧</u>，撓挑無極，相忘以生，無所終窮?"三人相視而笑,莫逆於心,遂相與爲友。莫然有間而子桑戶死,未葬。孔子聞之,使子貢往侍事焉。或編曲,或鼓琴,相和而歌曰:"嗟來桑戶乎!嗟來桑戶乎!而已反其真,而我猶爲人猗!"子貢趨而進曰:"敢問臨屍而歌,禮乎?"二人相視而笑曰:"是惡知禮意!"子貢反,以告孔子,曰:"彼何人者邪?修行無有,而外其形骸,臨屍而歌,顏色不變,無以命之。彼何人者邪?"孔子曰:"彼,遊方之外者也;而丘,遊方之內者也。外內不相及,而丘使女往弔之,丘則陋矣。彼方且與造物者爲人,而遊乎天地之一氣。彼以生爲附贅縣疣,以死爲決㾕潰癰,夫若然者,又惡知死生先後之所在?假於異物,託於同體;忘其肝膽,遺其耳目;反覆終始,不知端倪;芒然彷徨乎塵垢之外,逍遙乎無爲之業。彼又惡能憒憒然爲世俗之禮,以觀衆人之耳目哉!"

——《庄子·大宗师》

# 371. 【牺】 xī

"牺"字的现代常用义有:1. 为某种目的舍弃权利或利益等,如"作出牺牲"。2. 为正义事业献出自己的生命,如"为国牺牲"。

"牺"对应的繁体字是"犧"。简化时,把"犧"的声旁"羲"改为"西",简作"牺"。

[犧] xī

《说文解字·牛部》:"犧,宗廟之牲也。从牛,羲聲。"形声字,本义指古时宗庙祭祀时用的毛色纯一的牲畜,如《礼记·曲礼下》：“天子以犧牛，諸侯以肥牛。”引申指充当祭品等义，如《左传·昭公二十二年》：“賓孟適郊，見雄雞自斷其尾。問之，侍者曰：‘自憚其犧也。’”

## 【古诗文选读】

　　十年春，齊師伐我。公將戰，曹劌請見。其鄉人曰：“肉食者謀之，又何間焉？”劌曰：“肉食者鄙，未能遠謀。”乃入見。問何以戰。公曰：“衣食所安，弗敢專也，必以分人。”對曰：“小惠未徧，民弗從也。”公曰：“犧牲玉帛，弗敢加也，必以信。”對曰：“小信未孚，神弗福也。”公曰：“小大之獄，雖不能察，必以情。”對曰：“忠之屬也，可以一戰，戰則請從。”公與之乘。戰於長勺。公將鼓之。劌曰：“未可。”齊人三鼓，劌曰：“可矣。”齊師敗績。公將馳之。劌曰：“未可。”下視其轍，登軾而望之，曰：“可矣。”遂逐齊師。既克，公問其故。對曰：“夫戰，勇氣也，一鼓作氣，再而衰，三而竭。彼竭我盈，故克之。夫大國，難測也，懼有伏焉。吾視其轍亂，望其旗靡，故逐之。”

　　　　　　　　　　　　　　——《左传·庄公十年》

# 372.【习】xí

　　“习”字的现代常用义有：1. 学习后再温熟，反复地学使熟练，如“复习”。2. 对某事熟悉，如“不习水性”。3. 习惯，如“习性”。4. 经常，如“习闻”。5.（Xí）姓。

　　“习”对应的繁体字是“習”。简化时，截取“習”形旁“羽”的部分构件，简作“习”。

［習］xí

《说文解字·习部》：“習，數飛也。从羽从白。”会意字，本义为鸟多次练习飞翔，如《礼记·月令》：“鷹乃學習。”陈澔集说：“學習，雛學數飛也。”引申指复习、练习等义，如《论语·学而》：“學而時習之，不亦説乎？”

## 【古诗文选读】

後孟嘗君出記，問門下諸客：“誰習計會，能爲文收責于薛者乎？”馮諼署曰：“能。”孟嘗君怪之，曰：“此誰也？”左右曰：“乃歌夫長鋏歸來者也。”孟嘗君笑曰：“客果有能也，吾負之，未嘗見也。”請而見之，謝曰：“文倦于事，慣于憂，而性懧愚，沉於國家之事，開罪于先生。先生不羞，乃有意欲爲收責于薛乎？”馮諼曰：“願之。”于是約車治裝載券契而行，辭曰：“責畢收，以何市而反？”孟嘗君曰：“視吾家所寡有者。”

——《战国策·齐策四·齐人有冯谖者》

# 373. 【系】xì、jì

“系”字的现代常用义有：1. xì。①系统，有连属关系的，如“系列”；②高等学校中按学科所分的教学行政单位，如“中文系”；③关联，如“干系”；④联结，栓，如“系马”；⑤牵挂，如“心系百姓”；⑥是，如“确系实情”；⑦把人或东西捆住往上提或往下送，如“把东西从房上系下来”；⑧地层系统分类的第三级，如“侏罗系”。2. jì。打结，扣，如“系领带”。

“系”对应的字是“系”“係”和“繫”。简化时，用“系”

代替"係"和"繫"。

## （一）［系］xì

《说文解字·系部》："系，繫也。从糸，丿聲。"会意字，本义为联属、接续，如《汉书·叙传上》："系高頊之玄冑兮，氏中葉之炳靈。"引申指继续、承接，如《后汉书·班固传下》："系唐統，接漢緒。"又有以下常用用法：某些学科中分类的名称，如汉藏语系；高等学校按专业性质设置的教学行政单位，如中文系等。

## （二）［係］xì

《说文解字·人部》："係，絜束也。从人从系，系亦聲。"会意兼形声字，本义为束缚、捆绑，如《国语·越语上》："若以越國之罪爲不可赦也，將焚宗廟，係妻孥，沈金玉於江，有帶甲五千人將以致死，乃必有偶。"引申指关联、牵涉等义，如宋苏轼《上皇帝书》："臣前任密州，建言自古河北與中原離合，常係社稷存亡。"又用作表示判断，义为是，如《水浒传》第三回："捕捉打死鄭屠犯人魯達，即係經略府提轄。"

## （三）［繫］xì、jì

1. xì。《说文解字·系部》："繫，繫緒也。一曰惡絮。从糸，毄聲。"形声字，本义为拴缚，如《庄子·列御寇》："无能者无所求，飽食而遨遊，汎若不繫之舟。"引申指挂念、牵记等义，如唐戎昱《题严氏竹亭》："子陵棲遁處，堪繫野人心。"

2. jì。打结，扣上，如明施耐庵《水浒传》第十六回："楊志戴上凉笠兒，穿着青紗衫子，繫了纏帶行履麻鞋。"

## 【古诗文选读】

南方有鸟焉，名曰蒙鸠，以羽爲巢，而编之以髮，繫之葦苕，風至苕折，卵破子死。巢非不完也，所繫者然也。西方有木焉，名曰射干，莖長四寸，生於高山之上，而臨百仞之淵，木莖非能長也，所立者然也。蓬生麻中，不扶而直；白沙在涅，與之俱黑。蘭槐之根是爲芷，其漸之滫，君子不近，庶人不服。其質非不美也，所漸者然也。故君子居必擇鄉，遊必就士，所以防邪辟而近中正也。

——《荀子·劝学》

# 374. 【戏】xì

"戏"字的现代常用义有：1. 玩耍，如"游戏"。2. 嘲弄，开玩笑，如"戏言"。3. 戏剧，如"唱戏"。

"戏"对应的繁体字是"戲"。简化时，把"戲"声旁"虘"用符号"又"代替，简作"戏"。

［戲］xì、hū、huī

1. xì。《说文解字·戈部》："戲，三軍之偏也。一曰兵也。从戈，虘聲。"形声字，本义为角斗、角力，如《左传·僖公二十八年》："子玉使鬪勃請戰，曰：'請與君之士戲，君馮軾而觀之，得臣與寓目焉。'"引申指开玩笑、嘲弄，如《论语·阳货》："子曰：'二三子，偃之言是也，前言戲之耳。'"

2. hū。"於戲"同"鸣呼"，叹词，如《礼记·大学》："《詩》云'於戲，前王不忘'。"

3. huī。大将之旗，引申为指挥，如《汉书·扬雄传上》：

"萃傱允溶，淋離廓落，戲八鎮而開關。"

## 【古诗文选读】

武王元年，與魏惠王會臨晉。誅蜀相壯。張儀、魏章皆東出之魏。伐義渠、丹、犁。二年，初置丞相，樗里疾、甘茂爲左右丞相。張儀死於魏。三年，與韓襄王會臨晉外。南公揭卒，樗里疾相韓。武王謂甘茂曰："寡人欲容車通三川，窺周室，死不恨矣。"其秋，使甘茂、庶長封伐宜陽。四年，拔宜陽，斬首六萬。涉河，城武遂。魏太子來朝。武王有力好戲，力士任鄙、烏獲、孟說皆至大官。王與孟說舉鼎，絕臏。八月，武王死。族孟說。武王取魏女爲后，無子。立異母弟，是爲昭襄王。昭襄母楚人，姓芈氏，號宣太后。武王死時，昭襄王爲質於燕，燕人送歸，得立。

——《史记·秦本纪》

# 375.【虾】xiā、há

"虾"字的现代常用义有：1. xiā。节肢动物，如"龙虾"。2. há。"虾蟆"也作"蛤蟆"。

"虾"对应的繁体字是"蝦"。简化时，把"蝦"声旁"叚"改为"下"，简作"虾"。

［蝦］xiā、há

1. xiā。《类篇·虫部》："蝦，蝦虫，與水母遊。"指虾，如《楚辞·王褒〈九怀·通路〉》："鯨鱏兮幽潛，從蝦兮遊渚。"引申指像虾一样弯曲，如元高安道《哨遍·嗓淡行院》套曲："靠棚頭的先蝦着脊背，賣薄荷的自腫了咽喉。"

2. há。《说文解字·虫部》："蝦，蝦蟆也。从虫，叚聲。"形声字，指蛤蟆，如北魏酈道元《水经注》："惠帝爲太子，出聞蝦蟆聲。"

### 【古诗文选读】

已矣！國其莫吾知兮，子獨壹鬱其誰語？鳳縹縹其高逝兮，夫固自引而遠去。襲九淵之神龍兮，沕深潛以自珍。偭蟂獺以隱處兮，夫豈從蝦與蛭蟥？所貴聖人之神德兮，遠濁世而自藏；使騏驥可得繫而羈兮，豈云異夫犬羊？般紛紛其離此尤兮，亦夫子之故也。歷九州而相其君兮，何必懷此都也？鳳凰翔于千仞兮，覽德輝而下之；見細德之險徵兮，遙曾擊而去之。彼尋常之汙瀆兮，豈容吞舟之巨魚？橫江湖之鱣鯨兮，固將制乎螻蟻。

——汉贾谊《吊屈原赋》

# 376．【吓】xià、hè

"吓"字的现代常用义有：1. xià。使害怕，如"吓唬"。2. hè。①用要挟的话或举动威胁别人，如"恫吓"；②叹词，表示不满，如"吓，怎么可以这样呢"。

"吓"对应的繁体字是"嚇"。简化时，把"嚇"声旁"赫"改为"下"，简作"吓"。

［嚇］xià、hè

1. xià。使害怕，害怕，如唐韩愈《县斋有怀》："兒童稍長成，雀鼠得驅嚇。"

2. hè。《玉篇·口部》:"嚇,以口拒人谓之嚇。"从口赫声,形声字,本义为怒斥声,如《庄子·秋水》:"於是鴟得腐鼠,鵷鶵過之,仰而視之曰:'嚇!'"又作叹词,表示不满,如刘半农《面包与盐》:"嚇,還不是老樣子!"

### 【古诗文选读】

惠子相梁,莊子往見之。或謂惠子曰:"莊子來,欲代子相。"於是惠子恐,搜於國中三日三夜。莊子往見之,曰:"南方有鳥,其名爲鵷鶵,子知之乎?夫鵷鶵,發於南海而飛於北海,非梧桐不止,非練實不食,非醴泉不飲。於是鴟得腐鼠,鵷鶵過之,仰而視之曰:'嚇!'今子欲以子之梁國而嚇我邪?"

——《庄子·秋水》

# 377. 【咸】xián

"咸"字的现代常用义有:1. 全,都,如"少长咸集"。2. 盐的味道,与"淡"相对,如"咸鸭蛋"。

"咸"对应的繁体字是"咸"和"鹹"。简化时,用"咸"代替"鹹"。

## (一)〔咸〕xián

《说文解字·口部》:"咸,皆也。悉也。从口从戌。戌,悉也。"会意字,本义为皆、都,如《史记·淮阴侯列传》:"於諸侯之約,大王當王關中,關中民咸知之。"引申指普遍、全面等义,如《庄子·知北游》:"周、徧、咸,三者異名同實,其指一也。"

453

（二）［鹹］xián、jiǎn

1. xián。《说文解字·卤部》："鹹，銜也。北方味也。从卤，咸聲。"形声字，指像盐那样的味道，如《尚书·洪范》："土爰稼穡，潤下作鹹。"

2. jiǎn。盐土，明李时珍《本草纲目·金石五·卤咸》："鹹音有二：音咸者，潤下之味；音减者，鹽土之名。後人作鹼、作鹻，是矣。"

## 【古诗文选读】

凡人有所一同：飢而欲食，寒而欲煖，勞而欲息，好利而惡害，是人之所生而有也，是無待而然者也，是禹桀之所同也。目辨白黑美惡，耳辨音聲清濁，口辨酸鹹甘苦，鼻辨芬芳腥臊，骨體膚理辨寒暑疾養，是又人之所常生而有也，是無待而然者也，是禹桀之所同也。可以爲堯禹，可以爲桀跖，可以爲工匠，可以爲農賈，在埶注錯習俗之所積耳。是又人之所生而有也，是無待而然者也，是禹桀之所同也。爲堯禹則常安榮，爲桀跖則常危辱；爲堯禹則常愉佚，爲工匠農賈則常煩勞。然而人力爲此，而寡爲彼，何也？曰：陋也。堯禹者，非生而具者也，夫起於變故，成乎修修之爲，待盡而後備者也。

——《荀子·荣辱》

# 378.【显】xiǎn

"显"字的现代常用义有：1. 露在外面容易看出来，如"显而易见"。2. 表现，露出，如"大显身手"。3. 有权势的或有名声地位的，如"达官显贵"。4. 敬辞（称先人），如"显考"。

"显"对应的繁体字是"顯"。简化时，删减"顯"的右部"頁"，采用左下部位草书楷化字形，简作"显"。

［顯］xiǎn

《说文解字·页部》："顯，頭明飾也。从頁，㬎聲。"形声字，本义为明、光明，如《诗经·大雅·抑》："無曰不顯，莫予云覯。"引申指表现、显示等义，如《诗经·周颂·敬之》："敬之敬之，天維顯思。"

## 【古诗文选读】

昔有婆羅門自謂多知，於諸星術種種技藝無不明達。恃己如此，欲顯其德，遂至他國，抱兒而哭。有人問婆羅門言："汝何故哭？"婆羅門言："今此小兒，七日當死，愍其夭傷以是哭耳。"時人語言："人命難知，計算喜錯，設七日頭或能不死，何爲豫哭？"婆羅門言："日月可闇星宿可落，我之所記終無違失。"爲名利故，至七日頭自殺其子以證己說。時諸世人却後七日聞其兒死，咸皆歎言："真是智者，所言不錯。"心生信服悉來致敬。猶如佛之四輩弟子爲利養故自稱得道，有愚人法殺善男子詐現慈德，故使將來受苦無窮，如婆羅門爲驗己言殺子惑世。

——北齐求那毗地译《百喻经·婆罗门杀子喻》

# 379.【宪】xiàn

"宪"字的现代常用义有：1. 法令，如"宪令"。2. 指宪法，如"违宪"。

"宪"对应的繁体字是"憲"。简化时，"憲"下部换为"先"，简作"宪"。

［憲］xiàn

《说文解字·心部》："憲，敏也。从心从目，害省聲。"会意兼形声字，本义为聪敏明哲，后作法令、法度，如《尚书·说命下》："監于先王成憲，其永無愆。"引申指效法等义，如《尚书·说命中》："惟天聰明，惟聖時憲。"

## 【古诗文选读】

小忠，大忠之賊也。若使小忠主法，則必將赦罪，赦罪以相愛，是與下安矣，然而妨害於治民者也。當魏之方明立辟、從憲令行之時，有功者必賞，有罪者必誅，強匡天下，威行四鄰；及法慢，妄予，而國日削矣。當趙之方明國律、從大軍之時，人衆兵強，辟地齊、燕；及國律慢，用者弱，而國日削矣。當燕之方明奉法、審官斷之時，東縣齊國，南盡中山之地；及奉法已亡，官斷不用，左右交爭，論從其下，則兵弱而地削，國制於鄰敵矣。故曰：明法者強，慢法者弱。強弱如是其明矣，而世主弗爲，國亡宜矣。

————《韩非子·饰邪》

# 380. 【县】xiàn

"县"字的现代常用义指行政区划单位，由直辖市、地级市、自治州等领导。

"县"对应的繁体字是"縣"。简化时，删减"縣"字右部部件，改造左部部件，简作"县"。

## ［縣］xuán、xiàn

1. xuán。《说文解字·系部》：“縣，繫也。从系持県。”会意字，本义为悬挂，如《史记·苏秦列传》：“心摇摇然如縣旌。”后来这个意义写作“悬”。引申指维系、拴系、系联等义，如《管子·禁藏》：“法者，天下之儀也，所以决疑而明是非也，百姓所縣命也。”

2. xiàn。古称天子所居之地，如《礼记·王制》：“天子之縣内，方百里之國九，七十里之國二十有一，五十里之國六十有三，凡九十三國。”引申指地方行政区划名，如《左传·哀公二年》：“克敵者，上大夫受縣，下大夫受郡。”

## 【古诗文选读】

夫冬日之不濫，非愛冰也；夏日之不煬，非愛火也；爲不適於身便於體也。夫明王不美宮室，非喜小也；不聽鍾鼓，非惡樂也，爲其傷於本事而妨於教也；故先慎於己而後彼，官亦慎内而後外，民亦務本而去末；居民於其所樂，事之於其所利，賞之於其所善，罰之於其所惡，信之於其所餘財，功之於其所無誅。於下無誅者，必誅者也。有誅者，不必誅者也。以有刑至無刑者，其法易而民全。以無刑至有刑者，其刑煩而姦多。夫先易者後難，先難而後易，萬物盡然。明王知其然，故必誅而不赦，必賞而不遷者，非喜予而樂其殺也，所以爲人致利除害也。於以養老長弱，完活萬民，莫明焉，夫不法法則治，法者，天下之儀也，所以決疑而明是非也，百姓所縣命也，故明王慎之，不爲親戚故貴易其法。吏不敢以長官威嚴危其命，民不以珠玉重寶犯其禁。故主上視法嚴於親戚，吏之舉令，敬於師長。民之承教，重於神寶，故法立而不用，刑設而不行也。

——《管子·禁藏》

# 381. 【献】xiàn

"献"字的现代常用义为恭敬庄严地送给，如"献花"。

"献"对应的繁体字是"獻"。"献"是"獻"的俗字。简化时，用"献"代替"獻"。"献"可用作简化偏旁。

## ［獻］xiàn

《说文解字·犬部》："獻，宗廟犬名羹獻。犬肥者以獻之。从犬，鬳（yàn）聲。"甲骨文从鬲从犬，或从鬲从虎，鬲表示烹煮食物的鼎器，会意字，本义为作为祭品的牲畜或向神奉献祭牲，如《礼记·曲礼下》："凡祭宗廟之禮……羊曰柔毛，雞曰翰音，犬曰羹獻。"引申指进献、献上等义，如《吕氏春秋·孝行》："有侁氏女子采桑，得嬰兒于空桑之中，獻之其君。"

## ［类推简化字］

谳/讞（yàn）

## 【古诗文选读】

楚人和氏得玉璞楚山中，奉而獻之厲王，厲王使玉人相之，玉人曰："石也。"王以和爲誑，而刖其左足。及厲王薨，武王即位，和又奉其璞而獻之武王，武王使玉人相之，又曰："石也"。王又以和爲誑，而刖其右足。武王薨，文王即位，和乃抱其璞而哭於楚山之下，三日三夜，泣盡而繼之以血。王聞之，使人問其故，曰："天下之刖者多矣，子奚哭之悲也?"和曰："吾非悲刖也，悲夫寶玉而題之以石，貞士而名之以誑，此吾所以悲也。"

王乃使玉人理其璞而得寶焉，遂命日"和氏之璧"。

——《韩非子·和氏》

# 382.【乡】xiāng

"乡"字的现代常用义有：1. 城市外的区域，如"下乡"。2. 自己生长的地方或祖籍，如"故乡"。3. 行政区划单位，由县或区等领导。

"乡"对应的繁体字是"鄉"。简化时，删减"鄉"字部件，仅保留左边部件，简作"乡"。"乡"可用作简化偏旁。

［鄉］xiāng

《说文解字·㗊部》作"鄉"："鄉，國離邑，民所封鄉也。嗇夫別治。封圻之内六鄉，六鄉治之。从㗊，皀聲。"形声字，甲骨文象两人相向而食，中间是盛食物的食器，会两人共食之意。篆文将两边的人形讹为二邑相对，所以《说文解字》作"鄉"。引申指出生地、家乡，如《左传·庄公六年》："公將戰，曹劌請見。其鄉人曰：'肉食者謀之，又何間焉？'"引申指行政区划单位，周代以一万二千五百家为"鄉"，如《周礼·地官·大司徒》："令五家爲比，使之相保；五比爲閭，使之相受；四閭爲族，使之相葬；五族爲黨，使之相救；五黨爲州，使之相賙；五州爲鄉，使之相賓。"

［类推简化字］

芗/薌（xiāng）　飨/饗（xiǎng）

## 【古诗文选读】

剑外忽傳收薊北，初聞涕淚滿衣裳。却看妻子愁何在，漫卷詩書喜欲狂。白日放歌須縱酒，青春作伴好還<u>鄉</u>。即從巴峽穿巫峽，便下襄陽向洛陽。

——唐杜甫《闻官军收河南河北》

# 383.【响】xiǎng

"响"字的现代常用义有：1. 声音，如"响声"。2. 发出声音，如"一声不响"。3. 声音高，声音大，如"响亮"。4. 回声，如"响应"。

"响"对应的繁体字是"響"。简化时，把"響"的形旁"音"改为"口"，声旁"鄉"改为"向"，把上下结构改为左右结构，简作"响"。

[響] xiǎng

《说文解字·音部》："響，聲也。从音，鄉聲。"形声字，本义指回声，如《吕氏春秋·有始》："日中無影，呼而無響。"引申泛指声音，如唐杜甫《营屋》："寂無斧斤響，庶遂憩息歡。"

## 【古诗文选读】

凡四海之內，東西二萬八千里，南北二萬六千里，水道八千里，受水者亦八千里，通谷六，名川六百，陸注三千，小水萬數。凡四極之內，東西五億有九萬七千里，南北亦五億有九萬七千里。極星與天俱游，而天極不移。冬至日行遠道，周行四極，命曰玄明。夏至日行近道，乃参于上。当榀之下無畫夜。白民之南，建木之下，日中無影，呼而無響，蓋天地之中也。天地萬物，一人之身也，此之謂大同。衆耳目鼻口也，衆五穀寒暑也，此之謂衆異，則萬物備也。天斟萬物，聖人覽焉，以觀其類。解在乎天地之所以形，雷電之所以生，陰陽材物之精，人民禽獸之所安平。

——《吕氏春秋·有始》

# 384. 【向】xiàng

"向"字的现代常用义有：1. 面对着，朝着，如"向东"。2. 介词，表示动作的方向或对象，如"向前看"。3. 方向，如"志向"。4. 临近，如"向晚"。5. 偏袒，如"偏向"。6. 从前，如"向来"。7. 假使，如"向使"。

"向"对应的字是"向"和"嚮"。"嚮"和"向"古可互用。简化时，用"向"代替"嚮"。

## （一）［向］xiàng

《说文解字·宀部》："向，北出牖也。从宀从口。"象形字，本义指朝北的窗户，如《诗经·豳风·七月》："穹窒熏鼠，塞向墐戶。"引申指面对、朝着等义，如《庄子·秋水》："望洋向若而歎曰：'野語有之曰：聞道百以爲莫己若者，我之謂也。'"

## （二）［嚮］xiàng

《集韵·漾韵》："鄉，面也。或从向。"从鄉向声，形声字，本义为趋向，如《尚书·多士》："嚮於時夏。"引申指朝向、对着等义，如《孟子·滕文公上》："入揖於子贡，相嚮而哭。"

## 【古诗文选读】

君曰："吾与二主约谨矣，破赵而三分其地，寡人所以亲之，必不侵欺。兵之著於晋阳三年，今旦暮将拔之而嚮其利，何乃将有他心，必不然，子释勿忧，勿出於口。"明旦，二主又朝而出，复见智过於辕门，智过入见曰："君以臣之言告二主乎？"君曰："何以知之？"曰："今日二主朝而出，见臣而其色动，而视属臣，此必有变，君不如杀之。"君曰："子置勿复言。"智过曰："不可，必杀之。若不能杀，遂亲之。"君曰："亲之奈何？"智过曰："魏宣子之谋臣曰赵葭，韩康子之谋臣曰段规，此皆能移其君之计，君与其二君约，破赵国因封二子者各万家之县一，如是则二主之心可以无变矣。知伯曰："破赵而三分其地，又封二子者各万家之县一，则吾所得者少，不可。"智过见其言之不听也，出，因更其族爲辅氏。

——《韩非子·十过》

# 385. 【协】xié

"协"字的现代常用义有：1. 共同合作，辅助，如"齐心协力"。2. 调和，和谐，如"协调"。

"协"对应的繁体字是"協"。简化时，用符号"办"代替三个"力"，简作"协"。

［協］xié

《说文解字·劦部》："協，众之同和也。从劦从十。"会意字，本义为共同、合作，如《左传·僖公二十二年》："吾兄弟之不协，焉能怨諸侯之不睦?"引申指协助等义，如《晋书·虞溥传》："宜崇尚道素，廣開學業，以讚協時雍，光揚盛化。"

## 【古诗文选读】

輪子之制材木也，正其規矩而鑿枘調。師曠之諧五音也，正其六律而宮商調。當世之工匠，不能調其鑿枘，則改規矩，不能協聲音，則變舊律。是以鑿枘剌戾而不合，聲音泛越而不和。夫舉規矩而知宜，吹律而知變，上也；因循而不作，以俟其人，次也。是以曹丞相日飲醇酒，倪大夫閉口不言。故治大者不可以煩，煩則亂；治小者不可以怠，怠則廢。《春秋》曰："其政恢卓，恢卓可以為卿相。其政察察，察察可以為匹夫。"夫維綱不張，禮義不行，公卿之憂也。案上之文，期會之事，丞史之任也。

——《盐铁论·刺复》

# 386.【胁】xié

"胁"字的现代常用义有：1. 人体从腋下到腰上肋骨尽处的部分，如"胁下"。2. 逼迫恐吓，如"威胁"。3. 收敛，如"胁肩谄笑"。

"胁"对应的繁体字是"脅"。简化时，用符号"办"代替三个力，把上下结构改为左右结构，简作"胁"。

[脅] xié

《说文解字·肉部》："脅，兩膀也。从肉，劦聲。"形声字，本义为身躯两侧自腋下至腰上的部分，亦指肋骨，如《仪礼·特牲馈食礼》："長脅二骨短脅。"胡培翚正义："脊兩旁之肋，謂之脅。"引申指逼迫、威吓等义，如《荀子·富国》："彊脅弱也，智懼愚也。"

## 【古诗文选读】

及曹，曹共公聞其骈脅，欲觀其裸。浴，薄而觀之。僖負羈之妻曰："吾觀晉公子之從者，皆足以相國。若以相，夫子必反其國。反其國，必得志於諸侯。得志於諸侯，而誅無禮，曹其首也。子盍蚤自貳焉！"乃饋盤飧、寘璧焉。公子受飧反璧。及宋，宋襄公贈之以馬二十乘。

——《左传·僖公二十三年》

# 387. 【写】xiě

"写"字的现代常用义有：1. 用笔做字，如"写字"。2. 写作，如"写诗"。3. 描画，如"写景"。4. 绘画，如"写生"。

"写"对应的繁体字是"寫"。简化时，保留"寫"的草书轮廓，把"宀"改为"冖"，"舄"改为"与"，简作"写"。"写"可用作简化偏旁。

[寫] xiě

《说文解字·宀部》："寫，置物也。从宀，舄（xì）聲。"形声字，从"宀"表示放置物品在屋下，本义为放置、移放，如《礼记·曲礼上》："御食於君，君賜餘，器之漑者不寫，其餘皆寫。"仿制物形、图像也是一种移放，引申指摹仿，摹拟，如

《史记·秦始皇本纪》："秦每破諸侯，寫放其宮室，作之咸陽北阪上。"又引申指抄寫、書寫等义，如《抱朴子·内篇·遐览》："書三寫，魚成魯，虛成虎。"

[类推简化字]

泻/瀉（xiè）

【古诗文选读】

古人勤學，有握錐投斧，照雪聚螢，鋤則帶經，牧則編簡，亦爲勤篤。梁世彭城劉綺，交州刺史勃之孫，早孤家貧，燈燭難辦，常買荻，尺寸折之，然明夜讀。孝元初出會稽，精選寮寀，綺以才華，爲國常侍兼記室，殊蒙禮遇，終於金紫光祿。義陽朱詹，世居江陵，後出揚都，好學，家貧無資，累日不爨，乃時吞紙以實腹。寒無氈被，抱犬而臥。犬亦飢虛，起行盜食，呼之不至，哀聲動鄰，猶不廢業，卒成學士，官至鎮南錄事參軍，爲孝元所禮。此乃不可爲之事，亦是勤學之一人。東莞臧逢世，年二十餘，欲讀班固《漢書》，苦假借不久，乃就姊夫劉緩乞丐客刺書翰紙末，手寫一本，軍府服其志尚，卒以《漢書》聞。

——北齐颜之推《颜氏家训·勉学》

# 388. 【亵】xiè

"亵"字的现代常用义有：1. 轻慢，亲近而不庄重，如"亵渎"。2. 指贴身的衣服，如"亵衣"。3. 淫秽，如"猥亵"。

"亵"对应的繁体字是"褻"。简化时，根据"褻"字中部左位的草书楷化字形，简作"亵"。

［褻］xiè

《说文解字·衣部》："褻，私服。从衣，埶聲。"形声字，本义指家居时穿的便服，如《荀子·礼论》："設褻衣，襲三稱，縉紳而無鉤帶矣。"引申指轻慢、侮弄等义，如汉陈琳《为曹洪与魏文帝书》："鴻雀戢翼於汙池，褻之者固以爲園囿之凡鳥，外廄之下乘也。"

## 【古诗文选读】

君子不以紺緅飾。紅紫不以爲褻服。當暑，袗絺綌，必表而出之。緇衣羔裘，素衣麑裘，黃衣狐裘。褻裘長。短右袂。必有寢衣，長一身有半。狐貉之厚以居。去喪，無所不佩。非帷裳，必殺之。羔裘玄冠不以吊。吉月，必朝服而朝。齊，必有明衣，布。齊，必變食，居必遷坐。

——《论语·乡党》

# 389. 【衅】xìn

"衅"字的现代常用义为嫌隙、争端，如"挑衅"。

"衅"对应的繁体字是"釁"。"衅"是"釁"的异体字。简化时，用"衅"代替"釁"。

［釁］xìn

《说文解字·釁部》："釁，血祭也。象祭竈也。从爨省，从酉。酉，所以祭也。从分，分亦聲。"会意兼形声字，本义为血祭，如《周礼·春官·天府》："上春釁寶鎮及寶器。"引申指争端、仇怨等义，如《辽史·耶律合住等传论》："六符啓釁邀功，豈國家之利哉？"

## 【古诗文选读】

齊宣王問曰："齊桓、晉文之事，可得聞乎？"孟子對曰："仲尼之徒無道桓、文之事者，是以後世無傳焉，臣未之聞也。無以，則王乎？"曰："德何如，則可以王矣？"曰："保民而王，莫之能御也。"曰："若寡人者，可以保民乎哉？"曰："可。"曰："何由知吾可也？"曰："臣聞之胡齕曰：'王坐於堂上，有牽牛而過堂下者。王見之曰：'牛何之？'對曰：'將以釁鐘。'王曰：'舍之！吾不忍其觳觫，若無罪而就死地。'對曰：'然則廢釁鐘與？'曰：'何可廢也？以羊易之。'不識有諸？"曰："有之。"曰："是心足以王矣。百姓皆以王爲愛也，臣固知王之不忍也。"王曰："然。誠有百姓者，齊國雖褊小，吾何愛一牛？即不忍其觳觫，若無罪而就死地，故以羊易之也。"曰："王無異於百姓之以王爲愛也。以小易大，彼惡知之？王若隱其無罪而就死地，則牛羊何擇焉？"王笑曰："是誠何心哉？我非愛其財而易之以羊也。宜乎百姓之謂我愛也。"曰："無傷也，是乃仁術也。見牛未見羊也。君子之於禽獸也，見其生，不忍見其死；聞其聲，不忍食其肉。是以君子遠庖廚也。"

——《孟子·梁惠王上》

# 390. 【兴】xīng、xìng

"兴"字的现代常用义有：1. xīng。①举办，发动，如"兴利除弊"；②起来，如"夙兴夜寐"；③旺盛，如"复兴"；④流行，盛行，如"时兴"；⑤准许，如"不兴胡闹"；⑥或许，如"兴许"。2. xìng。兴趣，对事物喜爱的情绪，如"雅兴"。

"兴"对应的繁体字是"興"。简化时，根据"興"字上部的草书楷化字形，简作"兴"。

### ［興］xīng、xìng

1. xīng。《说文解字·舁部》："興，起也。从舁从同。同力也。"会意字，本义为起身、起来，如《诗经·卫风·氓》："夙興夜寐，靡有朝矣。"引申指兴起等义，如《易·同人》："伏戎于莽，升其高陵，三歲不興。"

2. xìng。譬喻，如《论语·阳货》："詩，可以興。"引申指喜欢等义，如《礼记·学记》："不興其藝，不能樂學。"

## 【古诗文选读】

女曰雞鳴，士曰昧旦。子興視夜，明星有爛。將翱將翔，弋鳧與雁。

弋言加之，與子宜之。宜言飲酒，與子偕老。琴瑟在禦，莫不靜好。

知子之來之，雜佩以贈之。知子之順之，雜佩以問之。知子之好之，雜佩以報之。

——《诗经·郑风·女曰鸡鸣》

# 391.【须】xū

"须"字的现代常用义有：1. 应当，如"须知"。2. 胡子，如"胡须"。3. 像胡须的东西，如"根须"。

"须"对应的繁体字是"須"和"鬚"。"須"类推简化作"须"。简化时,用"须"代替"須"和"鬚"。

## (一)[須] xū

《说文解字·须部》:"須,面毛也。从頁从彡。"会意字,本义为胡子,如《易·贲》:"六二:賁其須。"后多作"鬚"。引申指必须等义,如南朝梁刘勰《文心雕龙·事类》:"校練務精,捃理須覈。"

## (二)[鬚] xū

《释名·释形体》:"頤下曰鬚。"从髟(biāo)須声,形声字,本义为胡须,如《乐府诗集·相和歌辞三·陌上桑》:"爲人潔白皙,鬑鬑頗有鬚。"引申指花蕊、芒穗、枝叶和根末似须者,如晋潘岳《芙蓉赋》:"光擬燭龍,色奪朝霞,丹輝拂紅,飛鬚垂的。"

## 【古诗文选读】

豫讓欲殺趙襄子,滅鬚去眉,自刑以變其容,爲乞人而往乞於其妻之所。其妻曰:"狀貌無似吾夫者,其音何類吾夫之甚也?"又吞炭以變其音。其友謂之曰:"子之所道甚難而無功。謂子有志則然矣,謂子智則不然。以子之材而索事襄子,襄子必近子,子得近而行所欲,此甚易而功必成。"豫讓笑而應之曰:"是先知報後知也,爲故君賊新君矣,大亂君臣之義者無此,失吾所爲爲之矣。凡吾所爲爲此者,所以明君臣之義也。非從易也。"

——《吕氏春秋·恃君》

# 392.【悬】xuán

"悬"字的现代常用义有：1. 挂，吊在空中，如"悬挂"。2. 没着落，没结果，如"悬而未决"。3. 挂念，不放心，如"悬念"。4. 凭空，如"悬想"。5. 距离远，如"悬殊"。6. 危险，如"很悬"。

"悬"对应的繁体字是"懸"。简化时，将"懸"上部声旁"縣"改为"县"，简作"悬"。

［懸］xuán

《正字通·心部》："懸，掛也。"从心縣声，"縣"兼表义，形声兼会意字，本义为悬挂，如《孟子·公孙丑上》："民之悦之，猶解倒懸也。"引申指悬殊、差别大等义，如《荀子·天论》："君子小人之所以相懸者，在此耳。"

## 【古诗文选读】

諸子者，入道見志之書。太上立德，其次立言。百姓之群居，苦紛雜而莫顯；君子之處世，疾名德之不章。唯英才特達，則炳曜垂文，騰其姓氏，懸諸日月焉。昔風后力牧伊尹，咸其流也。篇述者，蓋上古遺語，而戰伐所記者也。至鬻熊知道，而文王諮詢，餘文遺事，錄為《鬻子》。子自肇始，莫先於茲。及伯陽識禮，而仲尼訪問，爰序道德，以冠百氏。然則鬻惟文友，李實孔師，聖賢並世，而經子異流矣。

——南朝梁刘勰《文心雕龙·诸子第十七》

# 393.【旋】xuán、xuàn

"旋"字的现代常用义有：1. xuán。①旋转，转动，如"天旋地转"；②圈子，如"打旋儿"；③返回，归来，如"凯旋"；④不久，很快地，如"旋即离去"。2. xuàn。①旋转的，如"旋风"；②临时（做），如"旋吃旋做"；③温酒的器具，如"旋子"；④用车床或用刀子转着圈地削，如"旋皮"。

"旋"对应的字是"旋"和"鏇"。简化时，用"旋"代替"鏇"。

## （一）［旋］xuán、xuàn

1. xuán。《说文解字·㫃部》："旋，周旋，旌旗之指麾也。从㫃从疋。疋，足也。"会意字，本义为旋转，如《庄子·秋水》："於是焉河伯始旋其面目，望洋向若而歎。"引申指回还、归来等义，如《诗经·小雅·黄鸟》："言旋言歸，復我邦族。"

2. xuàn。回旋的，如《后汉书·王忳传》："被随旋風與馬俱亡。"引申指临时等义，如唐杜荀鹤《山中寡妇》："時挑野菜和根煮，旋斫生柴帶葉燒。"

## （二）［鏇］xuàn

《说文解字·金部》："鏇，圜鑪也。从金，旋聲。"会意字，本义为圆炉，常指回旋着切削，如慧琳《一切经音义》卷九引三国魏周成《难字》："謂以繩轉軸裁木爲器者也。"引申指旋子等义，如元戴桐《六书故》："鏇，温器也，旋之湯中以温酒。"

## 【古诗文选读】

三年春，可將荚葉賣之。五年之後，便堪作椽。不梜者，即可斫賣。【一根十文。】梜者，鏃作獨樂及盞。【一個三文。】十年之後，魁、椀、瓶、槤，器皿，無所不任。【一椀七文，一魁二十，瓶、槤各直一百文也。】十五年後，中爲車轂及蒲桃缸。【缸一口，直三百。車轂一具，直絹三匹。】

——北魏賈思勰《齊民要術·种榆、白杨》

# 394. 【选】xuǎn

"选"字的现代常用义有：1. 挑拣，如"挑选"。2. 被选中的人或物，如"人选"。3. 推举，如"选举"。4. 挑选出来编在一起的作品，如"文选"。

"选"对应的繁体字是"選"。简化时，把"選"的声旁"巽"改为"先"，简作"选"。

［選］xuǎn

《说文解字·辵部》："選，遣也。从辵、巽，巽遣之；巽亦聲。一曰選，擇也。"形声兼会意字，本义为遣送、放逐，如《左传·昭公元年》："秦后子有寵於桓，如二君於景。其母曰：'弗去，懼選。'癸卯，鍼適晉。"引申指选择、挑选，如《荀子·儒效》："遂選馬而進，朝食于戚，暮宿于百泉，厭旦于牧之野。"

## 【古诗文选读】

大道之行也，天下爲公。選賢與能，講信修睦，故人不獨親其親，不獨子其子，使老有所終，壯有所用，幼有所長，矜寡孤獨廢疾者，皆有所養。男有分，女有歸。貨惡其棄於地也，不必藏於己；力惡其不出於身也，不必爲己。是故謀閉而不興，盜竊亂賊而不作，故外戶而不閉，是謂大同。今大道既隱，天下爲家，各親其親，各子其子，貨力爲己，大人世及以爲禮。城郭溝池以爲固，禮義以爲紀；以正君臣，以篤父子，以睦兄弟，以和夫婦，以設制度，以立田里，以賢勇知，以功爲己。故謀用是作，而兵由此起。禹、湯、文、武、成王、周公，由此其選也。此六君子者，未有不謹於禮者也。以著其義，以考其信，著有過，刑仁講讓，示民有常。如有不由此者，在執者去，衆以爲殃，是謂小康。

——《礼记·礼运》

# 395. 【寻】xún

"寻"的现代常用义为找、搜求，如"自寻烦恼"。

"寻"对应的繁体字是"尋"。简化时，删减"尋"中间的部件，简作"寻"。"寻"可用作简化偏旁。

## ［尋］xún

《说文解字·寸部》作"𡚾"："𡚾，繹理也。从工从口从又从寸。工、口，亂也。又、寸，分理之。彡聲。此與𣪠同意。度，人之兩臂爲尋，八尺也。"后作"尋"，会意字。"又"和"寸"都有手的意思，指两个手臂；"工"和"口"似乎本来是一个尺子的形状，隶定后讹作两字。"寻"本义为长度单位，相当于八尺，如《诗经·鲁颂·闳宫》："是断是度，是寻是尺。"引申指探究、寻找等义，如晋陶渊明《桃花源记》："太守即遣人随其往，寻向所志，遂迷不復得路。"

[类推简化字]

挦/撏（xián）　浔/潯（xún）　荨/蕁（xún、qián）
鲟/鱘（xún）

## 【古诗文选读】

訪雨尋雲，無非是、奇容豔色。就中有、天真妖麗，自然標格。惡發姿顏歡喜面，細追想處皆堪惜。自別後、幽怨與閑愁，成堆積。

鱗鴻阻，無信息。夢魂斷，難尋覓。盡思量，休又怎生休得。誰恁多情憑向道，縱來相見且相憶。便不成、常遣似如今，輕拋擲。

——宋柳永《满江红》之二

# 396. 【压】yā、yà

"压"字的现代常用义有：1. yā。①从上面加重力，也指压力，如"泰山压顶"；②用威力制服，如"镇压"；③抑制，控制，如"强压怒火"；④逼近，如"黑云压城"；⑤超过，胜过，如"艳压群芳"；⑥搁置不动，如"积压"；⑦赌博时下注，如"押宝"。2. yà。副词，根本，从来，如"压根儿"。

"压"对应的繁体字是"壓"。简化时，删减"壓"的中部构件"猒",又在"土"上加一点,简作"压"。

[壓] yā、yà

1. yā。《说文解字·土部》:"壓,壞也。一曰塞補。从土,猒聲。"形声字,本义为崩坏,如《新唐书·裴延龄传》:"朕所居浴堂殿,一棟將壓,念易之,未能也。"引申指以权势或强力抑制、逼迫等义,如《公羊传·文公十四年》:"子以大國壓之,則未知齊、晉孰有之也。"

2. yà。根本,从来,如鲁迅《故事新编·出关》:"他壓根兒就沒有過戀愛。"

## 【古诗文选读】

"鄢陵之役,楚晨壓晉軍而陳。晉將遁矣,苗賁皇曰:'楚師之良在其中軍王族而已,若塞井夷竈,成陳以當之,欒、范易行以誘之,中行、二郤必克二穆,吾乃四萃於其王族,必大敗之。'晉人從之,楚師大敗,王夷師熸,子反死之。鄭叛、吳興,楚失諸侯,則苗賁皇之爲也。"子木曰:"是皆然矣。"聲子曰:"今又有甚於此者。椒舉娶於申公子牟,子牟得戾而亡,君大夫謂椒舉:'女實遣之。'懼而奔鄭,引領南望,曰:'庶幾赦余。'亦弗圖也。今在晉矣。晉人將與之縣,以比叔向。彼若謀害楚國,豈不爲患?"子木懼,言諸王,益其祿爵而復之。聲子使椒鳴逆之。

　　　　　　　　　　　——《左传·襄公二十六年》

# 397.【亚】yà

"亚"的现代常用义有:1. 次,次一等的,如"亚军"。2.

指亚洲。

"亚"对应的繁体字是"亞"。"亚"是"亞"的草书楷化字形。简化时，用"亚"代替"亞"。"亚"可用作简化偏旁。

[亞] yà

《说文解字·亚部》："亞，醜也，象人局背之形。賈侍中說：以爲次弟也。"于省吾《甲骨文字释林》："亞字象隅角之形。""故亞爲阿字的古文，阿爲亞後起的通用字。"象形字，本义为次、次于，如《仪礼·士虞礼》："俎入，設于豆東，魚亞之。"引申指同类等义，如汉班固《〈两都赋〉序》："雍容揄揚，著於後嗣，抑亦《雅》《頌》之亞也。"

[类推简化字]

恶/惡、噁（è、wū、wù、ě）　垩/堊（è）
壸/壼（kǔn）
哑/啞（yā、yǎ）　垭/埡（yā）　娅/婭（yà）
挜/掗（yà）　氩/氬（yà）

【古诗文选读】

陳留阮籍、譙國嵇康、河內山濤三人年皆相比，康年少<u>亞</u>之。預此契者，沛國劉伶、陳留阮咸、河內向秀、琅邪王戎。七人常集于竹林之下，肆意酣暢，故世謂"竹林七賢"。

——南朝宋刘义庆《世说新语·任诞》

# 398. 【盐】yán

"盐"字的现代常用义有：1. 食盐，如"碘盐"。2. 化学上指酸类中的氢离子被金属离子置换而成的化合物。

"盐"对应的繁体字是"鹽"。简化时，将"鹽"字上部字形改为"土"和"卜"，简作"盐"。

［鹽］yán、yàn

1. 音 yán。《说文解字·盐部》："鹽，鹹也。从鹵，監聲。"形声字，指食盐，如《周礼·天官·盐人》："掌鹽之政令，以共百事之鹽。祭祀共其苦鹽、散鹽，賓客共其形鹽、散鹽，王之膳羞共飴鹽。"

2. 音 yàn。用盐腌物，如《礼记·内则》："屑桂與薑，以灑諸上而鹽之，乾而食之。"引申指海水、盐水等淹、浸等义，如宋范仲淹《泰州张侯祠堂颂》："驚波荐至，鹽其稼穡，偃其桑梓。"

## 【古诗文选读】

昔有愚人，至於他家，主人與食，嫌淡無味。主人聞已，更爲益鹽。既得鹽美，便自念言："所以美者，緣有鹽故。少有尚爾，況復多也?"愚人無智，便空食鹽。食已口爽，返爲其患。譬彼外道，聞節飲食可以得道，即便斷食。或經七日，或十五日，徒自困餓，無益於道。如彼愚人，以鹽美故，而空食之，致令口爽，此亦復爾。

——北齐求那毗地译《百喻经·愚人食盐喻》

# 399. 【严】yán

"严"字的现代常用义有：1. 紧密，没有空隙，如"严丝合缝"。2. 认真，不放松，如"严格"。3. 程度深，厉害，如"严寒"。

"严"对应的繁体字是"嚴"。"嚴"字有异体作"厳"和"炎"。简化时，在这两个异体字的字形基础上删减部件，仅保留上半部分，简作"严"。"严"可用作简化偏旁。

[嚴] yán

《说文解字·吅部》："嚴，教命急也。从吅（xuān），厰（yín）聲。"形声字，本义为紧急、急迫，《孟子·公孙丑下》："充虞請曰：'前日不知虞之不肖，使虞敦匠。事嚴，虞不敢請。'"引申指严厉、严格等义，如《易·遯》："君子以遠小人，不惡而嚴。"

[类推简化字]

俨/儼（yǎn）　酽/釅（yàn）

## 【古诗文选读】

上智不教而成，下愚雖教無益，中庸之人，不教不知也。古者，聖王有胎教之法：懷子三月，出居別宮，目不邪視，耳不妄聽，音聲滋味，以禮節之。書之玉版，藏諸金匱。生子咳嗁，師保固明孝仁禮義，導習之矣。凡庶縱不能爾，當及嬰稚，識人顏色，知人喜怒，便加教誨，使爲則爲，使止則止。比及數歲，可省笞罰。父母威嚴而有慈，則子女畏慎而生孝矣。吾見世間，無教而有愛，每不能然；飲食運爲，恣其所欲，宜誡翻獎，應訶反笑，至有識知，謂法當爾。驕慢已習，方復制之，捶撻至死而無威，忿怒日隆而增怨，逮于成長，終爲敗德。孔子云"少成若天性，習慣如自然"是也。俗諺曰："教婦初來，教兒嬰孩。"誠哉斯語！

——北齐颜之推《颜氏家训·教子》

# 400. 【厌】yàn

"厌"字的现代常用义有：1. 嫌恶，憎恶，如"厌弃"。2. 满足，如"贪得无厌"。

"厌"对应的繁体字是"厭"。简化时，保留"厭"字轮廓，删减内部部件，简作"厌"。"厌"可用作简化偏旁。

[厭] yā、yàn

1. yā。《说文解字·厂部》："厭，笮也。从厂，猒聲。""笮"即压迫的意思，这个意义今天写作"壓（压）"，如《汉书·孝文窦皇后传》："暮臥岸下百餘人，岸崩，盡厭殺臥者，少君獨脫不死。"

2. yàn。今天意义对应的"厭"字古字本为"猒"。《说文解字·甘部》："猒，飽也。从甘从肰。""猒"字后人误写作原本表示"压迫"的"厭"，而"厭"只好另加义符"土"写作"壓"（壓字本有其他意义，但生僻少用，故不会混淆）。"猒"为会意字，字形表示犬吃肉，本义为吃饱、满足，是"饜（饜）"的本字，如《左传·僖公三十年》："夫晉何厭之有！既東封鄭，又欲肆其西封。"人吃饱则意倦，引申指厌倦、厌憎，如《论语·宪问》："夫子時然後言，人不厭其言；樂然後笑，人不厭其笑；義然後取，人不厭其取。"

## ［类推简化字］

恹/懨（yān）　厣/厴（yǎn）　魇/魘（yǎn）

鹾/鹽（yǎn）　餍/饜（yàn）　靥/靨（yè）

## 【古诗文选读】

晋文公將與楚人戰，召舅犯問之，曰："吾將與楚人戰，彼衆我寡，爲之奈何？"舅犯曰："臣聞之，繁禮君子，不厭忠信；戰陣之閒，不厭詐偽。君其詐之而已矣。"文公辭舅犯，因召雍季而問之，曰："我將與楚人戰，彼衆我寡，爲之奈何？"雍季對曰："焚林而田，偷取多獸，後必無獸；以詐遇民，偷取一時，後必無復。"文公曰："善。"辭雍季，以舅犯之謀與楚人戰以敗之。歸而行爵，先雍季而後舅犯。群臣曰："城濮之事，舅犯謀也，夫用其言而後其身可乎？"文公曰："此非君所知也。夫舅犯言，一時之權也；雍季言，萬世之利也。"仲尼聞之，曰："文公之霸也宜哉！既知一時之權，又知萬世之利。"

——《韩非子·难一》

# 401.【阳】yáng

"阳"字的现代常用义有：1. 太阳，日光，如"阳光"。2. 山的南面，水的北面，多用作地名，如"洛阳"。3. 露在外面的，如"阳奉阴违"。4. 有关活人的或人世的，如"阳间"。5.

古代哲学认为宇宙间的一切事物中两大对立面之一，跟"阴"相对，如"阴阳"。6. 指男性生殖器，如"壮阳"。7. 带正电的，如"阳离子"。

"阳"对应的繁体字是"陽"。简化时，将"陽"的声旁"昜"改换为"日"，简作"阳"。

### ［陽］yáng

《说文解字·𨸏部》："陽，高明也。从𨸏，昜（yáng）聲。"形声字，本义为向阳明亮的地方，如《周礼·考工记·轮人》："凡斩轂之道，必矩其陰陽。陽也者，積理而堅。陰也者，疏理而柔。"引申指外露、显露等义，如《庄子·达生》："仲尼曰：無入而藏，無出而陽，柴立其中央。"

### 【古诗文选读】

殷其雷，在南山之陽。何斯違斯？莫敢或遑。振振君子，歸哉歸哉！

殷其雷，在南山之側。何斯違斯？莫敢遑息。振振君子，歸哉歸哉！

殷其雷，在南山之下。何斯違斯？莫或遑處。振振君子，歸哉歸哉！

——《诗经·召南·殷其雷》

# 402.【养】yǎng

"养"字的现代常用义有：1. 抚育，如"抚养"。2. 生育，如"养了个儿子"。3. 非亲生而具有抚养关系的，如"养父"。

4. 饲养，如"养花"。5. 使身心得到滋补和休息，如"养精蓄锐"。6. 培养，如"娇生惯养"。7. 品德学业等良好的积累，如"修养"。8. 保护，维修，如"养路工人"。

"养"对应的繁体字是"養"。简化时，将"養"下部形旁用符号代替，简作"养"。

## ［養］yǎng

《说文解字·食部》："養，供養也。从食，羊聲。"形声字，本义指供给生命所需使其生存和发展，如《礼记·郊特牲》："凡食，養陰氣也；凡飲，養陽氣也。"引申指养育、饲养等义，如《周礼·夏官·圉人》："圉人，掌養馬芻牧之事。"

## 【古诗文选读】

"昔者曾子謂子襄曰：'子好勇乎？吾嘗聞大勇於夫子矣：自反而不縮，雖褐寬博，吾不惴焉；自反而縮，雖千萬人吾往矣。'孟施舍之守氣，又不如曾子之守約也。"曰："敢問夫子之不動心與告子之不動心，可得聞與？""告子曰：'不得於言，勿求於心；不得於心，勿求於氣。'不得於心，勿求於氣，可；不得於言，勿求於心，不可。夫志，氣之帥也；氣，體之充也。夫志至焉，氣次焉。故曰：持其志，無暴其氣。""既曰'志至焉，氣次焉'，又曰'持其志，無暴其氣'者，何也？"曰："志壹則動氣；氣壹則動志也。今夫蹶者趨者是氣也而反動其心。""敢問夫子惡乎長？"曰："我知言，我善養吾浩然之氣。""敢問何謂浩然之氣？"曰："難言也。其爲氣也至大至剛，以直養而無害，則塞于天地之間。其爲氣也配義與道，無是餒也。是集義所生者，非義襲而取之也。行有不慊於心則餒矣。"

——《孟子·公孙丑上》

# 403. 【痒】yǎng

"痒"字的现代常用义有：1. 皮肤或黏膜受刺激需要抓挠的一种感觉，如"瘙痒"。2. 喻指外界因素引起的想做某事的强烈愿望，如"技痒"。

"痒"对应的字是"痒"和"癢"。简化时，用"痒"代替"癢"。

## （一）[痒] yáng

《说文解字·疒部》："痒，疡也。从疒，羊聲。"形声字，本义指忧思过度所成之病，如《诗经·小雅·正月》："哀我小心，癙憂以痒。"引申指受损害、损害等义，如《诗经·大雅·桑柔》："天降喪亂，滅我立王。降此蟊賊，稼穡卒痒。"

## （二）[癢] yǎng

《集韵·养韵》："癢，膚欲掻也。"从疒養声，形声字。本义指皮肤或黏膜受刺激、需要掻挠的感觉，如《礼记·内则》："以適父母舅姑之所。及所，下氣怡聲，問衣燠寒，疾痛苛癢，而敬抑掻之。"引申指某种难以抑制的强烈愿望，如宋陆游《还东》："窗下興闌初掩卷，花前技癢又成詩。"

## 【古诗文选读】

邑西白家莊居民某，盜鄰鴨烹之。至夜，覺膚癢。天明視之，茸生鴨毛，觸之則痛。大懼，無術可醫。夜夢一人告之曰："汝病乃天罰。須得失者罵，毛乃可落。"而鄰翁素雅量，生平失物，未嘗徵於聲色。某詭告翁曰："鴨乃某甲所盜。彼深畏罵焉，罵之亦可警將來。"翁笑曰："誰有閑氣罵惡人。"卒不罵。某益窘，因實告鄰翁。翁乃罵，其病良已。異史氏曰："甚矣，攘者之可懼也：一攘而鴨毛生！甚矣，罵者之宜戒也：一罵而盜罪減！然爲善有術，彼鄰翁者，是以罵行其慈者也。"

——清蒲松齡《聊斋志异·骂鸭》

# 404.【样】yàng

"样"字的现代常用义有：1. 形状，如"花样"。2. 人的相貌或神情，如"变样儿"。3. 做标准的东西，如"样本"。4. 量词，用于事物的种类，如"样样都好"。

"样"对应的繁体字是"樣"。简化时，把"樣"的声旁"羕"改为"羊"，简作"样"。

[樣] xiàng、yàng

1. xiàng。《说文解字·木部》："樣，栩實也。从木，羕聲。"形声字，指橡树的果实，后作"橡"。

2. yàng。形状，如汉崔寔《四民月令》："齊人呼寒食爲冷節，以麵爲蒸餅樣，團棗附之，名曰棗糕。"引申指式样、标准等义，如《隋书·何稠传》："凡有所爲，何稠先令亘、袞立樣，當時工人皆稱其善，莫能有所損益。"

## 【古诗文选读】

凡蠶有早、晚二種。晚種每年先早種五六日出。結繭亦在先，其繭較輕三分之一。若早蠶結繭時，彼已出蛾生卵，以便再養矣。凡三樣浴種，皆謹視原記。如一錯誤，或將天露者投鹽浴，則盡空不出矣。凡繭色唯黃、白二種。川、陝、晉、豫有黃無白，嘉、湖有白無黃。若將白雄配黃雌，則其嗣變成褐繭。黃絲以豬胰漂洗，亦成白色，但終不可染漂白、桃紅二色。凡繭形亦有數種。晚繭結成亞腰葫盧樣，天露繭尖長如榧子形，又或圓扁如核桃形。又一種不忌泥塗葉者，名為賤蠶，得絲偏多。凡蠶形亦有純白、虎斑、純黑、花紋數種，吐絲則同。今寒家有將早雄配晚雌者，幻出嘉種，一異也。野蠶自為繭，出青州、沂水等地，樹老即自生。其絲為衣，能禦雨及垢污。其蛾出即能飛，不傳種紙上。他處亦有，但稀少耳。

——明宋应星《天工开物·乃服第二卷·种类》

# 405. 【尧】yáo

"尧"字的现代常用义为传说中上古帝王名，即陶唐氏。

"尧"对应的繁体字是"堯"。"尧"是"堯"的草书楷化字形。简化时，用"尧"代替"堯"。"尧"可用作简化偏旁。

## ［堯］yáo

《说文解字·垚部》："堯，高也。从垚在兀上，高遠也。"段玉裁注："堯，本謂高。陶唐氏以為號……堯之言至高也。"会意字，本义为高远，如《墨子·亲士》："天地不昭昭，大水不潦潦，大火不燎燎，王德不堯堯者，乃千人之长也。"又指传说中古帝王陶唐氏之号，如《易·系辞下》："神農氏没，黃帝、堯、舜氏作。"

［类推简化字］

浇/澆（jiāo）

挠/撓（náo）　铙/鐃（náo）　蛲/蟯（náo）

硗/磽（qiāo）　跷/蹺（qiāo）　翘/翹（qiáo、qiào）

荛/蕘（ráo）　饶/饒（ráo）　娆/嬈（ráo、rǎo）

桡/橈（ráo）　绕/繞（rào）

烧/燒（shāo）

哓/嘵（xiāo）　骁/驍（xiāo）　晓/曉（xiǎo）

侥/僥（yáo、jiǎo）　峣/嶢（yáo）

## 【古诗文选读】

　　杞國有人憂天地崩墜，身亡所寄，廢寢食者；又有憂彼之所憂者，因往曉之，曰："天，積氣耳，亡處亡氣。若屈伸呼吸，終日在天中行止，奈何憂崩墜乎?"其人曰："天果積氣，日月星宿，不當墜耶?"曉之者曰："日月星宿，亦積氣中之有光耀者；只使墜，亦不能有所中傷。"其人曰："奈地壞何?"曉者曰："地，積塊耳，充塞四虛，亡處亡塊。若躇步跐蹈，終日在地上行止，奈何憂其壞?"其人舍然大喜，曉之者亦舍然大喜。

——《列子·天瑞》

# 406. 【钥】yào、yuè

　　"钥"字的现代常用义有：1. yào。开锁的用具，如"钥匙"。2. yuè。①锁，如"门钥"；②钥匙，喻指做好事情的关键或指边防要地，如"锁钥"。

"钥"对应的繁体字是"鑰"。简化时，将"鑰"形旁"金"类推简化为"钅"，声旁"龠"改换为"月"，简作"钥"。

## ［鑰］yào（**又读** yuè）

《说文解字·门部》作"闟"："闟，關下牡也。从門，龠聲。"后作"鑰"，形声字，本义指门下上贯横闩、下插入地的直木或直铁棍，如《方言》第五："户鑰，自關之東，陳楚之間謂之鍵，自關之西，謂之鑰。"引申指钥匙等义，如《宋史·董元亨传》："我有死耳，鑰不可得也。"

## 【古诗文选读】

下洞，別白雲。仍一里，西過北門，門西峰當面起，削山爲城。循其北麓轉西北城角，下盤層石，上削危城。其西正馬留山東度之脈；其南瀕城爲池，南匯與涼水洞橋。而南入陽江；其北則窪匯山塘，而東淺于虞山接龍橋下者。志所稱始安嶠當在其處也。北門在兩山夾中，東西二峰峭竪而起，因之爲城，鎖鑰甚壯。然北城隨山南轉，故北隅甚狹，漸迤而南，則東西開擴矣。

——明徐弘祖《徐霞客游记·粤西游日记一》

# 407.【药】yào

"药"字的现代常用义有：1. 可以治病的东西，如"医药"。2. 有一定作用的化学物品，如"火药"。3. 用药物医治，如"不可救药"。4. 毒死，如"药老鼠"。

"药"对应的繁体字是"藥"。简化时，把"藥"的声旁"樂"改为"约"，简作"药"。

［藥］yào

《说文解字·艸部》："藥，治病艸。从艸，樂聲。"形声字，本义为能够治病的植物，如《周礼·天官·医师》："醫師掌醫之政令，聚毒藥以共醫事。"引申指某些有化学作用的物质等义，如明宋应星《天工开物·火器》："凡鳥銃長約三尺，鐵管載藥，嵌盛木棍之中，以便手握。"

## 【古诗文选读】

盧生說始皇曰："臣等求芝奇藥仙者常弗遇，類物有害之者。方中，人主時爲微行以辟惡鬼，惡鬼辟，真人至。人主所居而人臣知之，則害於神。真人者，入水不濡，入火不爇，陵雲氣，與天地久長。今上治天下，未能恬惔。願上所居宮毋令人知，然後不死之藥殆可得也。"於是始皇曰："吾慕真人，自謂'真人'，不稱'朕'。"乃令咸陽之旁二百里內宮觀二百七十復道甬道相連，帷帳鐘鼓美人充之，各案署不移徙。行所幸，有言其處者，罪死。始皇帝幸梁山宮，從山上見丞相車騎衆，弗善也。中人或告丞相，丞相後損車騎。始皇怒曰："此中人泄吾語。"案問莫服。當是時，詔捕諸時在旁者，皆殺之。自是後莫知行之所在。聽事，群臣受決事，悉於咸陽宮。

——《史记·秦始皇本纪》

# 408. 【爷】yé

"爷"字的现代常用义有：1. 父亲，如"爷娘"。2. 祖父，如"爷爷奶奶"。3. 对长辈或年长男子的敬称，如"张大爷"。

4. 旧时对官僚、财主等的称呼，如"老爷"。5. 对神的称呼，如"财神爷"。

"爷"对应的繁体字是"爺"。简化时，将"爺"字声旁"耶"换成"卩"，简作"爷"。

### ［爺］yé

《玉篇·父部》："爺，俗爲父爺字。"从父耶声，形声字，本义为父亲，如《木兰诗》："軍書十二卷，卷卷有爺名。"引申指对男性尊长的敬称，如《旧唐书·高力士传》："蕭宗在春宫，呼爲二兄；諸王、公主皆呼阿翁；駙馬輩呼爲爺。"

### 【古诗文选读】

萬里赴戎機，關山度若飛。朔氣傳金柝，寒光照鐵衣，將軍百戰死，壯士十年歸。歸來見天子，天子坐明堂。策勳十二轉，賞賜百千強。可汗問所欲，"木蘭不用尚書郎，願馳千里足，送兒還故鄉"。爺孃聞女來，出郭相扶將。阿姊聞妹來，當戶理紅妝。小弟聞姊來，磨刀霍霍向豬羊。開我東閣門，坐我西間牀。脫我戰時袍，著我舊時裳。當窗理雲鬢，挂鏡帖花黃。出門看火伴，火伴皆驚惶。"同行十二年，不知木蘭是女郎。"雄兔腳撲朔，雌兔眼迷離。雙兔傍地走，安能辨我是雄雌。

——《乐府诗集·横吹曲辞·梁鼓角横吹曲·木兰诗》

# 409. 【业】yè

"业"字的现代常用义有：1. 事业，事情，如"就业"。2. 从事某种工作，如"业农"。3，产业，财产，如"业主"，4. 已经，如"业已公布"。5. 佛教称人的行为、言语、思想为业，如"语业"。

"业"对应的繁体字是"業"。简化时，将"業"字下半部分省略，简作"业"。"业"可用作简化偏旁。

［業］yè

《说文解字·丵部》："業，大版也。所以飾縣鍾鼓。捷業如鋸齒，以白畫之。象其鉏鋙相承也。从丵（zhuó）从巾。巾象版。"象形字，本义为古时乐器架子横木上的大版，刻如锯齿状，用以悬挂钟、鼓等。引申指书册的夹板，如《礼记·曲礼上》："請業則起。"进而引申指学业、事业等义，如唐韩愈《进学解》："業精於勤，荒於嬉。"

［类推简化字］

邺/鄴（yè）

【古诗文选读】

郑玄在馬融門下，三年不得相見，高足弟子傳授而已。嘗算渾天不合，諸弟子莫能解；或言玄能者，融召令算，一轉便決，衆咸駭服。及玄業成辭歸，既而融有"禮樂皆東"之歎，恐玄擅名而心忌焉。玄亦疑有追，乃坐橋下，在水上據屐。融果轉式逐之，告左右曰："玄在土下水上而據木，此必死矣。"遂罷追。玄竟以得免。

——南朝宋刘义庆《世说新语·文学》

# 410.【页】yè

"页"字的现代常用义有：1. 篇，张（指书、画、纸等），如"活页"。2. 指互联网网页，如"主页"。3. 量词，多指书本中一张纸的一面，如"一页纸"。

"页"是对应的繁体字是"頁"。"页"是"頁"的草书楷化字形。简化时，用"页"代替"頁"。"页"可用作简化偏旁。

[頁] xié、yè

1. xié。《说文解字·页部》："頁，头也。从百从儿。""百"，即"首"字。甲骨文字形本为象形字，上像人头，下像人身，是一个突出了头部的人的形象。本义指头，所以从"頁"的汉字多与"头"有关，如"额""顶""颈""颜"等。

2. yè。书页的意义本写作"葉"（叶），取树叶和书页相似之意，但民间多俗写作"頁"，久之"頁"就成了表示这一意义的专用字，如《二十年目睹之怪现状》第三六回："侣笙翻開圖来看了两頁，仍舊掩了。"

[类推简化字]

颁/頒（bān）　濒/瀕（bīn）
颤/顫（chàn、zhàn）
颠/顛（diān）　巅/巔（diān）　癫/癲（diān）
顶/頂（dǐng）　顿/頓（dùn、dú）
额/額（é）
烦/煩（fán）

预/頇（hān）　　颔/頷（hàn）　　颃/頏（háng）

颢/顥（hào）　　灏/灝（hào）　　颌/頜（hé）

颊/頰（jiá）　　颉/頡（jié、xié）　　颈/頸（jǐng、gěng）

颏/頦（kē、ké）　　颗/顆（kē）

领/領（lǐng）　　颅/顱（lú）

顢/顢（mān）

颞/顳（niè）

频/頻（pín）　　颦/顰（pín）　　颇/頗（pō）

颀/頎（qí）　　倾/傾（qīng）　　庼/廎（qǐng）

顷/頃（qǐng）　　颧/顴（quán）

颥/顬（rú）

颡/顙（sǎng）　　颂/頌（sòng）　　顺/順（shùn）

硕/碩（shuò）

题/題（tí）　　颋/頲（tǐng）　　颓/頹（tuí）

顽/頑（wán）

项/項（xiàng）　　嚣/囂（xiāo）　　撷/擷（xié）

缬/纈（xié）　　须/須（xū）　　琐/瑣（xū）

颜/顏（yán）　　颐/頤（yí）　　颖/頴（yǐng）

颕/穎（yǐng）　　颙/顒（yóng）　　预/預（yù）

蓣/蕷（yù）　　滪/澦（yù）

颛/顓（zhuān）

## 【古诗文选读】

硕人其颀，衣锦褧衣。齐侯之子，卫侯之妻，东宫之妹，邢侯之姨，谭公维私。

手如柔荑，肤如凝脂。领如蝤蛴，齿如瓠犀。螓首蛾眉，巧笑倩兮，美目盼兮。

硕人敖敖，说于农郊。四牡有骄，朱幩镳镳。翟茀以朝，大夫夙退，無使君勞。

河水洋洋，北流活活。施罛濊濊，鱣鮪發發。葭菼揭揭，庶姜孽孽，庶士有朅。

——《诗经·卫风·硕人》

# 411.【叶】yè、xié

"叶"字的现代常用义有：1. yè。①叶子，如"树叶"；②像叶子的东西，如"百叶窗"；③同"页"，如"册叶"；④较长时期的分段，如"二十世纪中叶"；⑤（Yè）姓。2. xié。和洽，相合，如"叶韵"。

"叶"对应的字是"叶"和"葉"。简化时，用"叶"代替"葉"。

## （一）［叶］xié

"叶"为"协"的异体。《说文解字·劦部》："协，众之同和也。""叶"，从十从口，会意字，本义为和谐，如宋陈亮《酌古论一·曹公》："方腾遂不叶，求還京畿，此其勢易服矣。"引申指合、共等义，如《前汉书平话》卷上："鞍不離馬，甲不離身，南征北討，東蕩西除，叶諸侯四海之内皆歸劉氏。"

## （二）［葉］yè、Shè

1. yè。《说文解字·艸部》："葉，艸木之葉也。从艸，枼聲。"形声字，本义指树叶，如《诗经·小雅·苕之华》："苕之華，其葉青青。"引申指世、代等义，如《诗经·商颂·长发》："昔在中葉，有震有業。"

2. Shè。古邑名，又作姓。

## 【古诗文选读】

桃之夭夭，灼灼其華。之子于歸，宜其室家。

桃之夭夭，有蕡其實。之子于歸，宜其家室。

桃之夭夭，其葉蓁蓁。之子于歸，宜其家人。

——《诗经·周南·桃夭》

# 412. 【医】yī

"医"字的现代常用义有：1. 治病的人，如"医生"。2. 医学，如"中医"。3. 治病，如"医治"。

"医"对应的字是"医"和"醫"。简化时，用"医"代替"醫"。

## （一）［医］yì

《说文解字·匚部》："医，盛弓弩矢器也。从匚从矢。"会意字，本义指古时盛弓弩矢的器具，后写作"翳"，如《国语》曰："兵不解医。"今本《国语·齐语》作"兵不解翳"。

## （二）［醫］yī

《说文解字·酉部》："醫，治病工也。殹，恶姿也；醫之性然。得酒而使，从酉。王育說。一曰殹，病聲。酒所以治病也。《周禮》有醫酒。古者巫彭初作醫。"会意字，本义指治病的人，如《礼记·曲礼下》："醫不三世，不服其藥。"引申指治病、医疗等义，如《周礼·天官·医师》："聚毒藥以共醫事。"

## 【古诗文选读】

天子不言出，諸侯不生名。君子不親惡。諸侯失地，名；滅同姓，名。爲人臣之禮：不顯諫。三諫而不聽，則逃之。子之事親也：三諫而不聽，則號泣而隨之。君有疾，飲藥，臣先嘗之。親有疾，飲藥，子先嘗之。醫不三世，不服其藥。儗人必於其倫。問天子之年，對曰："聞之：始服衣若干尺矣。"問國君之年：長，曰："能從宗廟社稷之事矣。"幼，曰："未能從宗廟社稷之事也。"問大夫之子：長，曰："能御矣。"幼，曰："未能御也。"問士之子：長，曰："能典謁矣。"幼，曰："未能典謁也。"問庶人之子：長，曰："能負薪矣。"幼，曰："未能負薪也。"問國君之富，數地以對，山澤之所出。問大夫之富，曰："有宰食力，祭器衣服不假。"問士之富，以車數對。問庶人之富，數畜以對。

——《礼记·曲礼下》

# 413. 【亿】yì

"亿"字的现代常用义指数目一万万。

"亿"对应的繁体字是"億"。简化时，把"億"的声旁"意"改为"乙"，简作"亿"。

## ［億］yì

《说文解字·人部》："億，安也。从人，意聲。"形声字，本义为安，如《左传·昭公五年》："物和则嘉成，故和聲入於耳而藏於心，心億則樂。"引申指数词，古代或以十万为亿，或以万万为亿，如《尚书·洛诰》："公其以予萬億年敬天之休。"

## 【古诗文选读】

　　國於是乎蒸嘗，家於是乎嘗祀，百姓夫婦擇其令辰，奉其犧牲，敬其粢盛，絜其糞除，慎其采服，禋其酒醴，帥其子姓，從其時享，虔其宗祝，道其順辭，以昭祀其先祖，肅肅濟濟，如或臨之。於是乎合其州鄉朋友婚姻，比爾兄弟親戚。於是乎弭其百苛，殄其讒慝，合其嘉好，結其親暱，億其上下，以申固其姓。上所以教民虔也，下所以昭事上也。天子禘郊之事，必自射其牲，王后必自舂其粢；諸侯宗廟之事，必自射牛，刲羊、擊豕，夫人必自舂其盛。況其下之人，其誰敢不戰戰兢兢，以事百神！天子親舂禘郊之盛，王后親繰其服，自公以下至於庶人，其誰敢不齊肅恭敬致力於神！民所以攝固者也，若之何其舍之也！"

——《国语·楚语下》

# 414.【忆】yì

　　"忆"字的现代常用义有：1. 回想，想念，如"回忆"。2. 记得，如"记忆力"。

　　"忆"对应的繁体字是"憶"。简化时，把"憶"的声旁"意"改为"乙"，简作"忆"。

## ［憶］yì

　　《广韵·职韵》："憶，念也。"从忄意声，形声字，本义为想念，如《关尹子·六匕》："心憶者猶忘饑，心忿者猶忘寒。"引申指记住、不忘等义，如《梁书·昭明太子传》："太子美姿貌，善舉止。讀書數行並下，過目皆憶。"

## 【古诗文选读】

青青河邊草，綿綿思遠道。遠道不可思，宿昔夢見之。夢見在我傍，忽覺在他鄉。他鄉各異縣，展轉不可見。枯桑知天風，海水知天寒。入門各自媚，誰肯相爲言。客從遠方來，遺我雙鯉魚。呼兒烹鯉魚，中有尺素書。長跪讀素書，書中竟何如？上言加餐飯，下言長相憶。

——汉乐府民歌《饮马长城窟行》

# 415. 【义】yì

"义"字的现代常用义有：1. 公正合宜的道理或举动，如"义不容辞"。2. 感情的联系，如"情义"。3. 意义，意思，如"定义"。4. 认作亲属的，如"义父"。

"义"对应的繁体字是"義"。古代"乂"与"義"同音，故而用作"義"的俗字，后又在"乂"上加一点写作"义"。简化时，用"义"代替"義"。"义"可用作简化偏旁。

[義] yì、yí

1. yì。甲骨文从羊、从我（刀锯），会用刀锯屠宰牛羊以祭祀之意，也指祭祀用的牲畜，是"犠（牺）"的古字。杀牲祭祀，是古代理当办理的大事，引申为公正合宜的道理或举动，如《论语·述而》："聞義不能徙，不善不能改，是吾憂也。"引申指意义、意思，如汉孔安国《尚书·序》："以所聞伏生之書，考論文義，定其可知者，爲隸古定。"

2. yí。《说文解字·我部》："義，己之威儀也。从我、羊。"会意字，从羊表示善美之意，有仪式、仪表等义。古同"儀"。

［类推简化字］

仪/儀（yí）　　蚁/蟻（yǐ）　　议/議（yì）

【古诗文选读】

上德不德，是以有德。下德不失德，是以無德。上德無爲而無以爲，下德爲之而有以爲。上仁爲之而無以爲，上義爲之而有以爲。上禮爲之而莫之應，則攘臂而仍之。故失道而後德，失德而後仁，失仁而後義，失義而後禮。夫禮者，忠信之薄，而亂之首。前識者，道之華，而愚之始。是以大丈夫處其厚不處其薄，居其實不居其華。故去彼取此。

——《老子》第三十八章

# 416.【艺】yì

"艺"字的现代常用义有：1. 才能，技能，如"手艺"。2. 艺术，如"文艺"。

"艺"对应的繁体字是"藝"。简化时，将"藝"字下部改换作"乙"，简作"艺"。"艺"可用作简化偏旁。

［藝］yì

甲骨文象一人手持树苗栽种之形，隶定后写作"埶"，后繁化为"藝"。《说文解字·丮部》："埶，種也。从坴（lù）、丮（jí）。持亟種之。""坴"表土块，"丮"表拿，会意字，本义是种植，如《孟子·滕文公上》："后稷教民稼穑，樹藝五穀，五穀熟而民人育。"上古种植是一种非常重要的技能，引申泛指技能、才艺，如《淮南子·诠言》："不得其道，伎藝雖多，未有益也。"

[类推简化字]

呓/囈（yì）

## 【古诗文选读】

異史氏曰："性癡則其志凝，故書癡者文必工，藝癡者技必良。世之落拓而無成者，皆自謂不癡者也。且如粉花蕩產，盧雉傾家，顧癡人事哉！以是知慧黠而過，乃是真癡，彼孫子何癡乎！"

——清蒲松龄《聊斋志异·阿宝》

# 417. 【阴】yīn

"阴"字的现代常用义有：1. 月亮，如"阴历"。2. 天空被云遮住，如"有阴有晴"。3. 不见阳光的地方，如"背阴"。4. 山的北面、水的南面，多用作地名，如"江阴"。5. 背面，如"碑阴"。6. 不外露的，如"阳奉阴违"。7. 险诈，不光明，如"阴险"。8. 有关地府、鬼神的，如"阴曹地府"。9. 中国哲学认为宇宙间一切事物中两大对立面之一，如"阴阳"。10. 带负电的，如"阴离子"。

"阴"对应的繁体字是"陰"。"阴"是"陰"的俗字。简化时，用"阴"代替"陰"。"阴"可用作简化偏旁。

［陰］yīn

《说文解字·㠯部》："陰，闇也。水之南、山之北也。从㠯，侌聲。"《说文解字·雲部》另有"霒"字："霒，雲覆日也。从雲，今聲。"义为阴天。表示水南山北的"陰"很有可能是"霒"引申分化出来的意义，不过隶变后"霒"字形废用，意义并入了"陰"字。"陰"的本义为水的南面或山的北面，如三国魏曹丕《善哉行四首》："朝遊高臺觀，夕宴華池陰。"引申指日光照不到的地方、阴影等义，如汉枚乘《上书谏吴王》："不如就陰而止，影滅跡絕。"

［类推简化字］

荫/蔭（yīn、yìn）

【古诗文选读】

驅車上東門，遙望郭北墓。白楊何蕭蕭，松柏夾廣路。下有陳死人，杳杳即長暮。潛寐黃泉下，千載永不寤。浩浩陰陽移，年命如朝露。人生忽如寄，壽無金石固。萬歲更相送，賢聖莫能度。服食求神仙，多爲藥所誤。不如飲美酒，被服紈與素。

——汉《古诗十九首·驱车上东门》

## 418.【隐】yǐn

"隐"字的现代常用义有：1. 藏匿，不显露，如"隐蔽"。2. 指隐秘的事，如"难言之隐"。

"隐"对应的繁体字是"隱"。"隐"是"隱"的草书楷化字形。简化时，用"隐"代替"隱"。"隐"可用作简化偏旁。

## ［隱］yǐn

《说文解字·自部》："隱，蔽也。从阜，㥯聲。"形声字，本义为隐蔽、隐藏，如《周易·坤》："天地變化，草木蕃，天地閉，賢人隱。"引申指精深、微妙等义，如《周易·系辞上》："探賾索隱，鉤深致遠，以定天下之吉凶。"

### ［类推简化字］

瘾/癮（yǐn）

## 【古诗文选读】

子曰："篤信好學，守死善道。危邦不入，亂邦不居。天下有道則見，無道則隱。邦有道，貧且賤焉，恥也。邦無道，富且貴焉，恥也。"

——《论语·泰伯》

# 419.【应】yīng、yìng

"应"字的现代常用义有：1. yīng。①该，当，如"应有尽有"；②答应，应承，如"应允"；③（Yīng）姓。2. yìng。①回答或随声相和，如"呼应"；②应付，对待，如"随机应变"；③适合，配合，如"得心应手"；④接受，答应，如"有求必应"。

"应"对应的繁体字是"應"。简化时，根据"應"右下部草书楷化字形，简作"应"。

[應] yīng、yìng

1. yīng。《说文解字·心部》："應，當也。从心，雍聲。"形声字，本义为应当、应该，如《诗经·周颂·赉》："文王既勤止，我應受之。"引申指认为是等义，如《庄子·寓言》："與己同則應，不與己同則反。"

2. yìng。受，接受，如《尚书·康诰》："惟弘王應保殷民。"引申指应声、回答等义，如《庄子·列御寇》："或聘於莊子。莊子應其使曰：'子見夫犧牛乎？'"

## 【古诗文选读】

沛公旦日從百餘騎來見項王，至鴻門，謝曰："臣與將軍戮力而攻秦，將軍戰河北，臣戰河南，然不自意能先入關破秦，得復見將軍於此。今者有小人之言，令將軍與臣有郤。"項王曰："此沛公左司馬曹無傷言之；不然，籍何以至此。"項王即日因留沛公與飲。項王、項伯東嚮坐。亞父南嚮坐。亞父者，范增也。沛公北嚮坐，張良西嚮侍。范增數目項王，舉所佩玉玦以示之者三，項王默然不應。范增起，出召項莊，謂曰："君王爲人不忍，若入前爲壽，壽畢，請以劍舞，因擊沛公於坐，殺之。不者，若屬皆且爲所虜。"莊則入爲壽，壽畢，曰："君王與沛公飲，軍中無以爲樂，請以劍舞。"項王曰："諾。"項莊拔劍起舞，項伯亦拔劍起舞，常以身翼蔽沛公，莊不得擊。於是張良至軍門，見樊噲。樊噲曰："今日之事何如？"良曰："甚急。今者項莊拔劍舞，其意常在沛公也。"

——《史记·项羽本纪》

# 420. 【痈】yōng

"痈"字的现代常用义为一种毒疮,如"痈疽"。

"痈"对应的繁体字是"癰"。简化时,把"癰"的声旁"雝"改为"用",简作"痈"。

〔癰〕yōng

《说文解字·疒部》:"癰,腫也。从疒,雝聲。"形声字,本义指肿疡,如《史记·佞幸列传》:"文帝尝病癰,鄧通常爲上嗽吮之。""癰"有异体字作"癕",如汉王充《论衡·别通》:"鼻不知香臭曰癕。"

## 【古诗文选读】

宋人有曹商者,爲宋王使秦。其往也,得車數乘;王説之,益車百乘。反於宋,見莊子曰:"夫處窮閭陋巷,困窘織屨,槁項黃馘者,商之所短也;一悟萬乘之主,而從車百乘者,商之所長也。"莊子曰:"秦王有病,召醫,破癰潰痤者,得車一乘;舐痔者,得車五乘;所治愈下,得車愈多。子豈治其痔邪?何得車之多也?子行矣!"

——《庄子·列御寇》

# 421.【拥】yōng

"拥"字的现代常用义有：1. 抱，如"拥抱"。2. 围着，如"前呼后拥"。3. 拥护，如"拥戴"。4. 聚到一块儿，如"拥挤"。5. 持有，如"拥有"。

"拥"对应的繁体字是"擁"。简化时，把"擁"的声旁"雍"改为"用"，简作"拥"。

［擁］yōng

《广韵·腫韵》："擁，抱也。"从扌雍声，形声字，本义为抱、拥抱，如《礼记·玉藻》："肆束及帶，勤者有事則收之，走則擁之。"引申指据有、拥有等义，如汉贾谊《过秦论》："秦孝公據殽函之固，擁雍州之地，君臣固守，以窺周室。"

## 【古诗文选读】

齊東郭姜者，棠公之妻，齊崔杼禦東郭偃之姊也，美而有色。棠公死，崔子吊而說姜，遂與偃謀娶之。既居，其室比於公宮，莊公通焉，驟如崔氏，崔子知之。異日，公以崔子之冠賜侍人。崔子慍，告有疾，不出。公登臺以臨崔子之宮，由臺上與東郭姜戲。公下從之，東郭姜奔入戶而閉之。公推之曰："開！余。"東郭姜曰："老夫在此，未及收髮。"公曰："余開崔子之疾也，不開？"崔子與姜自側戶出，閉門，聚衆鳴鼓。公恐，擁柱而歌。公請於崔氏曰："孤知有罪矣，請改心事吾子。若不信，請盟。"崔子曰："臣不敢聞命。"乃避之。公又請於崔氏之宰曰："請就先君之廟而死焉。"崔氏之宰曰："君之臣杼，有疾不在，侍臣不敢聞命。"公踰牆而逃，崔氏射公，中踵，公反墮，遂弒公。

——汉刘向《列女传·齐东郭姜》

# 422. 【佣】yōng、yòng

"佣"字的现代常用义有：1. yōng。①雇用，受雇佣，如"佣工"；②受雇佣的人，如"女佣"。2. yòng。佣金，买卖东西时给介绍人的钱。

"佣"对应的字是"佣"和"傭"。简化时，用"佣"代替"傭"。

## （一）［佣］yòng

从亻用声，形声字，本义为"佣金"，中间人靠介绍买卖所取得的收入。

## （二）［傭］chōng、yōng

1. chōng。《说文解字·人部》："傭，均直也。从人，庸声。"形声字，本义为均、公平，如《诗经·小雅·节南山》："昊天不傭，降此鞠訩。"

2. yōng。本义为雇用，如《韩非子·外储说右下》："臣有子三人，家貧，無以妻之，傭未反。"引申指受雇之人、佣工，如《荀子·议兵》："兵莫弱是矣，是其去賃市傭而戰之幾矣。"

## 【古诗文选读】

陳勝王凡六月。初爲王，其故人嘗與傭耕者聞之，乃之陳，叩宮門曰："吾欲見涉。"宮門令欲縛之。自辯數，乃置，不肯爲通。勝出，遮道而呼涉。乃召見，載與歸。入宮，見殿屋帷帳，客曰："夥，涉之爲王沈沈者！"楚人謂多爲夥，故天下傳之"夥涉爲王"，由陳涉始。客出入愈益發舒，言勝故情。或言"客愚無知，專妄言，輕威"。勝斬之。諸故人皆自引去，由是無親勝者。以朱防爲中正，胡武爲司過，主司群臣。諸將徇地，至，令之不是者，繫而罪之。以苛察爲忠。其所不善者，不下吏，輒自治。勝信用之，諸將以故不親附。此其所以敗也。

——《汉书·陈胜项籍传》

# 423. 【踊】yǒng

"踊"字的现代常用义为跳、跳跃，如"踊跃"。

"踊"对应的字是"踊"和"踴"。"踴"为"踊"的异体字。简化时，用"踊"代替"踴"。

## ［踊］yǒng

《说文解字·足部》："踊，跳也。从足，甬聲。"形声字，本义为向上跳、跳跃，如《左传·哀公八年》："微虎欲宵攻王舍，私屬徒七百人，三踊於幕庭。"引申指上、登临等义，如《晏子春秋·杂下四》："景公爲路寢之臺，成而不踊焉。"

## 【古诗文选读】

綠蘿緣玉樹，光曜粲相暉。下有兩真人，舉翅翻高飛。我心何踊躍，思欲攀雲追。鬱鬱西岳顛，石室青蔥與天連。中有耆年一隱士，鬚髮皆皓然。策杖從吾遊，教我要忘言。

——三国魏曹植《苦思行》

# 424. 【忧】yōu

"忧"字的现代常用义有：1. 发愁，如"杞人忧天"。2. 使人发愁的事，如"高枕无忧"。

"忧"对应的字是"忧"和"憂"。简化时，用"忧"代替"憂"。

## （一）［忧］yòu

《说文解字·心部》："忧，不动也。从心，尤聲。"段玉裁注本作"心動也"，形声字，本义为心动。《玉篇·心部》："忧，心動也。"

## （二）［憂］yōu

《说文解字·攵部》："憂，和之行也。从攵，惪聲。"形声字，本义为忧愁、忧虑，如《诗经·秦风·晨风》："未見君子，憂心如醉。"引申指忧患、祸患等义，如《管子·形势》："顧憂者，可與致道。"

## 【古诗文选读】

葉公問孔子於子路，子路不對。子曰："女奚不曰：其爲人也，發憤忘食，樂以忘憂，不知老之將至云爾。"

——《论语·述而》

# 425. 【优】yōu

"优"字的现代常用义有：1. 美好的，与"劣"相对，如"优胜劣汰"。2. 充足，宽裕，如"优厚"。3. 优待，如"拥军优属"。4. 旧时称演员，如"名优"。

"优"对应的字是"优"和"優"。简化时，用"优"代替"優"。

## （一）［优］yóu

《龙龛手鉴·人部》："优，五穀精如人白髮也。"文献罕见用例。

## （二）［優］yōu

《说文解字·人部》："優，饶也。从人憂聲。一曰倡也。"形声字，本义为饶、多，如《诗经·大雅·瞻卬》："天之降罔，维其優矣。人之云亡，心之忧矣。"引申指优良、优越，跟"劣"相对，如汉王充《论衡·书解》："著作者爲文儒，说經者爲世儒。二儒在世，未知何者爲優。"

## 【古诗文选读】

鲁欲使樂正子爲政。孟子曰："吾聞之，喜而不寐。"公孫丑曰："樂正子強乎？"曰："否。""有知慮乎？"曰："否。""多聞識乎？"曰："否。""然則奚爲喜而不寐？"曰："其爲人也好善。""好善足乎？"曰："好善優於天下，而况鲁國乎？夫苟好善，則四海之内，皆將輕千里而來告之以善。夫苟不好善，則人將曰：

'訑訑，予既已知之矣。'訑訑之聲音顏色，距人於千里之外。士止於千里之外，則讒諂面諛之人至矣。與讒諂面諛之人居，國欲治，可得乎?"

——《孟子·告子下》

# 426.【邮】yóu

"邮"字的现代常用义有：1. 由邮局递送，如"邮寄"。2. 有关邮寄业务的，如"邮局"。3. 特指邮票等邮品，如"集邮"。

"邮"对应的字是"邮"和"郵"。简化时，用"邮"代替"郵"。

## （一）[邮] yóu

《说文解字·邑部》："邮，左馮翊高陵。从邑，由聲。"形声字，本义为古亭名，在今陕西省高陵县境。《玉篇·邑部》："邮，左馮翊高陵縣有邮亭。"

## （二）[郵] yóu

《说文解字·邑部》："郵，境上行書舍。从邑、垂。垂，邊也。"会意字，本义为驿站，如《孟子·公孙丑上》："孔子曰：'德之流行，速於置郵而傳命。'"引申指传送、邮寄等义，如清蒲松龄《聊斋志异·甄后》："郎試作尺一書，我能郵致之。"

## 【古诗文选读】

雲淡山橫日欲斜，郵亭下馬對殘花。自從身逐征西府，每到開時不在家。

——唐张继《邮亭》

# 427. 【犹】yóu

"犹"字的现代常用义有：1. 如同，如"犹如"。2. 还，尚且，如"记忆犹新"。

"犹"对应的繁体字是"猶"。"犹""猶"是利用不同声旁所造的异体字。简化时，用"犹"代替"猶"。"犹"可用作简化偏旁。

［猶］yóu

《说文解字·犬部》："猶，玃屬。从犬，酋聲。"形声字，本义为一种像狗的猿类动物，如《水经注·江水》："山多猶猢，似猴而短足，好遊巖樹。"借用做动词，如同，如《三国志·蜀志·诸葛亮传》："孤之有孔明，猶魚之有水也。"又用作副词，表示某种情况持续不变，如《楚辞·离骚》："亦余心之所善兮，雖九死其猶未悔。"

［类推简化字］

莸/蕕（yóu）

## 【古诗文选读】

荆宣王問群臣曰："吾聞北方之畏昭奚恤也，果誠何如？"群臣莫對。江一對曰："虎求百獸而食之，得狐。狐曰：'子無敢食我也。天帝使我長百獸，今子食我，是逆天帝命也。子以我爲不信，吾爲子先行，子隨我後，觀百獸之見我而敢不走乎？'虎以爲然，故遂與之行。獸見之皆走。虎不知獸畏己而走也，以爲畏狐也。今王之地方五千里，帶甲百萬，而專屬之昭奚恤；故北方之畏奚恤也，其實畏王之甲兵也，<u>猶百獸之畏虎也</u>。"

——《战国策·楚策一·荆宣王问群臣》

# 428.【余】yú

"余"字的现代常用义有：1. 剩下，如"多余"。2. 某种情况以外或以后的时间，如"茶余饭后"。3. 整数或度量衡后面的零头，如"二十余人"。4.（Yú）姓。

"余"对应的字是"余"和"餘"。简化时，用"余"代替"餘"。在"余"和"餘"意义可能混淆时，仍使用"餘"，类推简化作"馀"，如文言句"馀年无多"。

## （一）[余] yú

《说文解字·八部》："余，語之舒也。从八，舍省聲。"形声字，本义为语气词，后指第一人称我，如《楚辞·离骚》："名余曰正则兮，字余曰靈均。"又指农历四月的别称，如《尔雅·释天》："四月爲余。"

## （二）[餘] yú

《说文解字·食部》："餘，饒也。从食，余聲。"形声字，本义为丰足、宽裕，如《荀子·富国》："爲之鍾鼓、管磬、琴瑟、竽笙，使足以辨吉凶，合歡定和而已，不求其餘。"引申指其余的、其他的等义，如《诗经·大雅·云汉》："周餘黎民，靡有子遗。"

## 【古诗文选读】

天之道，其猶張弓！高者抑之，下者舉之，有餘者損之，不足者與之。天之道，損有餘而補不足；人道則不然，損不足奉有餘。熟能有餘以奉天下？其唯有道者。是以聖人爲而不恃，功成不處，斯不見賢！

——《老子》第七十七章

# 429. 【鱼】yú

"鱼"字的现代常用义为脊椎动物的一类，大都有鳞和鳍，用鳃呼吸，体温随外界温度而变化。生活在水中，种类很多。

"鱼"对应的繁体字是"魚"。"鱼"是"魚"的草书楷化字形，把"魚"字下面的四点连写成一横就写成"鱼"。简化时，用"鱼"代替"魚"。"鱼"可用作简化偏旁。

[魚] yú

《说文解字·鱼部》："魚，水蟲也。象形，魚尾與燕尾相似。"象形字，甲骨文即为鱼的图画形状。文献用例如《诗经·大雅·旱麓》："鳶飛戾天，魚躍于淵。"

[类推简化字]

鳌/鰲 （áo）

鲅/鮁 （bà）　　鲍/鮑 （bào）　　鳊/鯿 （biān）

鳔/鰾 （biào）　　鳖/鱉 （biē）

鲳/鯧（chāng）　鲿/鱨（cháng）　鰆/鰆（chūn）

鱽/魛（dāo）　鲷/鯛（diāo）　鲽/鰈（dié）

鳄/鰐（è）

鲂/魴（fáng）　鲱/鯡（fēi）　鲋/鮒（fù）　鳆/鰒（fù）

鲠/鯁（gěng）　鳡/鱤（guān）　鲑/鮭（guī）

鳜/鱖（guì）　鲧/鯀（gǔn）

鲎/鱟（hòu）　鲩/鯇（huàn）　鳇/鰉（huáng）

鲚/鱭（jì）　鲫/鱀（jì）　鲫/鯽（jì）　鲣/鰹（jiān）

鳒/鰜（jiān）　鲛/鮫（jiāo）　鲒/鮚（jié）　鲸/鯨（jīng）

鲙/鱠（kuài）　鲲/鯤（kūn）

鳓/鰳（lè）　鲡/鱺（lí）　鲤/鯉（lǐ）　鳢/鱧（lǐ）

鲢/鰱（lián）　鳞/鱗（lín）　鲮/鯪（líng）　噜/嚕（lū）

辘/轆（lu）　鲈/鱸（lú）　鲁/魯（lǔ）　橹/櫓（lǔ）

镥/鑥（lǔ）

鳗/鰻（mán）　鳖/鱉（mǐn）

鲵/鯢（ní）　鲇/鮎（nián）　鲶/鯰（nián）

鳑/鰟（páng）　鲏/鮍（pí）　鲆/鮃（píng）

鳍/鰭（qí）　鲭/鯖（qīng）　鳅/鰌（qiū）

鳅/鰍（qiū）

鳃/鰓（sāi）　稣/穌（sū）

鲨/鯊（shā）　鳝/鱔（shàn）　鲥/鰣（shí）

鳎/鰨（tǎ）　鲐/鮐（tái）　䲢/䲢（téng）

鲦/鰷（tiáo）　鲖/鮦（tóng）

鲔/鮪（wěi）　鳁/鰮（wēn）

鳛/鰼（xí）　鲜/鮮（xiān、xiǎn）　藓/蘚（xiǎn）

鲞/鯗（xiǎng）　癣/癬（xuǎn）　鳕/鱈（xuě）

鲟/鱘（xún）

鲄/鮣（yìn）　鳙/鱅（yōng）　鱿/魷（yóu）

渔/漁（yú）　　藪/藪（yú）

鰂/鰂（zéi）　鯔/鯔（zī）　　鲰/鯫（zōu）　　鳟/鱒（zūn）

鲝/鮺（zhǎ）　鲝/鮺（zhǎ）　　鳣/鱣（zhān、shàn）

## 【古诗文选读】

将欲翕之，必故张之；将欲弱之，必故强之；将欲廢之，必故興之；将欲奪之，必固與之。是謂微明。柔勝剛，弱勝強。魚不可脫於淵，國有利器，不可示人。

——《老子》第三十六章

# 430. 【与】yǔ、yù

"与"字的现代常用义有：1. yǔ。①跟，如"与虎谋皮"；②和，如"父亲与母亲"；③给，如"赠与"；④交往，交好，如"相与"；⑤赞助，如"与人为善"。2. yù。参与，参加，如"与会"。

"与"对应的繁体字是"與"。"与"是"與"的异体字。简化时，用"与"代替"與"。"与"可用作简化偏旁。

[與] yǔ、yù

1. yǔ。《说文解字·舁部》："與，黨與也。从舁，从与。"金文字形本为两手相握之形，是会意字，表示握手结好，本义为朋党，如《史记·张耳陈余列传》："敵多則力分，與衆則兵彊。"引申指亲近、交好等义，如《管子·大匡》："公先與百姓而藏其兵。"

2. yù。义为参与、干预，如《礼记·王制》："五十不從力政，六十不與服戎，七十不與賓客之事。"

**［类推简化字］**

屿/嶼（yǔ）　　欤/歟（yú）

## 【古诗文选读】

夫君子之行，靜以修身，儉以養德。非澹泊無以明志，非寧靜無以致遠。夫學須靜也，才須學也，非學無以廣才，非志無以成學。淫慢則不能勵精，險躁則不能治性。年與時馳，意與日去，遂成枯落，多不接世，悲守窮廬，將復何及！

——三国蜀诸葛亮《诫子书》

# 431. 【御】yù

"御"字的现代常用义有：1. 抵挡，如"防御"。2. 古代指与皇帝有关的，如"御用"。

"御"对应的字是"御"和"禦"。简化时，用"御"代替"禦"。

## （一）［御］yù

《说文解字·彳部》："御，使馬也。从彳从卸。"会意字，本义为驾驭车马，如《诗经·郑风·大叔于田》："叔善射忌，又良御忌。"这个意义后来写作"驭"。引申指对帝王所作所为及所用物的敬称等义，如宋周密《齐东野语·以赋罢相》："阜陵在位，上庠月書前列試卷，時經御覽。"

（二）［禦］yù

《说文解字·示部》："禦，祀也。从示，御聲。"形声字，本义为祭祀，如《逸周书·世俘》："戊辰，王遂禦循追祀文王。"引申指抗拒、抵挡等义，如《左传·隐公九年》："北戎侵鄭，鄭伯禦之。"

## 【古诗文选读】

梁世士大夫，皆尚褒衣博帶，大冠高履，出則車輿，入則扶侍，郊郭之內，無乘馬者。周弘正爲宣城王所愛，給一果下馬，常服御之，舉朝以爲放達。至乃尚書郎乘馬，則糾劾之。及侯景之亂，膚脆骨柔，不堪行步，體羸氣弱，不耐寒暑，坐死倉猝者，往往而然。建康令王復性既儒雅，未嘗乘騎，見馬嘶歕陸梁，莫不震懾，乃謂人曰："正是虎，何故名爲馬乎?"其風俗至此。

——北齐颜之推《颜氏家训·涉务》

# 432. 【吁】yù、xū

"吁"字的现代常用义有：1. yù。为某种要求而呼喊，如"呼吁"。2. xū。①叹息，如"长吁短叹"。②"吁吁"：拟声词，如"气喘吁吁"。

"吁"对应的字是"吁"和"籲"。简化时，用"吁"代替"籲"。

（一）［籲］yù

《说文解字·页部》作"䪁"："䪁，呼也。从頁，籥聲。"形声字，义为呼告、呼求，如《尚书·召诰》："夫知保抱攜持厥婦子，以哀籲天，徂厥亡，出執。"

（二）［吁］xū、yū

1. xū。《说文解字·口部》："吁，驚也。从口，于聲。"形声字，本义为叹词，表示惊怪、感慨，如《荀子·宥坐》："孔子喟然而歎曰：'吁！惡有滿而不覆者哉！'"引申指叹息、赞叹等义，如唐杜牧《感怀》："累聖但日吁，闊外將誰寄？"

2. yū。喝止牲口声，如张贤亮《绿化树》五："他'吁、吁'地把牲口呵止住。"

**【古诗文选读】**

采采卷耳，不盈頃筐。嗟我懷人，寘彼周行。
陟彼崔嵬，我馬虺隤。我姑酌彼金罍，維以不永懷。
陟彼高岡，我馬玄黃。我姑酌彼兕觥，維以不永傷。
陟彼砠矣，我馬瘏矣，我僕痡矣，云何吁矣！

——《诗经·周南·卷耳》

# 433. 【郁】yù

"郁"字的现代常用义有：1. 香气浓厚，如"馥郁"。2. 草木茂盛，如"郁郁葱葱"。3. 有文采，如"文采郁郁"。4. 忧愁，愁闷，如"郁郁不乐"。

"郁"对应的字是"郁"和"鬱"。简化时，用"郁"代替"鬱"。

## （一）［郁］yù

《说文解字·邑部》："郁，右扶風郁夷也。从邑，有聲。"形声字，本义为古地名，假借指富有文采等义，如南朝梁刘勰《文心雕龙·征圣》："是以遠稱唐世，則煥乎爲盛；近褒周代，則郁哉可從。"

## （二）［鬱］yù

《说文解字·林部》："鬱，木叢生者。从林，鬱省聲。"形声字，本义为草木茂盛，如《诗经·秦风·晨风》："鴥彼晨風，鬱彼北林。"引申指忧愁、忧郁等义，如《楚辞·九章·抽思》："心鬱鬱之憂思兮，獨永歎乎增傷。"

### 【古诗文选读】

青青河畔草，鬱鬱園中柳。盈盈樓上女，皎皎當窗牖。娥娥紅粉妝，纖纖出素手。昔爲倡家女，今爲蕩子婦。蕩子行不歸，空床難獨守。

——汉《古诗十九首·青青河畔草》

# 434. 【誉】yù

"誉"字的现代常用义有：1. 美名，名声，如"荣誉"。2. 称赞，如"毁誉参半"。

"誉"对应的繁体字是"譽"。简化时，根据"譽"字上部的草书楷化字形，简作"誉"。

[譽] yù

《说文解字·言部》："譽，稱也。从言，與聲。"形声字，本义为称赞、赞美，如《论语·卫灵公》："吾之於人也，誰毀誰譽？如有所譽者，其有所試矣。"引申指名誉、声誉，如《诗经·周颂·振鹭》："庶幾夙夜，以永終譽。"

## 【古诗文选读】

孟子曰："人皆有不忍人之心。先王有不忍人之心，斯有不忍人之政矣。以不忍人之心，行不忍人之政，治天下可運之掌上。所以謂人皆有不忍人之心者，今人乍見孺子將入於井，皆有怵惕惻隱之心；非所以內交於孺子之父母也，非所以要譽於鄉黨朋友也，非惡其聲而然也。由是觀之，無惻隱之心非人也，無羞惡之心非人也，無辭讓之心非人也，無是非之心非人也。惻隱之心，仁之端也；羞惡之心，義之端也；辭讓之心，禮之端也；是非之心，智之端也。人之有是四端也，猶其有四體也。有是四端而自謂不能者，自賊者也；謂其君不能者，賊其君者也。凡有四端於我者，知皆擴而充之矣，若火之始然、泉之始達。苟能充之，足以保四海；苟不充之，不足以事父母。"

　　　　　　　　　　　　　　——《孟子·公孙丑上》

# 435. 【渊】yuān

"渊"字的现代常用义有：1. 深池，水潭，如"深渊"。2. 深，如"渊博"。

"渊"对应的繁体字是"淵"。简化时，根据"淵"右部的草书楷化字形，简作"渊"。

〔淵〕yuān

《说文解字·水部》："淵，回水也。从水，象形。左右，岸也。中象水皃。"本义为回水、回旋之水，如《列子·黄帝》："流水之潘爲淵。"引申指深潭，如《诗经·小雅·鹤鸣》："魚潛在淵，或在于渚。"

## 【古诗文选读】

故曰："倉廩實而知禮節，衣食足而知榮辱。"禮生於有而廢於無。故君子富，好行其德；小人富，以適其力。淵深而魚生之，山深而獸往之，人富而仁義附焉。富者得埶益彰，失埶則客無所之，以而不樂。夷狄益甚。諺曰："千金之子，不死於市。"此非空言也。故曰："天下熙熙，皆爲利來；天下壤壤，皆爲利往。"夫千乘之王，萬家之侯，百室之君，尚猶患貧，而況匹夫編戶之民乎！

——《史记·货殖列传》

# 436. 【园】yuán

"园"字的现代常用义有：1. 种植蔬菜、花果、树木的地方，如"花园"。2. 供人游览娱乐的地方，如"公园"。

"园"对应的繁体字是"園"。简化时，将"園"的声旁"袁"改为"元"，简作"园"。

［園］yuán

《说文解字·囗部》："園，所以樹果也。从囗（wéi），袁聲。"形声字，本义指种植果树的地方，如《墨子·非攻上》："今有一人，入人園圃，竊其桃李，衆聞則非之，上爲政者得則罰之。此何也？"引申指庭园，指供人憩息、游乐或观赏的地方，如南朝宋刘义庆《世说新语·简傲》："王子敬自會稽經吳，聞顧辟疆有名園。"

## 【古诗文选读】

晓來天氣濃淡，微雨輕灑。近清明，風絮巷陌，煙草池塘，盡堪圖畫。豔杏暖、妝臉勻開，弱柳困、宮腰低亞。是處麗質盈盈。巧笑嬉嬉，手簇鞦韆架。戲綵毬羅綬，金雞芥羽，少年馳騁，芳郊綠野。占斷五陵遊，奏脆管、繁弦聲和雅。向名園深處，爭泥畫輪，競驕寶馬。取次羅列杯盤，就芳樹、綠陰紅影下。舞婆娑，歌宛轉，仿佛鶯嬌燕姹。寸珠片玉，爭似此、濃歡無價。任他美酒，十千一斗，飲竭仍解金貂貰。恣幕天席地，陶陶盡醉太平，且樂唐虞景化。須信豔陽天，看未足、已覺鶯花謝。對綠蟻翠蛾，怎忍輕捨。

——宋柳永《抛毬乐·林钟商》

# 437.【远】yuǎn

"远"字的现代常用义有：1. 与"近"相对，空间或时间的距离长，如"山高路远"。2. 不亲近，不亲密，如"敬而远之"。

"远"对应的繁体字是"遠"。简化时，将"遠"的声旁

"袁"改为"元",简作"远"。

[遠] yuǎn、yuàn

1. yuǎn。《说文解字·辵部》:"遠,遼也。从辵,袁聲。"形声字,本义指遥远、距离长,如《论语·学而》:"有朋自遠方來,不亦樂乎。"引申指漫长、时间久等义,如《吕氏春秋·大乐》:"音樂之所由來者遠矣。"

2. yuàn。离开,避开,如《孟子·梁惠王上》:"君子之於禽獸也,見其生,不忍見其死;聞其聲,不忍食其肉。是以君子遠庖廚也。"引申指不亲近、不接近等义,如《三国志·蜀志·诸葛亮传》:"親賢臣,遠小人,此先漢所以興隆也;親小人,遠賢臣,此後漢所以傾頹也。"

## 【古诗文选读】

冬,晉文公卒。庚辰,將殯于曲沃。出絳,柩有聲如牛。卜偃使大夫拜,曰:"君命大事:將有西師過軼我,擊之,必大捷焉。"杞子自鄭使告于秦,曰:"鄭人使我掌其北門之管,若潛師以來,國可得也。"穆公訪諸蹇叔,蹇叔曰:"勞師以襲遠,非所聞也。師勞力竭,遠主備之,無乃不可乎!師之所爲,鄭必知之。勤而無所,必有悖心。且行千里,其誰不知?"公辭焉。召孟明、西乞、白乙,使出師於東門之外。蹇叔哭之,曰:"孟子,吾見師之出而不見其入也。"公使謂之曰:"爾何知?中壽,爾墓之木拱矣。"蹇叔之子與師,哭而送之,曰:"晉人禦師必於殽。殽有二陵焉。其南陵,夏后皋之墓也;其北陵,文王之所辟風雨也。必死是間,余收爾骨焉。"秦師遂東。

——《左传·僖公三十二年》

# 438. 【愿】yuàn

"愿"字的现代常用义有：1. 乐意，如"心甘情愿"。2. 希望，如"愿望"。3. 对神佛许下的酬谢，如"许愿"。

"愿"对应的字是"愿"和"願"。简化时，用"愿"代替"願"。

## （一）［愿］yuàn

《说文解字·心部》："愿，謹也。从心，原聲。"形声字，义为质朴、恭谨，如《荀子·富国》："汙者皆化而脩，悍者皆化而愿。"

## （二）［願］yuàn

《说文解字·页部》："願，大頭也。从頁，原聲。"形声字，本义为大头，后指愿望、心愿，如《诗经·郑风·野有蔓草》："邂逅相遇，適我願兮。"引申指希望等义，如《楚辞·九章·惜诵》："固煩言不可結詒兮，願陳志而無路。"

## 【古诗文选读】

歸去來兮，田園將蕪胡不歸？既自以心爲形役，奚惆悵而獨悲？悟已往之不諫，知來者之可追。寔迷途其未遠，覺今是而昨非。舟遙遙以輕颺，風飄飄而吹衣。問征夫以前路，恨晨光之熹微。乃瞻衡宇，載欣載奔。僮僕歡迎，稚子候門。三逕就荒，松菊猶存。携幼入室，有酒盈罇。引壺觴以自酌，眄庭柯以怡顏。倚南窗以寄傲，審容膝之易安。園日涉以成趣，門雖設而常關。

策扶老以流憩，時矯首而遐觀。雲無心以出岫，鳥倦飛而知還。景翳翳以將入，撫孤松而盤桓。歸去來兮，請息交以絕遊。世與我而相違，復駕言兮焉求？悅親戚之情話，樂琴書以消憂。農人告余以春及，將有事於西疇。或命巾車，或棹孤舟。既窈窕以尋壑，亦崎嶇而經丘。木欣欣以向榮，泉涓涓而始流。善萬物之得時，感吾生之行休。已矣乎！寓形宇內復幾時？曷不委心任去留？胡爲乎遑遑兮欲何之？富貴非吾願，帝鄉不可期。懷良辰以孤往，或植杖而耘耔。登東皋以舒嘯，臨清流而賦詩。聊乘化以歸盡，樂夫天命復奚疑！

——晋陶渊明《归去来兮辞》

# 439.【跃】yuè

"跃"字的现代常用义为跳，如"跳跃"。

"跃"对应的繁体字是"躍"。简化时，把"躍"的声旁"翟"改为"夭"，简作"跃"。

［躍］yuè、tì

1. yuè。《说文解字・足部》："躍，迅也。从足，翟聲。"形声字，本义为迅疾，常用作跳跃等义，如《荀子・劝学》："騏驥一躍，不能十步；駑馬十駕，功在不舍。"

2. tì。迅速跳跃的样子，如《诗经・小雅・巧言》："躍躍毚兔，遇犬獲之。"

## 【古诗文选读】

瞻彼旱麓，榛楛濟濟。豈弟君子，干祿豈弟。

瑟彼玉瓚，黃流在中。豈弟君子，福祿攸降。

鳶飛戾天，魚躍于淵。豈弟君子，遐不作人？

清酒既載，騂牡既備。以享以祀，以介景福。

瑟彼柞棫，民所燎矣。豈弟君子，神所勞矣。

莫莫葛藟，施於條枚。豈弟君子，求福不回。

——《诗经·大雅·文王之什·旱麓》

# 440.【云】yún

"云"字的现代常用义有：1. 说，如"人云亦云"。2. 由微小的水滴或冰晶聚集形成的，在空中漂浮的成团的物体，如"云彩"。

"云"对应的字是"云"和"雲"。上古"云"和"雲"本为一字，都表示云彩，后以"雲"作为"云彩"义的正体字，而借"云"来表示"说"。简化时，用"云"代替"雲"。"云"可用作简化偏旁。

## （一）［雲］yún

《说文解字·云部》："雲，山川气也。从雨，云象雲回轉形。……云，古文省雨。"表"云彩"义的字本为"云"，是象形字，后加义符"雨"，写作"雲"。本义为云彩，如《诗经·小雅·白华》："英英白雲，露彼菅茅。"

## （二）［云］yún

"云"是表示"云彩"义的古字，后字形被借用来表示"说"，如三国蜀诸葛亮《出师表》："臨表涕泣，不知所云。"

"云"又用作文言助词，可用于句首、句中或句末，如《诗经·邶风·雄雉》："道之云遠，曷云能來？"

## ［类推简化字］

嗳/嬡（ài）　　逮/靆（dài）　　昙/曇（tán）　　芸/蕓（yún）

## 【古诗文选读】

鳳凰臺上鳳凰遊，鳳去臺空江自流。吳宮花草埋幽徑，晉代衣冠成古丘。三山半落青天外，二水中分白鷺洲。總爲浮雲能蔽日，長安不見使人愁。

——唐李白《登金陵凤凰台》

# 441.【运】yùn

"运"字的现代常用义有：1. 旋转，循序移动，如"运动"。2. 移送，搬送，如"运输"。3. 运用，如"运筹帷幄"。4. 指人生死祸福等一切遭遇，如"时来运转"。

"运"对应的繁体字是"運"。简化时，把"運"的声旁"軍"改为"云"，简作"运"。

## ［運］yùn

《说文解字·辵部》："運，迻徙也。从辵，軍聲。"形声字，本义为移动、挪动，如《墨子·大取》："諸以居運命者，苟入於其中者，皆是也，去之因非也。"引申指运载、搬运等义，如《三国志·蜀志·诸葛亮传》："九年，亮復出祁山，以木牛運，糧盡退軍。"

## 【古诗文选读】

　　長山楊令，性奇貪。康熙乙亥間，西塞用兵，市民間騾馬運糧。楊假此搜括，地方頭畜一空。周村爲商賈所集，趁墟者車馬輻輳。楊率健丁悉篡奪之，不下數百餘頭。四方估客，無處控告。時諸令皆以公務在省。適益都令董、萊蕪令范、新城令孫，會集旅舍。有山西二商，迎門號愬，蓋有健騾四頭，俱被搶掠，道遠失業，不能歸，哀求諸公爲緩頰也。三公憐其情，許之。遂共詣楊。楊治具相款。酒既行，衆言來意，楊不聽。衆言之益切。楊舉酒促釂以亂之，曰："某有一令，不能者罰。須一天上、一地下、一古人，左右問所執何物，口道何詞，隨問答之。"便倡云："天上有月輪，地下有崑崙，有一古人劉伯倫。左問所執何物，答云：'手執酒杯。'右問口道何詞，答云：'道是酒杯之外不須提。'"范公云："天上有廣寒宮，地下有乾清宮，有一古人姜太公。手執釣魚竿，道是'願者上鈎'。"孫云："天上有天河，地下有黃河，有一古人是蕭何。手執一本《大清律》，道是'贓官贓吏'。"楊有慚色，沉吟久之，曰："某又有之。天上有靈山，地下有泰山，有一古人是寒山。手執一帚，道是'各人自掃門前雪'。"衆相視覷然。忽一少年傲岸而入，袍服華整，舉手作禮。共挽坐，酌以大斗。少年笑曰："酒且勿飲。聞諸公雅令，願獻芻蕘。"衆請之，少年曰："天上有玉帝，地下有皇帝，有一古人洪武朱皇帝。手執三尺劍，道是'貪官剝皮'。"衆大笑。楊恚罵曰："何處狂生敢爾！"命隸執之。少年躍登几上，化爲鴟，沖簾飛出，集庭樹間，回顧室中，作笑聲。主人擊之，且飛且笑而去。

——清蒲松齡《聊齋志異·鴞鳥》

# 442.【酝】yùn

"酝"字的现代常用义为酿酒,如"酝酿"。

"酝"对应的繁体字是"醖"。简化时,把"醖"的声旁"昷"改为"云",简作"酝"。

[醖] yùn

《说文解字·酉部》:"醖,釀也。从酉,昷聲。"形声字,本义为酿酒,如汉张衡《南都赋》:"酒则九醖甘醴,十旬兼清。"引申指逐渐造成等义,如宋陈与义《题唐希雅画寒江图》:"江頭雲黃天醖雪,樹枝慘慘凍欲折。"

## 【古诗文选读】

嘉儀氏之造思,亮茲美之獨珍。仰酒旗之景曜,協嘉號於天辰。穆生以醴而辭楚,侯嬴感爵而輕身。諒千鍾奇慕,何百觚之足云。其味亮升,久載休名。有宜城醪醴,蒼梧縹清。或秋藏冬發,或春醖夏成。或雲拂潮湧,或素蟻浮萍。爾乃王孫公子,遊俠翱翔。將承芬以接意,會陵雲於朱堂。獻酬交錯,宴笑無方。於是飲者並醉,縱橫讙嘩。或揚袂屢舞,或叩劍清歌。或顰嗛釂觴,或奮爵橫飛。或欵驪駒既駕,或稱朝露未晞。於斯時也,質者或文,剛者或仁。卑者忘賤,窶者忘貧。於是矯俗先生聞之而欵曰:"噫!夫言何容易。此乃淫荒之源,非作者之事。若耽於觴酌,流情縱逸,先王所禁,君子所斥。"

——三国魏曹植《酒赋》

# 443. 【杂】zá

"杂"字的现代常用义有：1. 多种多样的，不单纯的，如"杂草"。2. 混合在一起，如"掺杂"。3. 正项或正式以外，如"苛捐杂税"。

"杂"对应的繁体字是"雜"。简化时，把"雜"的右部删减，左部上位改为"九"，简作"杂"。

[雜] zá

《说文解字·衣部》："雜，五彩相會。从衣，集聲。"形声字，本义为各种颜色相配合，如《周礼·考工记·画缋》："畫繢之事，雜五色，東方謂之青，南方謂之赤，西方謂之白，北方謂之黑，天謂之玄，地謂之黃。"引申指混杂、参杂等义，如《逸周书·程典》："士大夫不雜於工商。"

## 【古诗文选读】

墨者之葬也，冬日冬服，夏日夏服，桐棺三寸，服喪三月，世主以爲儉而禮之。儒者破家而葬，服喪三年，大毀扶杖，世主以爲孝而禮之。夫是墨子之儉，將非孔子之侈也；是孔子之孝，將非墨子之戾也。今孝戾、侈儉俱在儒、墨，而上兼禮之。漆雕之議，不色撓，不目逃，行曲則違於臧獲，行直則怒於諸侯，世主以爲廉而禮之。宋榮子之議，設不鬭爭，取不隨仇，不羞囹圄，見侮不辱，世主以爲寬而禮之。夫是漆雕之廉，將非宋榮之恕也；是宋榮之寬，將非漆雕之暴也。今寬廉、恕暴俱在二子，人主兼而禮之。自愚誣之學、<u>雜</u>反之辭爭，而人主俱聽之，故海内之士，言無定術，行無常議。夫冰炭不同器而久，寒暑不兼時而至，雜反之學不兩立而治，今兼聽雜學繆行同異之辭，安得無亂乎？聽行如此，其於治人又必然矣。

——《韩非子·显学》

# 444.【赃】zāng

"赃"字的现代常用义为贪污受贿或偷盗所得的财物，如"赃款"。

"赃"对应的繁体字是"臟"。简化时，将"臟"的形旁"貝"类推简化为"贝"，声旁"藏"改为"庄"，简作"赃"。

[臟] zāng

《玉篇·贝部》："臟，藏也。"从贝藏声，藏兼表义。形声兼会意字，"臟"有异体字作"贜"。本义为用盗窃、贪污等非法手段获取的财物，如《列子·天瑞》："向氏大喜，喻其爲盗之言，而不喻其爲盗之道，遂踰垣鑿室，手目所及，亡不探也。未及時，以臟獲罪，没其先居之财。"引申指贪污、受贿等义，如唐张鷟《朝野金載》卷五："先有鄉人姓婁者爲屯官犯臟，都督許欽明欲決殺。"

## 【古诗文选读】

太祖少機警，有權數，而任俠放蕩，不治行業，故世人未之奇也；惟梁國橋玄、南陽何顒異焉。玄謂太祖曰："天下將亂，非命世之才不能濟也，能安之者，其在君乎！"年二十，舉孝廉爲郎，除洛陽北部尉，遷頓丘令，徵拜議郎。光和末，黄巾起。拜騎都尉，討潁川賊。遷爲濟南相，國有十餘縣，長吏多阿附貴戚，<u>贓</u>污狼藉，於是奏免其八；禁斷淫祀，姦宄逃竄，郡界肅然。久之，徵還爲東郡太守；不就，稱疾歸鄉里。頃之，冀州刺史王芬、南陽許攸、沛國周旌等連結豪傑，謀廢靈帝，立合肥侯，以告太祖，太祖拒之。芬等遂敗。金城邊章、韓遂殺刺史郡守以叛，衆十餘萬，天下騷動。徵太祖爲典軍校尉。會靈帝崩，太子即位，太后臨朝。大將軍何進與袁紹謀誅宦官，太后不聽。進乃召董卓，欲以脅太后，卓未至而進見殺。卓到，廢帝爲弘農王而立獻帝，京都大亂。卓表太祖爲驍騎校尉，欲與計事。太祖乃變易姓名，間行東歸。出關，過中牟，爲亭長所疑，執詣縣，邑中或竊識之，爲請得解。卓遂殺太后及弘農王。太祖至陳留，散家財，合義兵，將以誅卓。冬十二月，始起兵於己吾，是歲中平六年也。

——《三国志·魏志·武帝纪》

# 445. 【脏】zāng、zàng

"脏"字的现代常用义有：1. zāng。不干净，如"脏水"。2. zàng。身体内部器官的总称，如"五脏六腑"。

"脏"对应的繁体字是"髒"和"臟"。简化时，把"臟"声旁"藏"改为"庄"；"髒"的形旁"骨"改为"月"，声旁"葬"改为"庄"。二字都简作"脏"。

## （一）［髒］zǎng、zāng

1. zǎng。骯（kǎng）髒，高亢刚直貌，如汉赵壹《疾邪诗》之二："伊優北堂上，骯髒倚門邊。"引申指身躯肥胖，如北周庾信《拟连珠》："籠樊之鶴，寧有六翮之期，骯髒之馬，無復

531

千金之價。"

2. zāng。从骨葬声，形声字，本义指不干净，如鲁迅《呐喊·孔乙己》："穿的雖然是長衫，可是又髒又破，似乎十多年沒有補，也沒有洗。"引申指弄污等义，如清文康《儿女英雄传》第三回："咱一來是爲行好，二來也怕髒了我的店。"

（二）［臟］zàng

《集韵·宕韵》："臟，腑也。"从月（肉）从藏，藏兼表音，形声兼会意字，本义为五脏，如《汉书·艺文志》："五臟六腑。"后指身体内脏的总称，如晋葛洪《抱朴子内篇·至理》："破積聚於腑臟，追二豎於膏肓。"

## 【古诗文选读】

抱朴子曰：召魂小丹三使之丸，及五英八石小小之藥，或立消堅冰，或入水自浮，能斷絶鬼神，禳卻虎豹，破積聚於腑臟，追二豎於膏肓，起猝死於委尸，返驚魂於既逝。夫此皆凡藥也，猶能令已死者復生，則彼上藥也，何為不能令生者不死乎？越人救虢太子於既殞，胡醫活絶氣之蘇武，淳于能顧以理腦，元化能刳腹以澣胃，文摯怨期以瘳危困，仲景穿胸以納赤餅，此醫家之薄技，猶能若是，豈況神仙之道，何所不為？夫人所以死者，諸欲所損也，老也，百病所害也，毒惡所中也，邪氣所傷也，風冷所犯也。今道引行氣，還精補腦，食飲有度，興居有節，將服藥物，思神守一，柱天禁戒，帶佩符印，傷生之徒，一切遠之，如此則通，可以免此六害。今醫家通明腎氣之丸，内補五絡之散，骨填苟杞之煎，黃著建中之湯，將服之者，皆致肥丁。漆葉青蓁，凡弊之草，樊阿服之，得壽二百歲，而耳目聰明，猶能持鍼以治病，此近代之實事，良史所記注者也。

——晋葛洪《抱朴子内篇·至理》

# 446. 【凿】záo

"凿"字的现代常用义有：1. 挖槽或穿孔用的工具，如"凿子"。2. 穿孔，挖掘，如"凿井"。3. 卯眼，如"凿枘"。4. 明确，真实，如"确凿"。

"凿"对应的繁体字是"鑿"。简化时，截取"鑿"上部左位部件，又改"臼"为"凵"，简作"凿"。

[鑿] záo、zào

1. záo。《说文解字·金部》："鑿，穿木也。从金，䰵省声。"形声字，本义为凿子，如《庄子·天道》："桓公讀書於堂上，輪扁斲輪於堂下，釋椎鑿而上。"引申指挖掘、开凿等义，如《史记·平准书》："唐蒙、司馬相如開路西南夷，鑿通道千餘里。"

2. zào。（今读 záo）榫眼，如《楚辞·离骚》："不量鑿而正枘兮，固前修以菹醢。"引申指隧道等义，如《汉书·刘向传》："其後牧兒亡羊，羊入其鑿。"

## 【古诗文选读】

其後韓聞秦之好興事，欲罷之，無令東伐。乃使水工鄭國間說秦，令鑿涇水，自中山西邸瓠口爲渠，並北山，東注洛，三百餘里，欲以溉田。中作而覺，秦欲殺鄭國。鄭國曰："始臣爲間，然渠成亦秦之利也。臣爲韓延數歲之命，而爲秦建萬世之功。"秦以爲然，卒使就渠。渠成而用注填閼之水，溉舄鹵之地四萬餘頃，收皆畝一鍾。於是關中爲沃野，無凶年，秦以富彊，卒並諸侯，因名曰鄭國渠。

——《汉书·沟洫志》

# 447.【枣】zǎo

"枣"字的现代常用义为枣树，落叶乔木，枝有刺，花黄色，果实叫枣子。

"枣"对应的繁体字是"棗"。简化时，将"棗"下部用符号代替，简作"枣"。

［棗］zǎo

《说文解字·束部》："棗，羊棗也。从重束。"会意字，本义为枣树，如汉王充《论衡·量知》："地性生草，山性生木，故地種葵韭，山樹棗栗。"引申指枣树的果实，如唐韩愈《故太学博士李君墓志铭》："我得秘藥，不可獨不死，今遺子一器，可用棗肉爲丸服之。"

## 【古诗文选读】

常選好味者，留栽之。候棗葉始生而移之。【棗性硬，故生晚；栽早者，堅垎，生遲也。】三步一樹，行欲相當。【地不耕也。】欲令牛馬覆践令淨。【棗性堅強，不宜苗稼，是以不耕；荒穢則蟲生，所以須淨；地堅饒實，故宜践也。】正月一日日出時，反斧斑駁椎之，名曰"嫁棗"。【不斧則花而無實；斫則子萎而落也。】候大蠶入簇，以杖擊其枝間，振去狂花。【不打，花繁，不實不成。】全赤即收。收法：日日撼而落之爲上。【半赤而收者，肉未充滿，乾則色黃而皮皺；將赤，味亦不佳；赤久不收，則皮

破，復有烏鳥之患。】

——北魏賈思勰《齐民要术·種棗》

# 448. 【灶】zào

"灶"字的现代常用义为灶台，如"土灶"。

"灶"对应的繁体字是"竈"。"灶"是"竈"的异体字。简化时，用"灶"代替"竈"。

[竈] zào

《说文解字·穴部》："竈，炊竈也。从穴，黿（cù）省聲。"形声字，本义指灶台，如《左传·成公十六年》："塞井夷竈，陳於軍中，而疏行首。"引申指灶神等义，如《论语·八佾》："與其媚於奧，寧媚於竈。"

## 【古诗文选读】

後十三歲，魏與趙攻韓，韓告急於齊。齊使田忌將而往，直走大梁。魏將龐涓聞之，去韓而歸，齊軍既已過而西矣。孫子謂田忌曰："彼三晉之兵素悍勇而輕齊，齊號爲怯，善戰者因其勢而利導之。兵法，百里而趣利者蹶上將，五十里而趣利者軍半至。使齊軍入魏地爲十萬竈，明日爲五萬竈，又明日爲三萬竈。"龐涓行三日，大喜，曰："我固知齊軍怯，入吾地三日，士卒亡者過半矣。"乃棄其步軍，與其輕銳倍日並行逐之。孫子度其行，暮當至馬陵。馬陵道陝，而旁多阻隘，可伏兵，乃斫大樹白而書之曰"龐涓死於此樹之下"。於是令齊軍善射者萬弩，夾道而伏，期曰"暮見火舉而俱發"。龐涓果夜至斫木下，見白書，乃鑽火燭之。讀其書未畢，齊軍萬弩俱發，魏軍大亂相失。龐涓自知智窮兵敗，乃自剄，曰："遂成豎子之名！"齊因乘勝盡破其軍，虜魏太子申以歸。孫臏以此名顯天下，世傳其兵法。

——《史記·孫子吳起列傳》

# 449.【斋】zhāi

"斋"字的现代常用义有：1. 书房或校舍，如"书斋"。2. 祭祀前或举行典礼前清心洁身，表示虔诚，如"斋戒"。3. 舍饭给僧人吃，如"斋僧"。4. 佛教、道教等信徒吃的素食，如"吃斋"。

"斋"对应的繁体字是"齋"。"斋"是"齋"的异体字。简化时，用"斋"代替"齋"。

[齋] zhāi

《说文解字·示部》："齋，戒潔也。从示，齊省聲。"形声字，本义为古人在祭祀或举行其他典礼前清心寡欲、净身洁食，以示庄敬，如《庄子·人间世》："顏回曰：'回之家貧，唯不飲酒、不茹葷者數月矣，如此則可以爲齋乎？'"引申专指僧道或其信徒诵经拜忏、祷祀求福等活动，如《后汉书·楚王英传》："楚王誦黃老之微言，尚浮屠之仁祠，絜齋三月。"

## 【古诗文选读】

信數與蕭何語，何奇之。至南鄭，諸將行道亡者數十人，信度何等已數言上，上不我用，即亡。何聞信亡，不及以聞，自追之。人有言上曰："丞相何亡。"上大怒，如失左右手。居一二日，何來謁上，上且怒且喜，罵何曰："若亡，何也？"何曰："臣不敢亡也，臣追亡者。"上曰："若所追者誰？"何曰："韓信也。"上復罵曰："諸將亡者以十數，公無所追；追信，詐也。"何曰："諸將易得耳。至如信者，國士無雙。王必欲長王漢中，無所事信；必欲爭天下，非信無所與計事者。顧王策安所決耳。"王曰："吾亦欲東耳，安能鬱鬱久居此乎？"何曰："王計必欲東，能用信，信即留；不能用，信終亡耳。"王曰："吾爲公以爲將。"何曰："雖爲將，信必不留。"王曰："以爲大將。"何曰："幸甚。"於是王欲召信拜之。何曰："王素慢無禮，今拜大將如呼小兒耳，此乃信所以去也。王必欲拜之，擇良日，齋戒，設壇場，具禮，乃可耳。"王許之。諸將皆喜，人人各自以爲得大將。至拜大將，乃韓信也，一軍皆驚。

——《史记·淮阴侯列传》

# 450. 【毡】zhān

"毡"字的现代常用义有：1. 毡子，如"毡垫"。2. 像毡子的建筑材料，如"油毡"。

"毡"对应的繁体字是"氈"。"氈"有异体字作"氊"。简化时，把"氊"的声旁"亶"改为"占"，简作"毡"。

[氈] zhān

《说文解字·毛部》作"氊"："氊，撚毛也。从毛，亶聲。"形声字，指毡子，如《周礼·天官·掌皮》："共其毳毛爲氈，以待邦事。"

## 【古诗文选读】

作氊法：春毛秋毛，中半和用。秋毛緊強，春毛軟弱，獨用太偏，是以須雜。三月桃花水時氊，第一。凡作氊，不須厚大，唯緊薄均調乃佳耳。二年數臥，小覺垢黑，以九月十月，賣作鞾氊，明年四五月出氊時，更買新者。此爲長存，不穿敗。若不數換者，非直垢污，穿穴之後，便無所直，虛成糜費。此不朽之功，忌可同年而語也？

　　　　　　　　——北魏賈思勰《齐民要术·养羊》

# 451.【战】zhàn

"战"字的现代常用义有：1. 战争，通常指打仗，如"百战百胜"。2. 泛指激烈争斗、比赛，如"口水战"。3. 发抖，如"战栗"。

"战"对应的繁体字是"戰"。简化时，把"戰"的声旁"單"改为"占"，简作"战"。

［戰］zhàn

《说文解字·戈部》："戰，鬬也。从戈，單聲。"形声字，本义为作战、战争，如《尚书·甘誓》："大戰于甘，乃召六卿。"引申指较量、角逐等义，如唐方干《送喻坦之下第还江东》："文戰偶未勝，無令移壯心。"

## 【古诗文选读】

初，諸侯相與約，先入關破秦者王其地。沛公既先定秦，項

羽後至，欲攻沛公，沛公謝之得解。羽遂屠燒咸陽，與范增謀
曰：“巴蜀道險，秦之遷民皆居蜀。”乃曰：“蜀漢亦關中地也。”
故立沛公爲漢王，而三分關中地，王秦降將以距漢王。漢王怒，
欲謀攻項羽。周勃、灌嬰、樊噲皆勸之，何諫之曰：“雖王漢中
之惡，不猶愈於死乎?”漢王曰：“何爲乃死也?”何曰：“今衆弗
如，百戰百敗，不死何爲?《周書》曰‘天予不取，反受其咎’。
語曰‘天漢’，其稱甚美。夫能詘於一人之下，而信于萬乘之上
者，湯武是也。臣願大王王漢中，養其民以致賢人，收用巴蜀，
還定三秦，天下可圖也。”漢王曰：“善。”乃遂就國，以何爲丞
相。何進韓信，漢王以爲大將軍，說漢王令引兵東定三秦。

——《汉书·萧何曹参传》

# 452. 【赵】zhào

“赵”字的现代常用义有：1. 战国国名。2.（Zhào）姓。

“赵”对应的繁体字是“趙”。简化时，把“趙”的声旁用符
号“ㄨ”代替，简作“赵”。

## ［趙］zhào

《说文解字·走部》：“趙，趨趙也。从走，肖聲。”形声字，
本义为超腾、疾行，如《穆天子传》卷二：“己卯，天子北征，
趙行□舍。”后主要用作古国名和姓氏。

### 【古诗文选读】

邯鄲之難，赵求救於齊。田侯召大臣而谋曰：“救赵孰與勿
救?”鄒子曰：“不如勿救。”段干綸曰：“弗救，則我不利。”田

侯曰："何哉?""夫魏氏兼邯郸,其於齐何利哉!"田侯曰:"善。"乃起兵,曰:"军於邯郸之郊。"段干綸曰:"臣之求利且不利者,非此也。夫救邯郸,军於其郊,是赵不拔而魏全也。故不如南攻襄陵以弊魏,邯郸拔而承魏之弊,是赵破而魏弱也。"田侯曰:"善。"乃起兵南攻襄陵。七月,邯郸拔。齐因承魏之弊,大破之桂陵。

——《战国策·齐策一·邯郸之难》

# 453.【折】zhē、zhé、shé

"折"字的现代常用义有:1. zhē。①翻转,倒腾,如"折跟头";②倒过来倒过去,如:"水太热,用两个碗折一折就凉了。"2. zhé。①断,弄断,又比喻幼年死亡,如"夭折";②损失,如"损兵折将";③弯转,屈曲,如"转折";④叠,折叠,如"折衣服";⑤用纸折叠成的本子,如"存折";⑥杂剧一本四折,一折相当于一场;⑦心服,如"折服";⑧折扣,按成数减少,如"打折";⑨抵作,对换,如"折账";⑩汉字的一种笔形;⑪挫败,如"挫折"。3. shé。①断,如"腿折了";②亏损,如"折本"。

"折"对应的字是"折"和"摺"。简化时,用"折"代替"摺"。①

## (一)[折] zhé、zhē、shé

1. zhé。《说文解字·艸部》作"𣂚":"𣂚,断也。从斤断

---

① 《简化字总表》规定:在"折"和"摺"意义可能混淆时,"摺"仍用"摺"。

艸。"会意字，本义为折断、摘取，如《古诗十九首·庭中有奇树》："攀條折其榮，将以遗所思。"引申指折服等义，如汉赵晔《吴越春秋·勾践归国外传》："威折萬里，德致八極。"

2. zhē。倒转、翻转，如浩然《金光大道》第一部第二章："躺在被窩裡，像折烙餅似的，翻過來倒過去，睡不著。"

3. shé，断而犹连，如鲁迅《呐喊·孔乙己》："他怎麽會來？……他打折了腿了。"引申指亏损、蚀耗等义，如明罗贯中《三国演义》第五十五回"周郎妙計安天下，賠了夫人又折兵。"

## （二）[摺] zhé、lā

1. zhé。《说文解字·手部》："摺，敗也。从手，習聲。"形声字，本义为摧毁，后指折叠，如北周庚信《镜赋》："始摺屏風，新開户扇。"引申指转折、曲折等义，如宋苏舜钦《游山》："摺身趨寶華，未到聞法鼙。"

2. lā。拉折，如《史记·范雎蔡泽列传》："魏齊大怒，使舍人笞擊雎，折脅摺齒。"

## 【古诗文选读】

上古之世，人民少而禽獸衆，人民不勝禽獸蟲蛇。有聖人作，搆木爲巢以避群害，而民悅之，使王天下，號之曰有巢氏。民食果蓏蚌蛤，腥臊惡臭而傷害腹胃，民多疾病。有聖人作，鑽燧取火，以化腥臊，而民說之，使王天下，號之曰燧人氏。中古之世，天下大水，而鯀、禹決瀆。近古之世，桀、紂暴亂，而湯、武征伐。今有搆木鑽燧於夏后氏之世者，必爲鯀、禹笑矣；有決瀆於殷、周之世者，必爲湯、武笑矣。然則今有美堯、舜、湯、武、禹之道於當今之世者，必爲新聖笑矣。是以聖人不期脩古，不法常可，論世之事，因爲之備。宋人有耕者，田中有株，兔走觸株，折頸而死，因釋其耒而守株，冀復得兔，兔不可復

得，而身爲宋國笑。今欲以先王之政，治當世之民，皆守株之
類也。

——《韩非子·五蠹》

# 454. 【这】zhè、zhèi

"这"字的现代常用义有：1. zhè。① 此，与"那"相对，如"这个"；② 这时候，指说话的同时，如"我这就走"。2. zhèi。"这（zhè）一"的合音，但指数量时不限于一，如"这三年"。

"这"对应的繁体字是"這"。简化时，将"這"字部件"言"替换为符号"文"，简作"这"。

[這] zhè、zhèi

1. zhè。从辶从言，会意字。"這"是"適"的古俗体，唐代开始假借为指示代词，代替"此"，如唐白居易《商山路驿桐树昔与微之前后题名处》："笑問中庭老桐樹，這回歸去免來無?"引申指代词，犹这么、这样，有加强语气的作用，如沈从文《从文自传·我的家庭》："由於爸爸的愛好，家中一點較值錢的寶貨常放在他身邊，這一來，便完全失掉了。"

2. zhèi。"这"后面跟量词或数量词时，口语里常常读作zhèi，如"這些"。

## 【古诗文选读】

尋尋覓覓，冷冷清清，悽悽慘慘戚戚。乍暖還寒時候，最難將息。三杯兩盞淡酒，怎敵他晚來風急。雁過也，正傷心，卻是

舊時相識。

满地黄花堆積。憔悴損，如今有誰堪摘。守著窗兒，獨自怎生得黑。梧桐更兼細雨，到黄昏、點點滴滴。這次第，怎一個愁字了得。

——宋李清照《声声慢》

# 455. 【征】 zhēng

"征"字的现代常用义有：1. 远行，如"征途"。2. 用武力制裁，如"征讨"。3. 由国家召集或收用，如"征税"。4. 寻求，希望得到，如"征婚"。5. 证明，证验，如"信而有征"。6. 现象，迹象，如"征兆"。

"征"对应的字是"征"和"徵"。简化时，用"征"代替"徵"。"徵"读 zhǐ 作五音（宫、商、角、徵、羽）之一讲时，不简化。

## （一）［征］zhēng

《说文解字·辵部》："征，正行也。从辵，正聲。"形声字，本义为远行，如《诗经·小雅·小明》："我征徂西，至于艽野。"引申指征讨、征伐等义，如《诗经·鲁颂·泮水》："桓桓于征，狄彼東南。"

## （二）［徵］zhēng、zhǐ

1. zhēng。《说文解字·壬部》："徵，召也。从微省，壬爲徵。行於微而文達者，即徵之。"会意字，本义指迹象，如《国语·周语上》："夫國必依山川。山崩川竭，亡之徵也。"引申指求取、索取、征取等义，如《吕氏春秋·达郁》："管仲觞桓公。日暮矣，桓公乐之而徵燭。"

2. zhǐ。古五音之一，如《礼记·月令》："其蟲羽，其音徵。"

## 【古诗文选读】

四年，春，齊侯以諸侯之師侵蔡。蔡潰，遂伐楚。楚子使與師言曰："君處北海，寡人處南海，唯是風馬牛不相及也，不虞君之涉吾地也，何故？"管仲對曰："昔召康公命我先君大公曰：'五侯九伯，女實征之，以夾輔周室！'賜我先君履，東至于海，西至于河，南至于穆陵，北至于無棣。爾貢苞茅不入，王祭不共，無以縮酒，寡人是徵。昭王南征而不復，寡人是問。"對曰："貢之不入，寡君之罪也，敢不共給？昭王之不復，君其問諸水濱！"師進，次于陘。夏，楚子使屈完如師。師退，次于召陵。齊侯陳諸侯之師，與屈完乘而觀之。齊侯曰："豈不穀是爲？先君之好是繼，與不穀同好如何？"對曰："君惠徼福於敝邑之社稷，辱收寡君，寡君之願也。"齊侯曰："以此衆戰，誰能禦之？以此攻城，何城不克？"對曰："君若以德綏諸侯，誰敢不服？君若以力，楚國方城以爲城，漢水以爲池，雖衆，無所用之。"屈完及諸侯盟。

——《左传·僖公四年》

# 456.【症】zhēng、zhèng

"症"字的现代常用义有：1. zhēng。指腹内结块的病，又比喻难题的关键，如"症结"。2. zhèng。病，病状，如"不治之症"。

"症"对应的字是"症"和"癥"。简化时，用"症"代替"癥"。

（一）［癥］zhēng

《玉篇·疒部》："癥，腹结病也。"从疒徵声，形声字，本义为腹中结块的病，如晋王叔和《脉经·迟疾短长杂病法》："脉沉重而中散者，因寒食成癥。"

（二）［症］zhèng

从疒正声，形声字，义为症候、病象，如明谢肇淛《五杂俎·物部三》："荔支核性太熱，補陰。人有陰症寒疾者，取七枚煎湯飲之，汗出便差。"

## 【古诗文选读】

扁鵲者，勃海郡鄭人也，姓秦氏，名越人。少時爲人舍長。舍客長桑君過，扁鵲獨奇之，常謹遇之。長桑君亦知扁鵲非常人也。出入十餘年，乃呼扁鵲私坐，間與語曰："我有禁方，年老，欲傳與公，公毋泄。"扁鵲曰："敬諾。"乃出其懷中藥予扁鵲："飲是以上池之水，三十日當知物矣。"乃悉取其禁方書盡與扁鵲。忽然不見，殆非人也。扁鵲以其言飲藥三十日，視見垣一方人。以此視病，盡見五藏癥結，特以診脈爲名耳。爲醫或在齊，或在趙。在趙者名扁鵲。

——《史记·扁鹊仓公列传》

# 457. 【证】zhèng

"证"字的现代常用义有：1. 用人、物、事实来表明或断定，如"证明"。2. 凭据，如"证据"。

"证"对应的繁体字是"証"和"證"。简化时，用"証"代替"證"，再把形旁类推简化为"讠"，简作"证"。

（一）［証］zhèng

《说文解字·言部》："証，谏也。从言，正聲。"形声字，义为谏正，如《战国策·齐策一》："齊貌辨之爲人也多疵，門人弗說。士尉以証靖郭君，靖郭君不聽。"

（二）［證］zhèng

《说文解字·言部》："證，告也。从言，登聲。"形声字，本义为告发、检举，如《论语·子路》："葉公語孔子曰：'吾黨有直躬者，其父攘羊，而子證之。'"引申指凭证、证据，如《晋书·范甯传》："時更營新廟，博求辟雍、明堂之制，甯據經傳奏上，皆有典證。"

## 【古诗文选读】

張天錫世雄涼州，以力弱詣京師，雖遠方殊類，亦邊人之桀也。聞皇京多才，欽羨彌至。猶在渚住，司馬著作往詣之。言容鄙陋，無可觀聽。天錫心甚悔來，以退外可以自固。王彌有儁才美譽，當時聞而造焉。既至，天錫見其風神清令，言話如流，陳說古今，無不貫悉。又諳人物氏族中來，皆有<u>證</u>據。

天錫蚡服。

——南朝宋刘义庆《世说新语·赏誉》

# 458.【郑】zhèng

"郑"字的现代常用义有：1. 周代诸侯国名，在今河南省新郑一带。2.（Zhèng）姓。

"郑"对应的繁体字是"鄭"。简化时，把"鄭"的"奠"旁改为"关"，写成"郑"。"郑"可用作简化偏旁。

## ［鄭］zhèng

《说文解字·邑部》："鄭，京兆縣。周厲王子友所封。从邑，奠聲。""鄭"和"奠"在甲骨文和金文中是同一个字，字形象在几案上置酒，会隆重祭奠之意，如《三国志·魏志·高堂隆传》："殷勤郑重，欲必覺悟陛下。"篆文另加义符"邑（阝）"，专用来表示国邑名，又由地名转用作姓氏。

## ［类推简化字］

躑/躑（zhí）    掷/擲（zhì）

## 【古诗文选读】

燕趙之收藏，韓魏之經營，齊楚之精英，幾世幾年，剽掠其人，倚疊如山。一旦不能有，輸來其間。鼎鐺玉石，金塊珠礫，棄擲邐迤。秦人視之，亦不甚惜。嗟乎，一人之心，千萬人之心也。秦愛紛奢，人亦念其家。奈何取之盡錙銖，用之如泥沙。使負棟之柱，多於南畝之農夫；架梁之椽，多於機上之工女；釘頭磷磷，多於在庾之粟粒；瓦縫參差，多於周身之帛縷；直欄橫檻，多於九土之城郭；管弦嘔啞，多於市人之言語。使天下之人，不敢言而敢怒，獨夫之心，日益驕固。戍卒叫，函谷舉，楚人一炬，可憐焦土。

——唐杜牧《阿房宫赋》

# 459.【只】zhī、zhǐ

"只"字的现代常用义有：1. zhī。①量词，如"两只耳朵"；②单独的，极少的，如"只言片语"。2. zhǐ。①表示限于某个范围，如"只知其一，不知其二。"②唯一，仅有，如"只有一个人"。

"只"对应的字是"只""隻"和"祇"。简化时，用"只"代替"隻"和"祇"。

## （一）［只］zhǐ

《说文解字·口部》："只，語已詞也。从口，象气下引之形。"指事字，本义为语气词，表终结或感叹，如《诗经·周南·樛木》："樂只君子，福履綏之。"引申指代词，这、此，如《敦煌变文集·欢喜国王缘变文》："金殿乍聞皆失色，只言知了盡悲傷，咸賀有於能平正，也被無常暗取將。"

## （二）［隻］zhī

《说文解字·隹部》："隻，鳥一枚也。从又持隹。持一隹曰隻，二隹曰雙。"会意字，本义为鸟一只，后指一个，如《公羊传·僖公三十三年》："晉人與姜戎要之殽而擊之，匹馬隻輪無反者。"引申指单、单独，如唐韩愈《祭十二郎文》："兩世一身，形單影隻。"

## （三）［祇］zhǐ

《玉篇·衣部》："祇，適也。"从衣氏声，形声字，本义为恰好、仅仅，如《左传·僖公十五年》："晉未可滅，而殺其君，祇以成惡。"

### 【古诗文选读】

汎彼柏舟，在彼中河。髧彼兩髦，實維我儀。之死矢靡它，母也天只，不諒人只！

汎彼柏舟，在彼河側。髧彼兩髦，實維我特。之死矢靡慝，母也天只，不諒人只！

——《诗经·鄘风·柏舟》

# 460. 【执】zhí

"执"字的现代常用义有：1. 拿着，如"执笔"。2. 主持，如"执政"。3. 施行，如"执勤"。4. 坚持，如"执迷不悟"。5. 凭单，如"执照"。

"执"对应的繁体字是"執"。"执"是"執"的草书楷化字。简化时，用"执"代替"執"。"执"可用作简化偏旁。

## ［執］zhí

《说文解字·幸部》："捕罪人也。从丮从幸，幸亦聲。"会意兼形声字，本义为拘捕，如《诗经·大雅·常武》："舖敦淮濆，仍執醜虜。"引申指拿、持等义，如《诗经·邶风·简兮》："左手執籥，右手秉翟。"

[类推简化字]

垫/墊（diàn）　蛰/蟄（zhé）　絷/縶（zhí）

挚/摯（zhì）　鸷/鷙（zhì）　贽/贄（zhì）

## 【古诗文选读】

孫翁者，余姻家清服之伯父也，素有膽。一日，晝臥，仿佛有物登床，遂覺身搖搖如駕雲霧。竊意無乃魘狐耶？微窺之，物大如貓，黃毛而碧嘴，自足邊來。蠕蠕伏行，如恐翁寤。逡巡附體，著足足痿，著股股軟。甫及腹，翁驟起，按而捉之，握其項。物鳴急莫能脫。翁亟呼夫人以帶繫其腰，乃執帶之兩端笑曰："聞汝善化，今注目在此，看作如何化法。"言次，物忽縮其腹細如管，幾脫去。翁大愕，急力縛之，則又鼓其腹粗於椀，堅不可下。力稍懈，又縮之。翁恐其脫，命夫人急殺之。夫人張皇四顧，不知刀之所在，翁左顧示以處。比回首，則帶在手如環然，物已渺矣。

——清蒲松齡《聊齋志異·捉狐》

# 461. 【致】zhì

"致"字的现代常用义有：1. 给予，送给，如"致函"。2. 招引，使达到，如"学以致用"。3. 样子，情趣，如"景致"。4. 细密，精细，如"细致"。5. 集中于某个方面，如"专心致志"。

"致"对应的字是"致"和"緻"。简化时，用"致"代替"緻"。

## （一）[**致**] zhì

《说文解字·夂部》："致，送詣也。从夂从至。"会意字，本义为送达、送到，如《汉书·终军传》："軍自請，願受長纓，必羈南越王而致之闕下。"引申指招引、招致等义，如《三国志·蜀志·诸葛亮传》："庶曰：'此人可就見，不可屈致也。'"

## （二）[**緻**] zhì

《说文解字·系部》："緻，密也。从糸，致聲。"形声字，本义为细密、精密，如《诗经·小雅·都人士》"綢直如髮"汉郑玄笺："其情性密緻，操行正直，如髮之本末無隆殺也。"

### 【古诗文选读】

我謁武侯祠，陰郎草淒淒。當時南陽結廬學龍臥，深山大澤無人知。胡爲蜀先主，三顧前致辭。欲煩恢復天下計，先生籌策天下奇。浩然出山來，凛凛虎豹姿。乘時既得人，上日真吾師。已曉關與張，二子不復疑。孤有孔明在軍中，如龍有水相因依。歷數既有歸，破賊當自茲。可憐復漢社稷心未已，當時三峽圖壘空巍巍。先生有才過曹丕，中原恢復未可知。惜哉軍務勞，一心死無私。出師一表如皎日，千古萬古鴻名垂。

——宋汪元量《蜀相庙》

# 462. 【制】zhì

"制"字的现代常用义有:1. 规定,订立,如"制定计划"。2. 限定,管束,如"限制"。3. 制度,法度,如"民主集中制"。4. 造,作,如"制造"。

"制"对应的字是"制"和"製"。"制"为"製"的本字。简化时,用"制"代替"製"。

## (一)〔制〕zhì

《说文解字·刀部》:"制,裁也。从刀从未。"会意字,本义为裁断、切割,如《韩非子·难二》:"管仲善制割,賓胥無善削縫,隰朋善純緣,衣成,君舉而服之。"引申指制裁、制服,如《国语·晋语一》:"上貳代舉,下貳代履,周旋變動,以役心目,故能治事,以制百物。"

## (二)〔製〕zhì

《说文解字·衣部》:"製,裁也。从衣从制。"会意字,本义为裁衣,如《左传·襄公三十一年》:"子有美錦,不使人學製焉。"引申指制造、制作,如《后汉书·樊宏传》:"五穀不登,謂之大侵。大侵之禮,百官備而不製,羣神禱而不祠。"

## 【古诗文选读】

石崇爲客作豆粥,咄嗟便辦。恒冬天得韭萍虀。又牛形狀氣力不勝王愷牛,而與愷出遊,極晚發,爭入洛城,崇牛數十步後迅若飛禽,愷牛絕走不能及。每以此三事爲搤腕,乃密貨崇帳下都督及御車人，問所以。都督曰："豆至難煮，唯豫作熟末，客至，作白粥以投之。韭蓱虀是擣韭根，雜以麥苗爾。"復問馭人牛所以駛。馭人云："牛本不遲，由將車人不及，<u>制</u>之爾。急時聽偏轅，則駛矣。"愷悉從之，遂爭長。石崇後聞，皆殺告者。

——南朝宋刘义庆《世说新语·汰侈》

# 463.【质】zhì

"质"字的现代常用义有：1. 实体，材料，如"物质"。2. 事物的根本特性，如"实质"。3. 产品或工作的优劣程度，如"质量"。4. 朴实，如"质朴"。5. 询问，如"质询"。6. 抵押，抵押品，如"人质"。

"质"对应的繁体字是"質"。"质"是"質"的草书楷化字。简化时，用"质"代替"質"。"质"可用作简化偏旁。

［質］zhì

《说文解字·贝部》："質，以物相贅。从貝从所。"会意字，本义为以财物抵押或留人质担保，如《左传·僖公十五年》："子桑曰：'歸之而質其大子，必得大成。'"引申为留作抵押或保证的人或物，如《左传·隐公三年》："王貳於虢，鄭伯怨王，王曰无之，故周鄭交質。王子狐爲質於鄭，鄭公子忽爲質於周。"又引申为朴实、淳朴等义，如《论语·雍也》："質勝文則野，文勝質則史。"

## ［类推简化字］

锧/鑕（zhì）　踬/躓（zhì）

## 【古诗文选读】

子楚，秦諸庶孽孫，質于諸侯，車乘進用不饒，居處困，不得意。呂不韋賈邯鄲，見而憐之，曰"此奇貨可居"。乃往見子楚，說曰："吾能大子之門。"子楚笑曰："且自大君之門，而乃大吾門！"呂不韋曰："子不知也，吾門待子門而大。"子楚心知所謂，乃引與坐，深語。呂不韋曰："秦王老矣，安國君得爲太子。竊聞安國君愛幸華陽夫人，華陽夫人無子，能立適嗣者獨華陽夫人耳。今子兄弟二十餘人，子又居中，不甚見幸，久質諸侯。即大王薨，安國君立爲王，則子毋幾得與長子及諸子旦暮在前者爭爲太子矣。"子楚曰："然。爲之奈何？"呂不韋曰："子貧，客於此，非有以奉獻於親及結賓客也。不韋雖貧，請以千金爲子西遊，事安國君及華陽夫人，立子爲適嗣。"子楚乃頓首曰："必如君策，請得分秦國與君共之。"

——《史记·吕不韦列传》

# 464. 【钟】zhōng

"钟"字的现代常用义有：1. 金属制成的响器，中空，敲时发声，如"警钟"。2. 计时的器具，如"闹钟"。3. 指钟点、时间，如"两点钟"。4. 酒杯，如"酒钟"。5. 集中，专一，如"情有独钟"。

"钟"对应的繁体字是"鐘"和"鍾"。简化时，把"鐘"和"鍾"的形旁"金"类推简化为"钅"，声旁改为"中"，简作"钟"。"鍾"用作姓氏名字时，简作"锺"。

## （一）［鐘］zhōng

《说文解字·金部》："鐘，樂鐘也。"从金童声，形声字，本义为古代乐器，如《诗经·周颂·执竞》："鐘鼓喤喤，磬筦將將。"引申指计时的器具，如明冯时可《蓬窗续录》："出自鳴鐘，僅如小香盒，精金爲之，一日十二時，凡十二次鳴。"

## （二）［鍾］zhōng

《说文解字·金部》："鍾，酒器也。从金，重聲。"形声字，本义为盛酒的器皿，如《列子·杨朱》："朝之室也，聚酒千鍾，積麴成封，望門百步，糟漿之氣逆於人鼻。"引申指古容量单位，如《左传·昭公三年》："齊舊四量：豆、區、釜、鍾。四升爲豆，各自其四，以登於釜。釜十則鍾。"又引申指汇聚、集中等义，如《左传·昭公二十八年》："子貉早死無後，而天鍾美於是，將必以是大有敗也。"

## 【古诗文选读】

關關雎鳩，在河之洲。窈窕淑女，君子好逑。

參差荇菜，左右流之。窈窕淑女，寤寐求之。求之不得，寤寐思服。悠哉悠哉！輾轉反側。

參差荇菜，左右采之。窈窕淑女，琴瑟友之。參差荇菜，左右芼之。窈窕淑女，鐘鼓樂之。

——《诗经·周南·关雎》

# 465. 【肿】zhǒng

"肿"字的现代常用义为皮肉浮胀，如"浮肿"。

"肿"对应的繁体字是"腫"。简化时，把"腫"的声旁"重"改为"中"，简作"肿"。

［**腫**］zhǒng

《说文解字·肉部》："腫，癰也。从肉，重聲。"形声字，本义为痈疮，如《周礼·天官·疡病》："瘍醫掌腫瘍。"引申指皮肉肿胀，如《左传·定公十年》："公閉門而泣之，目盡腫。"

## 【古诗文选读】

齊北宮司空命婦出於病，衆醫皆以爲風入中，病主在肺，刺其足少陽脈。臣意診其脈，曰："病氣疝，客於膀胱，難於前後溲，而溺赤。病見寒氣則遺溺，使人腹腫。"出於病得之欲溺不得，因以接內。所以知出於病者，切其脈大而實，其來難，是蹶陰之動也。脈來難者，疝氣之客於膀胱也。腹之所以腫者，言蹶陰之絡結小腹也。蹶陰有過則脈結動，動則腹腫。臣意即灸其足蹶陰之脈，左右各一所，即不遺溺而溲清，小腹痛止。即更爲火齊湯以飲之，三日而疝氣散，即愈。

——《史记·扁鹊仓公列传》

# 466. 【种】zhǒng、zhòng、chóng

"种"字的现代常用义有：1. zhǒng。①植物果实中能长成新植物的部分，泛指生物传代的东西，如"优良品种"；②人种，具有共同起源和共同遗传特征的人群，如"黄种人"；③事物的类别，如"种类"；④生物的分类单位之一，在"属"之下，如"变种"；⑤量词，表示种类，用于人和任何事物，如"各种东西"。2. zhòng。种植，把种子或幼苗等埋在泥土里使生长，如"种瓜得瓜，种豆得豆"。3. Chóng。姓。

"种"对应的字是"种"和"種"。简化时，用"种"代替"種"。

## （一）[種] zhǒng、zhòng

1. zhǒng。植物的种子，如《逸周书·大匡》："無播蔬，無食種。"引申指种类等义，如《韩非子·外储说左上》："鄭縣人有得車軛者，而不知其名，問人曰：'此何種也？'"

2. zhòng。《说文解字·禾部》："種，先種後孰也。从禾，重聲。"形声字，本义为早种晚熟的禾类，如《周礼·天官·内宰》："上春，詔王后帥六宮之人而生種稑之種，而獻之于王。"引申指培养、培植等义，如宋陆游《老学庵笔记》卷一："明州江瑶柱有二種，大者江瑶，小者沙瑶，然沙瑶可種，逾年則成江瑶矣。""種"有异体字作"稦"。

## （二）[种] chóng

《广韵·东韵》："种，稚也。"从禾中声，形声字，本义为幼小。又作姓，《玉篇·禾部》：“种，人姓。”

## 【古诗文选读】

且夫遇也，能不预设，说不宿具，邂逅逢喜，遭觸上意，故謂之遇。如准主調說，以取尊貴，是名爲揣，不名曰遇。春種穀生，秋刈穀收。求物得物，作事事成，不名爲遇。不求自至，不作自成，是名爲遇。猶拾遺於塗，摭棄於野，若天授地生，鬼助神輔，禽息之精陰慶，鮑叔之魂默舉。若是者，乃遇耳。今俗人既不能定遇不遇之論，又就遇而譽之，因不遇而毀之。是據見效案成事，不能量操審才能也。

——汉王充《论衡·逢遇篇》

# 467.【众】zhòng

“众”字的现代常用义有：1. 许多，如“众志成城”。2. 许多人，如“观众”。

“众”对应的字是“众”和“衆”。“众”为“衆”的本字。简化时，用“众”代替“衆”。

### （一）［众］yín

会意字，为“衆”的本字。《龙龛手鉴·人部》：“众，衆立也。”《篇海类编·人物类·人部》：“众，与众同，衆立也。”

### （二）［衆］zhòng

《说文解字·似部》：“衆，多也。从乑、目，衆意。”会意字，本义为多，如《墨子·法仪》：“天下之爲學者衆而仁者寡。”

引申指众人、群众等义，如《论语·学而》："弟子入则孝，出则弟，謹而信，汎愛衆，而親仁。"

## 【古诗文选读】

往有商人，貸他半錢，久不得償，即便往債。前有大河，雇他兩錢，然後得渡。到彼往債，竟不得見。來還渡河，復雇兩錢。爲半錢債，而失四錢，兼有道路疲勞乏困。所債甚少，所失極多。果被<u>衆</u>人之所怪笑。世人亦爾，要少名利，致毁大行。苟容己身，不顧禮義，現受惡名，後得苦報。

——北齐求那毘地译《百喻经·债半钱喻》

# 468.【昼】zhòu

"昼"字的现代常用义为白天，跟"夜"相对，如"昼夜不停"。

"昼"对应的繁体字是"晝"。简化时，根据"晝"上部的草书楷化字形，简作"昼"。

[晝] zhòu

《说文解字·画部》："晝，日之出入，與夜爲界。从畫省，从日。"会意字，本义为白天，如《诗经·豳风·七月》："晝爾于茅，宵爾索綯。"引申指中午等义，如明凌濛初《初刻拍案惊奇》卷六："不曾辦得早飯，辦不及了，怎麼處？把晝齋早些罷。"

**【古诗文选读】**

宰予畫寢。子曰："朽木不可雕也，糞土之牆不可杇也，於予與何誅?"子曰："始吾於人也，聽其言而信其行；今吾於人也，聽其言而觀其行。於予與改是。"

——《论语·公冶长》

# 469.【朱】zhū

"朱"字的现代常用义有：1. 大红色，如"近朱者赤"。2. 朱砂，矿物名。3.（Zhū）姓。

"朱"对应的字是"朱"和"硃"。"朱"为"硃"的本字。简化时，用"朱"代替"硃"。

## （一）［朱］zhū

《说文解字·木部》："朱，赤心木。松柏屬。从木，一在其中。"指事字，本义为赤心木，如《山海经·大荒西经》："有樹，赤皮支榦，青葉，名曰朱木。"引申指大红色，古代视为五色中红的正色，如《诗经·豳风·七月》："我朱孔陽，爲公子裳。"又作姓。

## （二）［硃］zhū

从石朱声，形声字，专指朱砂，如元无名氏《硃砂担》第二折："苦奔波，枉生受。有誰人肯搭救。單衹被幾顆硃砂送了我頭。"

**【古诗文选读】**

春花秋月何時了，往事知多少！小樓昨夜又東風，故國不堪回首月明中。

雕闌玉砌應猶在，祇是<u>朱</u>顏改。問君能有許多愁？恰似一江春水向東流。

——南唐李煜《虞美人》

# 470.【烛】zhú

"烛"字的现代常用义有：1. 蜡烛，如"红烛"。2. 照亮，明察，如"火光烛天"。

"烛"对应的繁体字是"燭"。简化时，把"燭"的声旁"蜀"改为"虫"，简作"烛"。

［**燭**］zhú

《说文解字·火部》："燭，庭燎，火燭也。从火，蜀聲。"形声字，本义为火炬、火把，如《仪礼·士昏礼》："從車二乘，執燭前馬。"引申指照亮、照见等义，如《庄子·天运》："吾又奏之以陰陽之和，燭之以日月之明。"

**【古诗文选读】**

君問歸期未有期，巴山夜雨漲秋池。何當共剪西窗<u>燭</u>，卻話巴山夜雨時。

——唐李商隱《夜雨寄北》

# 471. 【筑】zhù

"筑"字的现代常用义有：1. 建造，修盖，如"建筑"。2. 古代弦乐器，形似琴，有十三弦。

"筑"对应的字是"筑"和"築"。简化时，用"筑"代替"築"，简作"筑"。

## （一）［筑］zhú

《说文解字·竹部》："筑，以竹曲五弦之樂也。从竹从巩。巩，持之也。竹亦聲。"形声兼会意字，本义为一种竹制五弦乐器，战国时已有流行，如《战国策·齐策一》："臨淄甚富而實，其民無不吹竽、鼓瑟、擊筑、彈琴、鬥雞、走犬、六博、蹹踘者。"后为贵州省贵阳市的简称。明代称为贵筑司、贵筑乡，清代改为贵筑县。后因省称筑。今读zhù。

## （二）［築］zhù

《说文解字·木部》："築，擣也。从木，筑聲。"形声字，本义为捣土用的杵，如《左传·宣公十一年》："稱畚築，程土物。"引申指修建、建造等义，如《诗经·豳风·七月》："九月築場圃，十月納禾稼。"

## 【古诗文选读】

識得道理原頭，便是地盤。如人要起屋，須是先築教基址堅牢，上面方可架屋。若自無好基址，空自今日買得多少木去起屋,少间只起在别人地上,自家身己自没顿放處。

——《朱子语类》卷第八

# 472.【专】zhuān

　　"专"字的现代常用义有:1. 单纯,专一,如"专心致志"。2. 独自掌握或享有,如"专权"。

　　"专"对应的繁体字是"專"。"专"是"專"的草书楷化字。简化时,用"专"代替"專"。"专"可用作简化偏旁。

## [專] zhuān

　　《说文解字·寸部》:"六寸簿也。从寸叀聲。一曰專,紡專。"形声字,本指转动纺锤,后用为纯一、集中等义,如《易·繫辞上》:"夫乾,其静也專。"又引申指独享、独占,如《左传·庄公十年》:"衣食所安,弗敢專也,必以分人。"

　　"專"另有异体字作"耑"。《通用规范汉字表》确认,"耑"读 duān 时为规范字,可用于姓氏人名;"耑"读 zhuān 时简作"专"。

## [类推简化字]

传/傳(chuán、zhuàn)　抟/摶(tuán)　砖/磚(zhuān)
转/轉(zhuǎn、zhuàn)　膊/膞(zhuān)　啭/囀(zhuàn)

## 【古诗文选读】

　　昔有二人,共種甘蔗,而作誓言:"種好者賞;其不好者,當重罰之。"時二人中,一者念言:"甘蔗極甜,若壓取汁,還灌甘蔗樹，甘美必甚，得勝於彼。"即壓甘蔗，取汁用溉，冀望滋味。返敗種子，所有甘蔗，一切都失。世人亦爾，欲求善福，恃己豪貴，專形挾勢，迫脅下民，陵奪財物，以用作福，本期善果，不知將來反獲其殃。如壓甘蔗，彼此都失。

——北齐求那毗地译《百喻经·灌甘蔗喻》

# 473. 【庄】zhuāng

"庄"字的现代常用义有：1. 村落，田舍，如"祝家庄"。2. 旧时君主、贵族等所占有的成片土地，如"避暑山庄"。3. 商店的一种名称，如"饭庄"。4. 某些种类的赌博，局中人轮流为主，如"坐庄"。5. 严肃，端重，如"亦庄亦谐"。6. (Zhuāng) 姓。

"庄"对应的繁体字是"莊"。"庄"是"莊"的俗字。简化时，用"庄"代替"莊"。

［莊］zhuāng

《说文解字·艸部》："莊，上諱。"段玉裁注："莊，艸大也。从艸，壯聲。""壯"兼表意，形声兼会意字，本义是形容草木茂盛，引申指庄重、严肃等义，如《论语·为政》："臨之以莊則敬。"

## 【古诗文选读】

曾子曰："身者父母之遺體也。行父母之遺體，敢不敬乎？居處不莊，非孝也。事君不忠，非孝也。莅官不敬，非孝也。朋友不篤，非孝也。戰陳無勇，非孝也。五行不遂，災及乎親，敢不敬乎?"《商书》曰:"刑三百,罪莫重於不孝。"

——《吕氏春秋·孝行》

# 474. 【桩】zhuāng

"桩"字的现代常用义有:1. 一头插入地里的柱形物,如"树桩"。2. 量词,指事件,如"一桩婚事"。

"桩"对应的繁体字是"樁"。简化时,将"樁"的声旁"春"改换为"庄",简作"桩"。

[樁] zhuāng

《说文解字·木部》新附:"樁,橛杙也。从木,春聲。""春"兼表义,形声兼会意字。本义指木橛,泛指楔入地中的桩柱,如唐李白《大猎赋》:"下整高颓,深平险谷,擺樁栝,開林叢。"引申作量词,犹件、宗等义,如宋陈亮《贺新郎·酬辛幼安再用韵见寄》:"斬新换出旗麾别。把當時、一樁大義,拆開收合。"

## 【古诗文选读】

島香思賈島,江碧憶清江。囊橐誰相似,饞慷世少雙。鼯鷩入窟月,燒到系船樁。謾有歸鄉夢,前頭是楚邦。

——唐贯休《秋末入匡山船行八首》之六

# 475. 【妆】zhuāng

"妆"字的现代常用义有：1. 修饰，打扮，如"浓妆艳抹"。2. 脸上、身上的装饰，如"卸妆"。3. 出嫁女子的陪送物，如"嫁妆"。

"妆"对应的繁体字是"妝"。简化时，将"妝"左部"爿"改为"丬"，简作"妆"。

［妝］zhuāng

《说文解字·女部》："妝，飾也。从女，牀省聲。"形声字，从女，表示女子化妆。另有异体字作"粧"，从米庄声，表示用脂粉化妆。本义是梳妆打扮，如南朝宋鲍照《拟行路难》诗之十三："形容憔悴非昔悦，蓬鬟衰颜不復妝。"引申指嫁妆等义，如清蒲松龄《聊斋志异·红玉》："衛借舍款婿，便言：'公子無須迎親，待少作衣妝，即令舁送去。'"

## 【古诗文选读】

雞鳴外欲曙，新婦起嚴妝。著我繡夾裙，事事四五通。足下躡絲履，頭上玳瑁光。腰若流紈素，耳著明月璫。指如削葱根，口如含朱丹。纖纖作細步，精妙世無雙。

——汉《玉台新咏·古诗为焦仲卿妻作》

# 476.【装】zhuāng

"装"字的现代常用义有：1. 修饰，打扮，如"装修"。2. 衣服，如"中山装"。3. 假装，如"装聋作哑"。4. 安放，放置，如"装卸"。5. 安上，配备，如"装订"。6. 物品的包装，如"线装书"。

"装"对应的繁体字是"裝"。简化时，将"裝"左上部"爿"改为"丬"，简作"装"。

［裝］zhuāng

《说文解字·衣部》："裝，裹也。从衣，壯聲。"形声字，本义是装束。作名词时，指出行的行头、行装，如《战国策·齐策四》："於是約車治裝，載券契而行。"作动词时，指准备行装，如《后汉书·李业传》："使者謂嘉曰：'速裝，妻子可全。'"引申指装饰、打扮等义，如战国楚宋玉《登徒子好色赋》："體美容冶，不待飾裝。"

## 【古诗文选读】

男兒生世間，及壯當封侯。戰伐有功業，焉能守舊丘？召募赴薊門，軍動不可留。千金買馬鞭，百金裝刀頭。閭里送我行，親戚擁道周。斑白居上列，酒酣進庶羞。少年別有贈，含笑看吳鉤。

——唐杜甫《后出塞五首》之一

# 477. 【壮】zhuàng

"壮"字的现代常用义有：1. 结实，有力，如"茁壮"。2. 雄壮，大，如"壮丽"。3. 使壮大，如"气壮山河"。4. (Zhuàng) 壮族（旧作"僮族"，1965 年改为"壮族"），如"壮乡"。

"壮"对应的繁体字是"壯"。简化时，将"壯"左部"爿"改为"丬"，简作"壮"。

〔壯〕zhuàng

《说文解字·士部》："壯，大也。从士，爿聲。"形声字，本义指大，如《易·大壯》："象曰：大壯，大者壯也。"引申指勇猛、威猛等义，如《国语·晋语四》："偃也聞之：'戰鬪，直爲壯，曲爲老。'"

## 【古诗文选读】

東城攀柳葉，柳葉低著草。少壯莫輕年，輕年有人老。柳發遍川岡，登高堪斷腸。雨煙輕漠漠，何樹近君鄉。贈君折楊柳，顏色豈能久。上客莫霑巾，佳人正回首。新柳送君行，古柳傷君情。突兀臨荒渡，婆娑出舊營。隋家兩岸盡，陶宅五株平。日暮偏愁望，春山有鳥聲。

——唐李端《折杨柳》

# 478.【状】zhuàng

"状"字的现代常用义有：1. 形态，如"奇形怪状"。2. 事情表现出来的情形，如"现状"。3. 陈述或描摹，如"不可名状"。4. 叙述事件的文字，如"诉状"。5. 褒奖、委任等的凭证，如"奖状"。

"状"对应的繁体字是"狀"。简化时，将"狀"左部"爿"改为"丬"，简作"状"。

［狀］zhuàng

《说文解字·犬部》："狀，犬形也。从犬，爿聲。"形声字，本义是指形状、形态，如《吕氏春秋·明理》："其雲狀有若犬、若馬、若白鵠、若衆車。"引申为陈述等义，如《庄子·德充符》："自狀其過，以不當亡者衆；不狀其過，以不當存者寡。"

## 【古诗文选读】

顧長康拜桓宣武墓，作詩云："山崩溟海竭，魚鳥將何依！"人問之曰："卿憑重桓乃爾，哭之狀其可見乎?"顧曰："鼻如廣莫長風，眼如懸河決溜。"或曰："聲如震雷破山，淚如傾河注海。"

——南朝宋刘义庆《世说新语·言语》

# 479. 【准】zhǔn

"准"字的现代常用义有：1. 标准，法则，如"准则"。2. 依据，依照，如"准此办理"。3. 正确，如"准确"。4. 一定，如"你准行"。5. 确定的主意或把握，如"没准"。6. 程度相近，可以看作一类的，如"准军事组织"。7. 许可，如"准许"。

"准"对应的字是"准"和"準"。"准"是"準"的俗字。简化时，用"准"代替"準"。

[準] zhǔn

《说文解字·水部》："準，平也。从水，隼聲。"段玉裁注："謂水之平也。天下莫平於水，水平謂之準。"形声字，本义表示水面之平，泛指它物之平，如《周礼·考工记·輈人》："輈注则利準，利準则久，和则安。"后引申为揣度等义，如《淮南子·览冥》："大夫隱道而不言，羣臣準上意而懷當。"

[准] zhǔn

《玉篇·冫部》："准，俗準字。"后"准"主要用于表示准许、许可等意思，如宋李上交《近事会元·金银铜鱼帒》："至垂拱二年正月，諸州都督刺史並准京官帶魚帒。"

## 【古诗文选读】

宰我曰："請問帝舜。"孔子曰："喬牛之孫，瞽瞍之子也，曰有虞舜。孝友聞於四方，陶漁事親。寬裕而溫良，敦敏而知時，畏天而愛民，恤遠而親近。承受大命，依于二女。叡明智通，爲天下帝。命二十二臣，率堯舊職，躬己而已。天平地成，巡狩四海，五載一始。三十年在位，嗣帝五十載。陟方岳，死于蒼梧之野而葬焉。"宰我曰："請問禹。"孔子曰："高陽之孫，鯀之子也，曰夏后。敏給克齊，其德不爽，其仁可親，其言可信。聲爲律，身爲度，亹亹穆穆，爲紀爲綱。其功爲百神主，其惠爲民父母。左準繩，右規矩，履四時，據四海。任皋繇、伯益以贊其治，興六師以征不序。四極之民，莫敢不服。"孔子曰："予，大者如天，小者如言，民悅至矣。予也非其人也。"宰我曰："予也不足以戒敬承矣。"他日，宰我以語子貢，子貢以復孔子。子曰："吾欲以顔狀取人也，則於滅明改之矣；吾欲以言辭取人也，則於宰我改之矣；吾欲以容貌取人也，則於子張改之矣。"宰我聞之，懼，弗敢見焉。

——《孔子家语·五帝德》

# 480.【浊】zhuó

"浊"字的现代常用义有：1. 水、空气等不清、不干净，如"污泥浊水"。2. 混乱，如"浊世"。3. 声音低沉粗重，如"浊声浊气"。

"浊"对应的繁体字是"濁"。简化时，将"濁"的声旁"蜀"改为"虫"，简作"浊"。

[濁] zhuó

《说文解字·水部》："濁，水。出齊郡厲嬀（guī）山，東北入鉅定。从水，蜀聲。"形声字，本为河流之名。后指水不清，《玉篇·水篇》："濁，不清也。"如《楚辞·渔父》："滄浪之水清兮，可以濯我缨；沧浪之水浊兮，可以濯我足。"引申指混乱、昏乱等义，如《吕氏春秋·振乱》："当今之世浊甚矣。"

**【古诗文选读】**

春服既成，景物斯和，偶影独游，欣慨交心。迈迈时运，穆穆良朝，袭我春服，薄言东郊。山涤馀霭，宇暧微霄，有风自南，翼彼新苗。洋洋平泽，乃漱乃濯；邈邈遐景，载欣载瞩。称心而言，人亦易足；挥兹一觞，陶然自乐。延目中流，悠想清沂，童冠齐业，闲咏以归。我爱其静，寤寐交挥；但恨殊世，邈不可追。斯晨斯夕，言息其庐。花药分列，林竹翳如。清琴横床，<u>浊</u>酒半壶。黄唐莫逮，慨独在余。

——晋陶渊明《时运》

# 481.【总】zǒng

"总"字的现代常用义有：1. 聚合，如"汇总"。2. 概括全部，如"总纲"。3. 全部的，如"总动员"。4. 经常，一直，如"总是"。5. 毕竟，总归，如"太阳总要出来的"。

"总"对应的繁体字是"總"。"總"字有异体字写作"緫"。删减"緫"字左部部件，写成"总"。简化时，用"总"代替"總"。

［總］zǒng

《说文解字·糸部》："總，聚束也。从糸，悤（cōng）声。"形声字，本义为把丝聚合扎束起来，如汉刘向《淮南子·原道》："萬物之總，皆閱一孔；百事之根，皆出一門。"引申指总括、概括等义,如《庄子·徐无鬼》:"彼之謂不道之道,此之謂不言之辯,故德總乎道之所一。"

## 【古诗文选读】

氓之蚩蚩,抱布貿絲。匪來貿絲,來即我謀。送子涉淇,至於頓丘。匪我愆期,子無良媒。將子無怒,秋以爲期。

乘彼垝垣,以望復關。不見復關,泣涕漣漣。既見復關,載笑載言。爾卜爾筮,體無咎言。以爾車來,以我賄遷。

桑之未落,其葉沃若。于嗟鳩兮,無食桑葚。于嗟女兮,無與士耽。士之耽兮,猶可說也。女之耽兮,不可說也。

桑之落矣,其黃而隕。自我徂爾,三歲食貧。淇水湯湯,漸車帷裳。女也不爽,士貳其行。士也罔極,二三其德。

三歲爲婦,靡室勞矣。夙興夜寐,靡有朝矣。言既遂矣,至于暴矣。兄弟不知,咥其笑矣。靜言思之,躬自悼矣。

及爾偕老,老使我怨。淇則有岸,隰則有泮。總角之宴,言笑晏晏。信誓旦旦,不思其反。反是不思,亦已焉哉!

——《诗经·卫风·氓》

# 482.【钻】zuān、zuàn

"钻"字的现代常用义有:1. zuān。①用锥状的物体转动穿孔,如"钻木取火";②穿过,进入,如"钻空子";③深入研究,如"钻研";④为谋利而设法找门路,如"钻营"。2. zuàn。①穿孔洞的工具,如"电钻";②钻石,如"钻戒"。

"钻"对应的繁体字是"鑽"和"鑽"。简化时,用"鑽"代替"鑽","鑽"又类推简化作"钻"。

（一）［鉆］chān、qián

1. chān。《说文解字·金部》："鉆，鐵銸也。从金，占聲。一曰膏車鐵鉆。"形声字，镊子。

2. qián。同"鉗"，夹取，《急就篇》卷三："釘鐕鍵鉆冶鋼鐈。"

（二）［鑽］zuàn、zuān

1. zuàn。《说文解字·金部》："鑽，所以穿也。从金，贊聲。"形声字，本义指打眼穿孔的工具，如《管子·轻重乙》："一車必有一斤、一鋸、一釭、一鑽、一鑿、一銶、一軻，然後成爲車。"又指刑具、金刚钻等义。

2. zuān，打眼钻孔，如《孟子·滕文公下》："不由其道而往者，與鑽穴隙之類也。"又指进入、探究等义。

## 【古诗文选读】

夫《爾雅》者，所以通詁訓之指歸，敘詩人之興詠，揔絕代之離詞，辯同實而殊號者也。誠九流之津涉，六藝之鈐鍵，學覽者之潭奧，摛翰者之華苑也。若乃可以博物不惑，多識於鳥獸草木之名者，莫近於《爾雅》。《爾雅》者，蓋興於中古，隆於漢氏。豹鼠既辯，其業亦顯。英儒瞻聞之士，洪筆麗藻之客，靡不欽玩耽味，爲之義訓。璞不揆檮昧，少而習焉，沈研鑽極，二九載矣。雖注者十餘，然猶未詳備，迨多紛謬，有所漏略。是以復綴集異聞，會稡舊說。考方國之語，采謡俗之志。錯綜樊孫，博關羣言。剟其瑕礫，搴其蕭稂。事有隱滯，援據徵之。其所易了，闕而不論。別爲音圖，用祛未寤。輒復擁篲清道，企望塵躅者，以將來君子爲亦有涉乎此也。

——晋郭璞《尔雅序》

# 483. 【讠】

简化偏旁"讠"对应繁体偏旁"言","讠"是"言"的草书楷化字形。简化时，用"讠"旁代替"言"旁。"言"作为构字部件时，一般在字的左边或中间位置才简化为"讠"，如"话/話""辩/辯""罚/罰"；在字的其他位置的"言"不简化，如"信/信""警/警""檐/檐"。

[言] yán

《说文解字·言部》："言，直言曰言，論難曰語。从口辛聲。凡言之屬皆从言。"许慎认为是形声字。甲骨文"言"象舌从口中伸出形，是会意字。本义为说话，如《论语·公冶长》："子曰：'始吾於人也，聽其言而信其行；今吾於人也，聽其言而觀其行。'"

[类推简化字]

蔼/藹（ǎi）　霭/靄（ǎi）　谙/諳（ān）

谤/謗（bàng）　辩/辯（biàn）

诧/詫（chà）　谄/諂（chǎn）　谌/諶（chén）

谶/讖（chèn）　诚/誠（chéng）　雠/讎①（chóu）

储/儲（chǔ）　词/詞（cí）

诞/誕（dàn）　谠/讜（dǎng）　诋/詆（dǐ）

---

① 《通用规范汉字表》（2013）确定"雠"为规范字，用于"校雠""雠定""仇雠"等；表示"仇恨、仇敌"的意义时，繁体"讎"仍为"仇"的异体字。

谛/諦（dì）　谍/諜（dié）　订/訂（dìng）　读/讀（dú、dòu）

讹/訛（é）　谔/諤（è）　诶/誒（ēi、éi、ěi、èi）

罚/罰（fá）　访/訪（fǎng）　诽/誹（fěi）

讽/諷（fěng）　讣/訃（fù）

该/該（gāi）　诰/誥（gào）　诟/詬（gòu）

诂/詁（gǔ）　诖/註（guà）　诡/詭（guǐ）

诃/訶（hē）　讧/訌（hòng）　浒/滸（hǔ）

话/話（huà）　谎/謊（huǎng）　诙/詼（huī）

讳/諱（huì）　海/誨（huì）　诨/諢（hùn）

讥/譏（jī）　计/計（jì）　记/記（jì）　谫/謭（jiǎn）

谏/諫（jiàn）　讦/訐（jié）　诘/詰（jié）　诫/誡（jiè）

谨/謹（jǐn）　讵/詎（jù）　诀/訣（jué）　谲/譎（jué）

课/課（kè）　诓/誆（kuāng）　诳/誆（kuáng）

谰/讕（lán）　诔/誄（lěi）　谅/諒（liàng）

论/論（lún、lùn）

谩/謾（mán、màn）　谜/謎（mí）　谧/謐（mì）

谬/謬（miù）　谟/謨（mó）　谋/謀（móu）

讷/訥（nè）　诺/諾（nuò）　讴/謳（ōu）

谝/諞（piǎn）　评/評（píng）　谱/譜（pǔ）

讫/訖（qì）　谦/謙（qiān）　谴/譴（qiǎn）

谯/譙（qiáo）　诮/誚（qiào）　请/請（qǐng）

诎/詘（qū）　诠/詮（quán）

讪/訕（shàn）　设/設（shè）　谂/諗（shěn）

谉/讅（shěn）　诗/詩（shī）　识/識（shí、zhì）

试/試（shì）　谥/謚（shì）　谁/誰（shuí、shéi）

说/說（shuō、shuì、yuè）　讼/訟（sòng）

诵/誦（sòng）　诉/訴（sù）　谡/謖（sù）　谇/誶（suì）

谈/談（tán）　谭/譚（tán）　讨/討（tǎo）

调/調（tiáo、diào）

诿/諉（wěi）　谓/謂（wèi）　诬/誣（wū）　误/誤（wù）

详/詳（xiáng）　谐/諧（xié）　谢/謝（xiè）

䜣/訢（xīn）　讻/訩（xiōng）　诇/詗（xiòng）

谞/諝（xū）　许/許（xǔ）　诩/詡（xǔ）　谖/諼（xuān）

谑/謔（xuè）　询/詢（xún）　训/訓（xùn）　讯/訊（xùn）

讶/訝（yà）　谚/諺（yàn）　谳/讞（yàn）

谳/讞（yàn）　谣/謠（yáo）　谒/謁（yè）　诒/詒（yí）

议/議（yì）　译/譯（yì）　诣/詣（yì）　谊/誼（yì）

诱/誘（yòu）　谀/諛（yú）　语/語（yǔ）　狱/獄（yù）

谕/諭（yù）

谮/譖（zèn）　诈/詐（zhà）　谵/譫（zhān）

诏/詔（zhào）　谪/讁（zhé）　诊/診（zhěn）

诤/諍（zhèng）　诌/謅（zhōu）　诛/誅（zhū）

诸/諸（zhū）　槠/櫧（zhū）　谆/諄（zhūn）

诼/諑（zhuó）　谘/諮（zī）　诹/諏（zōu）　诅/詛（zǔ）

## 【古诗文选读】

君不見黃河之水天上來，奔流到海不復回。君不見高堂明鏡悲白髮，朝如青絲暮成雪。人生得意須盡歡，莫使金樽空對月。天生我材必有用，千金散盡還復來。烹羊宰牛且爲樂，會須一飲三百杯。岑夫子，丹丘生，將進酒，杯莫停。與君歌一曲，請君爲我傾耳聽。鐘鼓饌玉不足貴，但願長醉不用醒。古來聖賢皆寂寞，唯有飲者留其名。陳王昔時宴平樂，斗酒十千恣歡謔。主人何爲言少錢，徑須沽取對君酌。五花馬，千金裘，呼兒將出換美酒，與爾同銷萬古愁。

——唐李白《将进酒》

# 484.【饣】

简化偏旁"饣"对应繁体偏旁"飠"。"食"用作偏旁时写作"飠","饣"是"飠"的草书楷化字形。简化时,用"饣"旁代替"飠"旁。

[**食**] shí

《说文解字·食部》:"食,一米也。从皀人聲。或說人皀也。凡食之屬皆从食。"形声字。古文字食,象张口在食具上之形,会意字。本义为吃饭,引申指食物,如《孟子·尽心上》:"饑者甘食,渴者甘飲,是未得飲食之正也,饑渴害之也。"

[**类推简化字**]

饱/飽(bǎo)　　饼/餅(bǐng)　　饽/餑(bō)　　馎/餺(bó)

馇/餷(chā)　　饬/飭(chì)

饳/飿(duò)

饿/餓(è)　　饵/餌(ěr)

饭/飯(fàn)

馉/餶(gǔ)　　馆/館(guǎn)　　馃/餜(guǒ)

饸/餄(hé)　　馄/餛(hún)

饥/饑(jī)　　饯/餞(jiàn)　　饺/餃(jiǎo)　　馑/饉(jǐn)

馈/饋(kuì)

饹/餎(le、gē)　　馏/餾(liú、liù)

馒/饅(mán)　　馍/饃(mó)

馕/饢(náng、nǎng)　　馁/餒(něi)

饶/饒（ráo）　　饪/飪（rèn）

馓/饊（sǎn）　　蚀/蝕（shí）　　饰/飾（shì）　　饲/飼（sì）

馊/餿（sōu）

饧/餳（xíng）

饨/飩（tún）　　饦/飥（tuō）

饻/餏（xī）　　饩/餼（xì）　　馅/餡（xiàn）

饷/餉（xiǎng）　　馐/饈（xiū）

饴/飴（yí）　　饮/飲（yǐn、yìn）　　饫/飫（yù）

馔/饌（zhuàn）

## 【古诗文选读】

　　王藍田性急。嘗食雞子，以筋刺之，不得，便大怒，舉以擲地。雞子於地圓轉未止，仍下地以屐齒碾之，又不得，瞋甚，復於地取內口中，齧破即吐之。王右軍聞而大笑曰："使安期有此性，猶當無一豪可論，況藍田邪？"

　　　　　　　　　　——南朝宋刘义庆《世说新语·忿狷》

# 485.【昜】

　　简化偏旁"昜"对应繁体偏旁"昜"，"昜"是"昜"的草书楷化字形。简化时，用"昜"旁代替"昜"旁。

## ［昜］yáng

　　《说文解字·勿部》："昜，開也。从日、一、勿。一曰飛揚。一曰長也。一曰彊者衆皃。"段玉裁注："昜，開也。此陰陽正字也，陰陽行而昜廢矣。闢戶謂之乾，故曰開也。"会意字，是

"陽"的本字。

## ［类推简化字］

肠/腸（cháng）　　场/場（cháng、chǎng）

畅/暢（chàng）

砀/碭（dàng）　　荡/蕩（dàng）

殇/殤（shāng）　　觞/觴（shāng）

汤/湯（tāng、shāng）　　烫/燙（tàng）

饧/餳（xíng）

扬/揚（yáng）　　杨/楊（yáng）　　旸/暘（yáng）

炀/煬（yáng）　　钖/鍚（yáng）　　疡/瘍（yáng）

## 【古诗文选读】

永和九年，歲在癸丑，暮春之初，會于會稽山陰之蘭亭，修禊事也。群賢畢至，少長咸集。此地有崇山峻嶺，茂林修竹，又有清流激湍，映帶左右。引以爲流觴曲水，列坐其次，雖無絲竹管弦之盛，一觴一詠，亦足以暢敘幽情。是日也，天朗氣清，惠風和暢。仰觀宇宙之大，俯察品類之盛，所以遊目騁懷，足以極視聽之娛，信可樂也。夫人之相與，俯仰一世。或取諸懷抱，悟言一室之內；或因寄所托，放浪形骸之外。雖趣舍萬殊，靜躁不同，當其欣于所遇，暫得于己，快然自足，不知老之將至；及其所之既倦，情隨事遷，感慨系之矣。向之所欣，俯仰之間，已爲陳跡，猶不能不以之興懷，況修短隨化，終期于盡！古人云："死生亦大矣。"豈不痛哉！每覽昔人興感之由，若合一契，未嘗不臨文嗟悼，不能喻之于懷。固知一死生爲虛誕，齊彭殤爲妄作。后之視今，亦猶今之視昔。悲夫！故列敘時人，錄其所述。雖世殊事異，所以興懷，其致一也。后之覽者，亦將有感于斯文。

——晋王羲之《兰亭集序》

# 486.【纟】

简化偏旁"纟"对应繁体偏旁"糸"。"糸"用作偏旁时写作"糹"。"纟"是"糸"的草书楷化字形。简化时，用"纟"旁代替"糸"旁。

［糸］mì

《说文解字·糸部》："糸，细丝也，象束丝之形。凡糸之属皆从糸。"段玉裁注："絲者蠶所吐也。細者，微也。細絲曰糸。"象形字。本义为细丝。《管子·轻重丁》："君以織籍籍于系。未爲系，籍系撫織，再十倍其賈。"戴望校正："系當爲糸。"

[类推简化字]

绊/絆（bàn）　绑/綁（bǎng）　绷/繃（bēng、běng）

编/編（biān）　辫/辮（biàn）　缤/繽（bīn）

绰/綽（chuò、chāo）　绌/紬（chōu、chóu）

绸/綢（chóu）　绌/絀（chù）　纯/純（chún）

莼/蒓（chún）　缞/縗（cuī）

绐/紿（dài）　缔/締（dì）　绖/絰（dié）

缎/緞（duàn）　纺/紡（fǎng）

绯/緋（fēi）　纷/紛（fēn）　缝/縫（féng、fèng）

绂/紱（fú）　绋/紼（fú）　缚/縛（fù）

绀/紺（gàn）　纲/綱（gāng）　缟/縞（gǎo）

纥/紇（gē、hé）　给/給（gěi）　绠/綆（gěng）

缑/緱（gōu）　绲/緄（gǔn）

581

绗/絎（háng）　　红/紅（hóng）　　荭/葒（hóng）

缳/繯（huán）　　缓/緩（huǎn）　　绘/繪（huì）

缉/緝（jī、qī）　　级/級（jí）　　纪/紀（jì）　　绩/績（jì）

缄/緘（jiān）　　缣/縑（jiān）　　缰/繮（jiāng）

绛/絳（jiàng）　　绞/絞（jiǎo）　　缴/繳（jiǎo）

结/結（jiē、jié）　　缙/縉（jìn）　　经/經（jīng）

纠/糾（jiū）　　绢/絹（juàn）　　绝/絕（jué）

缂/緙（kè）　　绔/絝（kù）　　纩/纊（kuàng）

缆/纜（lǎn）　　缧/縲（léi）　　缡/縭（lí）　　缭/繚（liáo）

绫/綾（líng）　　绺/綹（liǔ）　　纶/綸（lún、guān）

络/絡（luò）　　缕/縷（lǚ）　　绿/綠（lǜ、lù）

缦/縵（màn）　　绵/綿（mián）　　缅/緬（miǎn）

缈/緲（miǎo）　　缗/緡（mín）　　缪/繆（móu、miào、miù）

纳/納（nà）　　纽/紐（niǔ）

辔/轡（pèi）　　纰/紕（pī）　　缥/縹（piāo、piǎo）

绮/綺（qǐ）　　缱/繾（qiǎn）　　缲/繰（qiāo、sāo）

绻/綣（quǎn）

绕/繞（rào）　　纫/紉（rèn）　　纴/紝（rèn）

绒/絨（róng）　　缛/縟（rù）　　缫/繅（sāo）

纱/紗（shā）　　缮/繕（shàn）　　绍/紹（shào）

绅/紳（shēn）　　绳/繩（shéng）　　绶/綬（shòu）

纾/紓（shū）　　丝/絲（sī）　　咝/噝（sī）　　鸶/鷥（sī）

缌/緦（sī）　　绥/綏（suí）　　缩/縮（suō、sù）

绦/縧（tāo）　　绨/綈（tí、tì）　　缇/緹（tí）

统/統（tǒng）

纨/紈（wán）　　绾/綰（wǎn）　　维/維（wéi）

潍/濰（wéi）　　纬/緯（wěi）　　纹/紋（wén）

细/細（xì）　　线/綫（xiàn）　　缃/緗（xiāng）

绡/綃（xiāo）　缬/纈（xié）　绁/紲（xiè）　绣/綉（xiù）

绪/緒（xù）　续/續（xù）　绚/絢（xuàn）

绎/繹（yì）　缢/縊（yì）　缨/纓（yīng）　哟/喲（yō、yo）

纡/紆（yū）　缘/緣（yuán）　橼/櫞（yuán）

约/約（yuē）　纭/紜（yún）　缊/縕（yùn、yūn）

蕴/蘊（yùn）

缯/繒（zēng、zèng）　绽/綻（zhàn）　缜/縝（zhěn）

纼/紖（zhèn）　织/織（zhī）　纸/紙（zhǐ）

终/終（zhōng）　纣/紂（zhòu）　绉/縐（zhòu）

荮/葤（zhòu）　缀/綴（zhuì）　缒/縋（zhuì）

缁/緇（zī）　综/綜（zōng、zèng）　纵/縱（zòng）

组/組（zǔ）　缵/纘（zuǎn）

## 【古诗文选读】

凄凄烈烈，北風爲雪。船道不通，步道斷絕。吴中細布，闊
幅長度。我有一端，與郎作褲。微物雖輕，拙手所作。餘有三
丈，爲郎别厝。制爲輕巾，以奉故人。不持作好，與郎拭塵。東
平劉生，復感人情。與郎相知，當解千齡。

——《乐府诗集·清商曲辞六·西曲歌下·安东平》

# 487. 【収】

简化偏旁"収"对应繁体偏旁"取"。"収"是"取"的草书
楷化字形。简化时，用"収"旁代替"取"旁。

〔臤〕qiān、xián

1. qiān。《说文解字·臤部》："臤，坚也。从又臣聲。凡臤之屬皆从臤。讀若鏗鏘之鏗。"段玉裁注："謂握之固也，故从又。"形声字，意为坚固。

2. xián。同"贤"。《说文解字·臤部》："臤，古文目为賢字。"如《隶释·国三老袁良碑》："優臤之寵，於斯盛矣。"

〔类推简化字〕

坚/堅（jiān）　鰹/鰹（jiān）　紧/緊（jǐn）

铿/鏗（kēng）　悭/慳（qiān）　肾/腎（shèn）

竖/竪（shù）　贤/賢（xián）

## 【古诗文选读】

豪傑並爭，兩雄相持，天下之重，在於將軍。將軍若欲有爲，起乘其弊可也；若不然，固將擇所從。將軍擁十萬之衆，安坐而觀望？夫見賢而不能助，請和而不得，此兩怨必集於將軍，將軍不得中立矣。夫以曹公之明哲，天下賢俊皆歸之，其勢必舉袁紹，然後稱兵以向江漢，恐將軍不能禦也。故爲將軍計者，不若舉州以附曹公，曹公必重德將軍；長享福祚，垂之後嗣，此萬全之策也。

——《三国志·魏志·刘表传》

# 488.【𭃫】

简化偏旁"𭃫"对应繁体偏旁"𤉡"。"𭃫"是"𤉡"的草书楷化字形。简化时，用"艹"旁代替"燊"旁。

## ［类推简化字］

捞/撈（lāo）　　劳/勞（láo）　　崂/嶗（láo）

铹/鐒（láo）　　痨/癆（láo）　　唠/嘮（láo、lào）

涝/澇（lào）　　耢/耮（lào）　　荦/犖（luò）

茕/煢（qióng）

荣/榮（róng）　　嵘/嶸（róng）　　蝾/蠑（róng）

莺/鶯（yīng）　　茔/塋（yíng）　　荥/滎（yíng、xíng）

荧/熒（yíng）　　莹/瑩（yíng）　　萤/螢（yíng）

营/營（yíng）　　萦/縈（yíng）

## 【古诗文选读】

武王之佐五人，武王之於五人者之事無能也。然而世皆曰取天下者武王也。故武王取非其有，如已有之，通乎君道也。通乎君道，則能令智者謀矣，能令勇者怒矣，能令辯者語矣。夫馬者伯樂相之，造父御之，賢主乘之，一日千里，無御相之勞而有其功，則知所乘矣。

——《吕氏春秋·分职》

# 489.【𠂆】

简化偏旁"𠂆"对应繁体偏旁"臨"。"𠂆"是"臨"的草书楷化字形。简化时，用"𠂆"代替作构字偏旁的"臨"。"臨"本字简作"临"。

〔臨〕lín

《说文解字·卧部》："臨，監臨也。从臥，品聲。"形声字。本义为居上视下，如《荀子·劝学》："不臨深谿，不知地之厚也。"引申指来到、到达等义，如三国魏曹操《步出夏门行》："東臨碣石，以觀滄海。"

〔类推简化字〕

鉴/鑒（jiàn）　　览/覽（lǎn）　　揽/攬（lǎn）
缆/纜（lǎn）　　榄/欖（lǎn）

## 【古诗文选读】

　　自董卓已來，豪傑並起，跨州連郡者不可勝數。曹操比於袁紹，則名微而眾寡，然操遂能克紹，以弱爲強者，非惟天時，抑亦人謀也。今操已擁百萬之眾，挾天子而令諸侯，此誠不可與爭鋒。孫權據有江東，已歷三世，國險而民附，賢能爲之用，此可以爲援而不可圖也。荊州北據漢、沔，利盡南海，東連吳會，西通巴、蜀，此用武之國，而其主不能守，此殆天所以資將軍，將軍豈有意乎？益州險塞，沃野千里，天府之土，高祖因之以成帝業。劉璋闇弱，張魯在北，民殷國富而不知存恤，智能之士思得明君。將軍既帝室之冑，信義著於四海，總攬英雄，思賢如渴，若跨有荊、益，保其巖阻，西和諸戎，南撫夷越，外結好孫權，內脩政理；天下有變，則命一上將將荊州之軍以向宛、洛，將軍身率益州之眾出於秦川，百姓孰敢不簞食壺漿以迎將軍者乎？誠如是，則霸業可成，漢室可興矣。

——《三国志·蜀志·诸葛亮传》

# 490.【只】

简化偏旁"只"对应繁体偏旁"戠"。"戠"一般用作形声字的声旁。简化时，用"只"旁代替"戠"旁。

［戠］zhī

《说文解字·戈部》："戠，阙。从戈从音。"会意字。义为标记、记号。林义光《文源》："戠，即题識本字"。又指聚合、聚集。《字汇·戈部》："戠，敛也。"

［类推简化字］

炽/熾（chì）　　识/識（shí、zhì）　　织/織（zhī）
职/職（zhí）　　帜/幟（zhì）

## 【古诗文选读】

内侍李舜举家曾爲暴雷所震。其堂之西室，雷火自窗間出，赫然出簷，人以爲堂屋已焚，皆出避之。及雷止，其舍宛然，牆壁窗紙皆黔。有一木格，其中雜貯諸器，其漆器銀釦者，銀悉鎔流在地，漆器曾不焦灼。有一寶刀，極堅鋼，就刀室中鎔爲汁，而室亦儼然。人必謂火當先焚草木，然後流金石，今乃金石皆鑠，而草木無一燬者，非人情所測也。佛書言"龍火得水而熾，人火得水而滅"，此理信然。人但知人境中事耳，人境之外，事有何限？欲以區區世智情識，窮測至理，不其難哉！

——宋沈括《梦溪笔谈·神奇》

# 491.【钅】

简化偏旁"钅"对应繁体偏旁"釒"。"金"用作偏旁时写作"釒"。"钅"是"釒"的草书楷化字形。简化时,用"钅"旁代替"釒"旁。

[金] jīn

《说文解字·金部》:"金,五色金也。黄爲之長。久薶不生衣,百鍊不輕,从革不違。西方之行。生於土,从土;左右注,象金在土中形;今聲。凡金之屬皆从金。"形声兼会意字。金在古代泛指金属,也特指黄金,如《孟子·告子下》:"金重於羽者,豈謂一鉤金與一輿羽之謂哉?"

[类推简化字]

锕/錒(ā)　锿/鎄(āi)　铵/銨(ǎn)

镑/鎊(bàng)　钡/鋇(bèi)　锛/錛(bēn)

镚/鏰(bèng)　铋/鉍(bì)　镖/鏢(biāo)

镳/鑣(biāo)　镔/鑌(bīn)　钵/鉢(bō)

铍/鈹(bó)　铂/鉑(bó)　钸/鈈(bù)

锸/鍤(chā)　镲/鑔(chǎ)　钗/釵(chāi)

铲/鏟(chǎn)　钞/鈔(chāo)　铳/銃(chòng)

锄/鋤(chú)　钏/釧(chuàn)　锤/錘(chuí)

镩/鑹(cuān)　锉/銼(cuò)　错/錯(cuò)

铛/鐺(chēng、dāng)

锝/鍀(dé)　镫/鐙(dēng、dèng)　镝/鏑(dī、dí)

钿/鈿（diàn、tián）　钓/釣（diào）　铞/銱（diào）

铫/銚（diào、yáo）　钉/釘（dīng、dìng）

锭/錠（dìng）　铥/銩（diū）　斜/斜（dǒu、tǒu）

镀/鍍（dù）　锻/鍛（duàn）　镦/鐓（duì、dūn）

钝/鈍（dùn）　铎/鐸（duó）

锇/鋨（é）　锷/鍔（è）　珥/珥（ěr）

钒/釩（fán）　钫/鈁（fāng）　镄/鐨（fèi）

锋/鋒（fēng）

钆/釓（gá）　钙/鈣（gài）　钢/鋼（gāng、gàng）

镐/鎬（gǎo、hào）　锆/鋯（gào）　镉/鎘（gé）

铬/鉻（gè）　钩/鉤（gōu）　钴/鈷（gǔ）锢/錮（gù）

锅/鍋（guō）

铪/鉿（hā）　铧/鏵（huá）　锾/鍰（huán）

镮/鐶（huán）　钬/鈥（huǒ）　镬/鑊（huò）

镓/鎵（jiā）　铗/鋏（jiá）　钾/鉀（jiǎ）　锏/鐧（jiǎn）

键/鍵（jiàn）　铰/鉸（jiǎo）　锦/錦（jǐn）

镜/鏡（jìng）　锔/鋦（jū、jú）　锯/鋸（jū、jù）

镌/鐫（juān）　镢/鐝（jué）　镢/钁（jué）　钧/鈞（jūn）

锎/鐦（kāi）　铠/鎧（kǎi）　锴/鍇（kǎi）

钪/鈧（kàng）　铐/銬（kào）　钶/鈳（kē）

锞/錁（kè）　铿/鏗（kēng）　锟/錕（kūn）

镴/鑞（là）　铼/錸（lái）　镧/鑭（lán）　锒/鋃（láng）

铹/鐒（láo）　铑/銠（lǎo）　镭/鐳（léi）　锂/鋰（lǐ）

镰/鐮（lián）　链/鏈（liàn）　钌/釕（liǎo、liào）

镣/鐐（liào）　铃/鈴（líng）　镏/鎦（liú、liù）

镂/鏤（lòu）　镥/鑥（lǔ）　锣/鑼（luó）　铝/鋁（lǚ）

镘/鏝（màn）　铓/鋩（máng）　锚/錨（máo）

铆/鉚（mǎo）　镅/鎇（méi）　镁/鎂（měi）

钔/鍆 (mén)　锰/錳 (měng)　铭/銘 (míng)　钼/鉬 (mù)

锋/鎿 (ná)　钠/鈉 (nà)　铙/鐃 (náo)　铌/鈮 (ní)

镊/鑷 (niè)　镍/鎳 (niè)　钮/鈕 (niǔ)

锘/鍩 (nuò)　钕/釹 (nǔ)

钯/鈀 (pá、bǎ)　锫/錇 (péi)　铍/鈹 (pí)

钋/釙 (pō)　钹/鏺 (pō)　钷/鉕 (pǒ)

铺/鋪 (pū、pù)　镤/鏷 (pú)　镨/鐠 (pǔ)

钎/釺 (qiān)　铅/鉛 (qiān、yán)　钤/鈐 (qián)

钱/錢 (qián)　钳/鉗 (qián)　锖/錆 (qiāng)

锵/鏘 (qiāng、qiǎng)　锹/鍬 (qiāo)　锲/鍥 (qiè)

钦/欽 (qīn)　嵚/嶔 (qīn)　锓/鋟 (qǐn)

撳/撳 (qìn)　铨/銓 (quán)

铷/銣 (rú)　锐/銳 (ruì)

铯/銫 (sè)　铩/鎩 (shā)　钐/釤 (shān、shàn)

镨/鐥 (shàn)　鳝/鱔 (shàn)　铈/鈰 (shì)

铄/鑠 (shuò)　锶/鍶 (sī)　锼/鎪 (sōu)　锁/鎖 (suǒ)

铊/鉈 (tā、tuó)　钛/鈦 (tài)　钽/鉭 (tǎn)

镗/鏜 (tāng、táng)　锡/钂 (tǎng)　铽/鋱 (tè)

锑/銻 (tī)　铤/鋌 (tǐng)　铜/銅 (tóng)　钍/釷 (tǔ)

钨/鎢 (wū)

锡/錫 (xī)　铣/銑 (xiǎn、xǐ)　锨/鍁 (xiān)

衔/銜 (xián)　镶/鑲 (xiāng)　销/銷 (xiāo)

锌/鋅 (xīn)　铏/鉶 (xíng)　铡/鍘 (xíng)

锈/銹 (xiù)　铉/鉉 (xuàn)

钖/鍚 (yáng)　钘/釾 (yé、yá)　铱/銥 (yī)

钇/釔 (yǐ)　镒/鎰 (yì)　镱/鐿 (yì)　铟/銦 (yīn)

银/銀 (yín)　镛/鏞 (yōng)　铀/鈾 (yóu)

铕/銪 (yǒu)　钰/鈺 (yù)　钺/鉞 (yuè)

锃/鋥（zèng）　　铡/鍘（zhá）　　钊/釗（zhāo）

锗/鍺（zhě）　　针/針（zhēn）　　镇/鎮（zhèn）

钲/鉦（zhēng、zhèng）　　铮/錚（zhēng）　　锧/鑕（zhì）

铢/銖（zhū）　　铸/鑄（zhù）　　锥/錐（zhuī）

镯/鐯（zhuō）　　镯/鐲（zhuó）

锱/錙（zī）　　镃/鎡（zī）　　镞/鏃（zú）

钻/鑽（zuān、zuàn）

## 【古诗文选读】

莊周家貧，故往貸粟於監河侯。監河侯曰："諾。我將得邑金，將貸子三百金，可乎?"莊周忿然作色曰："周昨來，有中道而呼者。周顧視車轍中，有鮒魚焉。周問之曰：'鮒魚來! 子何爲者邪?'對曰：'我，東海之波臣也。君豈有斗升之水而活我哉?'周曰：'諾。我且南遊吳越之王，激西江之水而迎子，可乎?'鮒魚忿然作色曰：'吾失我常與，我無所處。吾得斗升之水然活耳，君乃言此，曾不如早索我於枯魚之肆!'"

——《庄子·外物》

# 492. 【⺍】

简化偏旁"⺍"对应繁体偏旁"𦥯"，"⺍"是"𦥯"的草书楷化字形。简化时，用"⺍"旁代替"𦥯"旁。

## ［类推简化字］

黉/黌（hóng）　　鲎/鱟（hòu）　　搅/攪（jiǎo）　　觉/覺（jiào、jué）　　嚳/嚳（kù）　　嶨/嶨（xué）　　学/學（xué）

## 【古诗文选读】

君子曰：<u>學</u>不可以已。青，取之於藍，而青於藍；冰，水爲之，而寒於水。木直中繩，輮以爲輪，其曲中規，雖有槁暴，不復挺者，輮使之然也。故木受繩則直，金就礪則利，君子博<u>學</u>而日參省乎己，則知明而行無過矣。故不登高山，不知天之高也；不臨深谿，不知地之厚也；不聞先王之遺言，不知<u>學</u>問之大也。干越夷貉之子，生而同聲，長而異俗，教使之然也。《詩》曰："嗟爾君子，無恒安息。靖共爾位，好是正直。神之聽之，介爾景福。"神莫大於化道，福莫長於無禍。吾嘗終日而思矣，不如須臾之所<u>學</u>也。吾嘗跂而望矣，不如登高之博見也。登高而招，臂非加長也，而見者遠；順風而呼，聲非加疾也，而聞者彰。假輿馬者，非利足也，而致千里；假舟檝者，非能水也，而絕江河。君子生非異也，善假於物也。

——《荀子·劝学》

# 493. 【𡥄】

简化偏旁"𡥄"对应繁体偏旁"罶"。"𡥄"是"罶"的草书楷化字形。简化时，用"𡥄"旁代替"罶"旁。

## ［罶］yì

《说文解字·幸部》："罶，目视也。从横目，从幸。令吏将目捕罪人也。"会意字，义为侦查。

## ［类推简化字］

铎/鐸（duó）　释/釋（shì）　萚/蘀（tuò）

箨/籜（tuò）　译/譯（yì）　峄/嶧（yì）　怿/懌（yì）

绎/繹（yì）　驿/驛（yì）　泽/澤（zé）　择/擇（zé）

## 【古诗文选读】

儀封人請見。曰："君子之至於斯也，吾未嘗不得見也。"從者見之。出，曰："二三子何患於喪乎？天下之無道也久矣，天將以夫子爲木鐸。"

——《论语·八佾》

# 494. 【圣】

简化偏旁"圣"对应繁体偏旁"巠"。"圣"是"巠"的草书楷化字形。简化时，用"圣"旁代替"巠"旁。

## ［巠］jīng、xíng

1. jīng。《说文解字·川部》："巠，水脈也。从川在一下。一，地也。壬省聲。一曰水冥巠也。"清吴大澂《说文古籀补·巛部》："巠，古文以爲經字。"林义光《文原》："巠，即經之古文。"郭沫若《金文丛考》："余意巠蓋經之初字也。觀其字形……均象織機之縱線形。从糸作之經，字之稍後起者也。"

2. xíng。地名。《集韵·平青》："巠，地名。在趙。通作陘。"

## ［类推简化字］

劲/勁（jìn、jìng）　　茎/莖（jīng）　　泾/涇（jīng）

经/經（jīng）　　刭/剄（jǐng）　　颈/頸（jǐng、gěng）

径/徑（jìng）　　胫/脛（jìng）　　痉/痙（jìng）

羟/羥（qiǎng）　　轻/輕（qīng）　　氢/氫（qīng）

巯/巰（qiú）

烃/烴（tīng）

陉/陘（xíng）

## 【古诗文选读】

昔者舜問於堯曰："天王之用心何如？"堯曰："吾不敖無告，不廢窮民，苦死者，嘉孺子而哀婦人。此吾所以用心已。"舜曰："美則美矣，而未大也。"堯曰："然則何如？"舜曰："天德而出寧，日月照而四時行，若晝夜之有經，雲行而雨施矣。"堯曰："膠膠擾擾乎！子，天之合也；我，人之合也。"夫天地者，古之所大也，而黃帝堯舜之所共美也。故古之王天下者，奚爲哉？天地而已矣。

——《庄子·天道》

# 495. 【亦】

简化偏旁"亦"对应繁体偏旁"䜌"。"亦"是"䜌"的草书楷化字形。简化时，用"亦"旁代替"䜌"旁。

［孌］luán

《说文解字·言部》："亂也。一曰治也。一曰不絕也。从言、絲。"段玉裁注："治丝易棼，丝亦不絕，故从丝會意。"

## ［类推简化字］

变/變（biàn）

恋/戀（liàn）　峦/巒（luán）　孪/孿（luán）

娈/孌（luán）　栾/欒（luán）　挛/攣（luán）

鸾/鸞（luán）　脔/臠（luán）　滦/灤（luán）

銮/鑾（luán）

蛮/蠻（mán）

弯/彎（wān）　湾/灣（wān）

## 【古诗文选读】

　　吾聞用夏變夷者，未聞變於夷者也。陳良，楚產也；悅周公、仲尼之道，北學於中國，北方之學者，未能或之先也。彼所謂豪傑之士也。子之兄弟事之數十年，師死而遂倍之。昔者孔子没，三年之外，門人治任將歸，入揖於子貢，相嚮而哭，皆失聲，然後歸。子貢反，築室於場，獨居三年，然後歸。他日子夏、子張、子游以有若似聖人，欲以所事孔子事之，強曾子。曾子曰："不可，江漢以濯之，秋陽以暴之，皜皜乎不可尚已。"今也南蠻鴃舌之人，非先王之道，子倍子之師而學之，亦異於曾子矣。吾聞出於幽谷、遷於喬木者，未聞下喬木而入於幽谷者。魯頌曰："戎狄是膺，荊舒是懲。"周公方且膺之，子是之學，亦爲不善變矣。

——《孟子·滕文公上》

# 496. 【呙】

简化偏旁"呙"对应繁体偏旁"咼"。"呙"是"咼"的草书楷化字形。简化时,用"呙"旁代替"咼"旁。

［咼］wāi

《说文解字·口部》:"咼,口戾不正也。从口,冎(guǎ)声。"形声字,本义指口歪斜的样子,如宋陈善《扪虱新话·读法华经得相法》:"唇不下垂,亦不褰缩,不麤涩,不瘡疹,亦不缺壞,亦不咼斜。"另,"咼"字旧有 hé、wǒ、wō、guǎ、guō 等读音。

［类推简化字］

剐/剮（guǎ）　　埚/堝（guō）　　锅/鍋（guō）

祸/禍（huò）　　脶/腡（luó）　　娲/媧（wā）　　喎/喎（wāi）

莴/萵（wō）　　涡/渦（wō）　　窝/窩（wō）　　蜗/蝸（wō）

## 【古诗文选读】

凡造糖车,制用横板二片,长五尺,厚五寸,阔二尺,两头鑿眼安柱,上筍出少许,下筍出板二、三尺,埋築土内,使安穩不搖。上板中鑿二眼,並列巨軸兩根。軸木大七尺圍方妙。兩軸一長三尺,一長四尺五寸,其長者出筍安犁擔。擔用屈木,長一丈五尺,以便駕牛團轉走。軸上鑿齒,分配雌雄,其合縫處須直而圓,圓而縫合。夾蔗於中,一軋而過,與棉花趕車同義。蔗過漿流,再拾其滓,向軸上鴨嘴扱入,再軋而三軋之,其汁盡矣,其滓爲薪。其下板承軸，鑿眼，祇深一寸五分，使軸腳不穿透，以便板上受汁也。其軸腳嵌安鐵錠于中，以便捩轉。凡汁漿流板有槽梘，汁入于碣內。每汁一石，下石灰五合于中。凡取汁煎糖，並列三鍋如"品"字，先將稠汁聚入一鍋，然後逐加稀汁兩鍋之內。若火力少束薪，其糖即成頑糖，起沫不中用。

——明宋应星《天工开物·甘嗜第六卷·造糖》

# 附录

# 附录一 "一简对多繁"简表

说明：本表采自《〈通用规范汉字表〉解读》，在细节方面作了调整。

| 序号 | 简化字 | 对应的繁体字 | 读音 | 词例或义项 |
|---|---|---|---|---|
| 1 | 坝 | 埧 | bà | 平地（沙坪坝） |
| | | 壩 | bà | 水坝，堤坝，河坝 |
| 2 | 摆 | 擺 | bǎi | 摆放，摆开；摆阔，摆威风；摇摆，摆手，摆动；钟摆；摆事实 |
| | | 襬 | bǎi | 下摆，衣摆 |
| 3 | 板 | 板 | bǎn | 木板，钢板；板报，板书；走板，快板；呆板，死板；板正 |
| | | 闆 | bǎn | 老板 |
| 4 | 辟 | 辟 | bì | 复辟；辟恶，辟邪 |
| | | | pì | 大辟 |
| | | 闢 | pì | 开辟；精辟，透辟；辟谣 |
| 5 | 表 | 表 | biǎo | 外表，表面；表哥，表叔；表示，发表，表达；表率；表格，表册；电表，水表；姓 |
| | | 錶 | biǎo | 钟表，怀表，手表 |

| 序号 | 简化字 | 对应的繁体字 | 读音 | 词例或义项 |
|---|---|---|---|---|
| 6 | 别 | 别 | bié | 分别，告别；别人，别称；区别，辨别；差别；类别，性别；别针；别上门；副词（别走了）；姓 |
| | | 彆 | biè | 别不过，别扭 |
| 7 | 卜 | 卜 | bǔ | 占卜，卜卦；预卜，生死未卜；姓 |
| | | 蔔 | bo | 萝卜 |
| 8 | 才 | 才 | cái | 才能，多才多艺；干才，奇才；姓 |
| | | 纔 | cái | 副词（才来就要走） |
| 9 | 冲 | 沖 | chōng | 冲洗；冲茶；冲账；冲田 |
| | | 衝 | chōng | 要冲，首当其冲；横冲直撞；冲突，冲撞，冲犯 |
| | | | chòng | 这小伙子干活儿真冲；酒味儿很冲 |
| 10 | 丑 | 丑 | chǒu | 子丑；丑角，小丑；姓 |
| | | 醜 | chǒu | 丑陋；丑态，出丑 |
| 11 | 出 | 出 | chū | 出来，出去；出席，出场；出轨，出界；出布告，出题目；出产，出煤，出活儿；出问题；发出，出芽儿，出汗；出名，出面；出纳，量入为出；看得出 |
| | | 齣 | chū | 三出戏 |
| 12 | 当 | 當 | dāng | 相当；应当；当面；当今，当场；充当，承当，当家，当权；锐不可当；瓦当；姓 |
| | | | dàng | 恰当，得当；一个人当两个人用；当作；当真；典当，赎当；当天，当年 |
| | | 噹 | dāng | 拟声词，撞击金属器物的声音 |
| 13 | 党 | 党 | dǎng | 党项；姓 |
| | | 黨 | dǎng | 党章，党校；死党，结党营私；党同伐异；父党，母党 |

599

| 序号 | 简化字 | 对应的繁体字 | 读音 | 词例或义项 |
|---|---|---|---|---|
| 14 | 淀 | 淀 | diàn | 白洋淀 |
| | | 澱 | diàn | 沉淀，淀粉 |
| 15 | 冬 | 冬 | dōng | 冬季，隆冬；姓 |
| | | 鼕 | dōng | 拟声词，敲鼓或敲门声 |
| 16 | 斗 | 斗 | dǒu | 升斗；熨斗；漏斗，烟斗；北斗星，斗柄；圆形的指纹；斗胆，斗室；姓 |
| | | 鬥 | dòu | 械斗，拳斗；斗争；斗蛐蛐儿；斗智，斗嘴；斗眼 |
| 17 | 恶 | 恶 | è | 无恶不作，罪大恶极；凶恶，恶毒；恶劣，恶习，恶感 |
| | | | wù | 好恶，深恶痛绝 |
| | | 噁 | ě | 恶心 |
| 18 | 发 | 發 | fā | 发货，分发；发射，发炮；发生；发言，发表；发扬，发育；发家，暴发户；发酵，面发了；发散，挥发；发现，揭发；发黄，发潮；发怒，发笑；发麻，发痒；出发，发起，奋发；发人深省；一发子弹 |
| | | 髮 | fà | 头发，毛发，理发，发型，令人发指 |
| 19 | 范 | 范 | fàn | 姓 |
| | | 範 | fàn | 钱范，铁范；典范，规范，模范，师范；范围，就范；防范 |
| 20 | 丰 | 丰 | fēng | 丰采，丰姿，丰韵 |
| | | 豐 | fēng | 丰富，丰满，丰收，丰盛；丰碑，丰功伟绩；姓 |

| 序号 | 简化字 | 对应的繁体字 | 读音 | 词例或义项 |
|---|---|---|---|---|
| 21 | 复 | 復 | fù | 反复无常，循环往复；答复，复信，敬复；恢复，光复，收复，复原；报复，复仇；复发，死灰复燃，无以复加，复苏；姓 |
| | | 複 | fù | 重复，复写，复印，山重水复；复合，繁复，复姓 |
| 22 | 干 | 干 | gān | 干戈；干犯；干连，干涉，干禄；天干，干支；姓 |
| | | 乾① | gān | 干燥，干柴，干洗；饼干，葡萄干儿；外强中干；干笑，干号；干亲，干妈；干瞪眼，干打雷不下雨 |
| | | 幹 | gàn | 树干，骨干，干细胞；干部；埋头苦干；能干，干练，干才；干活 |
| 23 | 谷 | 谷 | gǔ | 山谷，谷地，万丈深谷，谷底；姓 |
| | | | yù | 吐谷浑 |
| | | 穀② | gǔ | 五谷杂粮；谷草，谷穗儿 |
| 24 | 刮 | 刮 | guā | 刮胡子，搜刮 |
| | | 颳 | guā | 刮风 |
| 25 | 合 | 合 | gě | 市制容量单位（合升） |
| | | | hé | 合上眼，合抱；合办，同心合力；符合，合情合理；折合，合计；理合声明；回合；姓 |
| | | 閤 | hé | 合家团聚 |
| 26 | 后 | 后 | hòu | 皇后，后妃；皇天后土；姓 |
| | | 後 | hòu | 后门，后院；后天，日后，后辈；后排，后半夜，后代；落后 |

---

① "乾"读 qián 时不简化作"干"，如"乾坤""乾隆"。

② 不穀、穀旦的"穀"不简化。

601

| 序号 | 简化字 | 对应的繁体字 | 读音 | 词例或义项 |
|---|---|---|---|---|
| 27 | 胡 | 胡 | hú | 胡人；胡琴，胡桃，胡萝卜；胡闹，胡说，胡搞，胡作非为；胡同；姓 |
| | | 鬍 | hú | 胡子，胡须，络腮胡 |
| 28 | 划 | 划 | huá | 划船，划桨，划艇；划得来，划算 |
| | | 劃 | huá | 划玻璃，划根火柴，划了个口子 |
| | | | huà | 划分，划界，划清；划拨，划转，划付；计划，筹划，策划 |
| 29 | 回 | 回 | huí | 回家，回程；回头，回身；回拜，回报；回绝；一回，回合；回族，回民；姓 |
| | | 迴 | huí | 回旋，迂回，回避 |
| 30 | 汇 | 匯 | huì | 汇合，汇流；汇款，汇票；外汇，换汇，汇率；汇报，汇编，汇展，汇集；词汇，总汇 |
| | | 彙 | huì | 汇报，汇编，汇展，汇集；词汇，总汇 |
| 31 | 伙 | 伙 | huǒ | 伙食，伙房，开伙，搭伙 |
| | | 夥① | huǒ | 同伙，伙计，伙伴；合伙，入伙；伙同，团伙；一伙人 |
| 32 | 获 | 獲 | huò | 捕获，俘获，获取；获得，获胜，获利，不劳而获 |
| | | 穫 | huò | 收获 |
| 33 | 几 | 几 | jī | 茶几，几案；姓 |
| | | 幾 | jī | 几乎 |
| | | | jǐ | 几多，几时，几许，几曾；几本书，几次 |
| 34 | 饥 | 飢 | jī | 饥饿，如饥似渴，饥不择食，饥寒交迫 |
| | | 饑 | jī | 饥荒，连年大饥，饥馑 |

① 作"多"解的"夥"不简化作"伙"。

| 序号 | 简化字 | 对应的繁体字 | 读音 | 词例或义项 |
|---|---|---|---|---|
| 35 | 家 | 家 | jiā | 家庭，家常，家财；人家，农家，渔家；专家，画家，政治家；儒家，法家，百家争鸣；上家，下家，公家；家禽，家畜，家蚕；家兄，家父；量词（一家酒店） |
| | | | jia | 姑娘家，学生家；老三家 |
| | | 傢 | jiā | 家伙；家具；家什 |
| 36 | 姜 | 姜 | jiāng | 姓 |
| | | 薑 | jiāng | 生姜，姜黄 |
| 37 | 借 | 借 | jiè | 借用，借债，借条，借贷，借宿 |
| | | 藉① | jiè | 借故，借端，凭借，借口，借题发挥 |
| 38 | 尽 | 儘 | jǐn | 尽下雨，尽自；尽早，尽快，尽先 |
| | | 盡 | jìn | 取之不尽；自尽，同归于尽；尽头，尽善尽美，山穷水尽；尽情，尽力；尽职，尽责，尽忠，尽孝；前功尽弃；尽数收回，尽人皆知 |
| 39 | 据 | 据 | jū | 拮据 |
| | | 據 | jù | 占据，据为己有；据点，据说；依据，据理力争；凭据，证据，字据，论据；姓 |
| 40 | 卷 | 卷 | juàn | 读书破万卷，手不释卷，卷帙；画卷，卷轴，卷轴装；卷子，答卷，交卷；卷宗 |
| | | 捲 | juǎn | 卷尺，卷心菜，卷烟；铺盖卷，胶卷儿；席卷；量词（一卷纸） |

① "藉"读jí或用于慰藉、衬垫义时不简化作"借"，如"狼藉（jí）""枕藉（jiè）"。

续表

| 序号 | 简化字 | 对应的繁体字 | 读音 | 词例或义项 |
|------|--------|------------|------|----------|
| 41 | 克 | 克 | kè | 克勤克俭；克己，以柔克刚；量词（千克） |
| | | 剋① | kè | 攻克，克复，克敌制胜；克化、克制，克期；克扣，克减 |
| 42 | 夸 | 夸 | kuā | 夸父追日 |
| | | 誇 | kuā | 夸口，夸大；夸奖 |
| 43 | 困 | 困 | kùn | 为病所困，困局，困窘；围困，困守；困难，困厄，困苦；困乏，困顿 |
| | | 睏 | kùn | 困倦；困觉 |
| 44 | 了 | 了 | le | 助词（吃了饭，睡着了） |
| | | | liǎo | 了账，没完没了，不了了之，了断，了局；了不相涉，了无；办得了；姓 |
| | | 瞭② | liǎo | 了解，一目了然，不甚了了，了如指掌 |
| 45 | 累 | 累 | lěi | 连累，牵累，累及 |
| | | | lèi | 劳累，累人，累了一天 |
| | | 纍 | léi | 累赘，果实累累 |
| | | | lěi | 积累，日积月累，成千累万，罪行累累；累次，累年，连篇累牍 |
| 46 | 漓 | 漓 | lí | 淋漓 |
| | | 灕 | lí | 漓江 |
| 47 | 篱 | 篱 | lí | 笊篱 |
| | | 籬 | lí | 篱笆，樊篱 |
| 48 | 里 | 里 | lǐ | 邻里；故里；里程；长度单位（千里）；姓 |
| | | 裏 | lǐ | 衬里，衣服里；里面，这里，里屋，往里走 |

① 表示训斥、打人的"剋"读 kēi，不简化作"克"。

② "瞭"读 liào 时不简化作"了"，如"瞭望""瞭哨"。

| 序号 | 简化字 | 对应的繁体字 | 读音 | 词例或义项 |
|---|---|---|---|---|
| 49 | 历 | 歷 | lì | 经历，来历，历练；历届，历代，历史；历陈，历数，历历在目；姓 |
| | | 曆 | lì | 历法，阳历，农历；日历，挂历 |
| 50 | 帘 | 帘 | lián | 酒帘 |
| | | 簾 | lián | 窗帘，垂帘听政，门帘；水帘洞 |
| 51 | 卤 | 鹵 | lǔ | 卤素；卤族 |
| | | 滷 | lǔ | 盐卤，卤水；卤味，卤制，卤鸡，打卤面；茶卤 |
| 52 | 蒙 | 蒙 | mēng | 发蒙，蒙头转向 |
| | | | méng | 蒙头盖脑，蒙上一张纸；蒙受，蒙冤，蒙难；蒙昧，启蒙；姓 |
| | | | mēng | 蒙古，蒙古包，蒙古族 |
| | | 濛 | méng | 细雨蒙蒙 |
| | | 懞 | méng | 朴实敦厚 |
| | | 矇 | mēng | 欺上蒙下，蒙人；瞎蒙 |
| | | | méng | 眼睛失明 |
| 53 | 弥 | 彌 | mí | 弥补，弥缝；欲盖弥彰，弥足珍贵；弥漫，弥天大谎；姓 |
| | | 瀰 | mí | 弥漫，弥天大谎 |
| 54 | 面 | 面 | miàn | 脸面，面孔；面向，背山面水；表面，地面；当面，面谈；鞋面儿，布面儿；平面，正面，片面，面面俱到；上面，前面，外面；一面镜子，见过一面；姓 |
| | | 麵 | miàn | 面粉，白面，豆面；药面儿，胡椒面儿；面条，挂面 |
| 55 | 蔑 | 蔑 | miè | 轻蔑，蔑视 |
| | | 衊 | miè | 污蔑 |

605

| 序号 | 简化字 | 对应的繁体字 | 读音 | 词例或义项 |
|---|---|---|---|---|
| 56 | 仆 | 仆 | pū | 前仆后继，仆倒 |
| | | 僕 | pú | 仆人，奴仆；姓 |
| 57 | 朴 | 朴 | piáo | 姓 |
| | | | pò | 厚朴，朴树 |
| | | 樸 | pǔ | 俭朴，诚朴，朴素 |
| 58 | 千 | 千 | qiān | 千斤，千万；千方百计，千军万马，千虑一得，千姿百态；姓 |
| | | 韆 | qiān | 秋千 |
| 59 | 签 | 簽 | qiān | 签发，签押，签字；签呈，签注意见 |
| | | 籤 | qiān | 抽签儿，求签；牙签儿；标签儿，书签儿；浮签儿 |
| 60 | 纤 | 縴 | qiàn | 纤绳，拉纤，纤夫 |
| | | 纖 | xiān | 纤细，纤微，纤维，纤小 |
| 61 | 秋 | 秋 | qiū | 秋季，深秋，秋高气爽，秋毫；麦秋；千秋；多事之秋；姓 |
| | | 鞦 | qiū | 秋千 |
| 62 | 曲 | 曲 | qū | 弯曲，曲线，曲径通幽，河曲；是非曲直；姓 |
| | | | qǔ | 曲调，戏曲，高歌一曲；作曲 |
| | | 麯 | qū | 大曲，酒曲 |
| 63 | 舍 | 舍 | shè | 屋舍，宿舍，寒舍；猪舍；退避三舍；舍侄，舍妹；姓 |
| | | 捨 | shě | 舍弃，四舍五入，舍近求远；施舍，舍粥，舍药 |

续表

| 序号 | 简化字 | 对应的繁体字 | 读音 | 词例或义项 |
|---|---|---|---|---|
| 64 | 沈 | 沈① | shěn | 姓 |
| | | 瀋 | shěn | 沈阳；墨沈未干 |
| 65 | 术 | 术 | zhú | 白术，苍术 |
| | | 術 | shù | 技术，学术，美术，术语；战术，权术；姓 |
| 66 | 松 | 松 | sōng | 松树，松鼠，武松；姓 |
| | | 鬆 | sōng | 松散；松腰带；松口气，松劲；松脆；松绑，松手；轻松；肉松，鱼松 |
| 67 | 苏 | 蘇 | sū | 紫苏，白苏，流苏；苏醒，死而复苏；苏州，江苏，苏绣，苏联；姓 |
| | | 嚦 | sū | 噜苏 |
| 68 | 台 | 台 | tāi | 台州，天台 |
| | | | tái | 兄台，台鉴；姓 |
| | | 臺 | tái | 瞭望台，塔台，亭台；讲台，舞台，主席台；锅台，磨台，灯台，蜡台；井台，窗台；写字台，梳妆台；台湾，台胞，台币；一台戏，一台机器 |
| | | 檯 | tái | 写字台，梳妆台 |
| | | 颱 | tái | 台风 |
| 69 | 坛 | 壇 | tán | 天坛，登坛拜将；讲坛，论坛；花坛；文坛，诗坛，影坛，球坛 |
| | | 罎 | tán | 坛子，酒坛，一坛醋 |
| 70 | 涂 | 涂 | tú | 姓 |
| | | 塗 | tú | 涂抹，涂染；涂画，涂写；涂改，涂掉；泥涂，生灵涂炭；滩涂 |

---

① "沈"读"chén"时应写作"沉"。

| 序号 | 简化字 | 对应的繁体字 | 读音 | 词例或义项 |
|------|--------|------------|------|-----------|
| 71 | 团 | 團 | tuán | 圆团，团形；纸团，线团；团聚，团圆，团结；团长；团员，入团，共青团；代表团，访问团，剧团，团队；一团乱麻 |
|    |    | 糰 | tuán | 麻团，菜团子 |
| 72 | 万 | 万 | mò | 万俟 |
|    |    | 萬 | wàn | 万千，万一；万全，万不得已，万不能行；姓 |
| 73 | 系 | 系 | xì | 系统，系别；院系，中文系；㧑罗系 |
|    |    | 係 | xì | 关系，干系；确系实情 |
|    |    | 繫 | jì | 系鞋带，系纽扣 |
|    |    |    | xì | 关系，联系，维系；系马，系缚；系恋，系念 |
| 74 | 咸 | 咸 | xián | 咸同，咸亨，老少咸宜；姓 |
|    |    | 鹹 | xián | 咸味，苦咸，咸水，咸菜 |
| 75 | 向 | 向 | xiàng | 介词（向东走）；姓 |
|    |    | 嚮 | xiàng | 方向，志向，风向；偏向；趋向，面向；向晓，向晚；向来 |
| 76 | 吁 | 吁 | xū | 长吁短叹；气喘吁吁 |
|    |    |    | yū | 喝止牲口的声音 |
|    |    | 籲 | yù | 呼吁，吁请，吁求 |
| 77 | 须 | 須 | xū | 须臾；必须，须要，须知 |
|    |    | 鬚 | xū | 胡须，须眉，须发；触须，须根 |
| 78 | 旋 | 旋 | xuán | 盘旋，旋转，螺旋，回旋；凯旋；旋即；旋律；姓 |
|    |    |    | xuàn | 旋风 |
|    |    | 鏇 | xuàn | 旋床，旋零件；酒旋 |

续表

| 序号 | 简化字 | 对应的繁体字 | 读音 | 词例或义项 |
|------|--------|--------------|------|------------|
| 79 | 叶 | 叶 | xié | 叶韵 |
| | | 葉 | yè | 树叶，枝叶，叶落归根；百叶窗，肺叶；二十世纪中叶；姓 |
| 80 | 余 | 余 | yú | 姓 |
| | | 餘 | yú | 剩余，多余，余力，余音绕梁，不遗余力；兴奋之余，业余；三十余人 |
| 81 | 郁 | 郁 | yù | 郁金香，馥郁，郁烈；姓 |
| | | 鬱 | yù | 郁郁葱葱，郁闷，抑郁，忧郁 |
| 82 | 御 | 御 | yù | 御人之术；御花园，御史，御用 |
| | | 禦 | yù | 抵御，防御，御寒 |
| 83 | 云 | 云 | yún | 人云亦云，不知所云 |
| | | 雲 | yún | 云彩，云朵，云雨，云游；云南；姓 |
| 84 | 芸 | 芸 | yún | 芸香，芸草，芸芸众生；芸豆；姓 |
| | | 蕓 | yún | 芸薹 |
| 85 | 脏 | 臟 | zàng | 内脏，心脏，肝脏，五脏六腑 |
| | | 髒 | zāng | 肮脏，脏乱 |
| 86 | 折 | 折 | shé | 树枝折了，桌子腿撞折了；折本，折耗；姓 |
| | | | zhē | 折跟头；折腾 |
| | | | zhé | 骨折；损兵折将，曲折，百折不挠；转折；折服，心折；折扣，折价；七折；不折不扣；一折戏 |
| | | 摺 | zhé | 折叠，折纸；奏折 |

| 序号 | 简化字 | 对应的繁体字 | 读音 | 词例或义项 |
|---|---|---|---|---|
| 87 | 征 | 征 | zhēng | 出征，征讨，征伐；征途，长征 |
| | | 徵① | zhēng | 征兆，象征；信而有征，征引，征税，征兵，征地；征稿 |
| 88 | 症 | 症 | zhèng | 症状，急症，对症下药 |
| | | 癥 | zhēng | 症结，征瘕 |
| 89 | 只 | 衹 | zhǐ | 只是，只要，只好，只有 |
| | | 隻 | zhī | 只身，只字不提；一只鸟 |
| 90 | 制 | 制 | zhì | 因地制宜，制定；限制，管制，节制；制度；姓 |
| | | 製 | zhì | 制造，制革，缝制，炼制 |
| 91 | 致 | 致 | zhì | 致敬，致谢，致电；专心致志；致富，学以致用；招致，致癌，致残；以致，致使；兴致，景致，毫无二致；姓 |
| | | 緻 | zhì | 细致，精致，工致 |
| 92 | 钟 | 鍾 | zhōng | 古代盛酒器；钟爱，钟情 |
| | | 鐘 | zhōng | 钟楼，钟鼓；时钟，鸣钟，警钟；钟表，钟摆，钟点 |
| 93 | 种 | 种 | chóng | 姓 |
| | | 種 | zhǒng | 物种；人种，种族；语种，工种，麦种，种禽；种类 |
| | | | zhòng | 种植，种田，种牛痘 |
| 94 | 朱 | 朱 | zhū | 朱笔，朱红；姓 |
| | | 硃 | zhū | 朱砂 |
| 95 | 筑 | 筑 | zhù | 击筑；贵阳的别称；姓 |
| | | 築 | zhù | 建筑，修筑，构筑 |

① "宫商角徵羽" 的 "徵" 读 zhǐ，不简化作 "征"。

| 序号 | 简化字 | 对应的繁体字 | 读音 | 词例或义项 |
|---|---|---|---|---|
| 96 | 准 | 准 | zhǔn | 准许，批准，准予，准考证 |
| | | 凖 | zhǔn | 水准，准绳，标准，准则；准此办理；瞄准；准科学，准将，准平原；准保 |

# 附录二 "古诗文选读"文献引用目录

《百喻经译注》，周绍良译注，中华书局，1993。

《抱朴子内篇校释》，王明撰，中华书局，1980。

《楚辞补注》，（宋）洪兴祖著，中华书局，2012。

《春秋左传注》，杨伯峻著，中华书局，1990。

《大戴礼记解诂》，（清）王聘珍著，中华书局，1983。

《大唐西域记校注》，（唐）玄奘、辩机著，季羡林等校注，中华书局，2000。

《东京梦华录》，（宋）孟元老著，中华书局，1982。

《东坡志林》，（宋）苏轼撰，中华书局，1981。

《杜诗详注》，（清）仇兆鳌注，中华书局，2015。

《二十年目睹之怪现状》，（清）吴趼人著，中华书局，2013。

《法显传校注》，（晋）法显著，章巽校注，中华书局，2008。

《封神演义》，（明）许仲琳著，中华书局，2013。

《高僧传》，（梁）慧皎著，汤用彤校注，中华书局，1992。

《古文观止》，（清）吴楚才、吴调侯编，中华书局，2004。

《管子校注》，黎翔凤撰，中华书局，2004。

《归田录》，（宋）欧阳修著，中华书局，2006。

《国语》，上海古籍出版社，1998。

《韩非子集解》，（清）王先慎撰，中华书局，2013。

《汉书》，（汉）班固著，（唐）颜师古注，中华书局，1997。

《红楼梦》，（清）曹雪芹著，人民文学出版社，2008。

《后汉书》，（南朝宋）范晔著，中华书局，1997。

《淮南子集释》，何宁撰，中华书局，1998。

《晋书》,（唐）房玄龄等著,中华书局,1997。

《孔子家语》,王国轩、王秀梅译注,中华书局,2011。

《老子校释》,朱谦之撰,中华书局,1984。

《李太白全集》,（清）王琦注,中华书局,2015。

《聊斋志异会校会评本》,（清）蒲松龄著,张友鹤辑校,上海古籍出版社,2011。

《列女传》,（汉）刘向撰,辽宁教育出版社,1998。

《列子集释》,杨伯峻撰,中华书局,2013。

《论衡校释》,黄晖著,中华书局,1990。

《论语集释》,（清）程树德撰,中华书局,2014。

《洛阳伽蓝记校注》,（北魏）杨衒之著,范祥雍注,上海古籍出版社,1958。

《吕氏春秋集释》,许维遹撰,中华书局,2009。

《毛诗传笺通释》,（清）马瑞辰著,中华书局,1989。

《孟子正义》,（清）焦循撰,中华书局,2015。

《梦溪笔谈校证》,胡道静著,上海人民出版社,2016。

《墨子间诂》,（清）孙诒让撰,中华书局,2001。

《牡丹亭》,（明）汤显祖著,人民文学出版社,1963。

《南部新书》,（宋）钱易著,中华书局,2002。

《南海寄归内法传校注》,（唐）义净著,王邦维校注,中华书局,1995。

《齐民要术今释》,（北魏）贾思勰著,石声汉校释,中华书局,2009。

《全宋词》,唐圭璋编,中华书局,1999。

《全唐诗》,上海古籍出版社,1986。

《儒林外史》,（清）吴敬梓著,人民文学出版社,1958。

《三国演义》,（明）罗贯中著,人民文学出版社,1973。

《三国志》,（晋）陈寿著,（南朝宋）裴松之注,中华书局，1997。

《十三经注疏》，（清）阮元编，上海古籍出版社，1997。

《十一家注孙子校理》，（汉）曹操等注，中华书局，2012。

《史记》，（汉）司马迁著，中华书局，2014。

《世说新语校笺》，（南朝宋）刘义庆著，徐震堮注，中华书局，1984。

《水浒传》，（明）施耐庵、罗贯中著，上海古籍出版社，1988。

《水经注校证》，（北魏）郦道元著，陈桥驿校，中华书局，2007。

《四书章句集注》，（宋）朱熹撰，中华书局，2012。

《搜神后记》，（晋）陶渊明著，中华书局，1981。

《搜神记》，（晋）干宝著，汪绍楹注，中华书局，1979。

《太平广记》，（宋）李昉等编，中华书局，2003。

《太平经正读》，俞理明著，巴蜀书社，2001。

《坛经校释》，（唐）慧能著，郭朋校释，中华书局，1983。

《陶渊明集》，逯钦立校注，中华书局，1979。

《天工开物译注》，潘吉星译注，上海古籍出版社，2016。

《文心雕龙》，（梁）刘勰著，范文澜注，人民文学出版社，1958。

《文选》，（梁）萧统编，（唐）李善注，上海古籍出版社，1986。

《荀子集解》，（清）王先谦撰，中华书局，2013。

《盐铁论校注》，王利器校注，中华书局，1992。

《颜氏家训集解》，王利器撰，中华书局，2013。

《晏子春秋集释》，吴则虞著，中华书局，1962。

《乐府诗集》，（宋）郭茂倩编，中华书局，1979。

《战国策》，上海古籍出版社，1998。

《贞观政要》，骈宇骞译注，中华书局，2011。

《重订屈原赋校注》，姜亮夫著，天津古籍出版社，1987。

《肘后备急方校注》，（晋）葛洪著，中医古籍出版社，2015。

《朱子语类》，（宋）黎靖德编，中华书局，1986。

《庄子集释》，（清）郭庆藩撰，中华书局，2012。

《资治通鉴》，（宋）司马光编撰，（元）胡三省注，中华书局，1956。

# 参考资料

（汉）许慎撰，（清）段玉裁注：《说文解字注》，上海古籍出版社，1988。

（汉）许慎撰，（宋）徐铉校定：《说文解字》，中华书局，2013。

《繁体字简化字对照字典》编委会：《繁体字简化字对照字典》，书海出版社，2013。

曹先擢、苏培成主编：《汉字形义分析字典》，北京大学出版社，1999。

高慎贵主编：《简化字繁体字对照字典》，华语教学出版社，2013。

谷衍奎：《汉字源流字典》，华夏出版社，2003。

国家语言文字工作委员会：《简化字总表》，语文出版社，1986。

汉语大词典编辑委员会：《汉语大词典》，汉语大词典出版社，1986－1997。

汉语大字典编辑委员会：《汉语大字典》（第2版），崇文书局、四川辞书出版社，2010。

汉语大字典编纂处：《简化字繁体字异体字对照速查手册》，四川辞书出版社，2015。

江蓝生、陆尊梧：《简化字繁体字对照字典》，上海辞书出版社，2007。

李荣：《文字问题》，商务印书馆，1987。

李乐毅：《简化字源》，华语教学出版社，1996。

毛远明：《汉魏六朝碑刻异体字典》，中华书局，2014。

裴锡圭：《文字学概要》（修订本），商务印书馆，2013。

史定国主编：《简化字研究》，商务印书馆，2004。

苏培成：《汉字简化字与繁体字对照字典》，中信出版社，1992。

王宁主编：《通用规范汉字字典》，商务印书馆，2013。

王宁主编：《〈通用规范汉字表〉解读》，商务印书馆，2013。

向熹主编：《古代汉语知识辞典》，四川辞书出版社，2007。

张书岩主编：《现代汉语规范字典》，上海辞书出版社，2015。

张书岩、王铁昆、李青梅、安宁编著：《简化字溯源》，语文出版社，1997。

中国社会科学院语言研究所：《新华字典》（第11版），商务印书馆，2011。

中国社会科学院语言研究所词典编辑室：《现代汉语词典》（第7版），商务印书馆，2016。

中华人民共和国国务院公布：《汉字简化方案》，人民教育出版社，1956。

宗福邦等编：《故训汇纂》，商务印书馆，2003。